Tirol · Texte und Bilder zur Landesgeschichte

TIROL

Texte und Bilder zur Landesgeschichte

Rudolf Harb
Sebastian Hölzl · Peter Stöger

ZWEITE AUFLAGE

STEIGER VERLAG INNSBRUCK

Die Abbildung auf dem Schutzumschlag zeigt ein Fresko im Schloß Tirol, entstanden um 1330; es gilt als die älteste farbige Darstellung des Tiroler Landeswappens.

2. Auflage 1985

A-6021 Innsbruck, Postfach 425 ·
Druck und Bindearbeit: Tyrolia, Innsbruck
Printed in Austria

ISBN 3-85423-006-0

Inhaltsverzeichnis

Seite

Die Tischoferhöhle – älteste Fundstätte Tirols

Im 16. und 17. Jh. grub man im Kaisertal nach den heilkräftigen Knochen der Höhlenbären (ebur fossile). Um 1860 versuchte sich der aus Erl gebürtige Dichter-Geologe Adolf Pichler als Hobbyarchäologe, doch hatten schon vor ihm zahlreiche „Schatzsucher" diesen bedeutsamen geschichtlichen Boden gestört. 1906 begann der Münchner Paläontologe Dr. Max Schlosser im Auftrag des aus diesem Anlaß gegründeten Kufsteiner Vereins für Heimatkunde, die Höhle systematisch zu untersuchen. In der 40 m tiefen, 20 m breiten und bis zu 8 m hohen Höhle wurden verschiedene Kultur- und Brandschichten festgestellt, dazwischen Lehmablagerungen des heute mehr als 60 m tiefer gelegenen Spertenbaches und schließlich die Reste zahlreicher Raubtiere aus der Altsteinzeit und deren Opfer. Die ältesten menschlichen Spuren im Raum Tirol reichen in die Zeit um 30.000 v. Chr. zurück.

Die Jäger der Zwischeneiszeit scheinen allerdings nur ein kurzes Gastspiel gegeben zu haben, denn außer einigen Jagdutensilien und Handwerksgeräten, die in der sogenannten

Zur Abb.: Die Tischoferhöhle im Kaisertal bei Kufstein war nicht nur ein zeitweiliger Unterschlupf für die hier dargestellten Höhlenbären, sondern ist die älteste bekannte menschliche Wohnstätte Tirols. Die gefundenen Gebrauchsgegenstände aus Knochenstücken stammen aus der jüngeren Altsteinzeit und waren vor mehr als 30.000 Jahren angefertigt worden (Heimatmuseum Kufstein).

Höhlenbärenschicht gefunden wurden, ließen sich für das frühe Jungpaläolithikum keine Artefakte (Werkzeuge) feststellen. Ob es sich bei den 380 ausgegrabenen Bärenskeletten um einen Bärenfriedhof oder um Speisereste der prähistorischen Menschen handelt, mag von zweitrangiger Bedeutung sein. Wichtig ist die Feststellung, daß unsere Heimat schon vor der letzten Eiszeit sowohl von Menschen als auch einer ausgeprägten Fauna besiedelt war, denn in der ältesten Kulturschicht der Höhle wurden auch Knochen von Höhlenlöwen, Höhlenhyänen – daher Hyänenhöhle, nahe der Tischoferhöhle –, Rentieren, Füchsen, Wölfen, Steinböcken, Gemsen und Murmeltieren gefunden.

Die zweite, wesentlich jüngere, aber in ihrer Aussagekraft umso bedeutungsvollere Kulturschicht in der Tischoferhöhle spiegelt die frühbronzezeitlichen Verhältnisse in Tirol wider. Sowohl die über dreißig menschlichen Skelette, meist von Frauen und Kindern, als auch zahlreiche Artefakte, Reste einer Bronzegießerei (Gußformen, Blasbalgdüse), Knochen von Haustieren und Spuren von Nutzpflanzen sind die wichtigsten Quellen für die Zeit um 2000 bis 1500 v. Chr. in Tirol. Ob die Tischoferhöhle neben ihrer Funktion als Wohnplatz, Werkstätte und Friedhof auch als Kulthöhle diente, kann wegen ihrer gleichzeitig profanen Funktion eher verneint werden. Es steht fest, daß die Kupfer-, Bronze- und Keramikmanufaktur der gleichen Periode und Kulturschicht angehören. Die Bewohner der Höhle vor fast 4000 Jahren hielten sich nicht nur Hunde, Schweine, Schafe, Ziegen und Rinder, sondern verbesserten ihren Speisezettel auch durch Wildbret und Feldfrüchte (Binkelweizen und Holzäpfel). Aus den Erzeugnissen der Rinderhaltung und des Getreideanbaues ist zu schließen, daß die Höhlenbewohner vermutlich am Kufsteiner Stadtberg einen Versorgungsstützpunkt hatten. Die aus der Kupfergießerei im Höhlenvordergrund hervorgegangenen Pfriemen, Nadeln und Schmuckrequisiten sowie die aufgefundene Keramik, Geräte aus Stein, Knochen, Horn und Bronze weisen alle auf eine mehrhundertjährige kontinuierliche Kulturschicht hin, die in ganz Mitteleuropa verbreitet war und nach dem Fundort in Bayern *Straubinger Kultur* genannt wird.

Die Tischoferhöhle ist somit der einzige Fundplatz von Knochen und Werkzeugen der jungpaläolithischen Jägerkultur einerseits und mit dem einzigartigen Fundkomplex aus der Frühbronzezeit anderseits die älteste und bedeutendste Fundstätte im Nordalpenbereich.

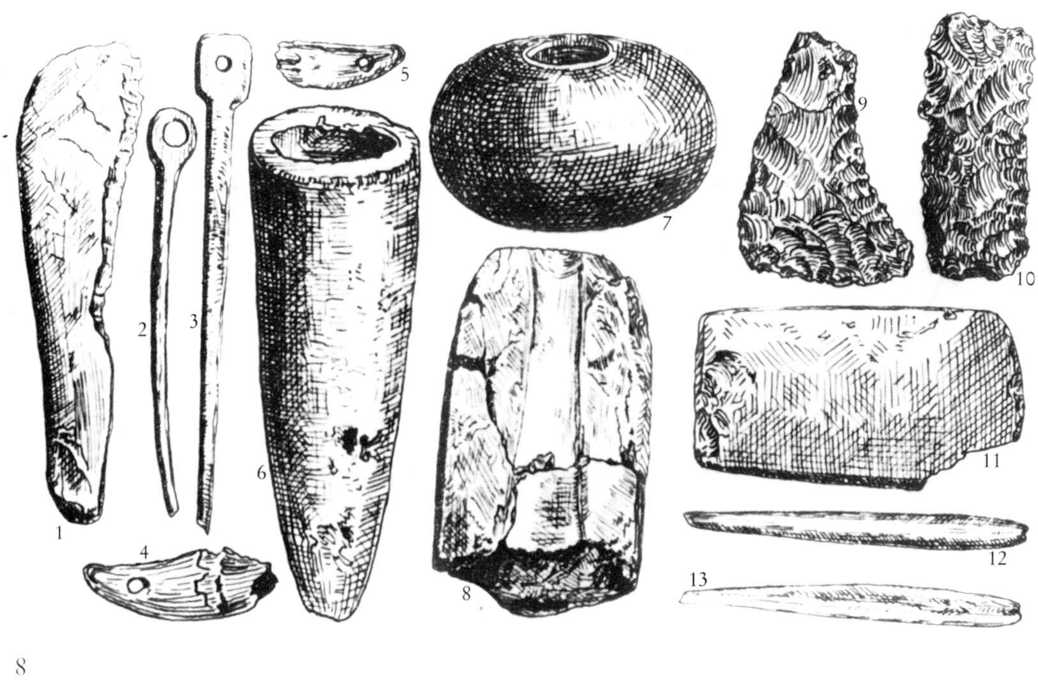

Kupferbergbau bei Kitzbühel vor 3000 Jahren

Nicht von jenem Bergsegen, dem die Stadt Kitzbühel vor mehr als 700 Jahren ihre Stadterhebung verdankt, soll hier die Rede sein, sondern vom bedeutenden Kupferbergbau in der Bronzezeit. Seit dem 12. vorchristlichen Jh. wurde auf 1700 m Seehöhe und darüber nach Kupfererzen geschürft. Fundgegenstände am Paß Strub, Grießenpaß, Paß Thurn und Gerlospaß zeugen vom lebhaften, schon in der Frühbronzezeit einsetzenden Handel mit den Nachbarn. Der vorgeschichtliche Bergbau bei Kitzbühel steht jenem bei Schwaz und am Mitterberg bei Bischofshofen ebenbürtig zur Seite.

Bemerkenswert ist, daß der als „Alter Mann" benannte Stollen im Revier Schattberg-Sinwell am Fuße des Hahnenkamms, auf der Kelchalm (Gemeinde Aurach) und in den Revieren Kupferplatte, Kuhkaser und Wurzhöhe (alle Gemeinde Jochberg) beträchtliche Abraumhalden hinterließ, jedoch bisher keine Siedlungsspuren gefunden wurden. Erst die Toten der nach den Brandgräbern benannten Urnenfelderzeit ermöglichten mit der Entdeckung der Nekropole von Kitzbühel-Lebenberg eine zeitliche Einordnung der seit Jahrhunderten bekannten Gruben. Da wie dort wurden Bronzenadeln mit eingerolltem Kopf gefunden; ein Charakteristikum für die Nordtiroler Urnenfelderkultur.

Die meisten Spuren des „Alten Mannes" wurden durch Bergbaue der Neuzeit verwischt, weshalb die Aufzeichnungen des Forstmannes A. Schernthanner aus dem 19. Jh. umso wichtiger sind. Im ehemaligen Danieli-Stollen des k. u. k. Bergwerkes „fand man noch hölzerne Keile im Felsen stecken, die man zweifellos durch Anquellen mit Wasser zur Sprengung des Felsens benützte, ferner Bündel von Holzspänen und Holzrinnen zur Wasserleitung, um durch Feueransatz die Erze heiß und durch jähes Abschrecken mit Wasser mürb und brüchig zu machen . . . auch ein Blockbau (verschoben und eingedrückt) fand sich in der Grube vor, dessen Holz noch vollkommen frisch war. Die Konservierung aller dieser Gegenstände dürfte ihren Grund darin gehabt haben, daß der von oben nach abwärts geführte Bergbau . . . sich allmählich mit Wasser füllte, daher den ‚Alten Mann' ersäufte und so das Holzwerk erhielt . . . Ein alter Bergarbeiter, der dabei war, als man den ‚Alten Mann' anfuhr, versicherte mir, daß er dort einen gebrochenen Stab fand (ein Bergmaß, wie er glaubte, da er in bestimmten Abständen Kerben zeigte); außerdem befanden sich auf demselben rätselhafte, sonderbare Zeichen." Diese Kerbhölzer zählen zu den größten Rätseln, welche die Grabungen in den Scheidehalden der Kelchalm brachten, weil es im gesamteuropäischen Raum bisher nichts Ähnliches gibt. Neben zahlreichen gut erhaltenen Holzwerkzeugen wurden über 80 dieser Kerbhölzer ausgegraben, die stark an römische Zahlzeichen oder unsere Hausmarken erinnern. Ob eine kultische Verwendung dahintersteckt, ob damit Mengenbezeichnungen verbunden waren, oder ob es Loshölzer mit Personenmarken waren, wie sie von den Germanen verwendet wurden, muß offenbleiben. Fast ist man versucht, statt von einer Bronze- von einer Holzkultur zu sprechen. In diese Richtung deuten nicht nur die vielfältigen Holzwerkzeuge der Knappen, sondern auch die beiden Holztröge, die vermutlich für die naßmechanische Feinscheidearbeit dienten. Sie sind heute wegen ihrer Einmaligkeit in der bronzezeitlichen Metallverarbeitung die besondere Attraktion im Kitzbüheler Museum.

Die menschlichen Leistungen bei der Erzgewinnung in der Grube, bei der Trennung des Erzes vom tauben Gestein vor den Einbaumundlöchern und bei der Verhüttung lassen sich

←
Abb. linke Seite: Arbeitsgeräte aus Knochen, Horn, Stein, Bronze und Keramik zeigen die Vielfalt der zeitlich weit gestreuten Kulturschichten der Tischoferhöhle bei Kufstein. 1 Knochensäge, 2 u. 3 Knochennadeln, 4 u. 5 Bärenzähne (Schmuck oder Talisman), 6 Blasbalgdüse aus Ton (für Bronzeguß), 7 Keulenknauf, geschliffen, 8 Gußform für Bronzekeil, 9 u. 10 Schabsteine, 11 Steinbeil, 12 u. 13 Pfriemen aus Bärenknochen (Heimatmuseum Kufstein).

Die Ötztaler Alpen stellen die größte vergletscherte Massenerhebung in den Zentralalpen dar. Insgesamt zählt dieses Gebiet 123 Dreitausender. In der Bildmitte die Ötztaler Wildspitze (3774 m).

Jahrtausendelang waren weite Teile Europas infolge des rauheren Klimas (in den Niederungen war es bis zu 15 Grad kälter als heute) von einer dicken Eisschicht bedeckt. Die Vereisung umfaßte vor allem ganz Nordeuropa und die Gebirge der Pyrenäen und Alpen. Die mittlere Eisstromhöhe betrug etwa im Verlauf der letzten Eiszeit vor ungefähr

25.000 Jahren bei Innsbruck im Inntal 2300 m. Menschliches Leben war nicht möglich. Die Eiszeiten prägten die Landschaft am nachhaltigsten. Die Gletscher schufen die Alpentäler und schütteten die Mittelgebirgsterrassen und die Moränen auf, es entstanden zahlreiche Seen, und im Anschluß an die letzte Eiszeit vor ungefähr 15.000 Jahren veränderten gewaltige Bergstürze das Landschaftsbild.

aufgrund der Funde auf der Kelchalm gut rekonstruieren. Die Technik der Erzaufbereitung war schon weit entwickelt und ließ sich im Kelchalmbereich besonders gut nachweisen, da die Scheidehalden in dieser großen Höhe durch 3000 Jahre ungestört blieben. Bemerkenswert ist, daß die Verhüttung nicht in der Nähe des Fundortes erfolgte, sondern man das Erz dem Brennholz nachgetragen hat. Die bisher anhand der Schlacke entdeckten 28 Schmelzplätze liegen also wesentlich tiefer. Sie sind ein wichtiger Hinweis für den urzeitlichen Bergbau von Kupfererz, der in der Urnenfelderzeit eine nie dagewesene Ausbeute auch kleinster Lagerstätten in großer Höhe erlebte.

Dank der Funde im Kelchalmbereich läßt sich die Blütezeit des urzeitlichen Bergbaues bei Kitzbühel um 1000 v. Chr. nachweisen. Es gab bereits standardisierte Schmelzöfen, deren Leistung, wie eine Analyse der urzeitlichen Schlacken ergab, den heutigen Flammöfen kaum nachstand. Zwar wurden von dem erschmolzenen Schwarzkupfer keine Gußkuchen (Barren) gefunden, doch stammen einige Bronzegegenstände (Messer, Sichel, Nadeln) nachweislich von der Kelchalm. Überraschend ist, daß von den Urnenfeldern des Inntals (Volders, Hötting) weniger als 10 Prozent der Gegenstände aus Kitzbüheler Kupfer bestehen. Hingegen gibt es Objekte im Bereich Kitzbühel, die aus dem Schwazer Bergbau stammen.

Ebenso wie die bäuerlichen Siedlungen, aus denen sich die Knappen mit Nahrung versorgten, fehlen die Kupfer- und Bronzeschmieden, in denen das gewonnene Metall zu Schmuck, Werkzeug und Kriegsgerät verarbeitet wurde. Bislang konnte bei Kitzbühel keine einzige bronzezeitliche Siedlung entdeckt werden, weder bei den Schmelzplätzen noch bei den Lebenberger Gräbern.

In Anbetracht der mächtigen Scheidehalden und der zahlreichen Schmelzplätze ist es einleuchtend, daß die gefundenen 16 Brandgräber der Lebenberger Bevölkerung nur einen Bruchteil jener Kulturträger darstellen, die bis ins 8. Jh. v. Chr. den Bergbau um Kitzbühel betrieben. Warum dieser dann über zwei Jahrtausende zum Erliegen kam, mag zwei Gründe gehabt haben: einerseits die für diese Höhenlage spürbare Klimaverschlechterung, anderseits den durch Überwerfungen unrentabel gewordenen Abbau.

Urnenfelder im Inntal

Aus der jüngeren Bronzezeit hat Tirol verhältnismäßig viele Fundstätten aufzuweisen. Dazu zählen vor allem die Urnenfelder im Inntal, in denen die Urnen mit dem Leichenbrand der Menschen und mit Beigaben aus Bronze in größerer Zahl beigesetzt wurden. Die Wissenschaft spricht demgemäß von einer einheitlichen Kultur der Inntaler Urnenfelder oder nach ihrem zuerst aufgedeckten Fundplatz auch von der *Höttinger Kultur.* Zeitlich wäre diese Urnenfelderkultur von ungefähr 1000 v. Chr. bis in die *Hallstattzeit* (um 750 bis 400 v. Chr.) zu datieren, allerdings kam es während der jüngeren Urnenfelderzeit und vollends in der Hallstattzeit zur Verschmelzung der Inntaler Urnenfelderkultur mit jener der Nachbargebiete und zur Bildung eines eigenständigen und einheitlichen Kulturgebietes, das sogar dem um 500 v. Chr. über die Alpenvölker hereinbrechenden Keltensturm standhielt.

Das bisher größte Urnengräberfeld im Inntal wurde erst um 1955 westlich des Dorfes Volders freigelegt. An diesen etwa 2500 qm großen prähistorischen Friedhof und seinen Erforscher Dr. Kasseroler erinnert ein Gedenkstein unweit der Bundesstraße, während von der Grabung nichts mehr zu sehen ist, da die Gräber nach Bergung der Fundstücke wieder zugeschüttet wurden und eine Siedlung entstand.

Die Archäologen fanden vier Verbrennungsstätten, die durch eine zusammenhängende Kohlen- und Aschenschicht gekennzeichnet und mit zahlreichen Scherben, bronzenen

Schmelzstücken und Knochen durchsetzt waren. Aus der gleichen Tiefe des Verbrennungsplatzes ging hervor, daß der Scheiterhaufen nicht frei im Terrain, sondern in einer hiefür eigens ausgehobenen Vertiefung errichtet worden war. Von den über 400 Gräbern stellt das Koppengrab die häufigste Form dar. Dieses war am einfachsten zu erbauen, denn die Steine für den Mauerring fand man in nächster Nähe. Nach oben hin wurden die Koppengräber

Abb. oben: Urnen, Henkelkanne, Henkeltöpfchen und Schalen aus Gräbern der Urnenfelderkultur (in Tirol vom 13.–8. Jh. v. Chr.) von Mühlau und den Allerheiligenhöfen bei Innsbruck sowie Matrei am Brenner (Tiroler Landesmuseum Ferdinandeum).

← *Abb. links: Aus der jüngeren Bronzezeit hat Tirol verhältnismäßig viele Fundstätten aufzuweisen. Dazu zählen auch die Urnenfelder, deren größtes man westlich des Dorfes Volders freilegte. Man fand rund 400 Gräber. Das darin geborgene Fundgut besitzt große Ähnlichkeit mit den Funden anderer Brandgräber, insbesondere mit den nächsten Friedhöfen von Mühlau, Wilten und Matrei.*

meist mit einer großen Steinplatte abgeschlossen. Man fand auch Doppelgräber und ca. hundert Plattengräber, bestehend aus mit Phyllitplatten zusammengesetzten Steinkisten, dagegen gab es nur wenige Schachtgräber.

Die Reste der Toten wurden mit oder ohne Beigaben im Urnenfeld beigesetzt, wobei man feststellen kann, daß auch die Beigaben mit den Toten auf dem Scheiterhaufen gelegen haben mußten, da sie durch die Hitze angeschmort und verzogen sind. Unversehrte Beigaben wurden erst mit dem Leichenbrand der Erde übergeben. Sie waren für gewöhnlich außerhalb der Urne in der Grabkammer aufgestellt.

Das Fundgut besitzt viel Ähnlichkeit mit den Funden anderer Brandgräber Nordtirols, insbesondere mit den nächsten Friedhöfen von Mühlau, Wilten und Matrei. Es konnten an die 800 mehr oder minder gut erhaltene Keramiken gefunden werden. Die Bronzestücke waren hauptsächlich Werkzeuge und Schmuckgegenstände. Dazu zählten auch blaue Glasperlen, die an Ort und Stelle aus der Schlacke unter Zusatz von Quarz hergestellt wurden. Die Blaufärbung der Glassubstanz wurde durch Beimengung von Kupfer erreicht. Es gab also in Volders schon vor mehr als 2500 Jahren eine Glaserzeugung, deren Produkte auch in den Handel kamen, wie zahlreiche Funde in anderen Gebieten, etwa in den Donauländern, beweisen.

unten links: Bronzefigürchen aus der jüngeren Eisenzeit, gefunden auf der Parzinalm bei Imst. Die erhobenen Hände symbolisieren wohl das Beten (Tiroler Landesmuseum Ferdinandeum).
unten Mitte und rechts: Ithyphallische Bronzemännchen aus der jüngeren Eisenzeit (5.–1. Jh. v. Chr.), gefunden in Perjen bei Landeck. Sie halten in ihren Händen hantelartige Boxgeräte (Tiroler Landesmuseum Ferdinandeum).

oben links: Bronzeanhänger aus der Hallstattzeit (8.–5. Jh. v. Chr.), gefunden in San Zeno am Nonsberg (Tiroler Landesmuseum Ferdinandeum).
oben Mitte u. rechts: Rasiermesser mit zierlichen Griffen aus der Urnenfelderzeit (13.–8. Jh. v. Chr.), gefunden in Mühlau und Wilten (Tiroler Landesmuseum Ferdinandeum).

rechts: Bruchstück eines figural verzierten Bronzeblechdeckels aus der Hallstattzeit, gefunden in Mechel im Trentino (Tiroler Landesmuseum Ferdinandeum).

unten: Aus der Hallstattzeit (ältere Eisenzeit) stammt dieses Prunkmesser, das auf dem Locherboden bei Mieming gefunden wurde (Tiroler Landesmuseum Ferdinandeum).

Der um 1540 neu belebte Erzbergbau um Kitzbühel – die Karte wurde zu dieser Zeit anläßlich der Eröffnung der „12 neuen Schächte" zwischen Oberndorf und Eberhartling angelegt – hat eine jahrtausendealte Vorgeschichte. Schon in der Bronzezeit, vor mehr als 3000 Jahren, schürfte der „Alte Mann" am Hahnenkamm, auf der Kelchalm, in den Revieren Kupferplatte, Kuhkaser und Wurzhöhe nach Kupfererzen (Tiroler Landesarchiv).

Die rätische Siedlung auf dem Himmelreich

Auf einem bewaldeten Hügel zwischen Volders und Wattens befindet sich eine der wichtigsten vorgeschichtlichen Siedlungen in unserem Land. Während der Besiedlungszeit war der Hügel wahrscheinlich waldlos, um jede feindliche Annäherung rechtzeitig wahrnehmen zu können. Während die Nordseite des Hügels, der aus Quarzphyllit aufgebaut und von Moränenablagerungen überdeckt ist, steil abfällt, schließt an die Kuppe gegen Süden eine flache, hauptsächlich von Wiesen eingenommene Senke an, die sogenannte „Schwarz". Diese Lage eignete sich besonders gut zur Gründung einer Siedlung. Erfahrungsgemäß wurden gerade solche Hügel im Bereich des Inntales zu bevorzugten Stätten früher menschlicher Niederlassungen (ein ähnlich gelagerter Fall tritt uns bei der „Burg" im weiter östlich gelegenen Stans entgegen).

Unterhalb des Gipfels lag einst eine ca. 30 m breite Terrasse. Sie fiel größtenteils einem Steinbruch zum Opfer. Dieser wurde nach dem Ersten Weltkrieg, als vermehrt Steine für die Uferschutzbauten des Inn nötig waren, angelegt. Im Bereich des Gipfels und der Terrasse waren immer wieder Funde gemacht worden. Aufsehen erregte ein Schwertfund in der Mitte des vorigen Jh.s. Dr. Stainer barg in der ersten Hälfte dieses Jh.s zahlreiche Gegenstände. Angeregt durch seine Sammlung begann dann Dr. Alfons Kasseroler im Frühjahr des Jahres 1953 den Hügel planmäßig zu erforschen.

Für die genaue Datierung der Gründung und des Endes beider Siedlungen gibt es keine beweiskräftigen Unterlagen. Münzen und Keramiken verlegen das Entstehen der Gipfelsiedlung in das 3. oder 2. Jh. v. Chr. Das vollständige Fehlen römischer Gegenstände muß dahin gedeutet werden, daß der Weiler am Gipfel entweder vor oder während der römischen Okkupation untergegangen ist, jedenfalls nicht allzu lange im ersten nachchristlichen Jahrhundert bestanden hat. Der Untergang der Gipfelsiedlung erfolgte durch Brand, was durch viele Spuren genügend bewiesen ist. Auf der Terrassensiedlung sind die römischen Fundgegenstände sehr zahlreich. Sie beweisen den Fortbestand der Niederlassung zur Römerzeit bis zum Ende des 4. Jh.s. n. Chr.

Der Name der vorgeschichtlichen Siedlung ist verschollen. In einem Verfachbuch des Gerichtes Rettenberg vom Jahre 1728 wird die Bezeichnung *Turlitzschrofen* für den Hügel verwendet. Möglicherweise steckt in der Bezeichnung *Turlitz,* die auf turris lucis zurückführt, auch der Name der alten rätischen Siedlung.

Die ausgegrabenen Bauwerke zeigen eine bis heute in Tirol aus der Räterzeit noch nicht bekannte Bauweise. Die Häuser wurden in den Berghang hineingebaut. Der Fels wurde als Sockel zugerichtet oder gar für eine ganze Wand verwendet. Die Grundmauern, in einer Höhe von etwa 70 cm, bestehen aus sorgfältig übereinandergeschichteten Phyllitsteinen. Die Zwischenräume und Fugen wurden mit Moos und einem Gemisch von Lehm und Gras verstopft, um Kälte und Wind abzuhalten. Mörtel war noch nicht bekannt. Die öfters angebaute Ganganlage war ein geeigneter Wind- und Kälteschutz. Die Häuser hatten im Erdgeschoß einen oder zwei Räume, deren Grundfläche im gesamten an die 30 bis 40 qm betrug. Man kann annehmen, daß bei den Häusern ein Obergeschoß vorhanden war, dieses enthielt die Wohnräume, während der untere Teil häufig nur Wirtschaftsraum war; das Obergeschoß bestand aus Holz. Die Häuser hatten auch kleine Fenster und Türen, die mit Holzläden zu schließen waren. Eine große Anzahl von Fundgegenständen gibt über die Lebensart der Bewohner dieser rätischen Siedlung Auskunft. Zahlreiche Keramikscherben, Schmuckstücke, Werkzeuge, Waffen, Wandhaken, Münzen und Türschlüssel sind im Heimatmuseum Wattens ausgestellt.

Die Ringmauer besteht aus einem Wall, über dem einst Palisaden standen. Kohlespuren verbrannter Stämme und am Fuß der Mauer eine Aschenschicht zeugen davon. Wahrscheinlich fiel der Palisadenzaun dem allgemeinen Brand der Höhensiedlung zum Opfer. Der Ring-

Zeichnung der rätischen Siedlung auf dem Himmelreich bei Wattens. Sie wurde wahrscheinlich im 3. Jh. v. Chr. angelegt und war von einem Wall umgeben. Die Häuser wurden in den Berghang hineingebaut. Ihre Fundamente sind noch deutlich zu erkennen. Auffallend die vielfach angebaute Ganganlage als Wind- und Kälteschutz. Im Inneren der aus einem oder zwei Räumen bestehenden Häuser findet sich mitunter eine Liegebank, eine Feuerstelle und ein in den Stein gehauener Trichter, der als Abfluß und einfache Kanalisierungsanlage diente. Die Gipfelsiedlung auf dem Himmelreich hatte auch eine Zisterne. Der 10,40 m tiefe Schacht als Wasserreservoir hat keinen unterirdischen Zufluß.

wall umgibt die Siedlung in einer Länge von 150 m in elliptischer Form. Der Haupteingang war im Westen oder Osten, dort, wo die Zugangsmöglichkeiten am besten waren, denn die Leute mußten auch mit ihren einfachen Karren, deren Beschläge und Nabenringe man gefunden hat, ihre Wohnstätten erreichen. Als Besonderheit ist die auf der Hochfläche gelegene Zisterne zu nennen, sie ist ein Beweis für die Zähigkeit, das technische Können und für den Fleiß der einfachen rätischen Bauern, die, wenn es galt, etwas Wichtiges und Zweckmäßiges für ihren Weiler zu schaffen, selbst vor der schwersten Arbeit nicht zurückschreckten. Sicherlich wird die offene Felsspalte und der ein paar Meter in die Tiefe führende, immer enger werdende Riß die ersten Bohrarbeiten erleichtert haben, trotzdem mußten noch 14 Kubikmeter Fels gebrochen und zutage gefördert werden. Hier erwiesen sich die Hauen und Meißel als wertvoll. Das Material mußte sack- oder kübelweise heraufgezogen werden, wobei wegen Platzmangels nur ein Mann meißeln konnte und der zweite mit der Materialförderung beschäftigt war. Die Bauzeit betrug demnach mindestens vier Monate; man wird aber kaum täglich gearbeitet haben, denn an Tagen reichlicher Niederschläge mußte wegen des einströmenden Regenwassers die Arbeit unterbrochen werden. Der Schacht hat keinen unterirdischen Zufluß. Die Brunnenanlage stellt lediglich ein Wasserreservoir dar. Dieses konnte durch Regenwasser allein nicht gefüllt werden, sondern mußte durch Bachwasser ergänzt werden. Der Wasservorrat von ungefähr 14.000 Liter enthob die Siedler vieler Sorgen.

Abb. oben: In einer Höhle in der Nähe des Schneidjochsattels nordöstlich des Achensees entdeckte man im Jahre 1957 eine rätische Inschrift, die um die Zeitenwende entstand und mit den Worten übersetzt wurde: „Wasser ist da, dem Kastor hat hier Frau Etuni geopfert, Frau Ritali hat hier dem Kastor geopfert, hier hat Frau Mnesi dem Kastor geopfert, Usipe, der Gefangene, hat geopfert, hier hat Elvas Wasser geschöpft, gestiftet hat Estas das Votivbild." Tatsächlich befindet sich in dem Felsspalt über der Quelle eine Nische, in der sich dieses Kultbild vermutlich befunden hat. In der alten Welt galten Kastor und Pollux auch als Wasserspender auf gefahrvollen Reisen. Wahrscheinlich aber war diese Quelle ein Hirtenheiligtum, was auch die vielen Namen von Frauen (Sennerinnen im heutigen Sinn) erklären würde.

Abb. rechts: Römische Statuette des Gottes Jupiter aus Bronze, Fundort Innichen im Pustertal (Tiroler Landesmuseum Ferdinandeum).

Keltische Statuette eines Ebers aus Bronze (La-Tène-Zeit, 1. Jh. v. Chr.), gefunden im Raum Tirol (Tiroler Landesmuseum Ferdinandeum).

Aguntum und Lavant

Die einstige römische Stadt Aguntum und die nahegelegene Kultstätte Lavant zählen nicht nur in Osttirol, sondern in ganz Tirol zu den größten und wichtigsten Fundstätten der Antike. Namensgeschichtlich weist die Stadt am Debantbach in das 2. Jahrtausend v. Chr. und dürfte ihre Entstehung dem Bergbau zu verdanken haben. Alter Siedlungsplatz war der Hügel Breitegg in der Gemeinde Nußdorf. Nach dem Eindringen der kriegsgewohnten Kelten im Ostalpenraum (387 v. Chr. hatten sie Rom überfallen), wurde Aguntum vom Stamm der Laianci okkupiert. Bald traten sie mit den Römern in Handelsbeziehung. So spielte das norische Eisen für die römische Waffenerzeugung eine bedeutende Rolle. Noch im 1. Jh. v. Chr. setzten sich die römischen Händler vom keltischen Aguntum ab und ließen sich 2 km östlich an der Drautalstraße nieder. Allmählich gaben auch die Kelten ihre durch Stadtmauern eingeengte *oppida* am Hügel auf. Nach der im Jahre 15 v. Chr. erfolgten Einverleibung des Regnum Noricum in das Römerreich wird Neu-Aguntum das Verwaltungszentrum für das Gebiet zwischen Felbertauern und Kärntner Tor sowie zwischen den Lienzer Dolomiten und der Mühlbacher Klause.

Unter Kaiser Claudius (41–54 n. Chr.) wurde Aguntum mit dem römischen Stadtrecht ausgezeichnet und nannte sich nunmehr offiziell „Municipium Claudium Aguntum". Da die Stadt organisch gewachsen war, konnte das Muster des römischen Stadtbildes mit Forum, Staatstempel und Hauptstraße nicht leicht verwirklicht werden. Bemerkenswert ist, daß mit dem Verwaltungsausbau auch das gesamte Pustertal in den Ager (= Bezirk) Aguntinus einbezogen wurde. Die bisher durchgeführten, bis 1828 zurückreichenden 40 Ausgrabungen zeigen, daß die Bezirkshauptstadt im 1. Jh. n. Chr. ständig wuchs. Alte Bauten, so das Atriumhaus, wurden dem gestiegenen Wohlstand entsprechend durch größere ersetzt. Allmählich wurde jedes Gebäude mit einer Fußbodenheizung versehen, doch verzichtete man wegen der friedlichen Zeiten auf die Vollendung der Stadtmauer. Um die Jahrhundertwende ließen die Aguntiner den alten Tempel von Lavant, der auf eine keltische Kultstätte zurückgehen dürfte, durch einen Marmorneubau ersetzen. Da es in Aguntum selbst keinen Tempel gab (es wurde nur ein kleiner Mithras-Altar gefunden), kommt dem Heiligtum in Lavant besondere Bedeutung zu.

Als im Edikt von 313 das Christentum im Römerreich seine staatliche Anerkennung erhielt, dürften auch im Ager Aguntinus die keltisch-römischen Gottheiten allmählich zurückgedrängt worden sein. Von Aquileja aus erfolgte vermutlich noch im 4. Jh. die Einsetzung eines Suffraganbischofs. Dies wird durch die 1912/13 in Aguntum ausgegrabene frühchristliche Bischofskirche bestätigt. Während sich die blühende Stadt vom Alemanneneinfall des Jahres 275 bald wieder erholte, veranlaßten die Plünderungen und Verwüstungen der Skythen (406) den Bischof zur Übersiedlung auf den Lavanter Kirchbichl. Neben der Bischofskirche dürfte der Bischof in Lavant auch seine Residenz dort gehabt haben. Ob die Fliehburg am Kirchbichl der Zeit vor dem Slaweneinfall (610) angehört, konnte bisher nicht geklärt werden. Einig sind sich die Wissenschaftler, daß der Kirchbichl von Lavant eines der schönsten Beispiele eines alten kontinuierlichen Kultur- und Kultbodens im Alpenraum ist.

Als im 5. Jh. der Aguntiner Bischof in Lavant residierte, entstand am Fuße des Kirchbichls eine Christengemeinde, die ihre religiöse Tradition durch die Stürme der Völkerwanderung bis in die Zeiten der Neumissionierung bewahrte. Neben seinen geistlichen Aufgaben hatte der Bischof zusehends weltliche Befugnisse und füllte das Machtvakuum des niedergehenden Römerreiches aus. Ähnlich wie der Bischof von Teurnia (bei Spittal an der Drau) gebot er über bewehrte Gemeinden und Kirchen seines Sprengels in Patriasdorf, Strassen, Heinfels, Kals und Matrei.

Lavant dürfte den Hunnensturm von 452 besser als Aguntum überstanden haben. Aus dem Jahre 579 ist uns der letzte Sprengelbischof von Aguntum-Lavant namens Aaron überliefert. Mit ihm geht die frühchristliche Epoche von Lavant zu Ende, und als um 600 Bajuwaren, Slawen und Awaren im Drautal aufeinandertrafen, wovon eine Brandschicht in der Lavanter Bischofskirche zeugt, dürfte der Kontakt zur Mutterkirche in Aquileja kurzfristig verlorengegangen sein.

Doch schon aus der 2. Hälfte des 7. Jh.s läßt sich durch zwei Säulenkapitelle der Kontakt der romanischen Restbevölkerung zum langobardischen Raum nachweisen. Mit der um 700 einsetzenden Missionierung durch den hl. Rupert, der bairischen Landnahme und der Klostergründung von Innichen (769) ist für Lavant die pastorale Durststrecke überstanden. Nach der Neumissionierung von Norden erinnert sich das Patriarchat von Aquileja wieder seiner Kompetenzen und kann den Diözesanstreit mit Salzburg im Jahre 811 für sich entscheiden.

Römerstraßen durch Tirol

Ehe das Land seinen Namen „Tirol“ erhielt, war es einfach das Land „in montibus“, das „Land im Gebirge“. Dem Straßenbau kam nicht zuletzt durch diese landschaftliche Besonderheit schon seit früher Zeit eine strategisch bedeutende Rolle zu.

Die Römer hatten die Provinz Rätien nie vollständig kolonisiert. Es gab aber ein Netz von Militärstraßen, Wegstationen, Veteranensiedlungen und Kastellen. Die einzige Römerstadt im Land war Aguntum bei Lienz in Noricum (siehe S. 19).

Kaiser Augustus wandte nach Jahren des Bürgerkrieges seine Aufmerksamkeit der Nordgrenze seines Reiches, aus der immer wieder Eindringlinge gekommen waren, zu. Tiberius und Drusus erhielten den Auftrag, die Alpenländer zu erobern. Da diese Gebiete nun unter römische Kontrolle kamen (15/14 v. Chr.), fühlten sich die Römer vor weiteren Überfällen besser geschützt. Bei Bozen trafen Roms Legionen gegen die sich tapfer wehrenden Isarcen. Tiberius zog in der Folge über den Vinschgau und über den Fernpaß in das Alpenvorland. Drusus hingegen mußte sich in der heutigen Brennergegend mit den Breonen und Genaunen schlagen und erreichte das Alpenvorland über den Seefelder Sattel. Rätien und Noricum waren die Namen der „eroberten“ Länder, wobei die Grenze von der Zillermündung über das Pfitscher Joch zur Mühlbacher Klause verlief. Augusta Vindelicorum (Augsburg) wurde Hauptstadt Rätiens. Wo die Römer hinkamen, entstanden alsbald bestens angelegte Militärstraßen, die auch dem Handel zugute kommen sollten. Bis zum heutigen Tage spricht man von der „Römerstraße“. An einigen Orten wurde ihr Unterbau freigelegt. Ausgangspunkt der Heeresstraßen war Aquileja. Ein Zweig des Straßennetzes ging durch die Valsugana und traf bei Tridentum (Trient) die Via Claudia Augusta, die über Bauzanum (Bozen), Maia (Mais bei Meran), Maletum (Mals), den Reschenpaß, Pons Drusi (Pontlatz), Landeck und den Fernpaß in das Alpenvorland führte. Die Straße über den Brenner wurde erst später errichtet und führte anfangs über den Jaufen. Die Schlucht bei Waidbruck (sie sollte nicht nur den Römern, sondern fast 2000 Jahre später beim Autobahnbau den Straßenbauingenieuren noch immer Kopfzerbrechen bereiten) wurde lange Zeit über den Ritten umgangen. Matreium (Matrei a. Brenner), Vipitenum (Sterzing) und Sabiona (Säben) lagen an dieser Verkehrsverbindung. Von Matrei führte ein Zweig über den Schönberg, Veldidena (Wilten), Teriolis (Zirl) und den Seefelder Sattel in das Alpenvorland; ein anderer über Ellbögen, Volders und Mascianum (Matzen) in das Unterinntal. Ein bedeutender Verkehrsast zog von Brixen über das Pustertal und Luentia (Lienz) nach Aguntum. Es versteht sich, daß beim Bau solcher Heeresstraßen beträchtliche Hindernisse wie Wildbäche, urwaldähnliche Gebiete und Sümpfe überwunden werden mußten.

Abb. oben: Zeichnung des römischen Kastells Veldidena (Wilten) nach einem Modell im Gipsmuseum des Instituts für Archäologie der Universität Innsbruck. Der Schutz des Lagers wurde durch stark ausgebaute Mauern, verstärkt durch Ecktürme mit Ausschauposten, gewährleistet. Die Zivilbevölkerung siedelte außerhalb der Anlage.

Schon zur Römerzeit führte durch das Pustertal eine wichtige Straße. In der Nähe des Sonnenburger Hügels, über den die Straße verlief, und der Römerstation Sebatum bei St. Lorenzen steht die Kopie eines römischen Meilensteines aus der Zeit des Kaisers Septimius Severus, der die Entfernung von Aguntum, der wichtigen Römerstadt in Osttirol, angibt. Der Originalstein befindet sich im Tiroler Landesmuseum Ferdinandeum, Innsbruck.

Abb. rechts: Der Lavanter Kirchhügel dürfte auf eine keltisch-römische Kultstätte zurückgehen. Durch die Einsetzung eines Suffraganbischofs von Aquileja aus wurde die Bedeutung der Stadt Aguntum gewürdigt. Die Lavanter Bischofskirche ist eines der wenigen Zeugnisse, daß in Tirol bereits vor der Völkerwanderung frühchristliche Gemeinden bestanden. Die beiden Säulenkapitelle deuten auf den Kontakt der romanischen Restbevölkerung Lavants zum langobardischen Raum. Mit der Neumissionierung im 8. Jh. findet die lange religiöse Tradition Lavants ihre Fortsetzung.

Abb. unten: Unter Kaiser Claudius wurde Aguntum, als einzige der römischen Siedlungen Tirols, mit dem Stadtrecht (um 50 n. Chr.) ausgezeichnet. Sie ist die alte Bezirkshauptstadt des „Ager Aguntinus", der bis zur Mühlbacher Klause bei Franzensfeste reichte. In den 40 Grabungskampagnen seit 1828 wurden die Thermen und das Handwerksviertel (links), die frühchristliche Kapelle (vorne Mitte), das Atriumhaus (im Museumsbau) und das Stadttor (links der Straßenkreuzung) freigelegt.

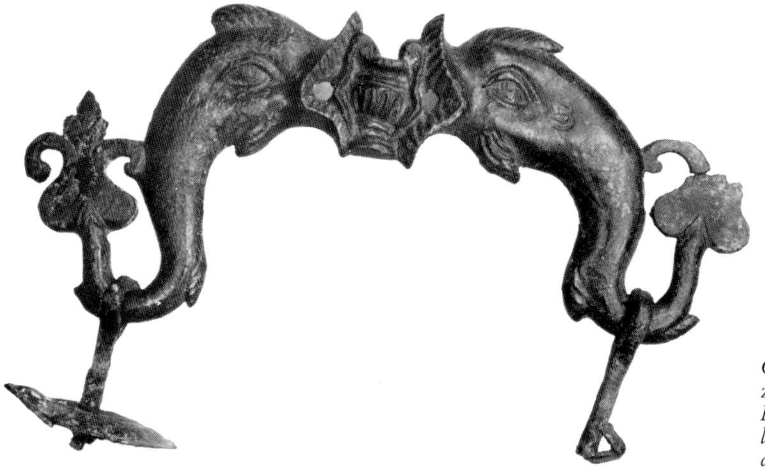

Griff aus Bronze in Gestalt zweier zueinander gekehrter Delphine aus der Römersiedlung Veldidena (Tiroler Landesmuseum Ferdinandeum).

Die ansässige Bevölkerung nahm von den Römern manches an Lebensweise und Sprache an. Sie lernte mit der Zeit nicht nur Wein- und Obstbau, sondern auch den Steinbau, der den Holzbau zum Teil ersetzte, die Kunst des Mörtelmischens, des Ziegelbrennens und der Glasherstellung. In verschiedenen Orten können noch heute Zeichen der römischen Feldvermessung festgestellt werden. An strategisch bedeutsamen Stellen errichteten die Römer Kastelle (Militärlager), aus denen sich oft größere Orte entwickelten. So entstanden Bauzanum (Bozen), Aguntum (bei Lienz) und Veldidena (Wilten).

Die Anlage eines römischen Kastells umschloß meist ein Quadrat mit einer Seitenlänge von ca. 100 m. Für den Schutz sorgten gut ausgebaute Mauern, die an den Eckpunkten durch Türme verstärkt waren; Wachtposten konnten hier Ausschau halten.

Im Lagerinnern waren Räumlichkeiten für das Militärpersonal und für die Vorratshaltung. In der Nähe des Lagers breitete sich im allgemeinen eine Siedlung für Zivilisten aus. Die meist einstöckigen Häuser waren aus Ziegeln gemauert. In vornehmeren Häusern gab es „Zentralheizungen" in Form von Hohlziegelwänden (die Wärme kam aus einer Heizanlage im Keller), und Mosaikfußböden. Ein bedeutendes Kastell stand in Veldidena. Bei der Bahnbrücke in Wilten wurden ein römischer Bestattungsplatz mit Brand- und Körpergräbern, ein Münzschatz und Tontäfelchen entdeckt.

Römische Statuette eines Seeungeheuers aus Bronze mit Pferdevorderteil und Drachenschwanz, gefunden in Mezzolombardo im Trentino (Tiroler Landesmuseum Ferdinandeum).

Von Veldidena aus wurden verschiedenste Waren auf ochsenbespannten Wagen von römischen Händlern über die „Brennerstraße" nach Süden transportiert, so fanden etwa Häute aus dem Alpenland reißenden Absatz. Beliebte Erzeugnisse für römische Feinschmekker waren Käse und Honig. Selbst am Kaiserhof soll Käse von rätischen Almen als Delikatesse gegolten haben.

Mit der staatlichen Post kamen Regierungsbriefe und Soldatensold. Die Meilensteine bei Veldidena gaben die Entfernungen an: nach Augusta Vindelicorum 110.000 Doppelschritte (ca. 165 km). Die Soldaten Veldidenas, aus allen Teilen des Reiches bunt zusammengewürfelt, nahmen auch Aufgaben wahr, die heute Straßenbauamt, Zivilschutz und Feuerwehr zufallen. Nicht nur das Schwert, auch Hebeeisen, Beile und Schaufeln gehörten zur Standardausrüstung.

Im Lager wurde die wirtschaftliche Öllampe verwendet. Sie stellte gegenüber Fackel und Kienspan eine Revolution in der „Beleuchtungstechnik" dar. Keramik- und Tonkrüge dienten als Kühl- und Vorratsschränke. Den Verstorbenen des Lagers wurde Fahrgeld für die Unterweltreise mitgegeben.

Mit der Eroberung der Alpenländer durch die römischen Legionen hat sich das Bild des Landes verändert.

Säben – Brixen und die Christianisierung

Erste Glaubensboten: Schon zur Römerzeit gelangte der christliche Glaube ins „Land im Gebirge", doch gibt es bis heute nur wenige Aufzeichnungen über namentlich erwähnte Missionare. Einer der ältesten Boten und Bezeuger seines Glaubens ist der *hl. Kassian.* Er soll unter Kaiser Diocletian den Märtyrertod erlitten haben. Ein Zusammenhang zwischen dem Märtyrer Kassian und dem Bischof Kassian ist nicht nachweisbar. In der Gegend von Trient wirkte als Bischof und Glaubensbote der *hl. Vigilius* (ein Schüler des Kirchenlehrers Ambrosius von Mailand). Sein Name findet sich noch heute in Ortsnamen wie St. Vigil und Familiennamen wie Fiegl und Vigl. Auch *Valentin* und *Romedius* missionierten in unserem Land. Die Völkerwanderung ließ die heidnischen Gebräuche wieder aufleben. Die Einwanderungswellen der Baiern brachten ebenfalls noch vorchristliches Gedankengut. Mit Beginn des 7. Jh.s begannen Mönche des hl. Benedikt Missionszüge. Viele Glaubensboten kamen aus Irland, Frankreich und England. Der *hl. Magnus* hatte sein Wirkungsfeld im Außerfern. Der *hl. Korbinian* (ehemaliger Bischof von Freising) wirkte in der Gegend des Burggrafenamtes. Säben wurde mit dem *hl. Ingenuin* wiederum Sitz eines Bischofs. Zu erwähnen bleibt noch der *hl. Rupert,* dessen Wirkungskreis ebenfalls bis nach Tirol reichte. Neben den Glaubensboten waren es dann die Bischöfe in Säben, Chur und Trient, die den Boden für eine vertiefende christliche Kultur- und Glaubensentwicklung bereiteten.

Säben: Über dem Städtchen Klausen erhebt sich ein beherrschender Fels, auf dem eine rätische Burg und ein Heiligtum, später ein römisches Kastell (Sabiona) mit einem Isistempel thronten. Schon in der spätrömischen Zeit wurde Säben zu einem festen Sitz des Christentums. Die christlichen Glaubensboten, die vom Süden kommend im 4. und 5. Jh. das Land missionierten, fanden in der Brixner Gegend fruchtbaren Boden. Der Felsblock von Säben, den seit dem 4. Jh. eine christliche Kirche krönt, wurde zu einem Zentrum der Verkündigung und entwickelte sich zu einem Mittelpunkt der Missionsarbeit. Die Bistumsgründung durch den *hl. Kassian* ist legendär. Im 6. Jh. wurde Säben Bischofskirche, als sich Bischof Martinus veranlaßt sah, im Zuge der Völkerwanderung von Augsburg zur Südgrenze seiner Diözese zu flüchten. Bis 901 blieb Säben bei Klausen Sitz eines Bischofs.

In diesem Jahr schenkte König Ludwig IV., das Kind, der letzte Karolinger, dem Bischof *Zacharias* einen Meierhof zu Pri(c)hsna (Brixen) in der Grafschaft des Rapoto, der an der Mündung der Rienz und dem Eisackfluß lag. Zacharias bewies seine Verbundenheit mit dem

Abb. links: Das auf einem Quarzphyllitfelsen erbaute Kloster Säben auf 717 m Seehöhe (200 m über Klausen). Der Felsen war schon in der Jungsteinzeit besiedelt. Später standen dort ein rätisches Heiligtum, eine Räterburg und ein römisches Kastell (Sabiona) mit einem Isistempel. Von der Kirche des 4. Jh.s existieren nur noch Reste. Säben war vom 6. Jh. an Bischofssitz und wurde zur Festung ausgebaut. Im 17. Jh. erfolgte der Bau des Benediktinerinnenklosters.

Abb. unten: Der Brixner Kreuzgang, angebaut an den ehrwürdigen Dom, zählt zu den größten Schöpfungen alpenländischer Wandmalerei aus dem Mittelalter. Der Kreuzgang geht in seiner Anlage auf den ersten Dom zurück. Um 1200 wurde er in der heutigen Form erbaut mit Rundbogen über Doppelsäulchen aus Marmor mit Knospenkapitellen. Die Ausmalung mit Fresken geschah dann vorwiegend im 15. Jh. durch die Brixner Schule, allerdings sind noch Reste einer früheren Bemalung sichtbar. Hans von Bruneck (um 1430) übersetzte den höfisch-burgundischen Stil ins Tirolische. Die führende Rolle der Brixner Malerei hatte in der Mitte des 15. Jh.s Meister Leonhard inne.

König, als er schon wenig später im Jahr 907 in der Schlacht an der Leitha gegen die Magyaren fiel. Auch dann noch, als die Bischöfe nach Brixen gezogen waren, blieb Säben die Burg ihrer Vögte.

Bedeutende Bischöfe von Säben waren: der hl. Kassian, ein legendärer Bischof, der im 4. Jh. lebte und zum Patron der Diözese Brixen wurde, der hl. Lukas (er starb um 430 in Buchenstein), Bischof Marcianus (574–578), er ist der älteste urkundlich nachweisbare Bischof, der hl. Ingenuin – er dürfte um 605 in Imola den Märtyrertod erlitten haben (wurde aber nie selig- oder heiliggesprochen), der hl. Constantinus (642 gestorben) und der hl. Albuin. Er verlegte den Bischofssitz nach Brixen und starb dort 1005. Treu zu den Ottonen stehend, erhielt er 1004 von Heinrich II. reichliche Schenkungen in Kärnten. Die Heiligen unter den Bischöfen Säbens befinden sich auch in den Fassadennischen des Innsbrucker Domes.

Brixen: Das Schloß Säben war für die Bischöfe unbequem gelegen, und so benützten sie den Meierhof, zumal die Zeiten ruhiger wurden, gerne als Aufenthaltsort. Schon bald erweiterten sie das Anwesen, und in unmittelbarer Nähe erstanden die Bischofskirche, ein Bischofspalast und Wohnhäuser für die Geistlichkeit. Langsam siedelten sich auch Kaufleute und Handwerker an. Aus dem Krongut Prichsna erwuchs eine bischöfliche Residenzstadt: Brixen. Der hl. Albuin war der erste Bischof, der dort residierte. Er hatte seinen Ansitz um 990 in das Tal verlegt, zumal die Ottonen für Ordnung und Frieden im Reich Sorge trugen. Säben blieb weiterhin die bischöfliche Burg (1494 von Albrecht Dürer besucht), wurde aber 1535 durch Blitz zerstört. Die Bischöfe Brixens erhielten im Laufe der Zeit wertvolle Schenkungen, wenngleich dies nicht ohne Hintergedanken geschah, liegt doch Brixen an einem strategisch wichtigen Ort. Die deutschen Könige des Mittelalters mußten zur Kaiserkrönung

Hoch über dem Dorf Thaur liegen die Ruinen der ehemaligen landesfürstlichen Burg Thaur. Daneben steht die in barocker Zeit neu gebaute Schloßkirche, die mit dem hl. Romedius in Verbindung gebracht wird. Seine Geschichte weist in die frühe Zeit der Christianisierung unseres Landes. Er stammte laut Überlieferung aus dem Geschlecht der Edlen von Thaur, fand schon in jungen Jahren Gefallen am Leben in der Einsamkeit und ließ sich nach einer Wallfahrt nach Rom mit zwei seiner Gefährten am Nonsberg als Einsiedler nieder. In hohem Alter wollte er nochmals seinen Freund Bischof Vigilius von Trient besuchen. Sein Pferd aber hatte ein Bär zerrissen, der sich jedoch zähmen ließ und dem Heiligen als Reittier diente. Nach seinem Tod geschahen beim Kirchlein auf dem Nonsberg zahlreiche Wunder. Im Jahre 1851 wurde das Haupt des Heiligen, das als Schenkung des Kaisers Heinrich IV. an das Stift Georgenberg gekommen war, in feierlicher Prozession von Fiecht in die Schloßkirche Thaur übertragen. (Kupferstich von W. Unger um 1850).

nach Rom durch dieses Gebiet. Das vom Bischof regierte Land im Gebirge stellte eine Brücke nach dem Süden dar, und diese sollte in sicheren Händen sein. 1027 erhielt der Brixner Bischof von Kaiser Konrad II. die Grafschaften im Inn- und Eisacktal, später kam das Pustertal dazu.

Die Brixner Bischöfe beherrschten den Zugang zum Brenner. 1080 fand in Brixen in Anwesenheit von Heinrich IV. ein Konzil statt, bei dem Gregor VII. abgesetzt wurde. Durch 900 Jahre war Brixen Hauptstadt eines geistlichen Fürstentums. Zu den bekanntesten Bischöfen zählen der hl. Albuin, der Begründer der weltlichen Macht der Bischöfe, Bischof Bruno, der den Vasallenadel in seine Schranken verwies, Bischof Peppo, der 1048 als Papst Damasus II. für kurze Zeit die Tiara trug, und Kardinal Nikolaus von Kues (1401–1464), einer der großen Gelehrten seiner Zeit. Politisch verstrickte er sich in unglückliche Auseinandersetzungen mit dem Landesherrn Sigmund dem Münzreichen (s. S. 78f).

Brixen birgt wertvolle Kunstkleinode. Der Kreuzgang des Domes aus dem 13. und 14. Jh. bildet eine rechteckige Anlage, wobei Dom, Taufkirche, alte Domschule und Kanonikerwohnungen verbunden sind. Seine Gewölbefresken, zwischen dem Ende des 14. und dem Beginn des 16. Jh.s entstanden, zeugen in ihrer Frische von Innerlichkeit und von dem Bemühen, Glaubensgeheimnisse bildlich zu erahnen. Neben Wilten und Marienberg finden wir auch hier eine eindrucksvolle Reihe steinerner Grabdenkmäler, von Bischöfen und Domherren im Laufe der Jahrhunderte errichtet.

Die Bischöfe nahmen seelsorgliche und weltliche Aufgaben wahr. Die Barockbischöfe des 18. Jh.s. entfalteten den Prunk fürstlicher Hofhaltung. Zur Säkularisierung, der Eingliederung in den Landesverband, kam es erst 1803. Vieles erinnert im heutigen Brixen an dieses selbständige Fürstentum.

Baiern, Alemannen, Rätoromanen und Langobarden

Im jahrhundertelang andauernden geschichtlichen Wanderungsprozeß germanischer Völker in das Römerreich spielte auch Tirol als Durchgangsland eine besondere Rolle. In den Süden des Alpengebietes zogen sich Reste der geschlagenen Goten zurück. Die Gestalt des großen Gotenkönigs Theoderich lebt hier als Dietrich von Bern (Verona) in verschiedenen Sagen (König Laurin) weiter. In der zweiten Hälfte des 6. Jh.s kam das Volk der Langobarden nach Italien und besetzte vor allem den Norden des Landes, wie der immer noch gebräuchliche Landschaftsname Lombardei beweist. Von dort reichte das Königreich der Langobarden weit nach Norden bis in die Gegend von Bozen. Im Etschtal mußten sie sich gegen die nach dem Süden vordringenden Franken zur Wehr setzen. Von einem Gefecht zwischen Franken und Langobarden bei Salurn wird um 575 berichtet. Erst zur Zeit Karls des Großen in der zweiten Hälfte des 8. Jh.s wurde das Königreich der Langobarden dem Frankenreich einverleibt.

Zu dieser Zeit war der gesamte nördliche Teil Tirols schon seit Generationen im Besitz der Baiern, die im Laufe des 6. Jh.s vom Alpenvorland in die Täler Tirols vorgedrungen waren und sich im Grenzbereich teils mit Gewalt und westlich des Zillers ohne großen Kampf neben der rätoromanischen Bevölkerung niedergelassen hatten. Auf das friedliche Nebeneinander beider Volksgruppen weisen die vielen vordeutschen Flurnamen, die sich bis in unsere Zeit gehalten haben, hin. Bedingt durch ihren Kinderreichtum sorgten die Baiern durch ihr groß angelegtes Rodungswerk für neuen Siedlungsraum in den Tälern des Landes. Von Nordwesten wanderten auch Alemannen ein. Bis heute läßt sich das Gebiet beider germanischer Stämme in der Mundart feststellen.

Alle Einwanderer verschmolzen mit den älteren Einwohnern, und deren romanisierte Sprache wurde von der deutschen schließlich ganz verdrängt. Doch dauerte dieser Vorgang mehrere Jahrhunderte. In der Abgeschlossenheit des obersten Inntales vermochten sich Volkstum und Kultur der alten Rätoromanen länger zu behaupten als im übrigen Inntal. In Nauders gab es noch im 17. Jh. romanisch (wie im benachbarten Engadin) und deutsch sprechende Leute nebeneinander. Im Jahre 1516 erklärten die Pfundser, sie könnten den Verhandlungen beim Gericht Nauders nicht folgen, weil diese auf „romaunsch" geführt werden, sie selbst aber nur deutsch sprechen.

Abb. oben: In mehreren Orten Tirols sind Gräberfunde aus der Völkerwanderungszeit gemacht worden. In diese Periode der Geschichte des mittleren Inntales weist ein schönes Fundstück aus der Zeit der bairischen Landnahme (ausgehendes 6. Jh.), welches bei Aushubarbeiten im Bereich der alten Weerberger Kirche 1959 freigelegt wurde. Es handelt sich um eine 15 cm lange bronzene Schmucknadel, deren oberes Ende einen Vogel darstellt (Tiroler Landesmuseum Ferdinandeum).

Abb. rechte Seite: Im Vinschgau finden sich noch aus der Zeit der Zugehörigkeit zum Frankenreich (ab dem 6. Jh.) wertvolle Kunstdenkmäler. Die nachfolgende Periode des frühen bairischen Christentums (8. Jh.) ist durch eine Reihe von Kirchen, deren Architektur als Stil angelsächsischer Mission gilt (auch die Kirchenpatrone weisen in das frühe Mittelalter), vertreten. So die Prokuluskirche in Naturns (um 770 errichtet), die Stefanskirchen in Obermontani und Marienberg sowie die Kirche des hl. Sisinius von Laas.
Die Kirche des hl. Prokulus (Bischof von Konstantinopel) stellt ein besonderes Kleinod dar: Die Innenarchitektur zeigt sich noch unverändert mit kleinen rechteckigen Fenstern, gewölbtem Chor, einem Rundbogen und einer flachen Decke aus Holz. Beachtenswert ist der Freskenschmuck. Die Kirche besitzt die ältesten Wandgemälde des deutschen Kulturbodens. Sie wurden 1912 entdeckt und zehn Jahre später von Malschichten späteren Datums freigelegt. Bekannt ist die Darstellung eines Heiligen (vermutlich Paulus), der in einem Korb über eine Mauer (vermutlich in Damaskus) herabgelassen wird (Bild). Die Fresken aus der karolingischen Zeit dürften um 800 unter dem Einfluß der irischen Buchmalerei entstanden sein. Sie wirken flächenartig, schemenhaft und linienartig bei naturfremder Kolorierung. Manches weist auf das Missionszentrum St. Gallen. Vergleichbare Fresken wurden 1928 in Katalonien entdeckt. Urkundlich wird das Kirchlein (im Zusammenhang mit den Herren von Tarant) 1365 erstmals erwähnt.

Das Land im Gebirge um das Jahr 1000

Jahrhundertelang hielt sich auch in dem später Tirol genannten Land die Grafschaftseinteilung des frühen Mittelalters, zum Teil in Übereinstimmung mit der germanischen Gliederung in Gaue. Im Inntal gab es drei Grafschaften: das Oberinntal von der Enge des Finstermünzpasses bis zur Melach, anschließend bis zum Ziller die ursprünglich Norital genannte Grafschaft, die auch das Wipptal über den Brenner bis nach Klausen umfaßte, und eine dritte Inntaler Grafschaft im Unterinntal, deren politische Geschicke sich im späteren Mittelalter mehr im Rahmen der bayrischen als der Tiroler Landesgeschichte vollzogen und zu der die Herrschaften Kufstein, Rattenberg und Kitzbühel gehörten. Eigene Grafschaften bildeten auch der Vinschgau und das Pustertal. Das spätere Osttirol war ein Teil der Kärntner Lurngrafschaft und das Außerfern gehörte zum Herzogtum Schwaben, während alle übrigen genannten Grafschaften Bayern einverleibt waren.

Das Bergland am Inn, Eisack und an der Etsch wurde aber allmählich aus Baiern gelöst. Um die Hauptwege nach Italien in sicherer Hand zu wissen und die oftmaligen Unbotmäßigkeiten der bairischen Herzöge gegenüber den deutschen Königen zu bestrafen, übertrug Kaiser Konrad II. im Jahr 1027 die Grafschaften Trient, Vinschgau und Bozen an den Bischof von Trient und die Grafschaften im Nori- und Inntal bis zum Ziller an den Bischof von Brixen. Im Jahre 1091 übergab Kaiser Heinrich IV. zudem die Grafschaft Pustertal der bischöflichen Kirche von Brixen. Diese Schenkungen führten zur Entstehung zweier Herrschaftsbereiche. An ihrer Spitze standen die beiden Bischöfe, die schon bald als Fürstbischöfe bezeichnet wurden. Und trotzdem wurde aus dem Land im Gebirge weder eine Herrschaft Brixen noch eine Herrschaft Trient, wie es etwa nach dem Beispiel von Salzburg hätte sein können, sondern eine Herrschaft Tirol. Dies war nicht nur deshalb so, weil die Bischöfe den angesehenen Geschlechtern die Vogteigewalt übergaben, sondern weil diese weltlichen Gewalten sich zielbewußt durchsetzten und die Bischöfe überflügelten. Unter den Adelsfamilien überragten drei ihre Standesgenossen: die Grafen von Andechs, Eppan und Tirol. Im Ringen um die Vorherrschaft blieben die Grafen von Tirol schließlich die Sieger, weshalb das Land von ihrer Stammburg den Namen erhielt.

Abb. rechte Seite: Die Kirche St. Benedikt in Mals im Vinschgau stammt aus karolingischer Zeit. Die Bilder an der Nordwand und die Stifterporträts an der Ostwand zählen zu den ältesten Wandgemälden in Tirol und entstanden um 800. Der fränkische Edelmann trägt die karolingische Hoftracht und ein mit Bändern umwickeltes Schwert. Das Bildnis wird durch den viereckigen Nimbus als eine zur Zeit der Darstellung noch lebende Persönlichkeit gekennzeichnet und dürfte das einzige bisher bekannte Monumentalgemälde eines fränkischen Edelmannes sein.

Klostergründungen in Südtirol

Die Südtiroler Stifte (Marienberg – Neustift – Innichen) beeinflußten nachhaltig das religiöse, kulturelle und soziale Leben Tirols. Seit jeher waren sie auch Förderer der Künste und Stätten des Unterrichtes. Die Abteien hatten das Recht der Asylgewährung und nahmen Fragen der niederen Gerichtsbarkeit wahr. Sie gestalteten die Politik des Landes mit, die Äbte waren bis zum Ende der Monarchie Mitglieder des Landtages. Die Klosterbibliotheken bergen wertvolle Schriften und Inkunabeln.

Marienberg: Das Kloster, die höchstgelegene Benediktinerabtei der Welt (1335 m Seehöhe), auf einer hohen Berglehne über Burgeis im Vinschgau gleicht einer Burg Gottes.

Ursprünglich war 1090 eine Abtei in Schuls (Graubünden) gegründet worden. Nach einem Brand wurde das Kloster nach Burgeis verlegt; dort wohnen seit 1146 die Jünger des hl. Benedikt. 1421 übernahmen die österreichischen Herzoge als Tiroler Grafen die Schirmvogtei. Die Chronik Prior Goswins ist eine der seltenen über das Mittelalter erzählenden Tiroler Geschichtsquellen. Sie wurde kurze Zeit nach dem Anschluß Tirols an Österreich abgeschlossen. Die Stiftskirche erhielt von 1643 bis 1647 die heutige architektonische Gestaltung. Die freskengeschmückte Krypta ist ein Beispiel aus der romanischen Gründungszeit. Von besonderer Anmut erscheint die Madonna aus Sandstein am Portal des Klosters, ein Beispiel höfischer Kunst (um 1400). Die kulturelle Bedeutung des Stiftes ist nicht nur für den Vinschgau und das Burggrafenamt beachtlich. Aus Konvent und Gymnasium des Klosters (letzteres war in Meran) stammen einige bedeutende Tiroler Wissenschaftler, wie Beda Weber, Heimatforscher und Mitglied der Nationalversammlung, Pius Zingerle (Übersetzer syrischer und persischer Dichtungen) und Albert Jäger (Historiker).

Neustift bei Brixen: Bischof Hartmann, der ein reformwilliger Hirte seiner Diözese war, gründete 1142 unter Mithilfe des Säbener Burggrafen Reginbert das Chorherrenstift der Augustiner in Neustift.

Die ersten Chorherren kamen aus Klosterneuburg (Hartmann war dort vor seiner Bischofsernennung Klostervorstand gewesen).

Nach einem Brand im Jahre 1190 wurde das Stift erneuert. Die innere Befestigung erfolgte zur Zeit der Fehde zwischen Margarethe Maultasch und den Grafen von Görz, die äußere Ringmauerbefestigung „aus Furcht vor den schnöden Türckchen". Von den ursprünglichen Wehrbauten sind nur noch Teile (z. B. des ehemaligen Brückenturmes) vorhanden. Die Stiftskirche stammt aus dem Jahre 1198, der Chor entstand 1468, die Barockisierung erfolgte am Anfang des 18. Jh.s. 1511 baute das Kloster eine Steinbrücke über den Eisack. Sie wurde bei einem Hochwasser „in einem schwumm hingetragen". Die ehemals „starke prugken mit gehauten stucken von lauter herten stainen" wurde 15 Klafter lang wieder neu errichtet. Der im Zweiten Weltkrieg beschädigte Turm wurde wieder aufgebaut.

Die Stiftskirche – seit 1956 eine Basilika – ist ein Barockjuwel deutscher Baukunst südlich des Brennerpasses. M. Günther und A. Gigl besorgten Deckengemälde und Stukkaturen. Einige Werke Michael Pachers, der durch die Augustinerpropstei tatkräftig gefördert wurde, finden wir in der Sakristei. Die kulturelle Bedeutung des Stiftes verdient besondere Beachtung. So blühen im 15. und 16. Jh. Buchmalerei und Schreibkunst. Die Stiftsbibliothek, die kostbarste Tirols, birgt wertvolle Wiegendrucke. Die ältesten Volksschauspiele Tirols werden in einer Handschrift aus 1391 überliefert. Die Unterlagen des Stiftsarchivs reichen bis in das 14. Jh. zurück. So wie Innichen und Wilten hatte auch Neustift eine eigene Stiftsschule. Bekanntester Bewohner des Pfründnerhauses war Oswald von Wolkenstein. Das Stift wurde alsbald zu einem Zentrum von Studien und Wissenschaft. Eine Reihe von Chorherren tat sich durch Publikationen aus Philosophie, Theologie, Sprachwissenschaft, Landeskunde und Botanik hervor.

Zur Abb.: Stift Neustift bei Brixen. Das Augustiner-Chorherrenstift wurde 1142 vom Brixner Reformbischof Hartmann – unter Mithilfe des Säbener Burggrafen Reginbert – gegründet.
Von den ursprünglichen Wehrbauten sind nur mehr Teile erhalten. Stiftskirche und Chor stammen aus dem 12. bzw. 15. Jh. Die Barockisierung erfolgte zu Beginn des 18. Jh.s. Die St.-Michaels-Kapelle (Engelsburg) ist ein Rundbau, der um 1200 errichtet wurde.
Die Stiftskirche, 1956 zur Basilika erhoben, stellt ein Barockjuwel deutscher Baukunst südlich des Brenners dar. Das Kloster, das bald zu einem Zentrum der Wissenschaft wurde, birgt die kostbarste Stiftsbibliothek Tirols (Stich um 1840).

Innichen: Das Stift Innichen, seit 1142 ein Kollegiatsstift, ist das älteste Südtiroler Kloster. Die Stiftskirche, die den Hl. Candidus und Corbinian geweiht ist, stellt einen bedeutenden Zeugen mittelalterlicher Bautätigkeit, ein besterhaltenes Beispiel romanischer Kirchenbaukunst in Tirol dar.

Herzog Tassilo III. schenkte 769 einen größeren Landstrich in der Grafschaft Pustertal an Atto von Scharnitz (der Bischof von Freising wurde) zur Anlage eines neuen Klosters. Das von Tassilo als Benediktinerstift gegründete Kloster sollte – laut Gründungsschrift – ein Mittelpunkt der Missionierung von Slawen des östlichen Pustertales, aber auch ein Bollwerk gegen diese sein. Abt Atto verleibte das Kloster 783 dem Hochstift Freising ein. 1150 wurde es von einem Benediktiner in ein Chorherrenstift umgewandelt.

Abb. links: Der Dom von Innichen gilt als bedeutendstes Bauwerk der Romanik in Tirol. Er entstand in der heutigen Gestalt im 13. Jh. für das schon im Jahre 769 vom Baiernherzog Tassilo III. gegründete Benediktinerstift. Im Kircheninneren gibt die große Kreuzigungsgruppe den beherrschenden Eindruck, von den Portalen ist besonders das Südportal (Abb.) zu erwähnen. Die Majestas Domini im Tympanon, Christus als Weltenrichter mit aufgeschlagenem Buch und erhobener Hand, umgeben von den Evangelistensymbolen, zählt zu den bedeutendsten Steinplastiken des Landes.

Abb. rechts: Marienberg im oberen Vinschgau ist die höchstgelegene Benediktinerabtei der Welt (1335 m) und wurde um 1150 oberhalb von Burgeis gegründet. Bis in das 17. Jh. hatte Marienberg im Engadin (Schuls) die Gerichtshoheit inne. Bedeutend wurde die Abtei im 19. Jh. für die Geschichtsforschung. Aus ihr gingen die hervorragenden Historiker Beda Weber, Albert Jäger und Pius Zingerle hervor. Die berühmte Marienberger Chronik des Abtes Goswin – ein Zeitgenosse von Margarethe Maultasch – ist die bedeutendste erzählende Geschichtsquelle Tirols.

Die Klostervorsteher waren meist vom Freisinger Bischof ernannte Domherren, die es aber vorzogen, sich in Innichen vertreten zu lassen. Von 1792 bis 1918 präsentierte dann der Landesfürst den jeweiligen Stiftsvorsteher. Die Hofmark Innichen (Intichunga, Innichingen) und das Stift gehörten seit 1500 den Tiroler Landständen an. Über die unmittelbaren Angestellten behielt das Stift bis ins 18. Jh. die zivile Rechtsprechung. An bekannten Stiftsgeistlichen begegnen uns Ortolf (Kaplan von Friedrich I.), Kardinal Grunwalder und der spätere sozialpolitisch rege Linzer Bischof Rudigier. Ehe die Mittelschulen errichtet wurden, war die Innicher Stiftsschule die älteste deutsche Tiroler Schule.

1200 wurde die durch einen Brand zerstörte Kirche neu erbaut. Die Bauform hat sich seit 1200 kaum geändert. Das Stift zeigt eine einheitliche romanische Wirkung bei strenger und klarer – lombardisch mitbeeinflußter – Form. Das Triumphkreuz der Kollegiatskirche stellt eine der schönsten romanischen Plastiken Tirols dar. Die Muttergottes der unversehrten Triumphbogengruppe im Chor wirkt feierlich, schlicht und verhalten. Die Krypta aus dem 10. Jh. ist heute wieder zugänglich. Die nunmehr freigelegten Fresken der Vierungskuppel stammen aus dem Jahre 1280.

Als eine der ältesten Formen der Volksfrömmigkeit gilt die Wallfahrt zum Kreuz und zu den Reliquien des hl. Candidus.

Die Entstehungsgeschichte des Klosters St. Georgenberg

Eine alte Legende berichtet über die Entstehung von St. Georgenberg folgendes: „In längst vergangener Zeit lebte zu Aibling in Bayern eine gottesfürchtige Adelsfamilie. Ein Sohn mit Namen Rathold faßte den Entschluß, in stiller Abgeschiedenheit sein Leben Gott zu weihen. Er wanderte in das Land im Gebirge und fand im Stallental eine Felsenhöhle, die er sich als Wohnung wählte. In der Nähe erbaute er eine kleine Kapelle zu Ehren des hl. Georg, der auch der Ortspatron seiner Heimatpfarre war. Nach Jahren frommen Einsiedlerlebens griff er zum Wanderstab und pilgerte nach Rom und Santiago de Compostela in Spanien. Nachdem er die Priesterweihe empfangen hatte, kehrte er in die Einsamkeit des Stallentales zurück. Von seiner Pilgerfahrt brachte er ein Marienbildnis mit. Dieses stellte er in seiner Höhle auf und verbrachte davor viele Stunden der Andacht. Bald schlossen sich ihm Gefährten an. Sie beschlossen, für die religiöse Genossenschaft einige Zellen und ein geräu-

Auf einem schroffen Felsen über dem Stallenbach gründete Rathold von Aibling eine Einsiedelei, aus der sich dann das Benediktinerkloster St. Georgenberg entwickelte. Dieses war Jahrhunderte hindurch Ziel großer Wallfahrten und Kreuzgänge. Schwere Heimsuchungen trafen das einsam gelegene Kloster. Nach vier verheerenden Bränden wurde im 18. Jh. die neue Abtei Fiecht im Inntal erbaut. St. Georgenberg zählt aber immer noch zu den beliebtesten Wallfahrtsstätten des Landes (Ausschnitt einer Zeichnung von K. Stecher, 1855).

miges Kirchlein zu erbauen. Als Bauplatz wählte man einen zwischen Fiecht und Stans gelegenen sonnigen Hügel, der schon von alters her ‚Die Burg' genannt wird. Bei dem unter Mithilfe der Verwandten Ratholds in Angriff genommenen Werk kamen aber immer wieder Unfälle vor. Von Zeit zu Zeit flogen zwei weiße Tauben daher und trugen blutige Späne in die Nähe der einstigen Einsiedelei Ratholds. Das deutete der selige Gründer als einen Wink des Himmels, und daher wurde der Bau an der Stelle errichtet, wo er heute noch steht. Unweit der klösterlichen Niederlassung erbaute man unter einer schattenreichen Linde eine Kapelle für das Marienbildnis."

Geschichtlich erwiesen gehörte Rathold von Aibling dem reichen und einflußreichen Geschlecht der Rapotonen an. Diese hatten auch im Unterinntal ausgedehnten Besitz. Rathold gründete seine Einsiedelei im Gebiet seines Familienbesitzes. Er starb um 954. Der Ruf vom frommen Leben des bayrischen Adeligen und seiner Gefährten, die nach seinem Tod sein Werk fortführten, erregte bald die Aufmerksamkeit des Brixner Bischofs Albuin. Er schenkte der Kirche des hl. Georg zum ständigen Unterhalt ihres Priesters einige Bauernhöfe. Etliche Edelleute folgten seinem Beispiel. Ein besonders großer Wohltäter war der deutsche König Heinrich IV., der lange Zeit mit der Kirche und dem Papsttum im Kampf stand. Die reichste Stiftung aber machten die Ritter von Schlitters im Zillertal, die das ganze Gebiet von Eben bis zur bayrischen Grenze, samt dem Achental und dem See zu Beginn des 12. Jh.s der St.-Georgs-Kirche zum Geschenk machten. Bald darauf erhob der Brixner Bischof Reginbert die klösterliche Gründung zu einer Benediktinerabtei und ernannte Eberhard aus dem Geschlecht der Aiblinger zum ersten Abt, was Papst Innozenz II. im Jahre 1138 bestätigte. Bischof Reginbert verlieh der neuen Abtei auch die Pfarre Vomp, eine der ältesten im Unterinntal. Reginberts Nachfolger auf dem Brixner Bischofsstuhl, der selige Hartmann, übergab dem Kloster die Pfarre Achental. Auch schenkte er dem Abt einen Bischofsstab. In der Tiroler Kunstgeschichte wird dieser als der Hartmannstab bezeichnet; er ist heute noch im Besitz des Klosters. In dieser Zeit begannen auch die Kreuzgänge nach Sankt Georgenberg. Das ganze Mittelalter hindurch kamen Pilgerscharen aus ganz Tirol, dem benachbarten Bayern und der Erzdiözese Salzburg besonders in den Monaten von April bis September auf den Berg des hl. Georg gezogen. Die Durchschnittszahl der Kreuzgangsteilnehmer lag zwischen 60 und 70. Schwere Heimsuchungen trafen das einsam gelegene Kloster in den folgenden Jahrhunderten. Nach vier verheerenden Bränden (1284, 1448, 1637 und 1705) wurde die neue Abtei in Fiecht im Inntal erbaut. St. Georgenberg zählt aber immer noch zu den beliebtesten Wallfahrtsstätten im Land Tirol. Das Gnadenbild der Schmerzhaften Muttergottes stammt aus der Zeit um 1420.

Die frühe Geschichte des Klosters Wilten

Die Sage bringt die Gründung von Wilten mit dem Riesen Haymon in Verbindung. Schon im 4. oder 5. Jh. stand an der Stelle des heutigen Klosters Wilten ein Heiligtum des hl. Laurentius, später wurde ein Klerikerkonvent dazugebaut. Den Namen „Wilten" finden wir als „Wuittina" (Veldidena) bereits 870 in einer Schenkungsurkunde. Brixens Bischof Reginbert, der um die Seelsorge sehr bemüht war, zeigte sich mit dem weltpriesterlichen Kollegiat der St.-Laurentius-Kirche wenig zufrieden, und so übergab er schon in seiner ersten Amtszeit (1128) Konvent und Kirche dem um diese Zeit gegründeten Orden des hl. Norbert. Die von Innozenz II. bestätigte Klostergründung dürften Reginbert und der hl. Norbert auf einer Romreise vereinbart haben. Die ersten Prämonstratenser (nach dem Mutterkloster Premontre benannt) kamen über Einladung Reginberts aus dem Oberschwäbischen. Sie erhielten Brixner Landbesitz und die niedere Gerichtsbarkeit über die Hofmark Wilten übertragen.

Zur Erinnerung an den zwischen dem Stift Wilten und dem Andechser Grafen Berthold III. im Jahre 1180 geschlossenen Vertrag übergaben die Andechser dem Stift einen Kelch. Er stellt ein erlesenes Werk der Goldschmiedekunst dar und wurde von einem niedersächsischen Meister im Auftrag des Grafen Berthold um 1170 geschaffen. Am Fuß trägt er die Stifterinschrift und in Medaillons 15 Szenen aus dem Alten Testament. Auf der Patene sieht man als Fortsetzung Darstellungen von der Auferstehung bis zur Himmelfahrt Christi. Der Wiltener Kelch wurde im Jahre 1936 aus finanziellen Gründen an das Kunsthistorische Museum in Wien verkauft. Er zählt zu den wertvollsten liturgischen Geräten, die uns aus romanischer Zeit erhalten blieben.

Des Riesens HAYMONS welcher das Closter Wilthan bey Inſpruck A° 878. gestifftet, verKleinerte Bildniſse.

Zu den Abb.: Darstellung des Klosters Wilten um 1700 (vor dem barocken Umbau), geht auf Gabriel Bodenehr zurück (rechte Seite). Er verwendete als Vorlage fast unverändert einen Kupferstich von Matthäus Merian aus dem Jahre 1649. Links neben der Eingangspforte das sogenannte Leuthaus, ein Bau, der heute noch erhalten ist und in früherer Zeit den Sitz des Landgerichtes Sonnenburg bildete. Als sagenhafter Gründer des Klosters gilt der Riese Haymon (links), dargestellt als mittelalterlicher Ritter, der in den Händen das Schwert und die Zunge des von ihm erlegten Drachen aus der Sillschlucht hält.

Die Erträge aus der Eigenwirtschaft und die Grundzinse der hörigen Bauern erlaubten schon 1167 einen neuen Klosterbau. Missions- und Rodungsgebiet der „Wiltener" war das hintere Sellraintal. Seelsorglich konzentrierten sie ihre Arbeit in der Pfarre Wilten und in den Altpfarren Patsch und Ampass.

Von geschichtlicher Bedeutung ist ein Vertrag zwischen Berthold III. von Andechs und Propst Heinrich I. In diesem Schriftstück des Jahres 1180 stimmt das Stift einer Marktverlegung vom linken auf das rechte Innufer zu, was in der Folge auch räumlich die Gründung und Entwicklung der „Stadt an der Innbrücke" ermöglichte.

Während des ganzen Mittelalters hatte Wilten größte Bedeutung als Ort der Wissenschaft und Kunst. Die größten Umbauten geschahen dann in barocker Zeit. Im Jahre 1644 wurde ein Neubau der Stiftskirche notwendig. Baumeister Schäffler baute nach Plänen von Christoph Gumpp, flüchtete aber, als ein Gewölbeeinsturz 1657 sechs Arbeiter begrub. Steinmetzmeister Gallus Appeller stellte dann den Rohbau fertig. Die Stiftskirche ist das Hauptwerk des Innsbruckers Christoph Gumpp, wobei die Hauptfassade ein Juwel des späten Hochbarocks darstellt. Am 18. Oktober 1665 weihte Bischof Sigmund Alfons Graf Thun im Beisein des Kaisers Leopold I. die Kirche, woran auch ein Bild Stefan Kößlers im Stiftsmuseum erinnert. Da Leopold die für den Hochaltar versprochenen 2000 Gulden „vergessen" hatte, schickte Abt Dominikus seinem Kaiser folgenden Kurztext: „Gedenke des Wortes an deinen Diener, weil du mir Hoffnung gegeben. Psalm 118". Die Eingangshalle des Klosters, der Kapitelsaal und Teile des Kreuzganges stammen noch aus gotischer Zeit. An der Südseite des Klosters finden wir romanische Portalreste und gotische Freskenfragmente des Kreuzganges, letztere werden dem Kreis um Michael Pacher zugeschrieben.

Auf der Kaiserstraße durch Tirol

Bedingt durch die mit Otto dem Großen einsetzende Italienpolitik der deutschen Könige wurden die Straßen durch das Land für die Reichsinteressen strategisch bedeutsam. Von den 80 Heerzügen, welche die Kaiser in der Zeit von 950 bis 1250 über die Alpen nach Italien zur Gewinnung der Kaiserkrone und zur weiteren Sicherung ihrer Herrschaft unternahmen, gingen etwa 45 über den Brenner. Die Maßnahme König Konrads II., die an dieser Straße gelegenen Gebiete aus dem bairischen Herzogtum herauszunehmen und den Bischöfen von Brixen und Trient zu übertragen, bewährte sich in den folgenden Jahrhunderten, da die Bischöfe und ihre Vögte stets verläßliche Verbündete der Kaiser und treue Hüter dieser wichtigen Durchgangsstraße waren.

An die Heerzüge des hohen Mittelalters erinnern manche Hinweise. Im Jahr 1002 wurde der Leichnam des in Italien sehr jung verstorbenen Kaisers Otto III. von Verona durch das Etschtal, über den Brenner und den Seefelder Sattel in das Kloster Polling bei Weilheim überführt. Die Gründung der St.-Leonhards-Kirche bei Kundl wird mit dem Italienfeldzug des Kaisers Heinrich II. in Verbindung gebracht. Es war der Kaiser, der anläßlich seines ersten Romzuges dem Bischof Albuin von Brixen Güter in Kärnten und Krain, dem Bischof Udalrich von Trient aber das ganze Gebiet um die Bischofsstadt schenkte.

Kaiser Heinrich IV., in die Geschichte durch die Ereignisse des Investiturstreites und seinen Gang nach Canossa eingegangen, weilte anläßlich eines Italienzuges in der Einsiedelei Georgenberg, jedenfalls verschrieb er ihr sechs Höfe im Unterinntal, gab dazu Leibeigene und schenkte der Kirche des hl. Georg Reliquien, darunter das Haupt des hl. Romedius, und ließ schließlich noch in die Felsen eine Wasserleitung hauen. Laut einer zeitgenössischen Aufzeichnung soll auch sein Sohn Heinrich V., in dessen Regierungszeit der Investiturstreit durch das Wormser Konkordat beigelegt wurde, bei seiner Rückkehr aus Italien in der Nähe von Georgenberg Rast gemacht und die Kirche besucht haben.

Von den zahlreichen Kaiserzügen hinterließ aber kein anderer eine so nachhaltige Erinnerung wie jener zweite des Kaisers Lothar III., der auf der Heimreise von Italien in den frühen Morgenstunden des 4. Dezember 1137 in einer armseligen Bauernhütte zu Breitenwang bei Reutte verstarb. Der schon ältere Kaiser erlag dabei einer typhösen Erkrankung, die auch viele seiner Gefolgsleute hinwegraffte, einer Krankheit, die ihn schon erstmals in Verona und dann verstärkt in Trient befallen hatte. Über die winterliche Alpendurchquerung läßt der sächsische Chronist nur sehr wenig verlauten. Kurz vor seinem Tod bestimmte Lothar seinen Schwiegersohn Heinrich den Stolzen von Bayern zu seinem Nachfolger. Im Trauerzug wurde der Leichnam durch Süddeutschland nach Sachsen in die von ihm gegründete Abtei Königslutter überführt.

Über die Rückkehr eines deutschen Ritterheeres unter Kaiser Friedrich Barbarossa im Jahre 1155 berichtet ein Zeitgenosse: „Noch mußte der Durchgang durch die Berner Klause gegen aufständische Lombarden mit Gewalt erzwungen werden, dann aber wurde im Tal von Trient ehrlicher Frieden gehalten. Nirgends hinderte eine Festung oder Burg den Zug, der mit großem Hörnerschall und fliegenden Fahnen des Kaisers sich kundtat. Überall bereiteten die Bewohner der Alpen gerne den Weg, in Bozen und Brixen wurde der süße Wein dieser Gegend den Rittern gereicht!“

Die Grafen von Andechs

Die Bischöfe von Brixen setzten zur wirklichen Ausübung der Grafschaftsgewalt im Inn-, Wipp- und Pustertal die Grafen von Andechs ein. Diese stammten aus Bayern, wo ihre Stammburg in Andechs nahe des Ammersees, an der Stelle des heutigen bekannten Wallfahrtsortes lag. Die Andechser besaßen im süddeutschen Raum noch weitere Herrschaften, auch die Markgrafschaften Krain und Istrien, wo sie die schon früher begonnene deutsche Besiedlung förderten. Ihr Hauptsitz im Inntal war das Schloß Ambras, andere bevorzugte Burgen waren Vellenberg bei Götzens, die Burg Thaur und Fragenstein bei Zirl.

Die Andechser standen treu zur Seite der Hohenstaufen. So sehen wir Bischof Hartmann von Brixen und seinen Vasallen Berthold III. von Andechs auf dem Reichstag Friedrich Barbarossas 1156 in Regensburg. Dies war der Reichstag, bei dem der Hohenstaufenkaiser Österreich zum Herzogtum erhob. Bischof Hartmann von Brixen galt als Friedensvermittler zwischen den Hohenstaufen und den früher aufständischen Bayernherzögen. Von Friedrich Barbarossa wurden die Grafen von Andechs 1180 in den Rang von Herzögen von Meranien erhoben, womit allerdings nicht Meran an der Etsch, sondern Istrien gemeint war.

In das Jahr 1180 fällt auch die Gründung von Innsbruck. Auf dem linken Innufer, unterhalb des Dorfes Hötting, bestand eine kleine Ansiedlung, Anbruggen genannt. Graf Berthold vermittelte mit Hilfe des Brixner Bischofs beim Kloster Wilten, dem alle Felder südlich des

Innflusses gehörten, und erwirkte schließlich, daß das Kloster Wilten ein kleines Gebiet auf dem rechten Innufer an den Andechser abtrat und seine Einwilligung erteilte, auf diesem Boden eine neue Siedlung zu gründen. Schon 1187 nennt eine Urkunde den neuen Markt „Innsprucke".

Gründungsurkunde von Innsbruck aus dem Jahre 1180 (Stiftsarchiv Wilten).

Ein schwerer Schlag traf die Herzöge von Andechs im Jahre 1208. Sie wurden der Teilnahme an der Ermordung des deutschen Königs Philipp in Bamberg bezichtigt und von dessen Nachfolger Otto aller ihrer Länder für verlustig erklärt. Die Grafschaft im Inntal nahm nun der Herzog Ludwig von Bayern in Besitz. Er erneuerte auch im Jahre 1210 den Vertrag mit dem Stift Wilten. Erst nach geraumer Zeit vermochten sich die Andechser von diesen Beschuldigungen zu rechtfertigen. 1232 erhielt Herzog Otto von Andechs vom Bischof von Brixen die Grafschaften im Unterinntal und Pustertal als Lehen zurück. In dieser Zeit bekam Innsbruck Ringmauern und Tore. Ein Stein der Mauer trug in lateinischer Inschrift und mit der Jahreszahl 1234 versehen, die Worte:

„Otto, der Herzog von Meran
hat erstlichen gefangen an,
Innsbruck zur Stadt zu pflanzen
setzt ihr den Rat und Richter vor
umgab sie mit Mauern und Tor
und baute allda die Schanzen."

Ihm folgte sein Sohn Otto II., der im Jahre 1239 den Bürgern das Stadtrecht erneuerte. Er war mit einer Tochter Alberts, des Grafen von Tirol, verehelicht. Dieser Ehe entsproß jedoch kein Nachfolger, so daß mit dem Tod dieses Andechsers die Lehen an die Grafen von Tirol kamen.

→

Abb. rechte Seite: Innsbrucks Altstadtkern ist besonders im Luftbild schön zu überblicken. Im Vordergrund ein Teil des Hofgartens, das Kongreßhaus und das Landesarchiv (1675 als erstes Universitätsgebäude errichtet), der große Komplex der Hofburg, die in der Regierungszeit Maria Theresias erweitert und umgebaut wurde, und der doppeltürmige Dom St. Jakob. Die Häuser der Altstadt sind eng zusammengebaut und werden vom Stadtturm überragt.

Abb. unten: Drei der alten Stadttore von Innsbruck: links das Georgen- oder Vorstadttor am Südende der Herzog-Friedrich-Straße (abgebrochen 1765), in der Mitte das Inntor (abgebrochen 1790) zwischen Ottoburg und der alten Andechser Stadtburg mit dem Türmchen der alten Mauritiuskapelle und rechts das Picken- oder Frauentor (abgetragen 1779) am Ende der Seilergasse in Richtung auf den Innrain. Das vierte Stadttor war das Saggentor mit dem Wappenturm. Aquarell von Josef Strickner (um 1815) im Tiroler Landesmuseum Ferdinandeum.

Das mittelalterliche Innsbruck

Da Innsbruck nicht aus einer bestehenden Siedlung weiterwuchs, sondern vom Andechser Grafen Berthold neu gegründet wurde, erbaute man von Beginn an Häuser und Straßen nach einem festen Plan. Da der Platz knapp war, entstanden schmale Gassen, und nur vereinzelt war dazwischen ein größerer Platz. Bei den meisten Häusern waren nur das Fundament und das Erdgeschoß aus Steinen, der obere Stock war aus Fachwerk oder ganz aus Holz. Die steilen Dächer deckte man mit Stroh oder Schindeln. Daher war die Feuersgefahr sehr groß. Einige Jahrzehnte nach der Gründung bekam der Markt in der Zeit des Andechser Grafen Otto Ringmauern und Tore. An der Außenseite der Mauer wurde ein mehrere Meter breiter und ebenso tiefer Graben ausgehoben. An den vier Toren wurden Zugbrücken angebracht. Die feste Burg des Herzogs Otto erhob sich neben der Innbrücke.

Im Jahre 1233 wurde Innsbruck erstmals Stadt genannt. Sechs Jahre später erneuerte Herzog Otto II. den Bürgern das Stadtrecht. Die Urkunde wurde am 9. Juni 1239 ausgestellt. Die Vorteile, in der Stadt zu leben (nach dem Grundsatz: *Stadtluft macht frei!*), lockten viele Menschen in die junge Niederlassung.

Innsbruck blieb lange Zeit hindurch nur eine Durchgangsstelle für den Handelsverkehr, ein Ort, in dem fremde Kaufleute auf der Handelsstraße zwischen Italien und Deutschland kurze Rast und Herberge suchten, ihre Waren niederlegten und dann weiterzogen. Auf dem Stadtplatz spielte sich durch Jahrhunderte hindurch das öffentliche Leben ab. Dort entstand bald schon das Rathaus mit dem dazugehörigen Turm. Das Rathaus wurde in den Jahren 1358 und 1500 erneuert. Im ebenerdigen Geschoß war bis ins 19. Jh. die städtische Brotbank untergebracht. Die Bedeutung des Platzes wurde dadurch sehr aufgewertet, so daß Herzog Friedrich zwei Bürgerhäuser erwarb, um dort seine Residenz, den sogenannten *Neuhof*, auszubauen. Für Innsbruck bedeutete die Verlegung der Residenz des Landesfürsten sehr viel. Die alte Stadtburg der Andechser an der Innbrücke diente in der Folge als Zeughaus und dann als Kaserne. An den Neuhof wurde zur Zeit des Kaisers Maximilian der berühmte Erker, das Goldene Dachl, angebaut.

Im Jahre 1281 kaufte Meinhard II. vom Kloster Wilten die Neustadt, das Gebiet, das südlich an die Stadt anschloß. Im Jahre 1307 wird dort das Spital zum erstenmal genannt. Für dieses Spital gab der Landesfürst Heinrich reichlich Spenden, und er ließ auch im ganzen Land Almosen sammeln. Durch den Erwerb dieses ausgedehnten Bereiches, in dessen Zentrum heute die Maria-Theresien-Straße verläuft, war die räumliche Ausdehnung des Stadtgebietes für lange Zeit abgeschlossen.

In der zweiten Hälfte des 15. Jh.s wurde der Fürstensitz von der Burg am Stadtplatz an den Rand der östlichen Stadtmauer verlegt, dorthin, wo nunmehr die Hofburg steht. Zahlreiche Handwerker hatten dort ihre Werkstätten. Sie waren wie überall in Zünften vereint, einige Straßennamen erinnern noch an ihre Wirkungsstätten.

Im Spätmittelalter bekam Innsbruck auch gepflasterte Straßen, und die ursprünglich einfachen, zum Teil aus Holz bestehenden Häuser wurden in stattliche Bürgerhäuser, die heute noch die Altstadtgassen begrenzen, umgebaut. Es sind die typischen Innstadthäuser, schmal und steil, mit hochgezogener Giebelfront, hinter der die Grabendächer verdeckt sind, ganz in der Art, wie sie in anderen Innstädten (Hall, Rattenberg, Wasserburg) auch vertreten sind. Große Innenhöfe ermöglichen den langgestreckten Häusern Zugang und Beleuchtung, breite Fluren zur Einfahrt der Fuhrwerke erinnern an den Fernverkehr. Die offenen Laubengänge im Erdgeschoß machten Handel und Geschäft von der Witterung unabhängiger. Die künstlerische Note erhielten die Häuser durch viele, mehrere Stockwerke hohe Erker, in die häufig Reliefs mit Maßwerk, Wappen und später Renaissanceembleme eingefügt wurden.

Schön geschmückt waren auch die Tore. Der Wappenturm wurde durch Kaiser Maximilian beim Saggentor erbaut und durch Jörg Kölderer mit Wappenbildern versehen (Zeichnung aus dem 18. Jh. im Tiroler Landesmuseum). Der Wappenturm stand bis zum Jahre 1766. Durch den Umbau der Hofburg wurde er zwar nicht abgebrochen, jedoch mit dicken Mauern ummantelt und gänzlich verändert.

Die verschiedenen mittelalterlichen Tore fielen im Laufe der ersten Jahrhunderte der Neuzeit zum Opfer, als letztes das Inntor im Jahre 1790.

Das St.-Bartholomäus-Kirchlein an der Sill erhält durch die Schlichtheit seiner Rundform einen besonderen Reiz. Es wurde am 15. Dezember 1944 bei einem Luftangriff auf Innsbruck fast völlig zerstört. Dadurch kamen jedoch die Fresken zweier Apostel (Jakobus und Johannes) zum Vorschein, die ein seit Jahrhunderten zugemauertes romanisches Fenster zierten. Die Figuren datieren aus der Mitte des 15. Jh.s. Urkundlich wird der Bau, der auf eine romanische oder vorromanische Tauf- bzw. Totenkapelle zurückgehen dürfte, erstmals 1275 erwähnt. Die Wiedererrichtung erfolgte 1981. Fotografie aus dem Tiroler Landesmuseum Ferdinandeum, um 1900.

Die Grafen von Tirol

Die Grafen von Tirol hatten im Etschland oberhalb von Meran ihr Stammschloß, dessen Name nach dem Erlöschen des Grafenhauses zu dem des Landes Tirol werden sollte. Urkundlich sind die Grafen von Tirol seit 1140 nachweisbar, sie waren jedoch schon früher Vögte der Bischöfe von Brixen und Trient. Häufig finden sich bei ihnen die Rufnamen Adalbert, Berthold und Heinrich. Beharrlicher, berechnender Sinn zeichnete die meisten von ihnen aus, damit waren sie ganz anders als die ungestümen Eppaner, die im Ringen um die Lehensgebiete ihre erbittertsten Gegner waren. Die Grafen von Tirol waren wie jene von Andechs stets treue Anhänger der Kaiser aus dem Hause der Hohenstaufen. Sie begleiteten diese auf die Heerzüge nach Italien. Bei der Belagerung von Mailand 1158 durch Kaiser Friedrich Barbarossa machte Graf Albert von Tirol von sich reden, als er einen siegreichen Kampf gegen einen feindlichen Ritter führte. Dieser Graf Albert lernte übrigens in Italien einen lombardischen Künstler kennen und schätzen und brachte ihn mit nach Tirol, wo er den berühmten Reliefschmuck der romanischen Portale der Burgkapelle auf Schloß Tirol schuf.

Der tatkräftigste Vertreter der Tiroler Grafen war sicherlich Albert III. (1190–1253), bei allen wichtigen Angelegenheiten seiner Zeit beteiligt, bald vereint mit dem Kaiser, bald gegen ihn. Er kämpfte im Heiligen Land und gegen die Mongolen. Er war Schutzherr des Bischofs, zugleich aber auch sein Vasall, ein harter Gegner, wenn es darum ging, seine Lehensgebiete zu vergrößern. Besonders nach seiner Rückkehr vom Kreuzzug verfolgte er bewußt das Ziel, die Vemehrung seiner Macht mit rücksichtsloser Energie voranzutreiben. Dadurch legte er mit Tatkraft und seiner klugen Politik den Grundstein zur Gefürsteten Grafschaft Tirol. Anläßlich der Erhebung Innsbrucks zur Stadt in der Zeit des Andechser Grafen Otto besprach er mit diesem die Verehelichung seiner Tochter mit dessen Sohn Otto II. Infolge der Kinderlosigkeit dieses Paares wurde Albert später der Erbe der Andechser Lehen.

Am Ende seines Lebens mußte Graf Albert mit seinem zweiten Schwiegersohn Meinhard von Görz bei Greifenburg in Kärnten gegen die Truppen des Salzburger Erzbischofs Philipp eine bittere Niederlage hinnehmen. Beide gerieten in Gefangenschaft, mußten sich durch ein hohes Lösegeld freikaufen und außerdem die zwei noch im Knabenalter stehenden Söhne Meinhards als Geiseln stellen. Diese Niederlage gegen den Erzbischof konnte Graf Albert nicht mehr verwinden, er starb als letzter aus dem Mannesstamm der alten Grafen von Tirol im Jahre 1253. Sein Leichnam wurde später in der von seinem Enkel Meinhard II. begründeten Fürstengruft im Kloster Stams beigesetzt, und die dort angebrachte Grabinschrift rühmt die Tüchtigkeit und Klugheit Alberts.

←
Auf uraltem Siedlungsboden und den Mauerresten einer frühmittelalterlichen Bauanlage wurde die Burg der Grafen von Vinschgau, die sich 1141 erstmals Grafen von Tirol nannten, um die Mitte des 12. Jh.s auf dem weit sichtbaren steilen Hügel bei Meran erbaut. Wahrscheinlich wurden Palas und Kapelle im Jahre 1234 um ein Geschoß erhöht, der Eingang mit der offenen Bogenhalle versehen und der später als landesfürstliche Wohnung dienende Ostflügel angebaut. Die Burg war nach dem Übergang der Grafschaft Tirol an die Habsburger im Jahre 1363 Sitz des Landeshauptmannes an der Etsch, verfiel jedoch schon im 16. Jh. Im Jahre 1641 wurde der teilweise eingestürzte Nordosttrakt abgebrochen. Seit 1814 befand sich die Burg im kaiserlichen Besitz und wurde zwischen 1876 und 1914 erneuert. Nach dem Ersten Weltkrieg ging das Wahrzeichen Tirols in den Besitz des italienischen Staates über und wurde von diesem im Jahre 1974 dem Land Südtirol überlassen.

Meran, heimliche Hauptstadt im Etschland

Genaugenommen war Meran nie Hauptstadt des Landes Tirol, auch wenn sie sich diesen ehrenden Titel Anfang des 15. Jh.s zulegte und seither im ständischen Bereich eine führende Rolle spielte. Der im 13. Jh. aufblühende Markt lag im Nahbereich des Schlosses Tirol, welches sich die Vögte des Bischofs von Trient hoch über dem Dorf Tirol nach 1140 errichtet hatten. Die eigentliche Residenz der Grafen von Tirol war und blieb bis zu ihrem Aussterben das Schloß auf jenem aussichtsreichen Moränenhügel. Auch nachdem das Land unter Meinhard geeint und vortrefflich verwaltet wurde, blieben der Landesherr und mit ihm die Beamtenschaft am Stammschloß der Grafschaft Tirol. Meran war also zu keiner Zeit Sitz der Tiroler Zentralverwaltung oder Residenzstadt der Tiroler Landesfürsten.

Nach der Übergabe des Landes an die Habsburger residierten die neuen Herren nur noch selten auf Schloß Tirol, da sie meist mit Familienstreitigkeiten außer Landes befaßt waren. Als es Herzog Friedrich im Jahre 1416 endlich gelang, in Tirol Fuß zu fassen, anerkannte er zwar die Verdienste Merans und der damit verbundenen Führungsrolle im Kampf gegen die aufständischen Adeligen, doch eine praktische Aufwertung erfuhren die Meraner dadurch

← *Abb. links: Die freistehende Burgkapelle von Hocheppan gilt als besonders schönes Beispiel romanischer Kunst. Sie wurde um 1130 erbaut und bildet einen viereckigen Raum mit drei kleinen halbrunden Apsiden. Die Kapelle birgt den am besten erhaltenen Zyklus romanischer Fresken in Tirol. Die Gestalten zeigen eine Anlehnung an die byzantinische Kunst.*

Abb. rechts: Die romanischen Portale in der Burg Tirol entstanden um 1160 und waren das Werk eines lombardischen Meisters. Die abgetreppte Laibung ist mit Rankenwerk überzogen, die Kapitellzone zeigt Adler (Symbol der Reichsgewalt und Wappentier Tirols), Sirenen und Tauben. Im Bogenfeld erinnert die monumentale, mit großer Realistik gemeißelte Darstellung der Kreuzabnahme daran, daß dieses Portal in eine Kapelle führt. An den das Portal einfassenden Quadern tummelt sich die urtümliche Welt der Dämonen: ein Kentaur, ein Mann, der einen Löwen erwürgt, der seinerseits einen Widder geschlagen hat, Fabeltiere, Höllensturz und Sündenfall.

nicht. Im Gegenteil, denn um 1420 verlegte Friedrich seinen landesfürstlichen Hof von Schloß Tirol nach Innsbruck.

Um die Schwerpunkte der Regierungstätigkeit im 14. Jh. zu veranschaulichen, wurden die Schriftstücke der landesfürstlichen Kanzlei statistisch erfaßt: 38 Prozent wurden auf Schloß Tirol ausgestellt, 15 Prozent in Bozen, 10 Prozent in Innsbruck, 9 Prozent in Brixen, gefolgt von Trient, Wien, Sterzing und Meran. Aus diesen Prozentzahlen ist ersichtlich, daß Meran weder von den Tiroler Grafen noch von deren Nachfolgern zum administrativen Mittelpunkt gewählt wurde.

Trotzdem stand ihr die ehrende Bezeichnung einer Landeshauptstadt in gewisser Weise zu und ist vielfach in schriftlichen Überlieferungen aufgezeigt. Im Schutze der landesfürstlichen Residenz, an der Gabelung des Verkehrs zwischen Etschtal und Jaufen, entwickelte sich der Markt im 13. Jh. zur Stadt. Schon etwa 50 Jahre vor der Bestätigung der Stadtprivilegien (1317) wurde mit der Errichtung einer landesherrlichen Münzstätte die Bedeutung Merans wesentlich aufgewertet. Durch die Befreiung von Zoll und Maut wurde das Wirtschaftsleben der Stadt belebt. Sicher ist, daß die Nähe des Stammschlosses der Tiroler Grafen – die Zenoburg wurde 1347 zerstört – auf die junge Stadt eine bedeutende Ausstrahlung hatte, auch wenn Meran nicht im Burgfrieden lag. Nachweislich gehörten den Landesfürsten mehrere Häuser in Meran, daneben hatten sie grundherrliche Rechte und vergaben Lehen und Zinslehen an Meraner Bürger. Das eine oder andere Gebäude mag als gelegentliches Absteigequartier gedient haben. So erhielt das Kelleramtsgebäude einen Zubau, woraus um 1470 das sogenannte Fürstenhaus entstanden sein dürfte. Herzog Sigmund hatte sich nicht nur in Meran, sondern in vielen Orten Tirols prunkvolle Quartiere eingerichtet, um dort zu nächtigen.

Auch nach der Stadterhebung blieb das Verwaltungsleben Merans in straffer Abhängigkeit vom Burggrafen auf Schloß Tirol und der landesfürstlichen Verwaltung. Jede Neuerung in der Stadtverwaltung hing von der Zustimmung des Burggrafen ab. Erst seit den Habsburgern ist ein Stadtrat nachweisbar, und einen Bürgermeister gab es erst seit 1415. Wie wenig autonom die Stadtverwaltung war, zeigt die Abhängigkeit des Stadtschreiberamtes vom Burggrafen. Trotz der geringen Eigenständigkeit Merans stieg das Ansehen, da teilweise das Hofgericht an die Bürger dieser Stadt delegiert wurde. Während der politischen Wirren nach 1400 spielte Meran neben Bozen bald die Führungsrolle, um die landesfürstliche Macht wieder zu stärken. Meran wurde nunmehr als „die Hauptstadt an der Etsch" bezeichnet. Analog dazu gab es nur einen „Landhauptmann", der an der Spitze der gesamten Landstände erscheint. In der feierlichen Privilegienbestätigung von 1418 wird „Meran als ain Haubtstat des Landes" erstmals urkundlich so bezeichnet. Das Schwergewicht der Landstände Südtirols führte dazu, daß Meran neben Bozen und Brixen wiederholt Tagungsort der Landtage wurde. Meran übernahm die Rolle eines Treuhänders der Stände und in dieser Funktion verwahrte es auch ständische Urkunden im Stadtarchiv.

Eine späte Würdigung ihrer einstigen Position wurde der Stadt durch Kaiser Maximilian zuteil, als er Meran 1497 mit dem ehrenden Tribut „Hauptstadt" auszeichnete. Allerdings wurde dieser Titel wenig später durch weitere Verleihungen an Hall und Innsbruck entkräftet. Daß die Landesordnung von 1526 die Stellung Merans als Hauptstadt des Landes in ihre Bestimmungen aufnimmt, zeugt vom einstigen Führungsanspruch, der in der Erinnerung des Volkes noch fortlebt.

Meinhard II., der Schmied des Landes Tirol (1258–1295)

Sechs Jahre seiner Jugend verbrachte Meinhard mit seinem Bruder Albert als Geisel des Salzburger Erzbischofs im Schloß Werfen im Salzachtal. Erst nach dem frühen Tod seines Vaters Meinhard I. von Görz gewann er 1258 die Freiheit und trat mit knapp 20 Jahren die Regierung des Landes an.

Wenig später feierte er mit Elisabeth, der Witwe des Hohenstaufenkaisers Konrad IV. in München Hochzeit. Elisabeth war 10 Jahre älter als Meinhard, schenkte ihm fünf Kinder und brachte aus erster Ehe den Sohn Konradin mit nach Tirol. Dieser zog im Jahre 1268 aus, das Erbe der Hohenstaufen in Italien nochmals zurückzuerobern, ein beinahe aussichtsloses Unternehmen, das seinem Vater mit 26 Jahren bereits das Leben gekostet hatte und auch für Konradin und seine treuen Gefährten schlecht endete. Meinhard II. unterstützte seinen Stiefsohn durch Offenhaltung der Alpenwege und begleitete ihn bis Verona. In Süditalien zog aber Konradin mit seinen deutschen Rittern gegen den vom Papst ins Land gerufenen Karl von Anjou den kürzeren. Er geriet durch Verrat in die Hände seines Gegenspielers und wurde mit einigen Kameraden auf dem Marktplatz in Neapel enthauptet. Das tirolische Fürstenpaar hatte zwar hohes Lösegeld geschickt, um den unglücklichen Siebzehnjährigen freizukaufen; man verweigerte seiner Mutter sogar die Herausgabe des Leichnams.

1272 stiftete das Fürstenpaar am Ort einer alten Wallfahrtsstätte die Zisterzienserabtei Stams. Schon im März dieses Jahres bezog der erwählte Abt Heinrich von Hohenstetten mit 12 Mönchen das provisorisch aus Holz erbaute und gut ausgestattete Kloster. 1273 starb Elisabeth im Alter von 46 Jahren. Meinhard ließ das Kloster in den folgenden Jahren weitgehend restaurieren. Am 3. November 1284 wurden die neue Kirche und das gemauerte Kloster von Stams unter großen Feierlichkeiten im Beisein des Landesfürsten eingeweiht. Zugleich beerdigte man die zwölf von Schloß Tirol hierher übertragenen Leiber des görzisch-tirolischen Fürstenhauses. In dieser Fürstengruft von Stams fanden bis zur Zeit Sigmund des Münzreichen 30 fürstliche Persönlichkeiten ihre letzte Ruhestätte.

Meinhard II. gilt als der Begründer des Landesfürstentums Tirol. Wenn seine Söhne um 1300 als Landesfürsten von Tirol betitelt werden, so war dies eine Folge der Machtstellung, die ihr Vater geschaffen hatte, als er durch Kauf oder Erbe, manchmal auch durch energische Aneignung, durch kluge Politik und rasches Handeln Stück um Stück dieses Landes zusammenschmiedete.

In langwierigen Auseinandersetzungen, vor allem mit den Bischöfen von Trient (im Zuge dieser Kämpfe verfiel er des öfteren in Kirchenbann), drängte er die Bischöfe an zweite Stelle, obwohl sie in ihrem staatlichen Rang formell über den Grafen standen. Aus dem Witwengut seiner Gemahlin erhielt Meinhard den staufischen Besitz im Oberinntal, die Herrschaft Petersberg, zu der auch das Ötztal gehörte, die Herrschaft Imst mit dem Außerfern und dem Lechtal. Dazu kaufte Meinhard im Jahre 1280 von den Grafen von Eschenlohe die Grafschaft Hörtenberg, das Gebiet zwischen Zirl und Telfs. Gebhard von Hirschberg mußte seine im mittleren Inntal und im Wipptal liegenden Gebiete laut eines Schiedsgerichtes vom Jahre 1263 Meinhard überlassen, da seine Gemahlin, eine Tochter des letzten Tiroler Grafen Albert, ohne Kinder gestorben war und Meinhard sich auf den Standpunkt des alten Rechtes stellte, daß Erbgut nur durch Blutsverwandtschaft übertragen werden könnte, die rechtmäßi-

← *Abb. links: Die Burgruine Hocheppan thront auf einem steilen Hügel über dem Etschtal und erinnert an das kriegerische Geschlecht der Eppaner Grafen, die sich hier in der ersten Hälfte des 12. Jh.s ihre Stammburg erbauten. Der Stich von Würthle entstand um 1840 und zeigt, daß die Burg zu dieser Zeit noch wesentlich besser erhalten war als heute. Im Hintergrund das breite Talbecken von Bozen, der Schlern und die Rosengartengruppe.*

Das schon im Mittelalter gegründete Kloster Stams erfuhr in der Barockzeit eine weitgehende Veränderung und Erweiterung. Der Westtrakt wird im Norden von der charakteristischen Doppelturmanlage und in der Mitte vom Bernardisaal bestimmt. Diesen Trakt gestaltete Georg Anton Gumpp in Anlehnung an die Pläne seines Vaters. Über der fünfachsigen Laubenzone erhebt sich die reich mit Fenstern versehene Saalgeschoßzone, die gegen oben hin durch ein Gesims und den geschwungenen Aufsatz mit Dreiecksgiebel abgeschlossen wird. Im Giebelfeld befindet sich das Stamser Stiftswappen. Die Giebelfiguren zeigen links die Gerechtigkeit, rechts die Tapferkeit und in der Mitte den Grafen Meinhard II. von Tirol.

gen Erben also er und sein Bruder Albert seien. Albert wurde 1262 durch Vermittlung eines Salzburger Ritters aus seiner Geiselhaft (siehe Kapitel: Die Grafen in Tirol) befreit. Die beiden Brüder teilten im Jahre 1271 den nunmehr schon sehr großen Besitz, wobei Meinhard die geschlossene Grafschaft Tirol behielt und sein Bruder Albert die Stammburg und Grafschaft Görz, das istrische Gebiet, die Besitztümer in Kärnten, Krain und im Pustertal erhielt. Als jahrhundertelange Grenze im Pustertal galt die Haslacher Klause (Mühlbacher Klause). Die beiden Görzer Linien wurden nie mehr miteinander vereinigt. Erst unter Kaiser Maximilian gelangten das Pustertal und Osttirol als Erbe des Görzer Grafen Leonhard zu Tirol.

Aus der Zeit Meinhards II. gibt es eine verhältnismäßig große Anzahl von Urkunden, die das Siegel dieses Grafen von Görz-Tirol tragen. Er war ein sparsamer Herr, der immer Geld zur Verfügung hatte, wenn es ein Gut zu kaufen gab. Nicht weniger als 1600 Güter erwarb er. Die Urbare (Abgabenverzeichnisse der Güter) aus jener Zeit zeigen deutlich die straffe einheitliche Ordnung und Verrechnung am landesfürstlichen Hof.

Bedingt durch den lebhaften Handelsverkehr über den Brennerpaß wurde das mittelalterliche Geldsystem Tirols von Italien her beeinflußt. Nach der Veroneser Währung, in Tirol

Ein treffendes Beispiel für die Rodungstätigkeit des hohen Mittelalters bieten die gegen Westen und Süden zum Brixental gerichteten Berglehnen der Hohen Salve, die weitgehend ihres Waldes beraubt und zu landwirtschaftlich nutzbaren Flächen umgewandelt wurden. Die im bajuwarischen Siedlungsraum verbreitete Streusiedlung mit weit voneinanderliegenden Höfen inmitten ihrer Blockflur ist charakteristisch.

auch Pfund Berner genannt, wurde gerechnet und wurden auch Münzen geschlagen. Eine der wichtigsten waren zur Zeit Meinhards II. die Zwanzigbernerstücke, die auch als Zwainziger bezeichnet wurden. Sie erhielten im Volksmund von dem darauf dargestellten Kreuz den ihnen für die Zukunft bleibenden Namen Kreuzer. Das Münzrecht hatte Meinhard II. im Jahre 1274 von König Rudolf von Habsburg bestätigt erhalten. Die Münze in Meran prägte bis ins 15. Jh. Geldstücke, dann wurde sie nach Hall verlegt (siehe dazu auch S. 92ff).

Mit Rudolf von Habsburg wirkte Meinhard II. konsequent zusammen. Die beiden Männer glichen sich in ihrem Charakter und ihren Schicksalen. Beide ragten durch Tapferkeit und Tatkraft hervor und hatten mit derselben Rastlosigkeit und Energie ihre Feinde bekämpft. Familiär fand die Verbindung beider Grafengeschlechter durch die Vermählung zwischen Elisabeth, der Tochter Meinhards, mit Albrecht, dem ältesten Sohn des Habsburgers, ihren besten Ausdruck. Elisabeth wurde zur Stammutter der folgenden Habsburger, dadurch erfolgte auch der erste Schritt für die künftige Erwerbung Tirols durch die Habsburger (siehe dazu auch S. 64ff).

Immer wieder stand Meinhard dem deutschen König hilfreich zur Seite, so auch im Kampf gegen Ottokar von Böhmen, der sich die Babenbergerländer angeeignet hatte. Zur Entscheidungsschlacht auf dem Marchfeld im Jahre 1278 traf das Kontingent des Tiroler

Landesfürsten zwar zu spät ein, aber laut einer alten Überlieferung wäre die damalige Schlachtordnung nach dem Rate eines Tiroler Ritters, Hugo von Taufers, der sich schon vielfach in italienischen Kriegen ausgezeichnet hatte, vorgenommen worden. Die Zusammenarbeit mit Rudolf von Habsburg trug reiche Früchte. Das Jahr 1286 brachte Meinhard die Erfüllung eines langgehegten Wunsches. Nachdem der König die Zustimmung der Kurfürsten eingeholt hatte, belehnte er seinen treuen Gefolgsmann mit dem Herzogtum Kärnten und erhob ihn so in den Reichsfürstenstand. Die neue Erwerbung änderte Meinhards Verhältnis zu Tirol nicht. Hatte er bisher das Land im Gebirge als sein Hauptland betrachtet, so widmete er ihm von nun an mehr Zeit und Aufmerksamkeit als Kärnten, wo er sich durch einen Hauptmann des Landes vertreten ließ.

Im Sommer des Jahres 1295 verließ Meinhard nochmals Tirol, um seine Verwandten in Wien zu besuchen und in Graz an der Hochzeit seiner Nichte Anna teilzunehmen. Als er dann über Kärnten nach Tirol zurückkehren wollte, starb er zu Allerheiligen auf dem kärntnerischen Schloß Greifenburg in Gegenwart der Äbte von Stams und Wilten, seines Hofmeisters Heinrich von Rottenburg und vieler anderer Edler des Landes. Zwei Tage vor seinem Tod schrieb er sein Testament, in dem er eine vollständige Aussöhnung mit der Kirche anstrebte. Er setzte seine Söhne Otto, Ludwig und Heinrich als gleichberechtigte Erben ein und erteilte ihnen den Auftrag, seinen Leichnam in der Klosterkirche von Stams zu beerdigen, und außerdem den strengen Befehl, alles, was er anderen widerrechtlich weggenommen hatte, diesen zurückzustellen.

Das Kloster Stams. Zeichnung aus dem 17. Jh. in der Stamser Chronik des P. W. Lebersorg vor dem barocken Umbau. Im Hintergrund die romanische Stiftskirche, im Vordergrund der Kreuzgang (3), das Archiv (4) und das Dormitorium, der Schlafsaaltrakt (5). 1273 vollzog Graf Meinhard II. von Görz-Tirol in Gegenwart des Brixner Bischofs und der hervorragendsten Adeligen des Landes den Gründungsakt. Im selben Jahr wurde noch mit dem Bau des Klosters begonnen. Erst im 18. Jh. änderte Stams sein mittelalterliches Gesicht.

Rodungstätigkeit und Siedlungsausbau

Mit den bairischen Kriegern und Herren kamen auch bairische Bauern in das Land. Sie ließen sich zunächst in den schon bestehenden Dörfern neben den bisherigen Bewohnern nieder. Im Laufe der nächsten Jahrhunderte nahm die heimische Bevölkerung die deutsche Sprache an und ging in den Baiern, deren Kinderreichtum berühmt war, auf. Der nun stark angewachsenen Bevölkerung genügte das bestehende Kulturland bald nicht mehr, wobei zu bedenken ist, daß die Landwirtschaft damals sehr extensiv betrieben wurde und dementsprechend viel Land benötigte. Ein Bauerngut mußte, um eine Familie ernähren zu können, drei- oder viermal so groß sein wie heute und außerdem über viel Weideland verfügen. Zuerst wurde das Kulturland der bestehenden Dorfsiedlungen erweitert und schließlich neue Siedlungen außerhalb der alten Dorfflur errichtet.

Der Siedlungsausbau in die Hochtäler und höheren Gebirgslagen setzte in Tirol vor allem im 12. Jh. ein, wobei sich Wiesen, Voralmen (Asten) und niedergelegene Hochalmen als geeignete Stützpunkte boten. Da viele der Almen schon in vordeutscher Zeit genutzt wurden, haben sie auch durchwegs vordeutsche Namen (z. B. Zirein, Falzturn, Laliders, Plumbs, Lafatsch, Nurpens), so daß junge Siedlungen zu sehr alten Namen kamen (Pfafflar, Bschlabs, Plangeroß).

Die Rodung der Wälder bedeutete einen großen Arbeitsaufwand, der nur in der Gemeinschaft erfolgen konnte. Hauptsächlich fand die Brandrodung Anwendung (Brandenberg). Nach dem Schlägern der besten Bäume zur Holzgewinnung wurde das Waldstück angezündet. Das gewonnene Kulturland diente in der Folge als Weide und später als Wiesen- oder Ackerland, nachdem die inzwischen verfaulten Baumstrünke auch entfernt waren. Das Ausgraben der Wurzelstöcke und Wurzeln nannte man *räuten* (Reutte) oder *rieden* (Ried), was so viel wie ausreißen oder aufwühlen bedeutete. Rodung ohne Feuer durch das Wegschaffen von Bäumen und Strauchwerk hieß *schwenden* (Schwendt). Auf die Entstehung von Siedlungen auf Wiesen weist das alemannische *wang* (Wiese), Hart bedeutet Wald, Feichten gibt die Art des Waldes an, in dem die Rodung geschah, während Stockach auf die Entstehung der Ortschaft auf einem Waldschlag mit seinen Baumstrünken hinweist. So erinnern viele Ortsnamen in Tirol an diese Zeit, wobei mit dem bereits 976 urkundlich erwähnten *Riute,* dem heutigen Reith im Alpbachtal, ein besonders frühes Beispiel gegeben ist.

Seit dem 12. Jh. kam es in Tirol auch verstärkt zur Ausbildung von ausgesprochenen Viehhöfen *(Swaigen)* in einer Höhenlage über 1200 Metern. Die Ausbreitung dieser Höfe begann dort, wo der Roggen kaum noch ausreifte. Bemerkenswert für Tirol ist, daß die Schwaighöfe nicht freieigen waren, sondern alle im Obereigentum eines Grundherrn, häufig des Landesfürsten, standen. Die darauf sitzenden Bauleute waren meist in einem Erbleiheverhältnis zum Grundherrn, durften also den Hof gegen Entrichtung des Grundzinses weitervererben. Daß Schwaigen, wie beispielsweise die Rofenhöfe im Ötztal (2014 m), nur für die Viehhaltung und Milchwirtschaft geeignet waren, weil hier selbst die Gerste nicht mehr gedieh, war der Grundherrschaft bewußt. Daher wurden diese Höfe mit 6 bis 8 Kühen und Schafen bestückt. Wegen der einseitigen Wirtschaftsform war die häufigste Abgabe der Käsezins. In den Abgabenverzeichnissen der verschiedenen Grundherrschaften standen pro Hof und Jahr 300 Käselaibchen zu Buche. Je nach Art und Qualität wog ein Laib ein bis eineinhalb Kilo.

Die Rodungstätigkeit des Mittelalters (vorwiegend vom 11. bis 14. Jh.) veränderte das Landschaftsbild, das Land wurde lichter, weil an Stelle von Wäldern in harter Arbeit landwirtschaftlich nutzbarer Grund geschaffen wurde und überall im Land die Siedlungstätigkeit in den hochgelegenen Tälern und Berglehnen einsetzte. Abschließend soll noch an das uralte germanische Recht erinnert werden. Dieses billigte dem Gemeindegenossen für eine Rodung so viel Land zu, wie weit er mit dem Hammer (eine alte germanische Waffe) oder mit dem

Beil zu werfen vermochte. Auf diese urgermanische Form der Landnahme bezieht sich eine Sage, die auf dem Hof Hochgenein in Schmirn spielte. Der Bauer erhielt das Recht, so viel Land zur Anlage seines Hofes aus der Gemain zu nehmen, soweit er seine schwere Eisenkeule zu werfen vermochte. Mit riesenhafter Stärke warf er die Keule so weit, daß er das ausgedehnte Hofland von Hochgenein gewann. Noch gemäß einer Rechtsordnung von Steinach am Brenner, die in einer Aufzeichnung des 17. Jh.s vorliegt, soll durch Wurf einer Hacke bestimmt werden, wieviel der einzelne Gemeindegenosse im Wald roden darf.

Abb. rechts: Die hl. Notburga, Ausschnitt aus einem Gemälde von Johann Georg Höttinger d. J. um 1740 (Tiroler Landesmuseum Ferdinandeum).

Abb. unten: In geschickten Verhandlungen gelang es Herzog Rudolf IV. von Österreich, die Vertreter des Landes zur Unterzeichnung der Urkunde über die Abtretung Tirols an die Habsburger und Österreich zu bewegen. Rudolf hatte die Ereignisse in Tirol aufmerksam verfolgt. Trotz schwieriger Wegverhältnisse war er mitten im Winter über die Berge nach Tirol geeilt, wo er wenige Tage nach dem Tode Meinhards, des Sohnes und Erben der Margarethe Maultasch, anlangte. Er bewog nun Margarethe, die ganz unter dem Einfluß einiger Adelsherren stand, das Land Tirol mit Österreich zu vereinigen. Die Urkunde wurde am 26. Jänner 1363 in Bozen ausgestellt (Tiroler Landesarchiv).

Die heilige Notburga

– EINE LEGENDE –

In vielen Kirchen Tirols befindet sich ein Standbild der hl. Notburga. Sie stammte aus Rattenberg und lebte um 1300 auf der Rottenburg bei Rotholz. Dort tat sie sehr viel Gutes an den Armen. Als aber der alte Ritter Heinrich und seine Gemahlin Gutta verstorben waren, kamen ihr Sohn Heinrich und dessen stolze Gemahlin Ottilie zur Herrschaft. Nun durfte Notburga nicht mehr wie früher die Reste der Mahlzeiten den Armen geben. Da Heinrich beim Landesfürsten eine hohe Stelle bekleidete, war er vom Schloß sehr oft abwesend und seine geizige Frau hatte es leicht, ihm einzureden, daß Notburga durch ihre Freigebigkeit viel Gesindel auf die Burg ziehe und es besser sei, sie überhaupt fortzujagen. Da Notburga aber gewissenhaft ihren Dienst versah, mußte erst ein Anlaß gefunden werden, der diese Maßnahme begründete. Eines Tages begegnete Heinrich seiner Dienstmagd und bemerkte, daß sie etwas in ihrer Schürze aus der Burg trug. Er hielt sie an und fragte sie, was sie in der Schürze trage. Notburga antwortete wahrheitsgetreu: „Brot und Wein!“ Sie öffnete die Schürze, aber dort waren Hobelspäne statt des Brotes und der Wein im Krug schmeckte nach Lauge. Da meinte nun Heinrich, Notburga wollte ihn nur zum besten halten, und er entließ sie aus seinen Diensten.

Sie fand in Eben eine neue Stelle als Bauernmagd. Zur Bedingung stellte sie jedoch den freien Abend, um beten zu können. In der Erntezeit wollte sich der Bauer über diese Bedingung jedoch hinwegsetzen, worauf Notburga eine Sichel in die Luft warf und diese frei schwebte. Durch das Wunder gemahnt, ließ der Bauer von seinem Begehren ab. Die häufigste Darstellung der volkstümlichen Heiligen zeigt sie daher mit der Sichel, in Erinnerung an diesen Vorfall.

Nachdem der Rottenburger Notburga entlassen hatte, schwanden bei ihm Glück und Wohlergehen. Ottilie starb früh. Seit ihrem Tod wurden die Schloßbewohner Nacht für Nacht durch unheimlichen Lärm im Schweinestall geschreckt. Schließlich holte man einen Pater von Georgenberg, der den Spuk beschwören sollte. Da stellte sich heraus, daß der Geist der verstorbenen Schloßherrin zur Strafe für ihre Hartherzigkeit zum Spuken verurteilt sei, bis das Unrecht wieder gutgemacht war. Heinrich holte nun Notburga von Eben und bat sie wieder in seine Dienste. Von da an stand Notburga in hohem Ansehen auf der Rottenburg. Von weither kamen Leute, um gute Ratschläge für ihr Leben zu erhalten. Notburga erzog auch die Kinder des Rottenburgers. Als sie starb, lud man ihren Leichnam, ihrem eigenen Wunsch folgend, auf einen Wagen und spannte zwei Ochsen davor. Diese zogen den Wagen durch den Inn und den steilen Weg hinauf nach Eben. Hier wurde Notburga beigesetzt.

Im 18. Jh. barg man den Leib der Heiligen, ließ die Gebeine kostbar fassen und stellte sie 1738 anstelle eines Altarbildes auf den Hochaltar, der mit prächtigen Altarfiguren von Franz Xaver Nissl aus Fügen geschmückt wurde. Die farbenfrohen Fresken mit den wunderbaren Geschehnissen aus dem Leben Notburgas, um deren Leben sich viele Legenden ranken, werden dem Schwazer Maler Johann Georg Höttinger zugeschrieben.

Die Einwanderung der Walser

In die Zeit des Landesfürsten Heinrich, des jüngsten Sohnes Meinhards II., fiel die Einwanderung der Walser. Etwa 4000 Bewohner des Oberwallis verließen zwischen 1280 und 1360 ihre Schweizer Heimat und zogen hauptsächlich nach Vorarlberg, wo der Name des Großen und Kleinen Walsertales noch daran erinnert. Eine Gruppe von Walsern drang über die Gebirgspässe nach Tirol, vor allem ins Paznauntal vor. Die Niederlassung der Walser in Galtür ist in einer Amtsrechnung vom Jahr 1320 schriftlich nachweisbar. Sie bekamen vom Landesfürsten Land zugewiesen und begannen ihr Rodungswerk. Wahrscheinlich kauften die Walser auch viele Güter von den altansässigen Rätoromanen. Die Walser rodeten die Wälder und gewannen den Berghängen jedes kleinste grüne Fleckchen ab. Die Walser waren als Siedler von den Grundherren sehr geschätzt, die sich von den berggewohnten alemanni-

Im Jahre 1320 zogen die Walser aus dem Oberen Wallis in das Paznauntal und bildeten in Galtür die größte Siedlung dieses alemannischen Volksstammes innerhalb Tirols. Sie rodeten Wälder und bauten ihre Höfe vielfach weit voneinander entfernt. In den geschichtlichen Quellen des 14. Jh.s werden die Walser als eigene Volksgruppe angeführt. Das Siedlungsgebiet wuchs infolge des Kinderreichtums und durch Zuzug von außen rasch an. Die 1427 durchgeführte Feuerstättenbestandsaufnahme enthält jedoch fast ausschließlich deutsche Familiennamen. Das altansässige Rätoromanische war weitgehend im Deutschen aufgegangen.

schen Bauern eine nachhaltigere, einträglichere Bewirtschaftung des bisher größtenteils nur als Weide genutzten Bodens erhofften. So entstand in Galtür das größte Siedlungsgebiet dieses Schweizer Volksstammes in Tirol. Geschichtliche Quellen des 14. Jh.s weisen die Walser als eigene Volksgruppe aus, wenn von *lantlüter im patznün* und *Walliser uff Galtüre* die Rede ist.

Die Walser galten auch als Individualisten der Siedlungsweise. Sie bauten ihre Höfe weit von den anderen getrennt über die Hänge verteilt. Die neue Walsersiedlung in Galtür wuchs rasch infolge des großen Kinderreichtums und des Zuzugs von außen. Schon hundert Jahre nach der Einwanderung der Walser dürfte Galtür ein vollständig deutsches Gepräge gehabt haben. In der im Jahre 1427 durchgeführten Feuerstättenbestandsaufnahme sind die angeführten Familiennamen fast ausnahmslos deutsch.

Abb. oben und links: Die Regierungszeit der Landesfürstin Margarethe Maultasch ist auch durch zahlreiche Katastrophen gekennzeichnet. Es gab verheerende Feuersbrünste und Überschwemmungen, Wanderheuschrecken, wie hier abgebildet (Fotos entstanden 1978 in Äthiopien), fraßen insbesondere den Süden Tirols kahl, und zu allem Überfluß wütete die Pest.

rechts: Die Rochuskirche bei Biberwier wurde 1611, als Kriegs- und Pestgefahr drohten, in gotisierender Architektur errichtet. →

Margarethe Maultasch
und die Vereinigung Tirols mit Österreich

Herzog Heinrich, der jüngste der Söhne Meinhards II., starb im Jahre 1335 im Alter von 65 Jahren. Er war dreimal verheiratet gewesen, hatte aber nur zwei Töchter, von denen eine, Adelheid mit Namen, wegen ihrer schwächlichen Gesundheit zur Regierung nicht in Frage kam und Margarethe schon mit zwölf Jahren den um einige Jahre jüngeren Herzog Johann von Böhmen, aus dem Hause Luxemburg, heiraten mußte. Die Ehe der beiden Jugendlichen war nicht glücklich. Zudem wurden wichtige Stellen der Landesregierung von Böhmen, die sich allenthalben verhaßt machten, ausgeübt. Da die Situation immer unerträglicher wurde, beschlossen die Tiroler Adeligen im Einverständnis mit Margarethe, die sich von ihrem unreifen Gemahl viel gefallen lassen mußte, den *bösen böhmischen Buben* aus dem Lande zu jagen, was mit allen Böhmen im Jahre 1341 geschah.

Daraufhin nahm der Adel mit dem damaligen Kaiser Ludwig dem Baier Verhandlungen bezüglich einer Ehe zwischen der Landesfürstin Margarethe und dem Sohn des Kaisers, Ludwig von Brandenburg, auf. Trotz des kirchlichen Hindernisses veranlaßte der Kaiser seinen Sohn, sich mit Margarethe zu vermählen. Die Gunst einflußreicher Tiroler Adeliger erkaufte er sich durch Bestätigung alter Freiheiten und durch Zusagen, an der Gesetzgebung, Steuerbewilligung und Regierungskontrolle mitwirken zu dürfen. Im sogenannten „Großen Freiheitsbrief" vom 28. Jänner 1342 wurde viel versprochen, doch nichts gehalten. Trotzdem verfehlte die propagandistische Absicht dieses Pergaments bis heute nicht ihre Wirkung und führte in der Geschichtsforschung zu einer Überbewertung und Fehleinschätzung der tatsächlichen Rechte der Tiroler Landstände im 14. Jh. Einer der beiden von den Wittelsbachern 1342 ausgestellten Freiheitsbriefe ist zwar an alle Stände Tirols adressiert, doch handelt es sich nur um gängige Floskeln, die in bayerischen Urkunden jener Zeit häufig vorkommen. Es kann als sicher gelten, daß der Bauernstand damals noch keine demokratieähnlichen Funktionen ausübte. Überdies haben jüngste Forschungen ergeben, daß Ludwigs Freiheitsbrief, welcher sich an die Tiroler Geistlichkeit, an den Adel, an Stadt-, Markt- und Dorfgemeinden sowie an *„edel und unedel"*, reich und arm richtet, nie an die Tiroler ausgehändigt worden war. Ludwigs Regierungszeit war von zahlreichen Schicksalsschlägen für das Land gekennzeichnet. Es gab Feuersbrünste, Überschwemmungen, Wanderheuschrecken (siehe Abb. S. 62) fraßen den Süden des Landes kahl, und zu allem Überfluß wütete noch die Pest. Auf dem tirolischen Fürstenpaar und dessen Ländern lasteten Kirchenbann und Interdikt. Herzog Albrecht der Weise von Österreich vermittelte an die Kurie zugunsten Margarethes, indem er deren erste Ehe als ungültige Kinderehe erklärte. Da gab die Kurie nach und sprach tatsächlich die Lösung vom Bann und die Legalisierung der Ehe aus, was Margarethe dem Habsburger nicht vergaß. Die Böhmen rächten sich für die Abfuhr Herzog Johanns mit einem Kriegszug, der vor allem dem Etschland schwere Verwüstungen brachte. Die Landesfürstin und ihre Anhänger verteidigten jedoch das Schloß Tirol erfolgreich, so daß der aus Baiern herbeieilende Ludwig mit seinen Rittern schließlich Karl von Luxemburg und dessen böhmische Ritter mit Waffengewalt aus dem Lande schlagen konnte.

Zwei Jahre nach der päpstlichen Entscheidung starb Ludwig 1361 im Alter von 47 Jahren. Er hinterließ Margarethe und den Sohn Meinhard III., der allerdings von schwacher Gesundheit war und von den Verwandten seines Vaters in München beinahe gefangengehalten wurde. Erst als „die Dienstleute, Ritter und Adeligen, die Städte und Märkte und die ganze Gemeinschaft, reich und arm, im Gebirge und in der Herrschaft Tirol, bei der Etsch und im Inntal" Meinhard aufforderten, *zu seiner und des Landes Ehre und Nutzen in ihr Land zu kommen,* entfloh er von München und kam im Oktober 1362 nach Tirol. Dort war ihm aber nur noch kurze Zeit zu leben beschieden. An den Folgen einer schweren Verkühlung, die er sich bei einer Tanzunterhaltung zugezogen hatte, starb der junge, an Tuberkulose leidende

Mann im Alter von knapp zwanzig Jahren am 13. Jänner 1363, ein furchtbarer Schlag für seine Mutter, die nun wieder allein stand.

Herzog Rudolf von Österreich hatte die Ereignisse in Tirol aufmerksam verfolgt. Trotz der schwierigen Wegverhältnisse eilte er mitten im Winter nach Tirol, wo er wenige Tage nach Meinhards Tod anlangte. Er bewog nun Margarethe, die als Erbgräfin von Tirol formell die Regierung übernommen hatte, jedoch ganz unter dem Einfluß einiger Adelsherren stand, das Land Tirol mit Österreich zu vereinen. In überaus geschickten Verhandlungen erreichte er sein Ziel. Am 26. Jänner 1363 wurde die betreffende Urkunde über die Abtretung Tirols an die Habsburger in Bozen unterzeichnet. Margarethe sollte vorerst die Regierung weiterführen, wofür sie jedoch nicht geeignet war. Da sich die Baiern wenigstens den nördlichen Teil Tirols mit Gewalt zurückholen wollten und dadurch eine sehr gefährliche Situation entstand, eilte Herzog Rudolf neuerlich herbei. Er selbst geriet in Hall sogar in Lebensgefahr, als ihn bairische Parteigänger bedrohten, erhielt aber Hilfe seitens der Bürger von Hall und Innsbruck.

Reitersiegel Herzog Rudolfs IV. des Stifters. Er legte den Grundstein zum Stephansdom und begründete die Wiener Universität. Durch kluges Verhandeln und rasches Zugreifen gelang ihm 1363 die Erwerbung Tirols. Mehrmals mußte er jedoch das neu erworbene Land gegen die einfallenden Baiern verteidigen (Stadtmuseum Hall in Tirol).

Im September überließ Margarethe ihrem Vetter aus Wien die Regierung und dankte feierlich ab. Um weitere Krisen zu verhindern, zog Margarethe mit Rudolf nach Wien. Sie fühlte sich dort, wo heute noch der Stadtteil Margarethen an sie erinnert, nicht besonders wohl und starb 1369, in dem Jahr, als die Baiern im Frieden von Schärding auf Tirol verzichteten. Sie erhielten außer einer großen Geldentschädigung auch die drei Grenzbezirke Rattenberg, Kufstein und Kitzbühel, die einst Hochzeitsgeschenk Ludwig des Baiern an Margarethe Maultasch gewesen waren, zurück. Sie sollten erst in der Zeit Kaiser Maximilians wieder endgültig mit Tirol verbunden werden.

Für die Bereitschaft der Baiern, mit den Habsburgern Frieden zu schließen, war auch der Umstand maßgebend, daß der damalige Kaiser Karl IV. die Habsburger unterstützte. Bereits am 8. Februar 1364 wurde Rudolf der Stifter vom Kaiser, der auch sein Schwiegervater war, mit den Reichslehen in der Grafschaft Tirol belehnt und somit der rechtmäßige Übergang bestätigt. Als der Friedensschluß von Schärding erfolgte, lebte Rudolf der Stifter allerdings nicht mehr. Er, einer der tüchtigsten seines Geschlechtes, der den Grundstein zum Stephansdom gelegt und die Wiener Universität begründet hatte, starb im Alter von nur 27 Jahren im Sommer 1365 in Mailand, zwei Jahre, nachdem er Tirol für seine Länder dazugewonnen hatte.

An Herzog Rudolf IV. den Stifter erinnert der Rudolfsbrunnen am Bozner Platz in Innsbruck, der zur 500-Jahr-Feier der Vereinigung Tirols mit Österreich errichtet wurde.

Die Pest im Land

Unter all den Seuchen, die Tirol heimsuchten, war die Pest die gefürchtetste. Die Beulenpest der Jahre um 1348 wurde von Genueser Seeleuten aus dem Orient in Italien eingeschleppt und drang von dort nach Tirol vor. Besonders stark wütete sie im Vinschgau. Laut der Chronik des Goswin vom Kloster Marienberg überlebte dort nur mehr ein Sechstel der Bevölkerung. Der „Schwarze Tod" suchte aber auch die anderen Talschaften schwer heim.

Über die Zahl der Opfer, die das große Sterben vom 14. Jh. insgesamt forderte, liegen keine genauen Angaben vor. Die Erinnerung an die schrecklichen Auswirkungen der Seuche wurde jedoch lebendig gehalten durch die vielerorts errichteten Pestfriedhöfe, Kreuze und Kapellen. Der Chronist Goswin berichtet weiterhin, daß das Volk den Juden die Schuld gab. Es lief das Gerücht um, sie hätten die Pestilenz verbreitet, um den christlichen Glauben auszurotten. Viele wurden mit dem Schwert erschlagen, verbrannt oder starben unter gräßlichen Martern.

Genauere Angaben über die Zahl der Pestopfer finden sich häufiger seit dem 16. Jh. So soll die Zahl der Opfer, welche einer 1512 aufgetretenen Seuche in Innsbruck und seiner Umgebung erlagen, 700 betragen haben. Im Jahre 1564 schrieb Georg Halweiß, Vikar in Kitzbühel, in einem Bittgesuch: *wie ich erstlich gen Kitzpichl bin khomen in den 64 jar, in dem großen sterben sein ir bey 500 gestorben samt dem prister, der zu den infizierten kranken bestellt ist gewesen* (dies war ein großer Prozentsatz der Gesamtbevölkerung des Ortes).

Als ein Pestjahr für Tirol kann auch das Jahr 1543 bezeichnet werden. Schon das Jahr vorher war die gefürchtete Krankheit in einzelnen Gegenden des Landes aufgetreten, jedoch bald wieder erloschen. Vom Unterinntal her drang die Krankheit über Hall nach Innsbruck vor. Durch Aufstellen von sogenannten Sterbehuten, die jeden Verkehr zwischen den Ortschaften unterbinden sollten, suchten sich die einzelnen Gemeinden zu schützen. Und doch brach die Seuche in die meisten Siedlungen ein. Ob es sich dabei immer um die eigentliche Pest gehandelt hat, ist nicht erwiesen. Die Bezeichnungen für die Krankheit unterliegen einem häufigen Wechsel, sie wird bald *Pestilenz, Großes Sterben* oder auch nur *Seuche* genannt, auf jeden Fall handelte es sich immer um eine ansteckende Krankheit.

Eine schwere Pest suchte in den Jahren 1611/12 ganz Tirol heim. Besonders die Gegend um Innsbruck und das Wipptal wurden davon betroffen. In der Pfarre Matrei, die damals auch das Hochtal von Navis umfaßte, wurden 350 Personen begraben. In Innsbruck gründete man ein Pestkrankenhaus und die Kirche Dreiheiligen zu Ehren der Pestpatrone Sebastian, Pirmin und Rochus. Sehr verdient machten sich der erzherzogliche Leibarzt Paul Weinhart, die Jesuiten und der Haller Stiftsarzt Hippolyt Guarinoni (siehe dazu auch S. 154).

Die Tiroler verteidigten zwar im Dreißigjährigen Krieg (1618–1648) ihre Landesgrenzen tapfer, aber der Pest, die von durchziehenden Truppen eingeschleppt wurde, konnte man nicht Herr werden. Leider setzen in den Totenbüchern der Pfarrämter gerade in dieser Zeit oft die Aufzeichnungen aus. Die Schreibarbeit unterblieb, weil die Seelsorger durch die große Zahl der Kranken und Sterbenden zu stark in Anspruch genommen wurden. Manchem der Geistlichen hat der Pesttod selbst die Feder aus der Hand genommen, so dem Pfarrer Heisler aus Prutz. Er hatte noch die Todesfälle des Pestjahres 1635 eingetragen, im Jahre 1636 holte er sich in Ausübung seines Berufes das „Pestgift“ und gilt als erster Toter dieses Jahres in der Reihe der Opfer. Eine Inschrift auf dem Friedhofskreuz von Kalkstein im Villgratental erzählt, daß im Jahre 1634 von den damaligen Einwohnern 31 von der Pest hinweggerafft wurden. Verläßliche Nachrichten aus Sterbebüchern stehen für einige Gemeinden des Außerferns zur Verfügung. In dem kleinen Städtchen Vils starben 1634 an der Pest 118 Personen, in der Pfarre Heiterwang 33. Anhand der Gerichtsbücher läßt sich sagen, daß in Prutz 15 Häuser vollständig ausstarben, in Serfaus 11, im benachbarten Fiss 9. Die Pest der dreißiger Jahre des 17. Jh.s war unter den verschiedensten Seuchen die verheerendste. In der folgenden Zeit trat keine ansteckende Krankheit von solcher Wirkung mehr auf.

Bruderschaftszettel aus Gries bei Bozen mit der Darstellung der Klosterkirche Muri in Gries und einer Bittprozession um Abwendung der Pest. Links der hl. Sebastian, ein römischer Soldat, der wahrscheinlich in der diokletianischen Verfolgung den Märtyrertod starb, dargestellt als entblößter, von Pfeilen durchbohrter und an den Baum gebundener Jüngling. Seit dem 7. Jh. Patron gegen die Pest, weil der Pfeil als Symbol plötzlicher Krankheiten galt, besonders in der Auffassung, die Pest werde von Dämonen durch geheimnisvolle Pfeile hervorgerufen. Erst später trat der hl. Rochus (rechts im Bild) ebenfalls als Pestpatron auf. Er stammte aus Südfrankreich, pilgerte 1317 nach Rom und pflegte unterwegs und in Rom Pestkranke. Auf der Rückreise wurde er in Oberitalien selbst pestkrank, in seiner Waldhütte vor der Stadt Piacenza von einem Engel gestärkt und durch die Hand eines freigiebigen Bürgers mit Brot versorgt. Er ist meistens im Pilgerkleid mit Stab und Flasche, auf seine Pestbeule am entblößten Oberschenkel zeigend, den Hund zur Seite, dargestellt.

Herzog Friedrich mit der leeren Tasche

Im Jahre 1406 wurde dem jüngsten Sohn des Habsburgers Leopold IV. durch Vertrag mit seinen Brüdern und Vettern die selbständige Regierung von Tirol und den Vorlanden im Alter von 24 Jahren übertragen. Die ersten Jahre seiner Regierung waren aber mit Kämpfen gegen die Adeligen des Landes ausgefüllt. Diese hatten sich zu Bünden (Elefantenbund in Südtirol und Falkenbund im Inntal) zusammengeschlossen und stellten sich unter der Führung der mächtigen Rottenburger, Starkenberger und Wolkensteiner gegen den jungen Landesfürsten. Dieser stützte sich auf die Bürger und Bauern, die treu zu ihm hielten, weil sie wußten, daß nur ein starker Landesfürst ihnen mehr Rechte gewähren konnte. Zuerst mußte sich Friedrich der Baiern, die im Einverständnis des Rottenburgers durch das Unterinntal einfielen und in Hall die Soleleitungen zerstörten, erwehren. Daraufhin eroberte er die meisten Schlösser des Rottenburgers, darunter auch die oberhalb von Rotholz stehende Stammburg, die seitdem Ruine blieb, zurück. Heinrich von Rottenburg mußte sich schließlich dem Herzog auf Gnade unterwerfen und die meisten seiner Herrschaften an ihn herausgeben. Bald darauf starb Heinrich, und mit ihm erlosch sein Geschlecht, das sehr oft die Würde des Hofmeisters der Landesfürsten bekleidet hatte.

Bevor sich Friedrich mit den übrigen aufständischen Adeligen auseinandersetzen konnte, traten im Verlauf des von Kaiser Sigmund in Konstanz einberufenen Konzils Ereignisse ein, die das Leben Friedrichs in den nächsten Jahren belasteten und ihm den Beinamen „mit der leeren Tasche" eintrugen. Der Kaiser hatte das Konzil in Konstanz einberufen, um das bestehende Schisma der drei Päpste zu beseitigen und der Lehre des Böhmen Hus entgegenzutreten. Das schon durch vorangegangene Treffen belastete persönliche Verhältnis zwischen dem Kaiser und Herzog Friedrich wurde durch den Umstand verschlechtert, daß Friedrich dem Papst Johannes XXIII. Geleit durch sein Land nach Konstanz gab und auch die Flucht dieses später abgesetzten Papstes förderte. Dadurch wurde der Bestand des Konzils gefährdet, und weil sich Friedrich nicht zur Verantwortung stellte, verhängte Kaiser Sigmund über ihn Anfang April 1415 die Reichsacht. Mit dieser forderte der Kaiser die benachbarten Fürsten, Grafen und auch die Schweizer Eidgenossen auf, sich der Lande und Herrschaften Friedrichs zu bemächtigen. So eroberten die Schweizer Eidgenossen den Aargau mit der Habsburg und den Thurgau, außerdem erklärten sich die meisten der bisher österreichischen Städte am Oberrhein für reichsunmittelbar. Daraufhin unterwarf sich Friedrich Anfang Juni desselben Jahres dem Kaiser vor dem versammelten Konzil. Sigmund soll zu den Gesandten Italiens gesagt haben: „Ihr wisset, daß die Herzöge von Österreich die mächtigsten Fürsten in Deutschland sind, seht nun, was der König der Deutschen vermag!" Herzog Friedrich wurde nun in Konstanz gefangengehalten. Seine Gegner spotteten über ihn, und Tirol war von allen Seiten bedroht. Nun riefen die Tiroler Stände Friedrichs Bruder, Ernst den Eisernen von der Steiermark, ins Land. Dieser kam auch, verfolgte allerdings seine eigennützigen Absichten gegen seinen gefangenen Bruder, weshalb auch Fehden zwischen den beiderseitigen Anhängern ausbrachen.

Nachdem Friedrich beinahe ein Jahr lang Gefangener des Kaisers war, gelang ihm Ende März 1416 die Flucht aus der Konzilsstadt nach Tirol. Seine Flucht wurde in den folgenden Jahrhunderten durch zahlreiche Geschichten verbrämt. Diesen Überlieferungen nach kam er glücklich nach Bludenz und von einer tüchtigen Abteilung von Bürgern begleitet über den noch verschneiten Arlberg. Dort erwartete ihn der getreue Hans von Müllinen von Schloß Berneck am Eingang in das Kaunertal und führte ihn auf sein Schloß. Anläßlich eines vom Herzog in Landeck aufgeführten Reimspieles konnte er zu seiner Freude bemerken, daß das darin gezeigte Schicksal eines vertriebenen Fürsten bei den Leuten einen starken Eindruck machte. Er gab sich zu erkennen und wurde umjubelt. Seine Gegner waren aber so stark, daß er sich noch des öfteren verstecken mußte: im Widum zu Flaurling, auf den Rofenhöfen im

Die Ereignisse des Konzils von Konstanz (1414–1418) trugen dem Tiroler Landesfürsten Friedrich den Beinamen „mit der leeren Tasche" ein. Der Kaiser hatte das Konzil einberufen, um das bestehende Schisma der drei Päpste zu beseitigen. Das schon durch vorangegangene Treffen belastete persönliche Verhältnis zwischen Kaiser und Herzog wurde durch den Umstand verschlechtert, daß Herzog Friedrich dem Gegenpapst Johannes XXIII. Geleit durch sein Land nach Konstanz gab und auch die Flucht dieses später abgesetzten Papstes förderte. Da der Bestand des Konzils dadurch gefährdet erschien und Friedrich sich nicht zur Verantwortung stellte, verhängte Kaiser Sigmund über ihn Anfang April 1415 die Reichsacht. Mit dieser forderte der Kaiser die benachbarten Fürsten, Grafen und auch die Schweizer Eidgenossen auf, sich der Lande und Herrschaften Friedrichs zu bemächtigen. Daraufhin unterwarf sich Friedrich dem Kaiser (Abbildung aus der amtlichen Berner Chronik, 1478). Nachdem er beinahe ein Jahr Gefangener in Konstanz war, gelang ihm Ende März 1416 die Flucht aus der Konzilsstadt nach Tirol.

hintersten Ötztal, im Schnalser Tal und in der Gegend von Meran. Nach seiner Ankunft in Tirol mußte er sich, gestützt auf Bürger, Bauern und Städte, mit seinem Bruder Ernst auseinandersetzen. Glücklicherweise währte der Bruderkrieg nur kurze Zeit. Anfang Oktober einigten sich die Brüder auf der Burg Kropfsberg auf Vermittlung des Herzogs von Bayern und des Erzbischofs von Salzburg.

Die Erzbischöfe von Salzburg erbauten südöstlich der Zillermündung eine wehrhafte Burg zum Schutze ihrer ausgedehnten Besitzungen im Zillertal und als Sitz der Verwaltung dieser Güter. Als die Verwaltung 1592 nach Zell am Ziller verlegt wurde, verlor die Burg an Bedeutung. Durch die mehrmalige Erstürmung im Jahre 1703 wurde der Verfall der Anlage beschleunigt (Kupferstich von G. Bodenehr, um 1700).

Nach längeren Verhandlungen in Konstanz hob Sigmund im Jahre 1418 die Reichsacht über Friedrich wieder auf und gab ihm gegen eine hohe Geldsumme seinen Besitz zurück. Allerdings war der Kaiser auch weiterhin Friedrich in dessen Kampf gegen die reichen Adelsgeschlechter nicht gewogen, wie aus dem demütigen Schreiben des Herzogs vom 26. Jänner 1423 hervorgeht. Er bittet darin, seinen Gegnern keinen Glauben zu schenken und gegen ihn nicht so hart und ungnädig zu sein, denn er habe nichts verschuldet und sei bereit, ihm und dem Reich zu dienen, mit Leib und Gut alles zu tun, was ein Fürst des Reiches schuldig ist.

Trotz aller Schwierigkeiten setzte sich Friedrich schließlich als Landesfürst durch. Die Wolkensteiner, deren berühmter Vertreter Oswald in seinen Gesängen oft genug das Feuer der Unzufriedenheit geschürt hatte, verständigten sich mit ihm wie manch anderes Geschlecht, nur die reich begüterten Starkenberger hielten hartnäckig am Widerstand fest, obwohl Burg um Burg vom Landesfürsten erobert wurde. Zuletzt blieb noch Greifenstein übrig. Diese Burg führt im Volksmund auch den Namen das „Sauschloß", dies deshalb, weil die Belagerten ein Schwein über die Schloßmauer hinauswarfen, um einen guten Versorgungsstand vorzutäuschen. Die List gelang allerdings nicht und Greifenstein konnte 1426 eingenommen werden. Endlich war der Friede im ganzen Land wieder hergestellt.

Die folgenden Jahre widmete sich Friedrich ganz der Regierung seines Landes. Schon 1423 traten die Stände Tirols auf Friedrichs Geheiß in Meran mit 72 Mitgliedern zusammen, 36 waren des Herzogs Vertreter, 36 die des Adels, der Bürger und der Bauern. Es war der erste eigentliche Landtag Tirols.

Für die Verlegung der Residenz von Schloß Tirol nach Innsbruck war auch der Umstand maßgebend, daß Innsbruck an der für die Habsburger wichtigen West-Ost-Linie lag. Die Burg entstand in der Innsbrucker Altstadt, später wurde unter Maximilian ein prächtiger Erker, das Goldene Dachl, angebaut.

Geschickte Finanzpolitik und tüchtige Regierungstätigkeit, verbunden mit dem Beginn der Bergbauzeit in Tirol, machten aus Friedrich, einst der Herzog mit der leeren Tasche, einen reichen Fürsten, der seinem Sohn Sigmund ein großes Erbe hinterließ, so daß man diesen mit Recht den Münzreichen nannte. Von der guten Finanzverwaltung zeugt auch das Feuerstättenverzeichnis, das im Jahre 1427 für das ganze Land angelegt wurde und das etwa einer Bestandsaufnahme der Haushalte in unserer Zeit entspricht.

Am 24. Juni 1439 starb Friedrich im Alter von 57 Jahren im heutigen Haus mit dem Goldenen Dachl. Kurz vor seinem Tod berief er noch die Stände Tirols zu einem Landtag nach Innsbruck und dankte ihnen für die Steuern, mit welchen sie ihn unterstützt hatten, und bestätigte ihnen erneut die Freiheiten, die er und seine Vorfahren dem Lande erteilt hatten. Er fand in Stams seine letzte Ruhestätte.

Oswald von Wolkenstein

Oswald wurde um 1377 vermutlich auf der Burg Schöneck im Pustertal, auf der sein Vater Burghauptmann war, geboren. Als Kind verlor er beim Spiel sein rechtes Auge. Mit zehn Jahren lief er von zu Hause fort, getrieben von Fernweh und Abenteuerlust, und fristete in Not und Elend sein Leben als Pferdeknecht, Koch und Laufbursche, als Ruderer und Soldat. Dabei kam er in zahlreiche Länder. Er war 24 Jahre alt, als er von seinem Vagabundendasein wieder in die Heimat zurückkehrte, und forderte von seinem Bruder das ihm von seinem inzwischen verstorbenen Vater zurückgelassene Erbe. Einer Ritterstochter namens Barbara Jäger zuliebe unternahm er eine Wallfahrt ins Heilige Land. Als er nach zwei Jahren wieder zurückkehrte, hatte Barbara Jäger einen anderen geheiratet. Nun stürzte sich Oswald in das Getriebe öffentlicher und politischer Auseinandersetzungen, die im Widerstand der tirolischen Adelsgeschlechter gegen den Habsburger Landesfürsten Herzog Friedrich gipfelten. Oswald griff den Herzog mit beißenden Gedichten an, geriet des öfteren auch in Gefangenschaft des Landesfürsten. Im Dienste des Kaisers Sigmund verbrachte er die meiste Zeit mit Reisen, da er mit diplomatischen Aufgaben betraut war. Die übrige Zeit weilte er auf seiner Burg Hauenstein im Grödental. Er beteiligte sich aktiv an der Verteidigung der Burg Greifenstein, dem letzten Bollwerk der aufständischen Starkenberger, und dichtete voll Übermut das Greifensteiner Kampflied. Trotzdem war die Sache der Adeligen aussichtslos geworden. Sie einigten sich nach dem Fall von Greifenstein mit dem Landesfürsten.

Oswald war in späteren Jahren nach dem Tod des Landesfürsten ein treuer Beschützer des minderjährigen Sohnes Sigmunds und einer der Vertrauensleute, die zur Absicherung der Rechte des Mündels bestellt wurden. Bis in die letzte Zeit seines Lebens war er noch tatkräftig und voll Regsamkeit. Er hatte alle Höhen und Tiefen seines Daseins durchlebt und durchlitten. Trotz der Bewegtheit seines Lebens wäre der Ritter, Diplomat und Politiker heute vergessen, wenn nicht der begnadete Sänger das Vergängliche überstrahlt hätte. Oswald starb 1445 unerwartet in Meran. Im Kloster Neustift bei Brixen fand er seine letzte Ruhestätte. Die genaue Lage seines Grabes ist nicht mehr bestimmbar.

Als Oswald von Wolkenstein im Jahre 1407 von einer Pilgerreise aus Jerusalem zurückkehrte, ließ er sich ein großes Relief als Erinnerungsmal setzen. Es steht an der Ostwand des nördlichen Domhofes in Brixen und stellt einen Ritter dar, der in festlicher Gewandung auf zwei Wappenschilden (denen von Villanders und Wolkenstein) steht. In der Linken trägt er einen Helm mit Pfauenfedern, in der Rechten die Kreuzfahrerstandarte. Das Schwert hängt an einem breiten Gürtel. Der Bart ist sorgfältig gekräuselt. An den schweren Eisenschuhen sind große Ziersporen befestigt.

Die Innschiffahrt

Die Schiffahrt auf dem Inn reicht weit in die Geschichte zurück. Schon die Römer sollen den Inn mit Schiffen, die dem Militärtransport dienten, befahren haben. Erste sichere schriftliche Hinweise auf die Innschiffahrt ergeben sich aus den Urbaren bairischer Klöster seit dem 12. Jh. und den Rechnungen der Haller Saline seit 1300. Im 14. Jh. erhielt das Stift Georgenberg Zollfreiheit für *zwei schef auf dem In heruf mit Getreide.* Im Jahre 1317 schlossen die Vertreter der Grafen von Tirol, des Erzbischofs von Salzburg und des Herzogs von Baiern einen Vertrag zur Sicherheit ihrer Untertanen *uberall zwischen Insprukke und Wazzerburch auf land und wazzer.*

Die Schefleut zu Hall waren um 1350 ein wichtiger Stand der dortigen Einwohner. Das Zollprivileg, das die Stadt Hall 1363 von Rudolf dem Stifter für die österreichischen Mauten an der Donau erhielt, zeigt die Reichweite ihrer Schiffahrt. Die Haller Lende war auch die folgenden Jahrhunderte der bevorzugte Anlege- und Stapelplatz. Die gesamte Getreideeinfuhr von den Ländern des unteren Inn und der Donau wurde hier von den größeren Schiffen ausgeladen und auf kleinere Zillen zur Weiterfahrt am Inn oder noch mehr auf Wagen zur Landfahrt umgeladen. Ein schweres Getreideschiff – auch genannt Hohenau(erin) – brauchte von Kufstein bis Hall 4 bis 5 Tage mit einem Vorspann von 15 bis 20 Pferden. In Hall wurden auch die größeren Schiffe für die Talfahrt beladen, hauptsächlich mit Wein und italienischem Ballengut. Massengüter wie Erze, Salz und Holz wurden sehr oft mit gewöhnlichen Haller Schiffen – Plätten genannt – befördert. Diese waren bis zu 30 m lang und 3 m breit. Die Talfahrt von Hall nach Kufstein konnte in fünf Stunden bewältigt werden, die Weiterfahrt bei günstigen Verhältnissen bis nach Wien in sechs Tagen. Dort zerlegte man die Plätten und verkaufte diese als Bauholz.

Daß gerade Hall die obere Endstation für die größeren Schiffe geworden ist, hängt auch mit der wirtschaftlichen Bedeutung durch den Salzbergbau, letzten Endes aber mit den natürlichen Verhältnissen der Wasserführung zusammen. Hiebei muß erwähnt werden, daß die

Abb. unten: Flußaufwärts wurden Schiffszüge in ganz bestimmter zweckmäßiger Formation zusammengestellt. An einem schweren Zugseil reihten sich zuerst Roßplätten, gefolgt vom Leitschiff (Hohenau) und je nach Bedarf verschiedene Schwemmer (Nebenbeier), Seilmutzen und Plätten.

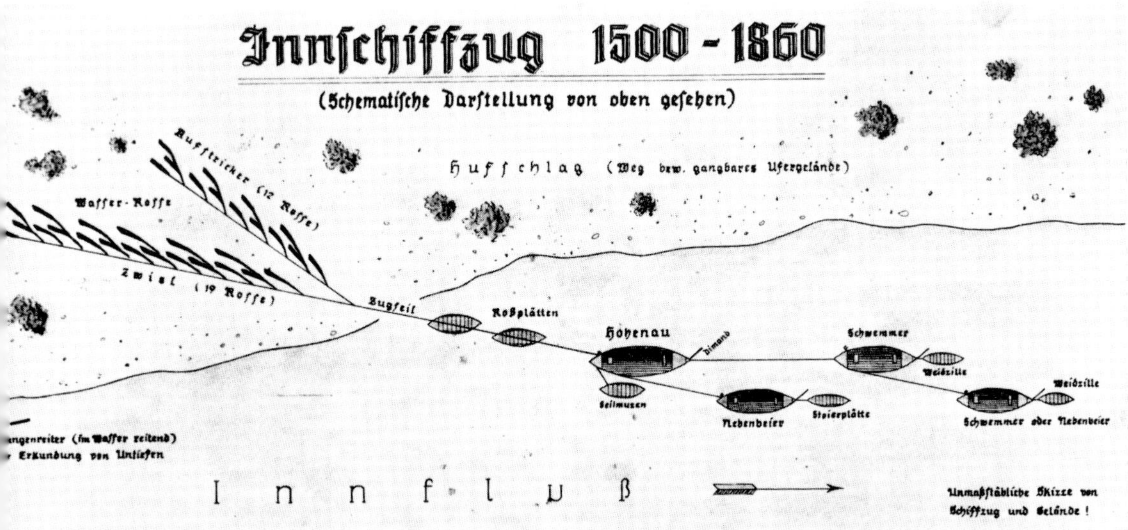

Inn-Schiffahrt hauptsächlich in den Sommermonaten bei höherem Wasserstand Bedeutung hatte.

Schwaz hatte durch sein Bergwerk seit dem 15. Jh. großen Bedarf an eingeführtem Getreide, Fleisch und Fett. Es erhielt daher, obwohl es an und für sich in das Niederlagsrecht von Hall fiel, eine eigene Lende innerhalb seines Weichbildes zum Entladen der Schiffe.

Weiter innabwärts hatte Rattenberg schon wegen des bis ins 13. Jh. nachweisbaren Zollamtes einen Anlegezwang für alle auf dem Inn verkehrenden Schiffe. Erhaltene Einnahmenregister dieses Zolles geben im 15. Jh. als Warengattungen, die damals auf dem Inn abwärts geschickt wurden, Etschländer Wein und italienische Stoffballen, Salz und Erze an, flußaufwärts vor allem Getreide und Schlachtvieh, besonders Ochsen und Schweine.

Bei den Dörfern Angath und Langkampfen lag eine beträchtliche Anzahl von Schiffen. Dies war darauf zurückzuführen, daß hier auch Schiffe gebaut wurden. Es war hiefür eine eigene Zunft tätig, die Schiffschopper, die für den Bereich der Landgerichte Kufstein und Rattenberg eine eigene Ordnung erhielten. Noch im 19. Jh. rühmte man die besondere Geschicklichkeit des Schopperhandwerks in den genannten Orten.

Schließlich war auch Kufstein eine wichtige Station der Innschiffahrt. Als Kaiser Maximilian im Jahre 1504 Kufstein belagerte, ließ er seine Truppen zu Schiff und die beiden großen Geschütze *Purlepaus* und *Weckauf von Österreich* mit Floßen vom Innsbrucker Zeughaus heranbringen. Im Jahre 1532 ließ Kaiser Karl V. angeworbene spanische und italienische Söldner auf Schiffen von Hall und Kufstein in das von den Türken bedrohte Wien transportieren. Im Jahre 1538 erlitt ein Schiffszug, der ebenfalls Söldner auf dem Wasserweg ins Österreichische bringen sollte, an der Kufsteiner Innbrücke Schiffbruch und dadurch großen

Zu den Abb. rechts und Seite 75 unten: Die Herstellung der Innschiffe besorgten die sogenannten Schopper. Das Gewerbe erhielt vom Ausschoppen (Abdichten) und Verspanen der Bretterfugen mit Moos seinen Namen. Die Bilder zeigen den Bau einer Plätte um 1880 bei Angath im Unterinntal.

Abb. oben: Ein Viehtransport mit einem sogenannten Schwemmer am Inn, 29. April 1816.

Schaden. Außer Mannschaftstransporten dienten die Innschiffe auch dem zivilen Personenverkehr, ebenso benützten fürstliche Persönlichkeiten die Wasserstraße des Inn. Kaiser Maximilian verließ im Herbst 1518 sein geliebtes Land Tirol für immer. Karl V. fuhr im Juli 1530 mit seinem Bruder Ferdinand nach seiner Krönung in Bologna mit dem Schiff nach Kufstein, von wo er sich dann nach München begab. Im August 1765 wurde der in Innsbruck überraschend verstorbene Kaiser Franz auf dem Wasserweg nach Wien überführt. Eine Woche später traten Maria Theresia und Josef II. mit großem Gefolge auf 19 Schiffen die Reise nach Wien an. Wegen eines heftigen Gewitters mußte die Fahrt in Erl für einen Tag unterbrochen werden.

Die Verbesserung der Landstraßen seit dem 18. Jh. zog vor allem die Beförderung der wertvollen Güter, die weniger Raum beanspruchten, von der Wasser- auf die Landstraße ab. Auch die Personenschiffahrt ging stark zurück. Doch für die Getreidelieferung flußaufwärts sowie für Holz und Erze abwärts war die Wasserstraße des Inn auch in der ersten Hälfte des 19. Jh.s noch immer der „gewöhnliche Weg", wie eine amtliche Beschreibung der Land- und Wasserstraßen Tirols vom Jahre 1830 angibt.

Den Todesstoß erhielt die tirolische Schiffahrt durch den Bau der Eisenbahn in der Mitte des 19. Jh.s. Es wurden zwar noch bis Ende der achtziger Jahre der Unterinntaler Zement auf Plätten den Inn abwärts nach Wien und Ungarn geführt, später hörte aber auch dies infolge der günstigeren Bahntarife auf. 1892 verließ die letzte Haller Plätte die Lend in Hall.

In den Jahren nach dem Ersten Weltkrieg gab die Stadtgemeinde Hall in Tirol aus Mangel an Kleingeld Notgeld mit dem Zunftzeichen der Innschiffer heraus.

Sigmund der Münzreiche und Nikolaus Cusanus

Tirols Landesfürsten tragen volkstümliche Beinamen. Erzherzog Sigmund, der von 1446 bis 1490 regierte, gilt als „der Münzreiche": Unter seiner Regentschaft stieg nämlich die Silberförderung in Tirol, und erstmals wurden in Hall Münzen geschlagen.

Sigmund war beim Tode Herzog Friedrichs erst 12 Jahre. So übernahm Herzog Friedrich von der Steiermark eine Vormundschaftsregierung. Erst nach einer schwebenden Kriegsgefahr war der steirische Herzog bereit, sein Mündel Sigmund selbständig regieren zu lassen. Die Situation war tatsächlich brisant, prophezeite doch Friedrich mittlerweile den Etschländern *Stricke um den Hals.* Diese wenig freundlichen Töne mobilisierten die Tiroler, und Friedrichs Gesandte wurden vorerst nicht mehr eingelassen. Friedrichs Sekretär weiß, nicht ohne Humor, über einen „solcherart festgehaltenen" Gesandten zu berichten: *Unser Freund Wilhelm zählt dort (in Rattenberg, das an der Grenze lag) die Fische, die im Innfluß vorbeischwimmen, denn er hat Muße genug dazu . . . Das Bauernvolk . . . bewacht die Pässe wie das Grab des Herrn. Doch schlafen sie nicht wie die Soldaten des Pilatus, sondern setzen Tag und Nacht dem Humpen zu.*

Sigmund wird als gutherzig und verschwenderisch beschrieben. Die kostspielige Hofhaltung war durch den Silberreichtum möglich geworden, überstieg aber trotzdem Sigmunds Einkünfte. Dazu kam der Krieg mit Venedig. Große süddeutsche Handelsgesellschaften, allen voran die Fugger und Welser, gewährten Sigmund ansehnliche Darlehen. Die „Rückzahlung" erfolgte schließlich in Form einer Verpfändung der Tiroler Silberproduktion.

Unglückselige Günstlinge überredeten Sigmund zu einem militärischen Abenteuer, den Krieg mit Venedig. Er sollte nicht zuletzt Geldmittel zur Schuldentilgung bringen, da Sigmund auch bei den bairischen Herzögen Anleihen getätigt hatte. Die Baiern hofften auf eine Verpfändung des ganzen Tiroler Landes. Der Krieg zog sich – nach Anfangserfolgen bei Calliano und Rovereto – in die Länge, brachte aber keine Veränderung, dafür unerträgliche finanzielle Belastungen. Er beeinträchtigte den so wichtigen Transithandel und endete mit der Wiedererrichtung alter Besitzstände. Der Landtag bestand nun auf Landesverweis solcher Ratgeber, allein das Vertrauen zwischen Landtag und Landesherren war nicht mehr wiederherzustellen. Eine Hof- und Regimentsordnung nahm den Landesherrn unter Kuratel. Schließlich willigte Sigmund 1490 ein, zugunsten seines Neffen, König Maximilian, abzudanken.

Die Zeit Sigmunds bringt mit Oswald von Wolkenstein, der Weiterentfaltung der Gotik, dem künstlerischen Schaffen der Münzmeister, der Entwicklung der Wissenschaften und Pflege der Gedanken des Humanismus eine kulturelle Blüte. Sigmund ließ die Fabeln Äsops übersetzen, während seine Gattin Eleonora, Tochter des Königs von Schottland (der Landesherr hatte drei Ritter dorthin zur Brautwerbung geschickt), einen französischen Bildungsroman übersetzte. Sigmund veranlaßte auch, daß für seine bestens ausgestattete Bibliothek ein „Reckenbuch" abgeschrieben wurde. Unter seiner Herrschaft kommt der erst 20jährige Hofhaimer als erster Hoforganist nach Innsbruck. In Mühlau und Hötting entstehen viele Gußhütten, das größte Geschützarsenal der damaligen Zeit und eine bedeutende Harnischwerkstatt. Spionage dürfte es schon damals gegeben haben. „Werkspione" des Herzogs sollen das Geheimnis über den Härtungsvorgang der Platten in Mailand ausgekundschaftet haben. Der Bergbau in Schwaz, Gossensaß, Sterzing, Imst, Prettau und Primör warf reiche Gewinne ab. So entstanden in dieser Zeit viele gotische Kirchen, die Gotteshäuser in Seefeld, Landeck, Imst und die prächtige Pfarrkirche in Schwaz. Sigmund war Bauherr einiger Jagdschlösser: Sigmundsburg (am Fernsteinsee), Sigmundsried (Ried im Oberinntal), Risenegg (Flaurling) und Sigmundslust (in Vomp). Am Zusammenfluß von Etsch und Eisack ließ er die alte Burg Formigar zur Sperrfestung Sigmundskron gegen die Venezianer ausbauen.

Erzherzog Sigmund „der Münzreiche" übernahm von Herzog Friedrich von der Steiermark, dem Vormundregenten, die Regierungsgeschäfte. Eine kostspielige Hofhaltung und der Krieg mit Venedig überstiegen seine Einkünfte. So mußte er die Tiroler Silberproduktion verpfänden. Das Bild (Detail aus dem Ambraser Stammbaum) zeigt ihn mit seinen beiden Frauen Eleonore von Schottland und Katharina von Sachsen sowie mit seiner Braut Radegunde.

Als „Abfindung" hatte Sigmund ein „anständiges" Salär und einige Schlösser erhalten und konnte sich nun seinen Hobbies, dem Fischfang und der Jagd, besser widmen. Die letzte Ruhestätte fand er in der Fürstengruft zu Stams. Mit ihm endete die eigene Habsburgerlinie Tirols.

Cusanus: Einer der großen Zeitgenossen Sigmunds war der Gelehrte und Kardinal Nikolaus Cusanus aus Cues an der Mosel (1401–1464), Bischof von Brixen. Der große Humanist Nikolaus entwarf schon damals ein modernes Weltbild und befaßte sich mit der Unendlichkeit des Raumes. Er war ein großer Philosoph, Astronom, Mathematiker und Historiker. 50 Jahre nach seinem Tod erschienen seine Werke in Paris.

Papst Nikolaus V. versprach sich von ihm längst fällige kirchliche Reformen. Dabei kam der Kardinal in einen Rechtsstreit mit Sigmund dem Münzreichen um das Kloster Sonnenburg. Wegen dieses beschämenden Streites und der damit verbundenen Flucht nach Säben (Kaspar von Gufidaun hatte den frommen Kirchenmann bedroht), verhängte der Papst über Sigmund den Kirchenbann und über Tirol das Interdikt. Vermittlungsversuche des nachfolgenden Papstes Pius II. scheiterten nicht zuletzt an einer Schmähschrift des herzoglichen Sekretärs, Gregor von Heimburg, gegen das Papsttum. Die Auseinandersetzungen mit Sigmund (1458) hatten den weisen, aber auch streitbaren Kardinal aus seinem Bistum vertrieben. Den Lebensabend verbrachte er in Rom, wo seine Titelkirche San Pietro in Vincoli war. Darin befinden sich die Gebeine, sein Herz ruht in Cues. Erst der Tod des Papstes und des Brixner Kardinals beendeten den leidvollen Konflikt mit Sigmund.

Salz aus Hall

Hall verdankte seinen Aufstieg zu einer wichtigen mittelalterlichen Siedlung dem Salz. Obwohl die Salzvorkommen im Gebiet der Gemeinden Absam und Thaur liegen, wurde Hall Handels- und Umschlagplatz. Die Salzgewinnung begann nachweislich mit der Nennung der Saline Thaur 1232, allein schon die Schenkungsurkunde des Grafen Gebhard von Hirschberg vom Jahre 1256 an das Deutschordenshaus in Bozen nennt das Salzhaus in Hall. Nach alten mündlichen Überlieferungen stand das erste Salzhaus, auch Pfannhaus genannt, in der Nähe des Salzbergwerkes. Für die Verlegung ins Eichat und schließlich nach Hall in die Nähe des Inn war vermutlich der geringe Waldbestand des Halltales und der bald schon auftretende Holzmangel für das Bergwerk und das Pfannhaus maßgebend. Die Errichtung eines Holzrechens über dem Inn bildete die Voraussetzung für die Holzlieferungen aus dem Oberinntal und seinen Nebentälern, andererseits machte er Hall zur Kopfstation der Innschiffahrt.

Das Salz wurde für die Tiroler Landesfürsten zu einer Haupteinnahmequelle, so daß diese für die wirtschaftliche Entwicklung des Ortes stets großes Interesse zeigten. Angesehene Bürgergeschlechter stellten die Holzmeister, die für ausreichende Holzlieferungen zu sorgen hatten.

In der Zeit der letzten Landesfürsten aus dem Geschlecht der Tiroler und Görzer Grafen im 14. Jh. traten verschiedene Mißstände durch die einzelnen Pächter des Salzbergwerkes und der Saline auf. Nach der Übergabe Tirols an die Habsburger im Jahre 1363 griff der neue Landesfürst Rudolf der Stifter klug und entschieden ein. Er berief kundige Männer aus seinen Bergwerken in Hallstatt und Aussee nach Hall. Dann verlieh er die Arbeiten am Berg und im Pfannhaus an bestimmte Personen aus Hall zu Lehen, denen ein erheblicher Unternehmergewinn verblieb. Außerdem wurden zweimal jährlich Gruben- und Bergwerksvisitationen durchgeführt. Die Zerstörung der Soleleitungen durch die ins Inntal eingefallenen Baiern erforderte umfangreiche Reparaturarbeiten.

Ein großer Förderer des Haller Salzbergwerkes war Kaiser Maximilian. Er modernisierte den Betrieb und verbesserte die Verwaltung.

Im Jahr 1492 eröffnete er den Königsberg, einen neuen Stollen im Bereich der Herrenhäuser, und regelte 1502 die schwierige Holzversorgung des Sudhauses aufs neue. Die Stadt Hall erfreute sich der besonderen Gunst des Kaisers. Sie erhielt 1502 eine Besserung ihres Wappens: zwei goldene Löwen, die eine weiße Salzkufe auf rotem Grund halten. Immerhin brachte die Haller Saline, deren Salz bis nach Schwaben, der Schweiz und Oberitalien exportiert wurde, jährliche Einnahmen von etwa 240.000 Gulden. Diese garantierten die Abzahlung der Schuldenlast.

Abb. oben: Darstellung der Stadt Hall im Schwazer Bergwerksbuch von 1556. Im Vordergrund die einst strategisch wichtige Innbrücke, der Rechen über den Inn, der Holzlagerplatz, die Stadtmauer mit der Burg Hasegg und dem Münzerturm, in dem ab 1567 die Münze untergebracht war. Beherrschend in der Mitte der Stadt die gotische Pfarrkirche zu Ehren des hl. Nikolaus, dem Patron der Schiffahrt.

←
Abb. links: Jahrhundertelang standen nur einfache Maschinen und Beleuchtungsmöglichkeiten für den Abbau des begehrten Salzes im Bergwerk zur Verfügung. Kupferstich von Josef Anton Friedrich, 1707.

Abb. oben: Ausschnitt aus einer Karte des Haller Salzberges mit dem Mundloch des Steinbergstollens, um 1555 (Tiroler Landesarchiv).

Abb. rechte Seite: Einer der zahlreichen Stollengänge im stillgelegten Haller Salzbergwerk (Abb. oben links und unten). Von den rund 500.000 m³ an ausgeschlagenen Hohlräumen ist ein Großteil schon seit langem nicht mehr zugänglich. Der Berg verschließt im Laufe der Zeit Stollen und Werker, und auch die stärksten Abstützungen beugen sich seinem Druck. Die Aufnahme unten rechts zeigt die originalgetreue Verzimmerung eines Stollens im Bergwerksmuseum von Hall.

Das älteste, jedoch nicht vollständig erhaltene Feldzeichen Tirols, um 1480 mit dem Tiroler Adler, dem Reichsadler und dem österreichischen Bindenschild. Der hl. Georg, Landespatron bis zur Mitte des 18. Jh.s, ist im Kampf mit dem Drachen dargestellt. Ein kniender Bergknappe weist darauf hin, daß die Fahne dem Aufgebot eines Bergwerksortes diente (Tiroler Landesmuseum Ferdinandeum).

→

Abb. rechts: Sigmundskron bei Bozen ist eine von Sigmund dem Münzreichen ausgebaute Sperrfestung, die auch seinen Namen trägt. Sigmundskron war am 17. November 1957 Ort einer Großkundgebung zur Erfüllung des Pariser Abkommens und zur Erinnerung an das Recht auf volle Autonomie.

In den ersten Jahrhunderten der Neuzeit wurden zusätzliche Stollen geschaffen. Der Kaiserberg wurde am 13. Mai 1563 von Kaiser Ferdinand I. eröffnet. Der Kronprinz-Ferdinand-Stollen wurde am 26. Mai 1808 von König Maximilian Josef von Bayern angeschlagen und nach ihm benannt. Dieser Stollen diente den Bergleuten auch als Fluchtweg bei Lawinengefahr. Beim ersten Hieb, den der König auf das Gestein machte, erscholl zum erstenmal am Haller Salzberg von der gesamten Beamtenschaft und 525 uniformierten Bergleuten der Bergmannsruf „Glück auf!". Die heutigen Herrenhäuser wurden nach einem großen Brand (im Jahre 1745) von 1777 bis 1781 erbaut.

Das alte Pfannhaus in Hall stand bis 1715 an der Stelle des heutigen Salinenamtsgebäudes am Unteren Stadtplatz. Der Salzmair Adam Anton Tschiderer ließ es abbrechen und erbaute ein neues westlich der Burg Hasegg. Dieses Pfannhaus mußte dann den Anlagen weichen, die der große Reformator des Salinenwesens, Dr. Johann Josef Menz, in den Jahren von 1760 bis 1795 erbauen ließ. Die Menz'schen Anlagen fielen dann einem Großbrand am 16. Februar 1822 zum Opfer. Im Jahre 1854 wurde das große Sudhaus in der Haller Au errichtet. Es bestand bis zum Jahre 1953. Damals wurde es abgebrochen, weil es durch das moderne Salzsudwerk überflüssig geworden war. Dieses galt auf Grund der im Jahre 1951 erfolgten Umstellung auf eine Elektroanlage (Wärmepumpe) als eine der modernsten und wirtschaftlichsten Sudhütten Österreichs.

Die Auflassung des Salzbergwerkes und des Sudhauses erfolgte im Jahre 1967, da die Salzvorkommen für einen wirtschaftlich rentablen Abbau nicht mehr ausreichten.

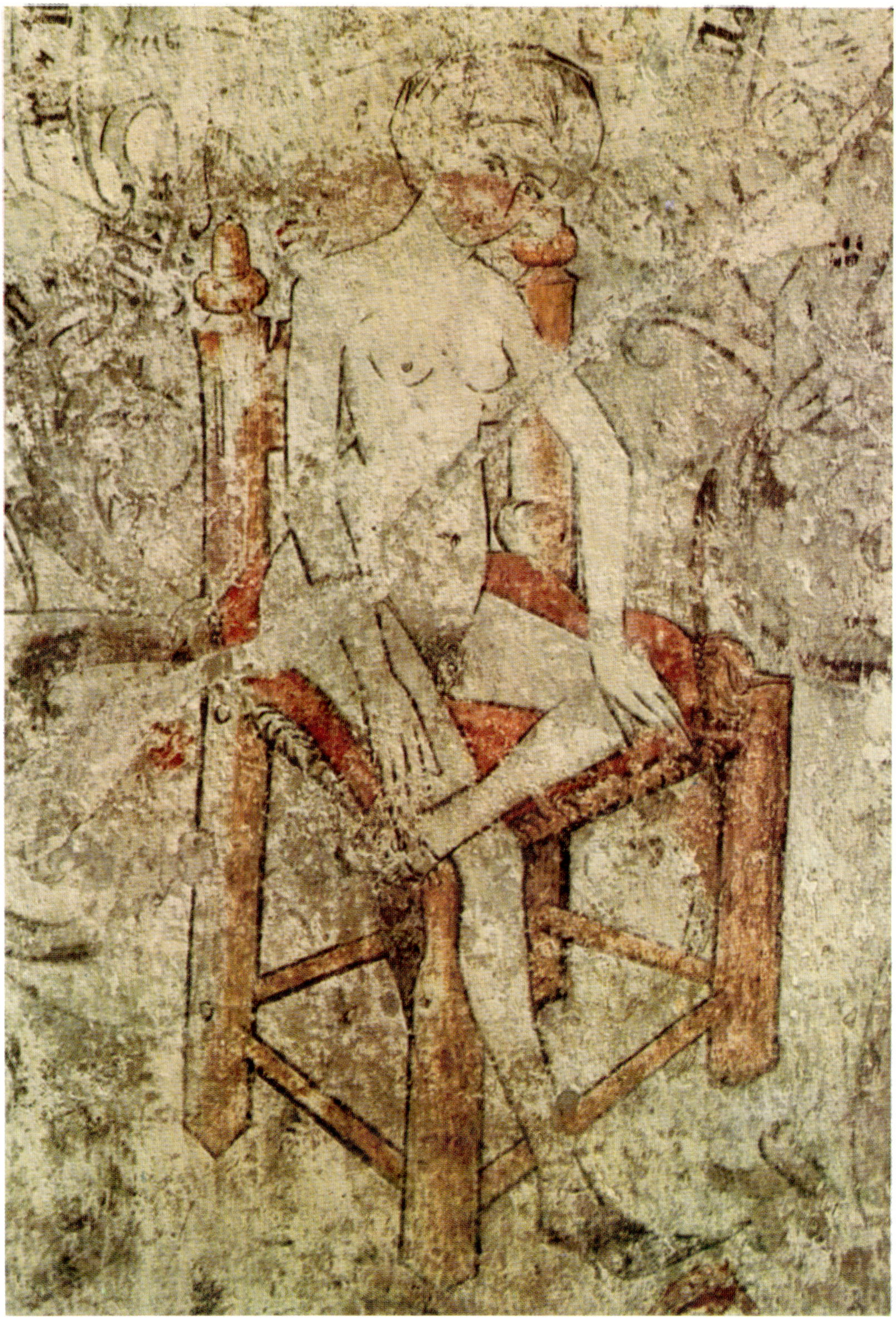

Abb. oben: Aus dem Schwazer Bergwerksbuch, dem wichtigsten noch erhaltenen Dokument über den Bergbau im Tirol des 16. Jh.s, vom Jahre 1556 stammt diese Abbildung, die Krieg, Pest, Teuerung und Faulheit als die vier Dinge, welche ein Bergwerk verderben, zeigt (Tiroler Landesmuseum Ferdinandeum).

← Abb. linke Seite: Nackte Frau aus dem Freskenzyklus der Freuden des Ehestandes vom Haus Rosengasse Nr. 5 in Hall, vermutlich von Lorenz Weismann, um 1490.

Die Blütezeit des Schwazer Silberbergbaues

In die Schieferzone der Gegend von Schwaz ist Dolomit eingelagert. Er bedingt schärfere Gebirgsbildungen und zeichnet sich auch durch Fahlerzlagerstätten aus. Von Pill bis Rotholz, insbesondere im Bereich des Arzberges, der „Alten Zeche“, des Falkensteins und des „Ringenwechsels“ im Osten, wurde in der Blütezeit des Bergbaues im 15. und 16. Jh. ein weitverzweigtes Stollennetz geschaffen. Jetzt sind die meisten Gänge verfallen, und nur ausgedehnte, vielfach unbewachsene Schutthalden zeigen noch, daß hier jahrhundertelang nach Erz, vor allem nach Silber und Kupfer, gegraben wurde.

Zu welcher Zeit der Bergwerksbetrieb aufgenommen wurde, ist nicht überliefert. Jedenfalls berichtet die Schwazer Bergwerkschronik vom Jahre 1420, daß die Erzgrube am Falkenstein viel fremdes Bergvolk aus Böhmen, Sachsen und anderen deutschen Landen nach Schwaz brachte. Demnach mußte der Schwazer Bergbau schon damals über die Grenzen des Landes hinaus bekannt gewesen sein.

Der Landesfürst Sigmund der Münzreiche schuf durch Bergordnungen die gesetzliche Grundlage für einen geregelten Abbau. Die einheimischen Kaufherren aus Hall und Innsbruck (Tänzl, Stöckl, Fieger u. a.) investierten ihr Kapital in den lohnenden Bergbau. Schon wenige Jahre später mußte der verschwenderische Landesfürst aus Geldnot die Bergwerke an ausländische Geldgeber verpfänden. Diese stammten hauptsächlich aus Augsburg (Fugger).

Die Jahre 1450 bis 1560 waren die Blütezeit von Schwaz. Es wurden an die 3 Millionen kg Silber und 57.000 Tonnen Kupfer gewonnen. Dies entsprach einem Wert von über 300 Millionen Gulden. Daraus kann man ermessen, daß Schwaz nicht nur eine der vielen Bergbaustädte der damaligen Zeit, sondern *die* Bergbaustadt der österreichischen Erblande, die finanzielle Grundlage des entstehenden habsburgischen Weltreiches, eine entscheidende Basis des europäischen Handels der Augsburger Kapitalgesellschaften und somit eine Bastion des Wirtschaftsgefüges des 16. Jh.s war.

Der Bergbau hatte im Umkreis von Schwaz ein Zentrum der Montanindustrie erstehen lassen. In den 20 Schmelzwerken und über 200 Stollen arbeiteten 15.000 Knappen und Schmelzer im Schichtwechsel. Die sechs Pochwerke (zum Zerkleinern des Roherzes) wurden von künstlichen Kanälen betrieben, der Erbstollen sank 240 Meter unter die Talsohle ab, ein mit Wasserkraft betriebenes Hebewerk, das in acht Stunden 100 Kubikmeter Wasser heben konnte, wurde als Weltwunder bestaunt. Eine eigene Pfennwert-Gesellschaft versorgte den Bergbau mit Eisen, Unschlitt für die Stollenbeleuchtung und Lebensmitteln. Die Verpflegung der etwa 20.000 Einwohner erforderte eine gute Organisation. Getreide wurde in Bayern, Vieh in der Steiermark eingekauft.

Die Schwazer Bergknappen waren auch im Ausland wegen ihrer Tüchtigkeit gefragt. Sie wurden oft in andere Länder gesandt und entwickelten dadurch ein starkes Selbstgefühl. Bis zum Ausbruch der Reformation beteiligten sich die Knappen an zahlreichen Stiftungen und Kirchenbauten. Auf ihre alten Rechte und Freiheiten pochten sie mit großem Stolz. Die Scheidung vom Bürgertum wollten sie sogar in kirchlichen Dingen durchführen. Bekannt ist z. B., daß die Schwazer Pfarrkirche deshalb vierschiffig erbaut wurde, weil die Knappen eine Hälfte für sich beanspruchten. Auch in ihrer Tracht unterschieden sie sich von den anderen Bewohnern. Ihr Standeskleid war ein langer weißer Rock mit spitzer Kapuze und ein Lederschurz. Es muß ein interessanter Anblick gewesen sein, als 1530 Kaiser Karl V. den Falkenstein besichtigte und 5600 bewaffnete Knappen, in sechs Gruppen geordnet, ihn am Erbstol-

←
Abb. links: In der reichen Bergbauzeit von Schwaz entstand die gotische Pfarrkirche, erbaut zwischen 1460 und 1478 von Hans und Gilg Mitterhofer, um 1500 erweitert und vergrößert durch Christof Reichartinger. Das Dach ist mit 15.000 gehämmerten Kupferplatten gedeckt. Die Hallenkirche ist ein eindrucksvolles Denkmal des einstigen Silberbergbaues.

len empfingen. Vier Knappen überreichten ihm dabei auf silberner Schüssel die von den Gewerken gestiftete Schaumünze, und in der Nacht hielten Knappen vor dem Fuggerhaus, in dem der Kaiser nächtigte, Wache.

Zu den Schattenseiten des Schwazer Bergwerksbetriebes gehörten die Knappenaufstände. Sie wurzelten in den Unstimmigkeiten zwischen Arbeitgebern und Arbeitnehmern. Dazu war die Zeit nach 1500 durch große Unruhen auf religiösem Gebiet gekennzeichnet. Die neuen Lehren Luthers und der Wiedertäufer fanden gerade in Schwaz bei den Knappen guten Nährboden.

Auch im Sturmjahr 1525, während der Bauernkriege, zogen die Schwazer Knappen wiederholt nach Innsbruck, um ihre Forderungen durchzusetzen. Sie konnten nur mit Mühe vom jungen Landesfürsten Ferdinand zufriedengestellt werden.

In der zweiten Hälfte des 16. Jh.s nahm der Bergsegen allmählich ab. Die Schwazer Pfarrkirche als größte gotische Kirche Tirols und viele Häuser mit den alten Bergwerkszeichen erinnern heute noch an die große Zeit des Schwazer Silberbergbaues.

Die freie bäuerliche Erbleihe

In Tirol waren bis zur Grundablösung in der Mitte des 19. Jh.s fast alle Bauern mit Haus und Hof von einem Grundherrn abhängig. Gegen Zahlung eines Grundzinses und/oder Ablieferung der Naturalabgaben wurde ihnen Grund und Boden zur Bebauung überlassen. Obwohl also das Gut im Obereigentum eines geistlichen oder weltlichen Grundherrn stand, durfte der Bauer darüber verfügen und das vererbbare Gut gleichsam als sein Eigentum an die Nachkommen weitergeben. Die Erbleihe, wie in den meisten Teilen Tirols gehandhabt, war seit dem Mittelalter unbestritten die günstigste Leiheform.

Herrschaftlicher Großgrundbesitz mit zentralen Gutshöfen konnte sich in Tirol nicht bilden, der bäuerliche Kleinbetrieb herrschte vor. Wegen der Streulage des grundherrlichen Besitzes kam es nur selten zur Ausbildung von geschlossenen Hofmarken, weshalb auch ein Leiheverhältnis nach dem strengeren Hofrecht kaum möglich war. Mit dem Ausbau der landesfürstlichen Gewalt erlangten die Bauern zusehends die persönliche Freiheit und waren nicht mehr an die Scholle gebunden. Diese Freizügigkeit stärkte ihre Position gegenüber dem Grundherrn. Daß die unfreie Erbleihe nach dem bestehenden Hofrecht im 15. Jh. gegenüber der freien Erbleihe nach dem Landrecht schon weit zurückgedrängt war, geht daraus hervor, daß die Landesordnung von 1404 zwischen diesen unterschiedlichen Erbleiheverhältnissen nicht mehr unterschied. Der persönlich freie Bauer konnte also über sein Gut, das er zu „Erbrecht oder Baurecht" innehatte, frei verfügen, wenn er den grundherrlichen Zins entrichtete. Insbesondere hatte der Baumann das Recht, den zuständigen Landrichter aufzusuchen, wenn ihn der Grundherr unterdrückte.

Die in der Folge des Bauernaufstandes hervorgegangenen Landesordnungen von 1526 und 1532 berechtigten den Baumann ausdrücklich, das Baugut mit Zustimmung des Grundherrn zu veräußern. Pro forma bedurfte auch die Belastung des Leihegutes mit Schulden oder dessen Teilung der Zustimmung des Grundherrn. Wegen der sorgfältig geführten Güter- und Abgabenverzeichnisse der Klöster – insbesondere Georgenberg – waren diese meist besser als die weltlichen Grundherren in der Lage, ihre Rechte geltend zu machen. So mußten die Bauern, die der Georgenberger Grundherrschaft grundrechtbar waren, bis ins 19. Jh. jährlich um die Belehnung ihres Gutes bei der sogenannten *Baustift* formell neu ansuchen. In Vomp und in 16 weiteren Orten waren die Georgenberger Bauleute verpflichtet, an einem

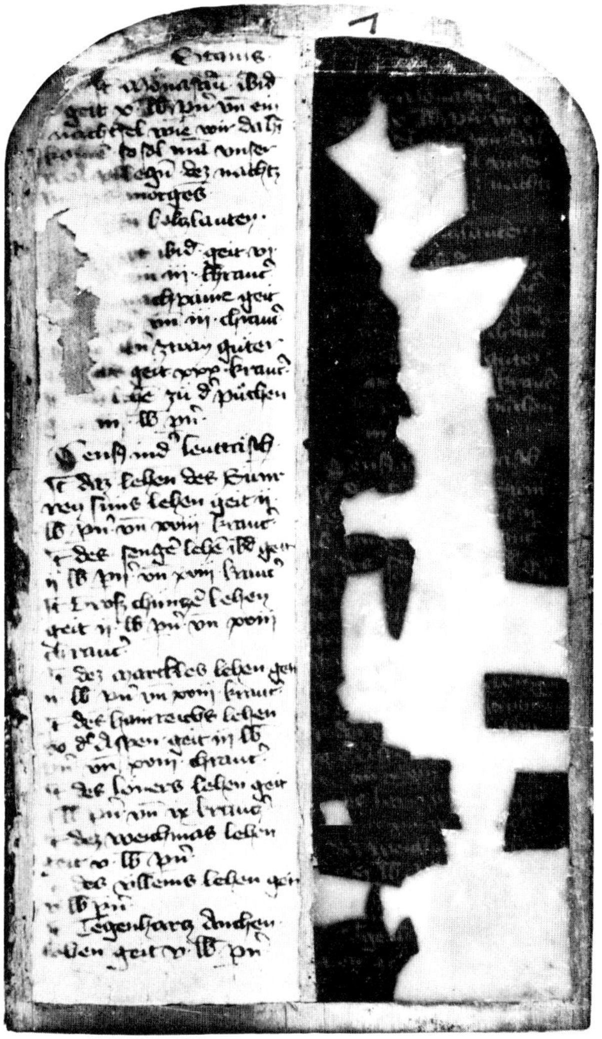

Vor der Grundentlastung im Jahre 1848 standen die meisten Bauernhöfe im Obereigentum eines geistlichen oder weltlichen Grundherrn. Wegen der besser entwickelten Schriftlichkeit hielten die Klöster am längsten an den alten Grundzinsen fest. Auch ausländische Klöster – hier das in Bayern gelegene Kloster Polling – hatten in Telfs, Pfaffenhofen und Leutasch ihre Güter. Eine archivalische Kostbarkeit sind die Täfelchen in Wachs (14. Jh.). Die jeweiligen Veränderungen im Besitzstand sind auf der rechten Seite festgehalten (Bayerisches Hauptstaatsarchiv München).

bestimmten Tag im Jahr das Gut zurückzugeben, und bekamen es nach Entrichtung des *Stiftkreuzers* neu verliehen. Bei der Baustift erlegten die *Grundholden* auch den Grundzins, wofür sie den *Stifttrunk* (Wein) und Brot erhielten. Ähnlich archaische Verhältnisse, wie sie in der Neuzeit für Tirol eine Ausnahme darstellen, waren nur noch in Teilen Osttirols üblich, wo das Haller Damenstift ganze Gerichtsbezirke sein eigen nannte.

Gemessen an der geringen Höhe der Grundzinse und Abgaben, die jahrhundertelang unverändert blieben, kann man in Tirol von keiner Erbpacht sprechen, da ein Pachtschilling im heutigen Sinne wesentlich höher hätte sein müssen. Mit der jährlichen Entrichtung des Erbzinses sollte der Gutsinhaber die grundherrliche Abhängigkeit formell anerkennen (Rekognitionszins). Die Höhe des Grundzinses – die Naturalabgaben wurden später in Geld umgewandelt – richtete sich nach der Größe des Gutes und betrug meist weniger als einen Gulden. Stärker ins Gewicht fiel die Todfallsabgabe, die bei manchen geistlichen Grundherren bis zu 10 Prozent des Hofwertes betrug. Eine Erbschaftssteuer hat es also schon immer gegeben.

Wichtig für die Entwicklung eines bodenständigen Bauerntums in Tirol war, daß sich seit dem ausgehenden Mittelalter ein persönlich freier Bauernstand entfalten konnte, der nicht nur ein starkes Nutzungsrecht, sondern auch das Verfügungsrecht über die verliehenen Güter hatte. Trotz der unterschiedlichen Gepflogenheiten zwischen Grundherr und Baumann waren die Baurechte seit dem 15. Jh. durch Landesordnungen so stark abgesichert, daß die Weitergabe des Hofes im Erbwege der Normalfall war.

Beginn der Münzprägung in Hall

Die alte Münzstätte der Grafen von Tirol befand sich in Meran. Ihre Gründung erfolgte in der Zeit des Landesfürsten Meinhard II. im letzten Drittel des 13. Jh.s. Die ersten Münzen waren die Adlergroschen, dann folgten die Zwanzigbernerstücke, für die sich im 14. Jh. der Name Kreuzer einbürgerte.

Ursprünglich wollte Herzog Sigmund zur Meraner Münzstätte zusätzlich eine in Hall gründen. Im Jahre 1477 entschloß er sich jedoch, die Meraner Münze ganz aufzugeben und das dortige Münzpersonal nach Hall zu berufen. Daß Hall der neue Standort für die Münzprägung wurde, entsprach der allgemeinen Entwicklung der Schwerpunktverlagerung vom Süden in den Norden Tirols, wofür die Hinwendung zu den süddeutschen Handelszentren nicht unbedeutend gewesen sein dürfte. Vor allem aber wollte man die Münzstätte in der Nähe des Schwazer Bergwerkes haben, um sich den weiten, umständlichen Transport des Silbers zu ersparen. Hall war als Standort für die neue Münze auch durch sein Salzbergwerk und schließlich als wichtiger Punkt der Innschiffahrt geeignet.

Gegen Ende des Jahres 1477 erfolgte zum Leidwesen der Bürger von Meran und zur Freude der Haller Stadtväter die endgültige Übersiedlung, und am 11. Dezember begann man in der ehemaligen Burg Sparberegg in der Haller Oberstadt mit der ersten Prägung. Bis 1482 schlug man in Hall, so wie früher in Meran, nur Kreuzer, Vierer und die neue Münzsorte, den Goldgulden, für dessen Prägung noch in Meran die Vorarbeiten geleistet worden waren.

Der Silberreichtum des Landes war Anlaß, nach neuen Wegen zu suchen, um Silber für große Zahlungen verwendbar zu machen. Es kam daher zur großen Münzreform. Sie begann mit der Prägung der 12-Kreuzer-Silbermünze (Pfundner), die noch nach oberitalienischem Vorbild gestaltet war. Den halben Wert hatte der Sechser, der im Zahlungsverkehr die größte Bedeutung hatte. Dieser Münztyp mit einem Kreuz und vier Wappen wurde so beliebt, daß man ihn bis in die Zeit Erzherzog Maximilians des Deutschmeisters zu Beginn des 17. Jh.s beibehielt. Schließlich ließen die geringen Goldvorkommen des damaligen Europa in Tirol den revolutionären Gedanken aufkommen, eine dem Goldgulden an Wert gleiche Silbermünze zu prägen. Diese durch ihre Größe und die Schönheit des Münzbildes auffälligen Guldiner (60 Kreuzer) von Hall wurden der Ausgangspunkt des deutschen Silbertalers, der durch Jahrhunderte im gesamten Reich die führende Münze blieb.

In den Jahren der Münzreform, von 1482 bis 1490, wurden 127.000 Mark Silber im Gesamtbetrag von über 1,1 Millionen Gulden in Hall vermünzt. Erzherzog Sigmund gebührt das Verdienst, als erster Fürst den Wandel in den Wirtschaftsstrukturen an der Schwelle der Neuzeit erkannt und deshalb die großangelegte Münzreform durchgeführt zu haben. Nicht zuletzt diesem Umstand verdankt er seinen Beinamen *der Münzreiche*.

Als in der Burg Sparberegg im 16. Jh. das adelige Damenstift durch die Töchter Kaiser Ferdinands I. mit Unterstützung deren Bruders Ferdinand II., Landesfürst von Tirol, geschaffen wurde, verlegte man die Münzprägung in die Burg Hasegg.

oben: Im Jahre 1477 wurde mit der Münzprägung in Hall begonnen. Erste Prägestätte war die Burg Sparberegg in der Haller Oberstadt. Dort wurden unter anderem diese Sechser (links) und Guldiner mit dem Bild des damaligen Tiroler Landesfürsten Sigmund des Münzreichen geschlagen.

Münzen, die zu Beginn des 19. Jh.s in der Burg Hasegg in Hall geprägt wurden: der Sechser (1808) mit dem Bildnis des Königs Maximilian Josef von Bayern und der in der Zeit des Tiroler Freiheitskampfes 1809 geprägte Kreuzer.

links: Zeitgenössische Darstellung einer Münzstätte aus dem Jahre 1505. Der Holzschnitt zeigt die wichtigsten Phasen der Hammerprägung, nämlich das Beschneiden der Schrötlinge (links), das Bearbeiten der Silberplatten, aus denen die Schrötlinge ausgestanzt wurden (Mitte), und das Prägen mit einem Hammer (rechts). Im Hintergrund links der Schmelzofen und in der Mitte der Münzmeister im Gespräch mit dem jungen König Maximilian I.

Der politische Einfluß der Fugger

Eng verbunden mit der Tiroler Geschichte ist der Aufstieg und Niedergang des schwäbischen Handelshauses. Neben den Medicis und Rothschilds machten die Fugger aus Augsburg im 15. Jh. mit ihrem Vermögen Weltgeschichte. Ohne die Finanzkraft und Einflußnahme eines Jakob oder Anton Fugger hätte die Eroberungspolitik der Habsburger und damit die Geschichte Tirols nicht jenen günstigen Verlauf genommen.

Vorerst brachten Geldnot und Geltungsbedürfnis, die verschwenderische Hofhaltung und eine mißglückte Aktion gegen Venedig den lebenslustigen Sigmund in die Abhängigkeit der fuggerischen Gläubiger. Nur zu gerne griffen die ausländischen Handelsherren auf das gemünzte und ungemünzte Silber aus den Tiroler Bergwerken zurück, um sich für ihre Kredite schadlos zu halten.

Durch ihre internationalen Handelsbeziehungen genossen die Fugger die Gunst der Venezianer und unterstützten gleichzeitig Sigmund mit dem treffenden Beinamen „der Münzreiche" gegen den Dogen. Dank der Hilfsgelder zog sich der unfähige Habsburger durch seinen Vormarsch an der Südgrenze Tirols die Feindschaft Venedigs zu und erkannte nicht, welches Doppelspiel die Fugger mit ihm vollführten. Welche Bedeutung Tirol in diesem Ränkespiel hatte, geht daraus hervor, daß Jakob Fugger zeitweise die Innsbrucker Faktorei selbst leitete. Durch die immer stärker werdende Abhängigkeit von den Fuggern und anderen bayrischen Handelshäusern wurde die Einflußnahme der Wittelsbacher für Tirol bedrohlich. Hinter dem Ausverkauf Tirols war der Einfluß Münchens unverkennbar, da es die Erbansprüche auf die Grafschaft nicht vergessen hatte. Erst der Friedensschluß mit der Lagunenstadt im Jahre 1487 bannte die durch Sigmunds Schuldenabhängigkeit heraufbeschworene kritische Situation.

Für Jakob Fugger war inzwischen klargeworden, daß er das sinkende Schiff „Sigmund" verlassen mußte. Schon seit 10 Jahren wurde der junge Maximilian umsponnen und als spätere Kundschaft gewonnen. Fugger verstand es, sich beim abenteuerlustigen Maximilian zum Hauptgläubiger zu machen und die Konkurrenz so weit auszuschalten, daß er auf das Staatsgeschehen jederzeit Einfluß nehmen konnte. Tirol wurde zur Drehscheibe machiavellischer Geldpolitik. Hunderttausende Gulden wurden dem Landesfürsten bereitwillig überlassen, wofür er den Fuggern das Tiroler Silber verschrieb. Man konnte von einem Silbermonopol der Ausländer in Tirol sprechen. Die einheimischen Gewerken in Schwaz waren unter dem Druck der Kapitalgesellschaften zugrundegegangen. Auch die Höchsteter, Herwart, Paumgartner und Manlich mußten dem gewaltigen Geldeinsatz der Fugger weichen.

Nahe der Innsbrucker Residenz Sigmunds hatten auch die gebefreudigen Schwaben ihr Hauptquartier aufgeschlagen. Obwohl die Regierung und die Stände die Gefahren für Tirol erkannten, war es Jakob Fugger gelungen, den verschwenderischen Landesfürsten in seine Abhängigkeit zu bringen und zum Beherrscher der Tiroler Wirtschafts- und Landespolitik zu werden. Als sich Jakob Fugger 1490 plötzlich weigerte, dem überschuldeten Sigmund weiter auszuhelfen, war dessen Rücktritt – ganz im Sinne Maximilians – nicht mehr aufzuhalten. Fugger ließ seine Maske in dem Augenblick fallen, als Sigmund alle seine Bergschätze verpfändet hatte. Geschickt im Hintergrund agierend, war er für König Maximilian zum Steigbügelhalter geworden. Von langer Hand geplant, ging seine Rechnung auf: Allein 1492 wurde von seiner Firma Edelmetall für eine Viertelmillion Gulden aus Tirol exportiert, und nur der geringste Teil wurde in Hall vermünzt. Dadurch entging dem Lande ein enormer Prägegewinn.

Maximilians Kriegspolitik führte zu einem Raubbau an den Tiroler Bergwerken. Die Tiroler Münzmeister und Geschützgießer mußten das dringend benötigte Kupfer und Silber unter Verlusten wieder rückkaufen, um den Bedarf im eigenen Land zu decken. Im Glauben an die unerschöpflichen Geldmengen der Fugger stürzte sich der königliche Condottiere in

Das Wohnhaus der Fugger in Schwaz wurde um 1525 erbaut. Der massige Bau bietet mit seinen turmartigen Eckerkern und den beiden Erkern an der Fassade die typische Form eines tirolischen Adelsansitzes aus dem 16. Jh. Die Fensterrahmungen wurden im 17. Jh. angebracht. Das Denkmal für Ulrich Fugger, den ersten Vertreter der reichen Kaufmannsfamilie in Schwaz, schuf der Schwazer Bildhauer Sepp Baumgartner im Jahre 1955. Das einstige Fuggerwohnhaus ist heute Kloster der Tertiar-Schulschwestern.

immer neue, schlecht vorbereitete Kriegsabenteuer, die dem Land die letzten Reserven entzogen. Berechnungen aus dem Jahre 1524 ergaben, daß sich der Reingewinn der Fugger beim Silber auf 3,5 Millionen und beim Kupfer auf 1 Million Gulden belief. Der Geldhunger Maximilians war so groß, daß Fugger sich sogar mit seinen Konkurrenten Sigmund Gossembrot und Georg Herwart zusammentat, um den Krieg von 1495 finanzieren zu können. Durch diese Gemeinschaftsfinanzierung konnte gegenüber Kritikern der Eindruck von der Monopolstellung Fuggers verwischt werden.

Obwohl die oberösterreichische Regierung in Innsbruck und der Tiroler Landtag den Einfluß der Fugger aus wirtschaftspolitischen Überlegungen zurückzudrängen versuchten, machten die Kriegsabenteuer Maximilians alle guten Absichten zunichte. Als die Venezianer vor dem Durchbruch standen, wurde Fugger zum Retter des Vaterlandes. Man hatte keine andere Wahl, als auf sein Geld zurückzugreifen. Neue Kredite engten die Handlungsfähigkeit Maximilians immer weiter ein. Der unternehmungslustige Renaissancefürst hinterließ 1519 eine Million Gulden Schulden, wovon fast die Hälfte aus fuggerischen Forderungen stammte. Für die verworrene Weltpolitik des Habsburgers war auch der reiche Bergsegen Tirols in keiner Weise ausreichend.

Nach Maximilian mußte das kleine Land ebenso für die Machtansprüche der Habsburger herhalten. Es ist bekannt, daß Karl V. die Kurfürsten nur mit Jakob Fuggers Geldeinsatz von 543.000 Gulden gewinnen konnte, um die Kaiserkrone zu erringen. Weniger bekannt ist, daß die Rückzahlung zu 75 Prozent mit Schwazer Silber erfolgte.

Der politische Einfluß der Fugger während der Bauernkriege in Tirol und Salzburg ist nicht zu übersehen. Bei der Niederwerfung des Aufstandes hatte die Gesellschaft ihre Hand im Spiel, weil die Meraner Artikel auch gegen sie gerichtet waren. Daß im Hintergrund Venedig agierte, um die Augsburger aus dem Montangeschäft Tirols zu verdrängen, dürften weder die Knappen noch die Bauern um Gaismair geahnt haben.

Zum letzten Mal rüstete Tirol 1552 im Schmalkalderkrieg mit Fuggergeld zur Verteidigung. Anton Fugger wurde von Kaiser Karl nach Innsbruck gebeten und mußte ihn auf seiner Flucht begleiten. Mit dem allmählichen Versiegen des Bergsegens in Schwaz und der Loslösung des Tiroler und Kärntner Handels aus dem Gesamtverband der Gesellschaft begann der Einfluß der Fugger in Tirol abzubröckeln. Die Herauslösung der Fugger aus der Tochterfirma (Jenbacher Handel) ging im 16. Jh. kontinuierlich weiter, und 1657 wurden die Bergwerksanteile der Firma an den Staat zurückgegeben.

Meister der Spätgotik in Tirol

Tirol bietet einen Reichtum gotischer Altarwerke, Skulpturen und Malereien. Im Laufe des 15. Jh.s wurde auf die Ausgestaltung des Altares (Schreine mit Flügeltüren) größerer Wert gelegt. Der Altaraufbau bestand aus einem Aufsatz mit Spitzbögen und Statuen-Nischen, dem Gesprenge. An Festtagen wurden die Altarflügel geöffnet.

Viele Andachtsbilder und Altäre aus der Zeit der Gotik gehen auf private Stiftungen (als Ausdruck mittelalterlicher Glaubenshaltung) zurück. Der gotische Flügelaltar vereinigte hohes künstlerisches Können in der Mal- und Bildschnitzerkunst. Einige Künstler waren Meister in beiden Sparten. Erlesene Beispiele gotischer Schnitzkunst sind die Altäre von St. Sigmund im Pustertal und der Multscher-Altar der Pfarrkirche „Unsere Liebe Frau im Moos" in Sterzing.

Der bekannte Ulmer Meister Hans Multscher brachte den sorgfältig zerlegten feingliedrigen Altar persönlich über die Alpen. Sein Altar ist mit 12,5 m sehr hoch. Die Spannweite der farbenprächtigen Flügel, an deren Bemalung Mitarbeiter beteiligt waren, betrug 7,7 Meter. Die schwäbische Malerei beeindruckte einheimische Künstler und gewann folglich für die Weiterentwicklung gotischer Schnitzkunst in den Altarwerkstätten von Brixen und Bruneck Bedeutung. Am Ende des 18. Jh.s wurde der Multscher-Altar – da nicht mehr „modern" – abgebrochen. Acht Altartafeln erhielt später Reichsmarschall Göring von Mussolini zum Geschenk. Heute befinden sie sich nach einer Odyssee in Sterzings Multscher-Museum. Ein für Schwaz bestellter Hochaltar von Veit Stoß, des großen Meisters der Spätgotik, ist nicht erhalten. Die gotische Schnitzkunst gipfelt in den Werken des Brunecker Meisters Michael Pacher.

Der Bildschnitzer und Maler wurde um 1430 in Neustift bei Brixen geboren. Seine Lehrjahre verbrachte er in Süddeutschland und in Oberitalien. Pacher ließ sich 1467 in Bruneck nieder und betrieb dort mit zahlreichen Schülern eine größere Werkstatt. Für Tiroler und Salzburger Kirchen schuf er zahlreiche Flügelaltäre. Die spätgotische Tafelmalerei erreicht mit ihm ihre Vollendung und zeigt ein Zusammenspiel von deutscher Spätgotik und italienischer Renaissance. Als Pachers Hauptwerke können der 1481 fertiggestellte Schnitzaltar in St. Wolfgang im Salzkammergut mit einer goldgefaßten Krönungsgruppe Mariens, *nach dem chöstlichsten und pesten, so er das gemachen mag*, sowie der Altar der Pfarrkirche Gries bei Bozen angesehen werden. Im Werkvertrag wird das Gesprenge für Gries beschrieben: *Ain Crucifix mit unnser frauen und Sannd Johannes sind ze obrist ain Maria pild mit dem Kind.*

Pacher beeinflußte nachhaltig gotische Schnitzkunst und Malerei des ausgehenden 15. Jh.s, so zum Beispiel die Werke Friedrich Pachers (einige Experten halten ihn für einen nahen

Abb. rechts: Multscher-Altar (1456–1458) in Sterzing. Der größte Bildhauer Süddeutschlands in der Mitte des 15. Jh.s, Hans Multscher, schuf den Hochaltar für die Pfarrkirche in Sterzing. Die gemalten Altarflügel befinden sich im Multscher-Museum (Sterzing). Der Künstler beeinflußte mit diesem Werk die nachfolgende Altarbaukunst der Tiroler Spätgotik in besonderer Weise. Der ehemals 12 Meter hohe Altar läßt sich nur mehr rekonstruieren. Teile befinden sich in Sterzing (Pfarrkirche und Multscher-Museum), Innsbruck (Tiroler Landesmuseum Ferdinandeum), München (Bayerisches Nationalmuseum) und Basel (Privatbesitz).

oben links: Detail (Mittelschrein) aus dem Klocker-Altar von Pinzon (Gemeinde Montan bei Auer), um 1490. Der Brixner Meister schuf auch Altäre für die Franziskanerkirche in Bozen, für Tramin und andere Orte in Südtirol.

oben rechts: Ausschnitt des großen spätgotischen Flügelaltares von Jörg Lederer, des führenden Meisters der Allgäuer Spätgotik, in der Spitalskirche von Latsch. Das Werk, um 1520, zeigt bereits Einflüsse der augsburgischen Frührenaissance.

←
linke Seite: Der noch erhaltene Teil des Pacher-Altares in der alten Pfarrkirche von Gries bei Bozen. Der gotische Flügelaltar von Michael Pacher wurde im Jahre 1475 vollendet. In der Mitte die Krönungsgruppe mit filigranhafter Baldachinschnitzerei. Pacher hat die Schnitzkunst seiner Zeit nachhaltig beeinflußt und leitete seit 1467 eine große Werkstatt in Bruneck.

Verwandten Michael Pachers) und des Brixner Meisters Hans Klocker. Klocker schuf volksnahe Werke (z. B. den Altar im Bozner Franziskanerkloster) und wurde vom Brixner Bischof Georg als *mit seiner getreuen und künstlichen arbait hochberuembt* gelobt.

Bedeutende Meister der Pacherschule sind auch Marx Reichlich (er arbeitete für Auftraggeber in Hall, Neustift und Wilten) und Simon von Taisten, dessen Bilder in leicht verständlicher Weise Inhalte des Alten und Neuen Testamentes oder Heiligenlegenden zu übersetzen versuchen. Meister Simon schuf besterhaltene Fresken in Schloß Bruck bei Lienz und in der Wallfahrtskirche Obermauern bei Virgen. Zum engeren Kreis Michael Pachers zählte auch der Meister von Uttenheim, bekannt durch sein Werk in der Sakristei der Pfarrkirche von Uttenheim bei Bruneck.

Besondere Erwähnung verdienen weiters Hans Schnatterpeck, der in der Meraner Gegend und im Burggrafenamt arbeitete und in Niederlana einen imposanten 14 m hohen Altar errichtete, sowie Jörg Lederer. Zeugnisse Lederers, des wichtigsten Vertreters der Allgäuer Schule, finden wir u. a. in Reutte, Stuben bei Pfunds, Nauders und Latsch.

Somit konnte sich die Kunst der Spätgotik in Tirol eigenständig und ausdrucksstark entfalten.

→

rechts: Ritter Florian Waldauf stammte aus Asch in Osttirol. Er wurde Schreiber bei Hof, teilte mit Maximilian die Gefangenschaft in Brügge und wurde vom Kaiser für seine Verdienste im Flandrischen Krieg zum Ritter geschlagen. In den folgenden Jahren war er einer seiner engsten Berater. Waldauf errichtete am Kolsassberg die landesfürstliche Burg neu und fand in der von ihm gestifteten Kapelle in der Pfarrkirche von Hall in Tirol seine letzte Ruhestätte. Eine der von Marx Reichlich geschaffenen Altartafeln zeigt den Stifter kniend dargestellt, begleitet von Kaiser Maximilian und dem hl. Georg (Stadtmuseum Hall in Tirol).

unten: Der spätgotische Hochaltar von Hans Schnatterpeck in Niederlana (1503–1511 errichtet). Der Schrein ist durch einen Baldachin in zwei Stockwerke unterteilt. Das Untergeschoß zeigt einen Gnadenstuhl, das Obergeschoß (Bild) die Krönung Mariens. Der 14 m hohe Flügelaltar stellt ein erlesenes Beispiel schwäbischer Kunst dar.

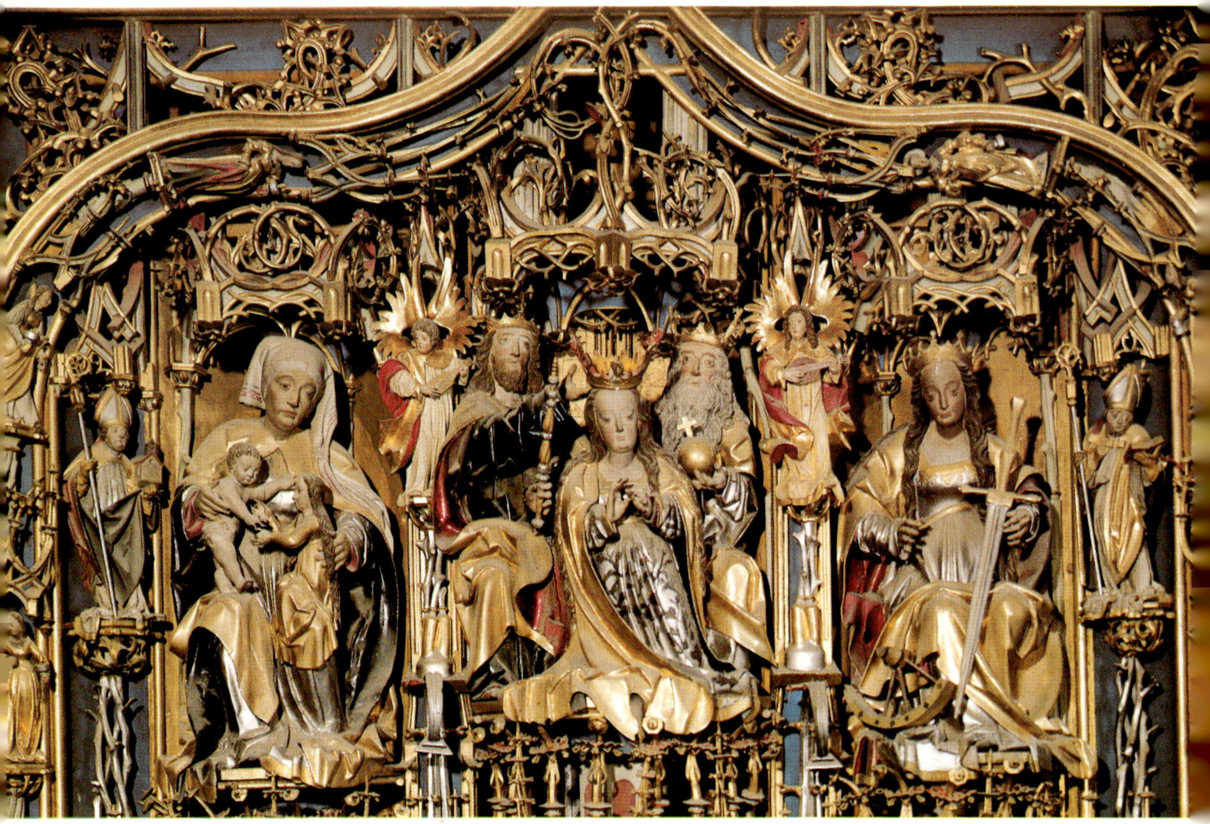

Die letzten Görzer Grafen

Die Töchter des letzten Tiroler Grafen Albert heirateten benachbarte Fürsten, Adelheid den Görzer Grafen Meinhard und Elisabeth den Hirschberger Grafen Gebhard. Da dieser auf seinen Anteil mangels eines Nachkommens verzichtete, gelangten die Söhne Meinhards zu großem Besitz. Im Jahre 1271 teilten sie ihre ausgedehnten Ländereien, Meinhard II. behielt Tirol und Albert die Grafschaft Görz. Die Mühlbacher Klause bildete die westliche Grenze. Gemeinsam blieben beiden die Titel, ferner auf bestimmte Zeit auch die Bezüge aus dem Zoll- und Münzregal. Auch wurde gegenseitiges Erbrecht beim Aussterben der einen Linie für die andere festgelegt. Doch konnten sich die Görzer Grafen beim Erlöschen der tirolischen Linie 1335 in Kärnten und 1363 in Tirol gegenüber der Macht des Hauses Habsburg nicht durchsetzen, wohl aber erhielt Kaiser Maximilian beim Erlöschen der Görzer Linie im Jahre 1500 deren Besitz kraft Erbrechtes und vereinigte damals das Pustertal samt Lienz mit dem Lande Tirol.

Ursprünglich sahen die Görzer Grafen ihre Residenz im Stammschloß von Görz. Nach der Hohenstaufenzeit mehrten sich in Italien die Schwierigkeiten, und sie zogen sich hinter den Wall des Gebirges auf ihre deutschen Herrschaften zurück. Lienz wählten sie als ihren neuen bevorzugten Residenzplatz und erbauten dort das Schloß Bruck. Zu Beginn des 14. Jh.s bot Lienz bereits das stattliche Bild einer landesfürstlichen Residenz. Innerhalb des mächtigen Mauerringes ragten Kirch- und Wohntürme auf. Allerdings wurde die Pest im Jahre 1349 zu einer Katastrophe für die Stadt. Im Jahre 1394 übernahm Heinrich IV. die Regierung. Während seiner Herrschaft erlosch der letzte Glanz, der das alte Grafengeschlecht noch umgab, denn er war nicht nur in seinen außenpolitischen und kriegerischen Unternehmungen wenig erfolgreich, sondern spielte auch im Privatleben eine recht klägliche Rolle. Er lebte mit seiner Frau, Katharina von Gara, der Tochter eines ungarischen Palatins, in ständigem Zwiespalt und hielt sich gerne auf Schloß Heinfels im Pustertal auf. In seiner Zeit unterwarfen die Venezianer den Patriarchenstaat von Aquileja und zwangen die Görzer Grafen, die venezianische Landeshoheit für den größten Teil der friaulischen Besitzungen anzuerkennen. Erhalten hat sich ein Verzeichnis der Musterung der wehrfähigen Männer („Musterung ob Luencz"), angelegt vom Grafen von Görz um 1410.

Auf Graf Heinrich IV. folgten seine Söhne, zuerst Johann und ab 1462 Leonhard. Dieser zog mit seinen Soldaten des öfteren gegen die Türken zu Felde, als diese die südlichen Teile der Grafschaft Görz bedrohten und bis gegen Kärnten vorrückten. Graf Leonhard wird in der Geschichte als rauher Mensch beschrieben und paßte wenig zu seiner Gemahlin Paula von Gonzaga, die dem angesehenen, kulturell führenden Hof von Mantua entstammte. Überdies war sie von schwacher Gesundheit und brachte ihre italienische Dienerschaft nach Osttirol, worüber Graf Leonhard nicht sonderlich begeistert war. Schon mit dem Heiraten hatte es Leonhard nicht eilig, und es bedurfte mancher mahnender Worte, bis in der Stadtpfarrkirche von Bozen die Trauung unter Teilnahme vieler Gäste, unter anderem auch des Tiroler Landesfürsten Sigmund, stattfinden konnte. Paula von Gonzaga brachte jedoch dem Görzer Hof eine ansehnliche Mitgift, und dies war wegen der gespannten Finanzlage Grund genug. Bedingt durch ihre Kränklichkeit besuchte die Gräfin gerne einheimische Bauernbäder, z. B. Moos bei Niederndorf oder Villgraten. Die Ehe des görzischen Fürstenpaares war nicht mit weiteren Kindern gesegnet, eine Tochter starb bereits bei der Geburt. Nach dem Tode der Gräfin Paula im Jahre 1495 verbrachte Leonhard seine letzten Lebensjahre recht einsam, wie aus seinen Briefen ersichtlich ist. Am 12. April 1500 starb Graf Leonhard auf Schloß Bruck.

Kaiser Maximilian verpfändete die Herrschaft Lienz an die Grafen Wolkenstein-Rodenegg. Im Jahre 1653 wurde das Schloß vom Königlichen Damenstift in Hall erworben. Nach dessen Aufhebung in der Zeit Josefs II. wurde 1796 ein Militärspital eingerichtet, zeitweilig diente es als Kaserne. Im Jahre 1817 erwarb der damalige Bürgermeister von Lienz das

Schloß. Seine Nachkommen richteten darin eine Brauerei und Gastwirtschaft ein. Im Jahre 1943 kaufte die Stadt Lienz Schloß Bruck. Nach dem Zweiten Weltkrieg wieder instandgesetzt, bildet es heute die Heimstätte des reichhaltigen Osttiroler Heimatmuseums. An die letzten Grafen von Görz erinnert vor allem die doppelgeschossige Burgkapelle aus romanischer Zeit, die im Auftrag des Grafen Leonhard und seiner Gemahlin mit farbenfrohen Fresken des Meisters Simon von Taisten geschmückt wurde.

In der Stadtpfarrkirche St. Andreas in Lienz erinnert das Hochgrab mit der prächtigen Reliefplatte des Innsbrucker Meisters Christoph Geiger, die im Jahre 1507 durch den Auftrag Kaiser Maximilians I. fertiggestellt wurde, an den letzten Vertreter der Grafen von Görz. Diese Reliefplatte zählt zu den besten Werken Tiroler Grabplastik.

Zur Abb.: Nach der Hohenstaufenzeit mehrten sich für die Görzer Grafen die Schwierigkeiten mit ihren südlichen Besitzungen. Daher bevorzugten sie zunehmend den Norden ihres Gebietes und erwählten Lienz zum Residenzplatz und bauten das Schloß Bruck prächtig aus. Nach dem Tode des letzten Görzers, Graf Leonhard, im Jahre 1500 fiel der Besitz der Görzer an die Habsburger. Kaiser Maximilian verpfändete die Herrschaft Lienz an die Grafen Wolkenstein-Rodenegg. Im Jahre 1653 wurde das Schloß vom Adeligen Damenstift in Hall erworben. Nach dessen Aufhebung durch Josef II. wurde es 1796 ein Militärspital. Im Jahre 1817 erwarb der damalige Bürgermeister von Lienz das Schloß. Seine Nachkommen richteten darin eine Brauerei und eine Gastwirtschaft ein. 1943 kaufte die Stadt Lienz Schloß Bruck. Es wurde nach dem Zweiten Weltkrieg instandgesetzt und bildet heute die Heimstätte des reichhaltigen Osttiroler Heimatmuseums (Lithographie nach Pezolt v. Oberer, Salzburg, um 1835).

links: Zu den besten Werken der Tiroler Grabplastik zählt die Reliefplatte des Meisters Christoph Geiger aus Innsbruck für Leonhard von Görz, der im Jahre 1500 starb. Den Auftrag zum Grab erteilte Kaiser Maximilian. Die Platte wurde in den Jahren 1506/1507 fertiggestellt und ist formal noch ganz der Spätgotik verhaftet, während die selbstbewußte Haltung des Ritters und seine individuellen Züge schon auf die Renaissance hinweisen.

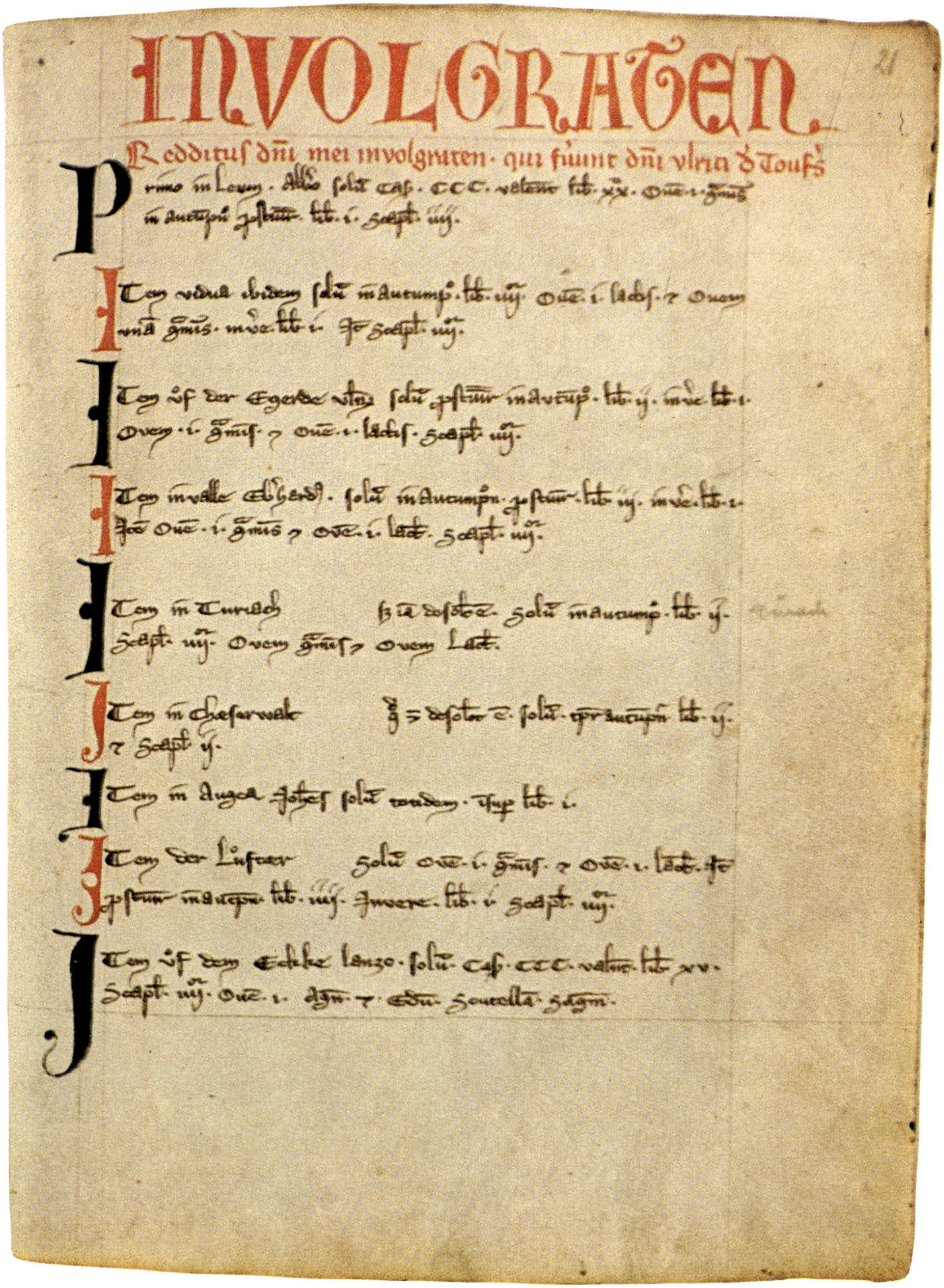

oben: Nach dem Aussterben der Görzer Grafen erbte Kaiser Maximilian das Gebiet des Pustertales und somit auch Teile Osttirols. Zugleich wurde er Grundherr über viele Höfe, wie hier in Innervillgraten, die ihm Abgaben entrichten mußten. Obiges Abgabenverzeichnis ist das älteste „Görzer Urbar“. Es ist um 1300 entstanden, lateinisch abgefaßt und durchgehend auf Pergament geschrieben. Für die Erforschung der Hof- und Besiedlungsgeschichte eine äußerst wichtige Quelle (Tiroler Landesarchiv).

Zur Abb.: Die Kapelle zur Hl. Dreifaltigkeit im Schloß Bruck bei Lienz ist als zweigeschoßige Anlage gestaltet. Besonders prächtig wirkt sie durch den sehr gut erhaltenen Freskenschmuck. Er stammt größtenteils vom Pustertaler Meister Simon von Taisten (1490/96), der auch das Fresko in der Apsiswölbung, den Gnadenstuhl von Nikolaus Kenntner aus Lienz, übermalte.

Kaiser Maximilian I.

Die Entdeckung Amerikas und der Reformationsbeginn durch Martin Luther fallen in die Regierungszeit Maximilians, der seit 1486 römischer König, seit 1490 Tiroler Landesfürst war und an der Schwelle zur „Neuzeit" stand. Maximilian wurde 1459 in Wiener Neustadt als Sohn Kaiser Friedrichs III. und der Eleonore von Portugal geboren. In ihm vereinigten sich die Tugenden eines Ritters und die Geistesrichtung des Humanismus.

Sigmund hatte keinen erbberechtigten Sohn, eine Verpfändung Tirols an Bayern wollten die Landstände nicht zulassen, so stimmten sie der Übergabe Tirols an Sigmunds Vetter Maximilian zu, womit Tirol nun denselben Regenten wie die anderen österreichischen Länder hatte. In Tirol, „einem Mantel, dessen Falten recht schön warm hielten", wo Maximilian sich besonders gern aufhielt, konnte er mit Vorliebe seinen Lieblingsbeschäftigungen, dem Jagen und Fischen nachgehen. Tirol war für Maximilian eine heimelige Felsburg, dessen Bergwerkssegen er – schon wegen seiner vielen Schulden – zu schätzen wußte. Strategisch war das Herzland Maximilians durch den Brennerpaß bedeutsam. Seine Leutseligkeit und Sprachbegabung waren geschätzte Eigenschaften, wenngleich gerade die Tiroler die Steuerlasten und die horrende Schuldenpolitik schmerzlich zu spüren bekamen. Unter seiner Herrschaft wurde in Tirol hingegen eine wirksame Verwaltung errichtet. Innsbruck war zu einem zentralen Ort des Reiches geworden, das Goldene Dachl, das Zeughaus und das Grabdenkmal der Hofkirche erinnern noch heute an Maximilian. Tirol verzeichnete auch einen beträchtlichen Gebietszuwachs. Die Gerichte Rattenberg, Kitzbühel und Kufstein fielen 1504 im bayrischen Erbfolgekrieg an Tirol. Auf diese Weise erhielt Tirol seine heutigen Landesgrenzen. Als das Görzer Grafengeschlecht mit Graf Leonhard ausstarb, gingen dessen Besitzungen durch Erbschaft an Maximilian, das Pustertal gehörte nun zu Tirol. Bald schon brach ein Krieg aus: Die Engadiner wollten Tirols Landesfürsten nicht mehr länger anerkennen. Eine der heftigsten Schlachten tobte im Münstertal. Die Siedlungen zwischen Mals und Schlanders wurden niedergebrannt und verwüstet, die Niederlage für Tirol war grauenhaft, 5000 Mann fielen bei der Schlacht am Calwen. Gefangene wurden keine gemacht, die Bevölkerung litt schwer, woran auch der „gerührte" Kaiser nichts ändern konnte. Der Krieg hatte die Schwächen in der Verteidigung bloßgelegt.

Maximilian erstellte 1511 unter Mithilfe der Stände beim Landtag in Bozen das sogenannte Landlibell, eine neue demokratische Wehrverfassung zur Regelung des Wehrwesens. Damit erhielt der Landesfürst das Recht, einen Landsturm zu bilden, um im Notfall die Landesgrenzen verteidigen zu können. Bislang war das Landesaufgebot nur schlecht organisiert. Die neue Verteidigungsordnung verpflichtete die Tiroler (Knecht wie Bischof) zum Schutz ihrer Heimat, wobei der Landesfürst für Schießbedarf und Geschütze zu sorgen hatte, und beinhaltete die Zusage, keine Kriegsdienste außerhalb der Landesgrenzen leisten zu müssen. Eine Kriegserklärung war weiters an die Zustimmung der Landschaftsvertreter gebunden. Bei Kriegsgefahr sollten die Stände beipflichten, in vier Aufgeboten bis zu 20.000 Mann unter Waffen zu stellen. Bei größter Gefahr sollte das Aufgebot durch den Landsturm (die zu Hause verbliebenen Männer) ergänzt werden. Das Landlibell bestätigt eine gewisse Sonderstellung Tirols innerhalb der österreichischen Länder. Das wechselhafte Glück der Kriegsführungen des Kaisers gebot, daß zwischen 1508 und 1516 bis zu 10.000 Tiroler gerüstet wurden. Die damals für die „Grafschaft Tirol" geschaffene Wehrverfassung war in wesentlichen Bereichen bis 1918 in Geltung. 1518 war Innsbruck Stätte des ersten österreichischen Ausschußlandtages (Generallandtages), zu vergleichen mit einem Parlamentsforum, wo unter anderem über die Türkengefahr beraten wurde. Seine Schlußakte sind ein Zeugnis der gesamtösterreichischen Verantwortlichkeit von 70 Standesvertretern. Zur Abwehr der Türken stellte Tirol nicht nur Finanzmittel, sondern auch freiwillige Kriegsdienste.

Totenschild des Ritters Florian Waldauf, um 1510, von Sebald Bocksdorfer (Stadtmuseum Hall in Tirol).

Maximilian hatte vor, aus der Grafschaft Tirol ein Kurfürstentum zu machen. Die Habsburger hätten nur zu gerne neben den sieben deutschen Kurfürsten auch eine Kurstimme für sich beansprucht. Es scheiterte am Einspruch der um ihre Privilegien besorgten Kurfürsten, und außerdem verstarb sein Sohn, der für die erstrebte Tiroler Kurfürstenwürde ausersehen war. Der Kaiser hielt in Innsbruck Veranstaltungen ab, die an heutige internationale Kongresse erinnern. Innsbruck war zur Drehscheibe europäischer Politik und zum Treffpunkt von Diplomaten geworden. Auf diese Weise wurde auch das Karwendel zum „Hochstand" europäischer „Gipfel"-politik, selbst an den Ufern des Plansees und Achensees schlug die Politik „Wellen".

Zu Maximilians Zeit war Tirol einer der reichsten Kupfer- und Silberlieferanten Europas. Der Verkehr war stark angewachsen; so rollte z. B. der gesamte Austausch von Handelsgütern zwischen Venedig und Augsburg über die Tiroler Pässe. Die oberitalienische Familie der Tassis (Taxis) organisierte – über Auftrag Maximilians – den ersten Postliniendienst. Die Postlinien aus Zürich, Friaul, Wien und Holland kreuzten sich in Tirol. Innsbruck wurde Postzentrale des Reiches.

Umstellungen in der Kriegsführung ließen es ratsam erscheinen, Kriegsgeräte zentral zu sammeln. Dem sollte das Zeughaus in Innsbruck-„Kohlstatt", das größte Waffenarsenal der damaligen Zeit, dienen. Darin war neben Harnischen, Fuhrwerken, Spaten, Spießen und Munition auch die kaiserliche *Artolerey* stationiert. Die Zeugbücher des Kaisers zeigen reich illustrierte Inventarverzeichnisse. Innsbruck war zum größten Waffen- und Rüstungsdepot der österreichischen Erblande geworden. Dies hing sicher auch mit der strategischen Lage des Landes und der Treue der Tiroler zu Maximilian zusammen.

Eine Reihe von Tirolern hatte wichtige Posten inne: Florian Waldauf, der „Protonotarius" (siehe S. 101), der in Spanien und Ungarn wertvolle Vermittlerdienste tätigte, der hoch-

Das Goldene Dachl, Wahrzeichen der Landeshauptstadt Innsbruck, wurde in den Jahren 1494–1496 vom Steinmetz Niklas Thüring d. Ä. als Prunkerker und Hofloge anstelle eines geschlossenen Hauserkers aus der Zeit Herzog Friedrichs errichtet. Die Bemalung stammt von Jörg Kölderer. Das Bauwerk markiert den harmonischen Übergang von der späten deutschen Gotik zu der vom Süden beeinflußten Renaissance. Es erinnert an Maximilians zweite Hochzeit mit Blanka Maria Sforza von Mailand (1494). Die Kassettenbrüstung zeigt ein Wappenfries (1508), die reizvolle Loggiabrüstung eine Hofgesellschaft, Tänzer und Gaukler in Sandsteinreliefs. Die von Unwetter und Umweltverschmutzung in Mitleidenschaft gezogenen Originale der Sandsteinreliefs wurden durch Kopien ersetzt und befinden sich im Tiroler Landesmuseum Ferdinandeum.

gebildete Sekretär Blasius Hölzl aus Sillian, Max Treitz aus Mühlau (ihn wollte Maximilian als Hofpoeten und Geheimschreiber *in kein Weg nit entbehrn)* und Hofkanzler Zyprian von Sarnthein, der dem Kaiser auch bei Vertragsabschlüssen behilflich war. Viele Landsknechte waren Tiroler, so auch der Landsknechtführer Georg von Frundsberg. In Tirol baute Maximilian mit dem Tiroler Regiment, einer Regierungs- und Gerichtsbehörde, ein Modell zeitgemäßer Landesverwaltung auf.

Das Tiroler Regiment – dem auch die *vorderösterreichische Regierung* unterstellt war – leiteten Marschall Paul von Liechtenstein und Landhofmeister Michael von Wolkenstein. Manche Gesetzesvorlagen aus Tirol hatten Beispielcharakter für die Ausarbeitung ähnlicher Gesetze in anderen Landesteilen. Auf diese Weise kamen zum Beispiel Bergwerksbestimmungen aus Schwaz – über das spanische Haus Habsburg – in die Neue Welt. Das rege Handelsleben, die große und breit gestreute Zahl ziviler und militärischer Kommandostellen, brachten eine rege Versetzungspolitik mit sich. Auf diese Weise heirateten viele Tiroler in

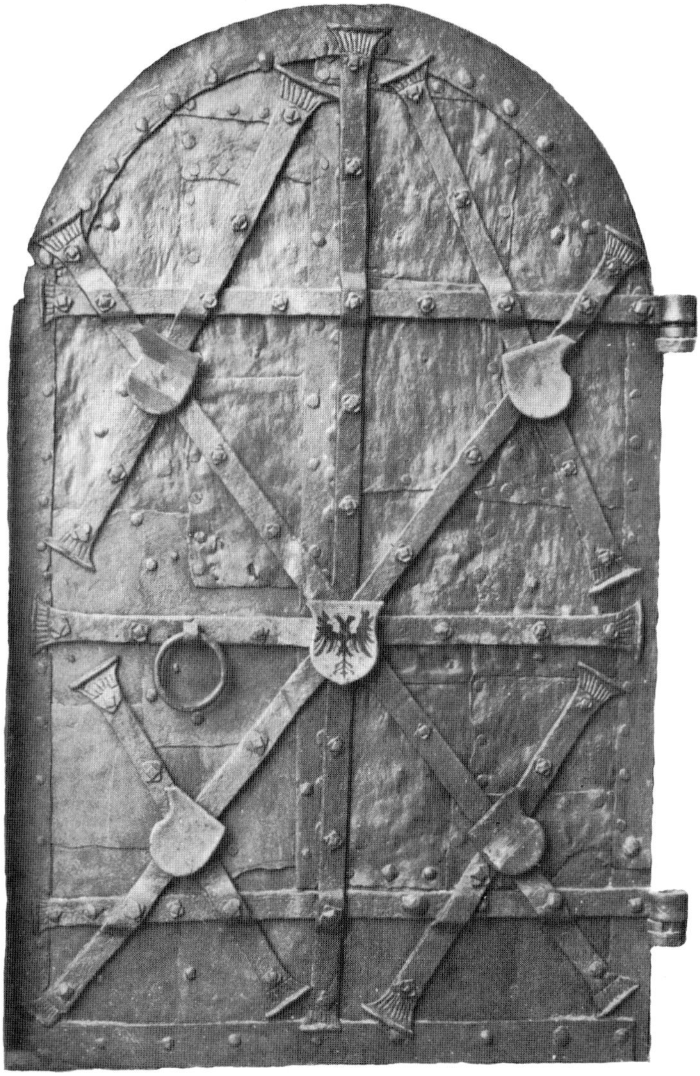

→

Abb. rechts: Die erste Seite des Landlibells von 1511 (Tiroler Landesarchiv, Innsbruck).
Mit dem Landlibell wurde – nach Beratungen im Landtag – die Verteidigung des Landes neu geregelt. Es stellt einen demokratischen Entwurf des Wehrwesens dar (Tirol verpflichtet sich darin, aus eigenen Kräften für seine Verteidigung aufzukommen) und enthält u. a. die Zusage, daß kein Tiroler Kriegsdienste außerhalb seines Landes leisten muß. Je nach dem Grad der Bedrohung des Landes können in vier Aufgeboten bis zu 20.000 Mann mobilisiert werden.

Abb. links: Eisenbeschlagene Tür der ehemaligen Münzstätte Hall in der Burg Hasegg. Diese wappengeschmückte Tür (links oben und rechts unten: österreichischer Bindenschild; rechts oben und links unten: Tiroler Adler; Mitte: kaiserlicher Doppeladler) stammt möglicherweise aus der Zeit Kaiser Maximilians I.

Wir Maximilian von gottes gnaden Erwelter Römischer …

andere Landesteile, auch in jene vorderösterreichischen Länder, die mit Tirol ein Verwaltungsgebiet bildeten.

1494 feierte Maximilian Hochzeit mit der zweiten Gemahlin, Herzogin Maria Blanka Sforza aus Mailand, woran das Goldene Dachl in Innsbruck erinnert. Tirol war ein Zentrum des Kulturgeschehens, des Kunsthandwerkes, der Erzgießerei und Harnischschlägerei. So pflanzte sich etwa der Ruhm der Büchsenmeister bis nach Moskau fort, wo um 1500 Hans Jordan, Büchsenmeister aus „Hall im Innthal", arbeitete.

Die höfische Kunst zog auch auswärtige Maler an. Jörg Kölderer, Hofmaler aus Innsbruck, bebilderte Maximilians autobiographische Buchvorhaben (Weißkunig und Theuerdank). Die Spätgotik erlebte mit Michael Pacher und Jörg Lederer einen Höhepunkt. Im Ambraser Heldenbuch sammelte Maximilians Schreiber Hans Ried Heldensagen, wie das Gudrunlied. Ried, ein Beamter der Regierungskanzlei, war dafür eigens zur Zollstation Eisack versetzt worden, um „in Ruhe" arbeiten zu können. Volksschauspiel und Musik erfreuten sich besonderer Pflege. Hofhaimer und Isaac arbeiteten in Maximilians Diensten. Johann Fuchsmagen, der bedeutendste Tiroler Gelehrte dieser Zeit, begründete mit Florian von Waldauf die Haller Stubengesellschaft, einen Zirkel gelehrter Leute. Maximilian, der mit vielen Künstlern, so unter anderem auch mit Albrecht Dürer, in persönlichem Kontakt stand, zog auch viele Humanisten zu sich.

Die Venezianer wollten aus Sicherheitsgründen von einem Durchzug Maximilians zur Kaiserkrönung nach Rom nichts wissen. So ließ er sich 1508 in Trient als „erwählter römischer Kaiser" ausrufen. Papst Julius II. stimmte wenig später zu.

→

Abb. rechts: Kopf der überlebensgroßen Bronzestatue der Maria von Burgund nach einem Entwurf von Gilg Sesselschreiber (Guß von Gregor Löffler um 1517), in der Hofkirche zu Innsbruck.

Abb. unten: Der zur Zeit Maximilians (um 1488) errichtete adelige Ansitz Thierburg im Gnadenwald nordwestlich von Hall in Tirol (Gemeindegebiet Fritzens) mit der nordseitigen Toreinfahrt, auf der rund um eine Inschrift-Kartusche von 1674 die Wappen der bisherigen Besitzerfamilien dargestellt sind.

Die Kränkung durch Venedig wollte Maximilian nicht hinnehmen, und so begann 1508 ein Krieg, der Tirol in große Bedrängnis brachte, zumal er großteils mit heimischen Truppen und oft genug auf Tirols Boden ausgetragen wurde. Der Waffenstillstand legte die Grenze zum Süden durch vier Jahrhunderte fest, die Gebietserweiterungen waren nur sehr gering.

Zum Generallandtag 1518 war Maximilian mit großem Gefolge nach Innsbruck gekommen. Die Wirte gewährten dem damals verschuldeten und kranken Kaiser keinen Kredit. Darüber vergrämt, verließ er todgeweiht „seine" Stadt. Er starb am 12. Jänner 1519 auf dem Schloß Wels.

Sandsteinrelief (um 1500) am Goldenen Dachl mit Kaiser Maximilian I. und seinen beiden Frauen Maria von Burgund und Blanka Maria Sforza (als Preisrichterin mit goldenem Apfel). Vom Bildhauer und Steinmetz, dem Hofwerkmeister Niklas Thüring (gest. 1517), stammen neben den Porträtreliefs auch die Moriskentänzer und gemeinsam mit Gregor Thüring (gest. 1543) die Wappenreliefs. Die Originale befinden sich im Tiroler Landesmuseum Ferdinandeum.

Innsbruck – ein Zentrum der Plattnerkunst

Schon der Landesfürst Sigmund der Münzreiche hatte in Mühlau bei Innsbruck Plattnerwerkstätten errichten lassen. Sein Nachfolger, Kaiser Maximilian, der dem Krieg, dem Turnier und dem diplomatischen Geschehen große Bedeutung beimaß, wurde ein großer Förderer dieser Werkstätten. Dem Plattnermeister Kaspar Rieder gelang eine besondere Härtung des Harnischbleches, so daß die gefürchteten Bolzen der Armbrust es nicht durchschlagen konnten. Hier entstand der Leibharnisch des Kaisers, der ihn überall im Feld begleitete und nachts über seinem Bett hing. Im Spruch „Der Steigbügel ist meine Heimat und der Sattel meine Residenz!" kommt die Freude und das Bekenntnis zur Plattnerkunst zum Ausdruck.

Innsbruck war zur Zeit Kaiser Maximilians I. ein Zentrum der Plattnerkunst. Die ersten Werkstätten standen in Mühlau. In der neuen Werkstätte in der Innsbrucker Neustadt (in der Nähe des heutigen Landhauses) wirkte Konrad Seusenhofer, dessen Prunkharnische in vielen Ländern Europas begehrt waren. Schöne Zeugnisse der Innsbrucker Plattnerkunst befinden sich im Schloß Ambras und im Zeughaus von Innsbruck.

Bald nach 1500 stellte Maximilian die Plattnerkunst auf eine neue Grundlage, errichtete eine moderne Werkstätte in der Innsbrucker Neustadt (in der Nähe des heutigen Landhauses) und ernannte Konrad Seusenhofer zum Hofplattner. Eine Poliermühle zum Schleifen der Harnische entstand zusätzlich an der Sill. Das Rohmaterial wurde aus der Steiermark angeliefert und in Innsbruck für Prunkharnische und zur Ausstattung der Landsknechtheere verarbeitet.

In der Innsbrucker Werkstatt wurde dem neuen Geschmack an Riefelharnischen entsprochen. Konrad Seusenhofer erfand zusätzlich den Typ des Faltenrockharnisches und bildete die damalige modische Kleidung mit dem gefältelten Knierock, den gepufften und geschlitzten Ärmeln in Eisen nach. Zur Erhöhung der Kostbarkeit wurde der Faltenrockharnisch mit vergoldeten Leisten und Emblemen besetzt, mit geätzten Ornamenten gleich einem Brokat überzogen und in durchbrochener Arbeit mit Stoff unterlegt. Innsbrucker Prunkharnische wurden in viele Staaten Europas geliefert. Die Innsbrucker Werkstätte hatte europäischen Ruf. Der Harnisch war für Maximilian nicht mehr Abglanz des Rittertums, sondern Symbol des Herrschers, der in dieser Kleidung aus Eisen bei seinem Kriegsvolk Ansehen und Größe verbreitete und anderen Fürsten imponieren wollte. Maximilian selbst sagt in seinem Weißkunig: *Denn was ist einem künig größers, dann ain harnasch, darynn sein leib in den streiten versorgt ist.*

Der Kampf um Kufstein

Kaiser Maximilian I. vergrößerte das Land Tirol etwa um ein Drittel seines bisherigen Bestandes. Besonders wertvoll war der Zuwachs im Nordosten durch die Gerichtsbezirke Rattenberg, Kitzbühel und Kufstein, die mit Ausnahme einer kurzen Epoche in der Zeit der Landesfürstin Margarethe Maultasch immer zu Bayern gehört hatten. Die Erwerbung dieser östlich der uralten Zillergrenze liegenden Gebiete durch Maximilian war möglich, als im Jahre 1504 im Hause Wittelsbach-Bayern zwischen den Linien München-Oberbayern und Pfalz ein Streit wegen der Erbfolge nach der damals erlöschenden Linie Landshut-Niederbayern ausgebrochen war. Maximilian trat für seinen Schwager Albrecht von München-Oberbayern ein. Als Entschädigung für seine Hilfe sagte Herzog Albrecht dem Kaiser den bayrischen Anteil im Tiroler Inntal zu. Da sich die Pfälzer nicht fügten, kam es zu Kämpfen, in denen Maximilian, von schwäbischen Truppen unterstützt, die Oberhand gewann. Er siegte schließlich unter tapferstem persönlichem Einsatz am Wenzenberg (1504), worauf der bayrische Herzog sein Versprechen bezüglich der erwähnten drei Tiroler Grenzbezirke wahrmachte. Maximilian sollte aber die begehrte Gebietserweiterung Tirols nicht so leicht gelingen, denn der bayrische Kommandant der Festung Kufstein, Hans von Pienzenau, der dem ältesten wittelsbachischen Dienstadel entstammte, war in Abwesenheit des Kaisers zur pfälzischen Partei übergegangen.

Mit etwa 9000 Mann rückte der Kaiser Anfang Oktober vor Kufstein. Da Pienzenauer bis zum äußersten Widerstand entschlossen war, schritt Maximilian zur Belagerung. Maximilians Heer bezog, auf drei Lager verteilt, nahe der Stadt Stellung. Am 6. Oktober wurde mit Kartaunen und Feldschlangen das Feuer auf die Festung eröffnet. Das Resultat war beschämend für die königliche Artillerie. Die Festungskanoniere feuerten wesentlich erfolgreicher. Vom

←
links oben: Der Stammbaum des Hauses Habsburg (um 1508) im Schloß Tratzberg bei Stans erinnert, wie auch die Maximiliankammer mit dem an einer getäfelten Wand geschriebenen Leibspruch „Leb, waiß nit wie lang und stürb, waiß nit wann, mueß faren, waiß nit wohin, mich wundert, das ich so frelich bin", an diesen beliebten Aufenthaltsort Kaiser Maximilians.

links unten: Keine andere Burg Südtirols hat eine so reich ausgestattete mittelalterliche Rüstkammer wie die Churburg bei Schluderns. 1259 erstmals urkundlich erwähnt, wurde die Burg von den Bischöfen von Chur als Stützpunkt gegen die kriegerischen Vögte von Matsch errichtet. Neben der Rüstkammer gilt auch der Loggienhof aus dem 16. Jh. als besonderes Schmuckstück.

9. Oktober an richtete Maximilian seine Geschütze ausschließlich auf die Stadt. Unter den Geschossen der großen Kanonen, die Namen wie *Schöne Kathl, Burgunderin* und *Türkische Kaiserin* trugen, zerbröckelte mehr und mehr die Stadtmauer der Innseite. Nachdem am rechten Flußufer die Schanzen herangerückt, Laufgräben vorgetrieben und Breschbatterien eingebaut worden waren, ergab sich die Stadt am 12. Oktober gegen freien Abzug der Besatzung und Schonung von *Leib, Leben und Gut* der Bewohner.

Pienzenauer gab den Widerstand auf der Festung noch nicht auf, er glaubte an das Nahen eines pfälzischen Entsatzheeres und hoffte, daß Maximilian nicht durchhalten würde. Doch dieser, der schon genug Feldzüge abgebrochen hatte, zeigte vor Kufstein eine ungewöhnliche Ausdauer und Entschlossenheit. Von Innsbruck wurden die beiden großen Geschütze *Purlepaus* und *Weckauf* auf dem Inn nach Langkampfen geschafft. Zu ihrem Transport über Land sollen je 32 Pferde notwendig gewesen sein. Das Gewicht der Eisenkugeln, mit denen geschossen wurde, soll 100 bis 150 kg betragen haben. Am 13. Oktober eröffnete man wieder das Feuer auf die Festung. Der Schwerpunkt der Beschießung lag beim Schloßeingang unter dem Bürgerturm, wo auch bald Breschen in die Mauern geschlagen werden konnten. Am 18.

Mehr als 100 Jahre nach der Belagerung der Festung Kufstein durch Maximilian hält Matthias Burgklechner dieses für die Landeswerdung Tirols bedeutsame Ereignis auch bildlich in seiner Karte fest. Die große Holzschnittausgabe von 1611 zeigt weniger seine kartographischen als seine historischen Interessen (Tiroler Landesarchiv, Kartensammlung).

Oktober morgens war der letzte Widerstand gebrochen und 42 Mann Besatzung gefangengenommen. Und während diese zur Langkampfener Au abgeführt wurden, plünderten die königlichen Soldaten mit Erlaubnis ihres Kriegsherrn das Schloß.

Die Gefangenen wurden zum Tode verurteilt. Der Henker waltete seines Amtes. Zuerst wurde Pienzenauer enthauptet, dann folgten 17 seiner Gefährten. Die übrigen begnadigte der Kaiser auf Fürbitte des Herzogs Erich von Braunschweig, seines tüchtigen Waffengefährten. Doch mußte dieser sich einen Backenstreich des Kaisers gefallen lassen, weil Maximilian

Darstellung aus dem „Weißkunig" mit Kaiser Maximilian, vermutlich beim Besuch der Geschützgießerei des bekannten Meisters Peter Löffler in Innsbruck.

geschworen hatte, jedem eine Maulschelle anzuhängen, der es wagte, für die Verurteilten zu bitten.

In den Reihen der Pfälzer wurde dem Kaiser damals diese Hinrichtung bitter übelgenommen. Maximilian aber profitierte davon. Der oft Besiegte stand nun als Sieger und strenger Richter vor dem Reich, vor allem aber hatte er Kufstein wiedergewonnen und konnte nun die drei ehemaligen bayrischen Landgerichte Kufstein, Kitzbühel und Rattenberg endgültig mit Tirol vereinigen.

Abb. oben: Wochenlang hielt der bayrische Kommandant Hans Pienzenauer die Festung Kufstein und machte Kaiser Maximilian, der mit seinen schwersten Geschützen gekommen war, den Sieg nicht leicht. Am 18. Oktober 1504 war jedoch der letzte Widerstand gebrochen. Die Besatzung wurde gefangengenommen und in die Langkampfener Au abgeführt. Dort wurden Hans Pienzenauer und einige seiner Gefährten enthauptet, während die übrigen auf Fürbitte des Herzogs von Braunschweig begnadigt wurden.

Maximilian und die Jagd in Tirol

Das Jagen gehörte in Tirol schon immer zu den beliebtesten Freizeitbeschäftigungen gekrönter und ungekrönter Häupter. 1414 wurde das erste Jagdmandat erlassen und damit ausdrücklich das bevorzugte Interesse des Landesfürsten an der Jagd bekundet. Einen Höhepunkt in der Geschichte des Tiroler Jagdwesens bildete sicher die Zeit Kaiser Maximilians, in der erstmals intensiv eine Wildhege erfolgte. Seine Jagdleidenschaft, der er sehr viel Zeit und Geld widmete, war sicher mit ein Grund, weshalb er Tirol zum Mittelpunkt seiner Regierungstätigkeit wählte. Seine persönlichen Aufzeichnungen im „Geheimen Jagdbuch“, dann das berühmte Tiroler „Gejaidpuech“ über die Hirsch- und Gemsjagdreviere (das Original befindet sich in Brüssel) und schließlich die Biographie des jungen Maximilian im „Theuerdank“ informieren uns ausführlich über das Jagdwesen von damals. Von den 88 Abenteuern, die Theuerdank bestehen mußte, waren 34 der Jagd gewidmet. Jagen bedeutete für den lebenslustigen Renaissancefürsten Vergnügen (Schau- und Prunkjagden), Körperertüchtigung und auch Mutprobe.

Die damalige Art, Gemsen zu jagen, gehörte zu den wagemutigsten Unternehmungen, da das Steinwild nicht wie heute aus sicherer Entfernung erlegt, sondern mit langen Schäften aus der Wand herausgeworfen oder mit Lanzen erstochen wurde. So fortschrittlich Maximilian im Kriegswesen war, so traditionsverbunden lehnte er die Feuerbüchse bei der Jagd ab. Selbst die Armbrust kam bei der Gemsenjagd nur selten zum Einsatz. Gefährlich waren die Treibjagden, bei denen das Gamswild an bestimmten Einständen gestellt wurde, vor allem deshalb, weil sich Hunderte von Menschen und Hunden in der Steilwand befanden und das Lostreten von Steinen unvermeidlich war. Das 20. Abenteuer des Theuerdank (= Maximilian) handelt von dem berühmt gewordenen und später sagenumwobenen Abenteuer in der Martinswand. Er rät, daß *du selbst nicht in die Martinswand steigen sollst, denn es ist gar gefährlich wegen des Steinschlags.*

Maximilians Aufzeichnungen im Geheimen Jagdbuch befassen sich auch mit der Ausrüstung. Er empfiehlt ein graues Wams mit nicht zu bauschigen Ärmeln. Der ärmellose Leibrock sollte einen hohen Kragen haben, damit keine Steine in den Rücken fallen können. Gegen die bösen Winde bevorzugte der Kaiser einen Brustfleck. Auch an eine besondere Kopfbedeckung gegen Steinschlag war gedacht. Bei Schneelage dienten über die Schuhe gezogene Socken als Gamaschen. Schließlich rät der kaiserliche Weidmann zur Mitnahme einer kleinen Butte mit Gebratenem, Früchten, Käse, Brot und gutem Wein.

Im Tiroler Jagdbuch werden vom Tiroler Oberforstmeister Karl von Spaur neben 172 Gemsjagden 154 Hirschreviere und 7 Steinwildkolonien genannt. Freilich waren nicht alle Gebiete für die Jagdleidenschaft des Kaisers empfehlenswert, weshalb auf *besunders lustige* Reviere im Buch eigens hingewiesen wurde. Maximilian dachte auch an die Bärenhatz und setzte als Kopfprämie für jeden entdeckten Bären einen Gulden Belohnung aus. Da Theuerdank in drei Jagdabenteuer mit Bären verwickelt war, ist anzunehmen, daß Maximilian auch mit dieser Jagdart vertraut war. Durch die zahlreichen Holzschnitte und Farbbilder in seinen Biographien sind wir über die Jagd von damals bestens unterrichtet. Der alternde Kaiser bevorzugte die Treibjagden zu Pferde mit einer riesigen Hundemeute. Auch die Parkjagd im Tiergarten bei Innsbruck gehörte zu den üblichen gesellschaftlichen Ereignissen bei Staatsempfängen. Sein früh verstorbener Sohn Philipp konnte sich für die Jagdleidenschaft seines Vaters allerdings wenig begeistern und war zudem eher ungeschickt.

Gemessen an den Klagen der Bauern könnte man leicht eine Überhegung des Wildbestandes vermuten, doch nehmen sich beispielsweise die 5200 Gemsen von damals bescheiden gegenüber den heutigen Zahlen dieser Wildart aus. Es zählte zu den Kehrseiten seiner Jagdleidenschaft, wenn den Bauern verboten wurde, gegen Wildwechsel Zäune zu errichten. Lediglich Hunde durften zum Schutz der landwirtschaftlichen Kulturen eingesetzt werden.

Abb. oben: Die Jagd auf Gemsen um 1500 wird im „Theuerdank", der Biographie über den jungen Maximilian, veranschaulicht. Das Wild wurde zusammengetrieben und dann mit langen Schäften und Lanzen erlegt. Die Anwendung der Feuerbüchse lehnte der Kaiser ab.

Die Hohe Jagd war ausschließlich dem Adel vorbehalten. Der kleine Mann mußte sich mit dem Niederwild, dem Reisgejaid, begnügen und zahlreiche Verbote beachten. Die stark beschnittenen Jagdrechte der freien Tiroler Bauern – ihnen war ja das Waffentragen gestattet – lebten dann auf, als man sich nach dem Tod eines Landesfürsten in einem gesetzlosen Zustand glaubte. Maximilians Nachfolger, König Ferdinand, reduzierte die Niederjagd so weit, daß den Bauern nur noch die Schneehühner und Schneehasen zugestanden wurden. Erst der Bauernaufstand von 1525 führte zu einer Änderung, und die Tiroler konnten vorübergehend wieder ihrer alteingewurzelten Gewohnheit des Wildbretschießens nachgehen.

Welche Ausmaße das Jagdwesen unter Maximilian angenommen hatte, läßt sich an dem zahlreichen Jagdpersonal ermessen. Allein für die Falkenbeize waren 15 Falkenmeister und 60 Falkenknechte notwendig. Es gab den Gebirgsmeister, den Murmeltiermeister, Bärenknechte, Otter- und Gamsjäger. Dem Obristjägermeister mit seinen 14 Forstmeistern und 105 Knechten standen über 1500 Jagdhunde zur Verfügung. Diese riesige Hundemeute samt Personal mußte von den Klöstern und Pfarren, besonders Wilten und Stams, verpflegt und beherbergt werden. Die drückende Last dieser Jägermahlzeiten wurde schließlich in eine Steuer umgewandelt.

Neben dem Sellrain und Karwendel gehörte das Gebiet am Achensee zu Maximilians bevorzugten Revieren, denn dort konnte er Jagd und Fischerei gleichzeitig betreiben. Ließ er einerseits gegen Jagdfrevler unerbittliche Strenge walten, so lag andererseits ein Teil seiner Popularität sicher im Kontakt mit dem einfachen Volk. Da er bei jeder Jagd Hunderte Treiber zusätzlich benötigte, gab es für Maximilian Gelegenheiten genug, um mit jedermann ins Gespräch zu kommen.

Maximilians Grabmal in der Hofkirche

Am 12. Jänner 1519 starb Maximilian in Wels und wurde in der St.-Georgs-Kapelle der Burg von Wiener Neustadt beigesetzt. Sein prächtiges Grabdenkmal in der Innsbrucker Hofkirche – es ist das größte deutsche Kaisergrab – wurde erst Jahrzehnte nach seinem Tode vollendet und nie seinem Zweck, nämlich dem rastlosen Kaiser als letzte Ruhestätte zu dienen, zugeführt. Maximilians Idee, die Ahnen des Hauses Habsburg ähnlich dem antiken Trauergeleit hinter seinem Sarkophag einherschreiten zu lassen und in überlebensgroßen vergoldeten Bronzefiguren zu verewigen, stammt aus dem Jahre 1502, also aus einer Zeit, da er sich noch gar nicht zum Kaiser ernannt hatte. Seine Absicht, das Kaisertum, seine Ahnen und sich selbst monumental zu verewigen, entsprach seinen bisherigen künstlerischen und literarischen Bestrebungen, die in der „Ehrenpforte", dem „Weißkunig" oder dem „Theuerdank" ihren Ausdruck fanden. Unter dem Motto *Wer ihm in seinem Leben kein Gedächtnis macht, der hat nach seinem Tod kein Gedächtnis und desselben Menschen wird mit dem Glockenton vergessen* (Weißkunig), suchte Maximilian seinen Ruhm für die Nachwelt zu sichern.

Typisch für Maximilians zu groß angelegte Projekte war auch die Zahl der Bronzestandbilder: vorerst auf 40 geplant (ausgeführt 28), weiters 100 Statuetten der Heiligen des Erzhauses (tatsächlich ausgeführt 23) und 34 Kaiserbüsten (22 erhalten). Vorerst richtete sich das ganze Interesse des Kaisers auf die Herstellung der Statuen. Als Maximilian die vom Münchner Maler Gilg Sesselschreiber vorgelegten Entwürfe besichtigte, korrigierte er mancherlei, betrieb selbst Ahnenforschung und versuchte, alles erreichbare Bildmaterial für die Authentizität seiner Ahnenstandbilder heranzuziehen. 1511 war die erste Statue seines früh verstorbenen Sohnes Philipp in der Mühlauer Gußwerkstätte vollendet. Sesselschreiber, der noch stark der Spätgotik anhing, schuf bis zu seiner Entlassung 1518 insgesamt acht Standbilder. Sie zählen zu den qualitätvollsten der ganzen Ahnenreihe und zeigen den allmählichen Stilwandel von der Spätgotik zur Renaissance. Mehr als 30 Jahre nach dem Tode des Kaisers wurde 1550 in der Gußstätte des Gregor Löffler der letzte der überlebensgroßen „Schwarzen Mander", nämlich König Chlodwig, vollendet. (Von den heute durch den Zahn der Zeit schwarz gewordenen, einst bronzefarbenen 28 Statuen sind immerhin 8 weiblichen Geschlechts, was jedoch im Volksmund nicht berücksichtigt wird.)

Die Idee von einem großangelegten Totengeleit, das am besten die Ahnengestalten Sesselschreibers mit der Kerze in der vorgestreckten Rechten verkörpern, geht bei den später entstandenen Figuren verloren. Sie werden zu Wächtern und dekorativen Standfiguren mit Reichsapfel und Zepter. Nach dem Tode Maximilians werden die Arbeiten an mehrere Werkstätten und Entwurfzeichner vergeben. Bedeutendster Zeichner ist sicher Albrecht Dürer, von dem die Entwürfe des König Artus und Dietrichs von Bern stammen. Sie wurden in der Werkstatt Peter Vischers in Nürnberg 1513 gegossen. Neben dem Innsbrucker Hofmaler Jörg Kölderer, dem Schnitzer Leonhard Magt und dem Gießer Stephan Godl waren der Landshuter Bildschnitzer Hans Leinberger, der Augsburger Maler Christoph Amberger und der Innsbrucker Schnitzer Veit Arnberger an den Großplastiken beteiligt. Der nach Innsbruck berufene Geschützgießer Godl aus Nürnberg goß nicht weniger als 19 der 23 erhaltenen Statuetten in den Jahren 1515 bis 1517. Sie stehen heute auf der rückwärtigen Empore der Hofkirche und stellen die Heiligen des Hauses Habsburg dar. Die Gemeinschaftsleistung mehrerer Werkstätten und Künstler, der Wandel im Zeitgeschmack innerhalb von zwei Künstlergenerationen bringen naturgemäß merkliche stilistische und künstlerische Qualitätsunterschiede. Neben den Figuren Sesselschreibers gehören Bianca Maria, Margarete, Friedrich III. und Philipp der Gute sicher zu den bedeutsamsten Schöpfungen dieser Ahnenreihe. Um 1550 finden mit Chlodwig aus Gregor Löfflers Werkstätte die Bronzegroßplastiken ihren vorzeitigen Abschluß, obwohl bereits Entwürfe für sieben weitere Figuren vorliegen. Löfflers Statue ist aus einem Guß und hervorragend gelungen.

Erst nach Beendigung der Bronzearbeiten ging man daran, Maximilians Ahnen eine dauernde Unterkunft zu schaffen. Mit der Erbauung der Hofkirche (1553–1563) in einem Mischstil von Spätgotik und Renaissance kam die Idee des eigentlichen Grabmales, der Tumba, ins Gespräch, welche von Maximilian nicht vorgesehen war. Unter italienischem Einfluß entstand statt des Bronzegrabes ein Marmorgrab, das mit 24 Reliefs des flämischen Bildhauers Alexander Colin die Höhepunkte aus Maximilians Leben darstellt. Nach der ursprünglichen Absicht des Kaisers sollte er selbst als Standfigur dem Trauerzug als Anführer voranschreiten, was für damalige Grabplastiken ein revolutionierender Gedanke gewesen wäre. Zur Ausführung kam dann allerdings 1583 ein kniender Maximilian nach dem Modell von Alexander und Abraham Colin. Die Figur des Kaisers und besonders die ihn umgebenden vier Kardinaltugenden bekrönen die Tumba und zeigen italienischen Einfluß. Zum Schutze der kostbaren Reliefs ist die Tumba mit einem meisterhaften Prunkgitter vom Prager Büchsenmeister Jörg Schmidhammer umgeben. Bemerkenswert ist, daß die 34 zum Grabdenkmal gehörenden Büsten antiker Kaiser zeitweise verschollen waren und erst in unserem Jahrhundert in Wien auftauchten.

Die bewegte, fast hundertjährige Entstehungsgeschichte dieses einzigartigen Grabdenkmales mit dem leeren Sarkophag in der Mitte, umgeben von den fürstlichen Ahnen in prunkvollen Gewändern, kennt vielerlei Künstler und Bauherren. Als erste Renaissancekirche Nordtirols enthält die Hofkirche noch spätgotische Elemente. Dazu kommt kurz vor 1700 die unvermeidliche Barockisierung. Die wechselnden Stilrichtungen sind Ausdruck der jeweiligen Generation von Auftraggebern, weshalb über dem Portal treffend vermerkt ist: *Maximilian I. begann, Ferdinand I. vollendete und Leopold I. schmückte aus.*

Hochaltar

Links			Rechts
Ferdinand v. Spanien (H. P.), 1530/31	○	○	Philipp d. Gute (G. S.), 1513–21
Johanna v. Spanien (J. K.), 1527	○	○	Karl d. Kühne (J. K.), 1513–26
Kunigunde v. Österreich (G. S.), voll. 1516/17	◍	◍	Zimburgis v. Masovien (G. S.). 1511–16
Elisabeth v. Österreich (G. S.), voll. 1516	◍	○	Margarete v. Österreich (U. T.), 1513–22
Maria v. Burgund (G. S.), 1511–16	◍	○	Bianca Maria Sforza (U. T.), 1525
Elisabeth v. Ungarn (H. P.), 1529/30	○	○	Sigmund d. Münzreiche (J. K.), 1523
Gottfried v. Bouillon (H. P.), 1532/33	○	◐	König Artus (A. D.), 1513
Kaiser Albrecht I. (H. P.), 1527	○	◍	Ferdinand v. Portugal (G. S.), 1502–16
Friedrich m. d. l. Tasche (U. T.), 1523/24	○	◍	Ernst d. Eiserne (G. S.), 1513–16
Herzog Leopold III. (J. K.), 1518/19	○	◐	Theoderich d. Große (A. D.), 1513
Graf Albrecht IV. v. Habsburg (A. D.), um 1514–18	○	○	Albrecht II., d. Weise (H. P.), 1528/29
Leopold III., d. Heilige (J. K.), voll. 1519/20	○	◍	Kaiser Rudolf I. (G. S.), voll. 1516/17
Kaiser Friedrich III. (J. K.), 1515–22	○	◍	Philipp d. Schöne (G. S.), 1511–16
Kaiser Albrecht II. (H. P.), um 1526	○	●	König Chlodwig (Ch. A.), 1548–50

◍ Statuen aus der Gußstätte Gilg Sesselschreibers in Mühlau
○ Statuen aus der Gußstätte Stefan Godls in Mühlau
◐ Statuen aus der Gußstätte Peter Vischers in Nürnberg
● Statuen aus der Gußstätte Gregor Löfflers in Hötting

Entwurfzeichner: (A. D.) = Albrecht Dürer; (Ch. A.) = Christof Amberger; (G. S.) = Gilg Sesselschreiber; (H. P.) = Hans Polheimer; (J. K.) = Jörg Kölderer; (U. T.) = Ulrich Tiefenbrunn

Abb. oben: Holzschnitt von Hans Burgkmair d. Ä. um 1508 mit der Übertragung der Waldaufschen Reliquiensammlung von der Burg Rettenberg auf dem Kolsassberg in die Waldaufkapelle der Pfarrkirche Hall, worauf die Darstellung der Burg Hasegg mit dem Münzerturm hinweist. Zeitgenössischen Berichten zufolge soll eine riesige Menschenmenge dem Ereignis beigewohnt haben.

Michael Gaismair

In Michael Gaismair, der auf der Grundlage der Bibel das Land reformieren und eine demokratische und christliche Bauernrepublik errichten wollte, begegnet uns eine der faszinierendsten (und umstrittensten) Gestalten der Tiroler Geschichte.

Der Bauernführer wurde um 1490 in Tschöfs bei Sterzing geboren. In Sterzings Lateinschule dürfte er schon früh mit Reformgedanken des Humanisten Kardinal Cusanus bekannt geworden sein. Durch den Dienst beim Landeshauptmann Leonhard von Völs lernte er die Sorgen der einfachen Leute kennen, galt doch der Graf als Ausbeuter und „Bauernschinder". 1524 avanciert er als Sekretär des Brixner Fürstbischofs Sprenz und sieht sich mit der unterdrückerischen Kirchenpolitik Brixens und Neustifts konfrontiert. Dagegen opponierend, läßt er sich schon bald zum Anführer der aufständischen Bauern wählen.

Es gärte schon lange in Tirol. Die Steuerpolitik war erpresserisch, der Regierungsstil arrogant und feudal, der Hochmut der Beamten tat sein übriges. An die Kirche waren überhohe Steuerleistungen zu erbringen. Den ländlichen Bevölkerungsschichten ging es alles andere als gut, wenngleich die Zustände in Tirol auf Grund alter Rechte noch besser als in Deutschland waren. Hunger, Pest und Hochwasser suchten zwischen 1500 und 1525 gerade die ärmeren Schichten heim. Die Venezianerkriege und die ständigen Truppendurchzüge hatten die Kassen geleert und die Mißstimmung vergrößert. Das Handelshaus Fugger (siehe S. 94ff) förderte die Not im Lande durch große Finanzspekulationen. Sächsische Knappen brachten die neue Lehre Luthers, welche die unteren Schichten aufrichtete, nach Tirol. Ferdinand I. mißtraute den Bauern. Er war in Spanien erzogen worden, begann die deutsche Sprache erst 1523 zu lernen und war den Ratgebern ausgeliefert. Die Aktionen der Bauern wurden von ihnen als eine gegen den Landesfürsten gerichtete Bewegung hingestellt. Gaismair wollte indes die Besitztümer des Landesherrn nicht antasten, vielmehr *Vermehrer des Gutes Seiner Fürstlichen Durchlaucht* sein und lediglich die Besitzverhältnisse des Landes ändern. Anfängliche Zugeständnisse des Landesherrn entpuppten sich als Tricks, um die Unruhen zu dämpfen. Die Hauptgefahr kam für die Bauern von den allmächtigen Bank- und Handelshäusern, wie den Fuggern, die den Landesherrn in finanzieller Abhängigkeit hielten. Als „Katholik" brachte Ferdinand den Ideen Luthers zudem nur Haß entgegen.

Ferdinand war ein Meister von Versprechungen und im Ausspielen der Standesinteressen seiner Bürger, Zugeständnisse verwirklichte er nur halb. Die Tiroler hatten in der Tat schon aufrichtigere und volksverbundenere Fürsten erlebt.

So begannen die Bauern sich selbst zu helfen, indem sie Steuerabgaben verweigerten. Als das bischöfliche Gericht in kurzer Zeit 47 Bauern köpfen ließ, Folter- und Strafexpeditionen zunahmen, rüsteten sich Tirols Bauern 1525 – durch die Erfolge des Deutschen Bauernkrieges ermutigt – zu einem Aufstand.

Ferdinand erwies sich als gewiegter Taktiker und begann die Bauern gegen die ebenfalls unzufriedenen Schwazer Bergknappen auszuspielen, um eine gemeinsame Front zu unterlaufen. Er spekulierte bei einem Innsbrucker Teillandtag auch mit den Vorurteilen der reichen Bauern gegen die Masse der armen Landbevölkerung. Dies, die Beruhigung der Knappen und viele Versprechungen ließen die Volksbewegung in Nordtirol ersticken.

In Südtirol aber begann eine wahre Volksrevolution. Brixen wurde mit rund 5000 Anhängern besetzt, um einen „Ketzer" namens Paßler zu retten, den das bischöfliche Gericht zum Tode auf dem Scheiterhaufen verurteilt hatte. In vielen Tälern, auch Welschtirols, gingen nun Amtsstuben, Klöster und Widumsgebäude in Flammen auf. Franz Kranewitter läßt die „Paßlerin" in seinem dramatischen Stück über Michael Gaismair ausrufen: „Weil er auftret'n ist geg'n den Graf'n und seine Helfer, nun hab'n s' ihn g'fangen g'setzt, prozessiert und verurteilt und morg'n soll er verbrannt werd'n in Brix'n. Zur Wittib soll i wer'n und zur Waise das Kind . . ."

Ein endlich nach Innsbruck einberufener Landtag sollte ein Punkteprogramm verwirklichen. Die unteren Stände forderten in Erweiterung der 62 *Meraner Artikel* zu 96 *Innsbrucker Artikeln* u. a.: Gleichheit vor dem Gesetz, Erstellung eines Gesetzbuches, Wahl der Richter und ein Besoldungsschema, um sie vor Strafeinnahmen unabhängig zu machen; Abschaffung der weltlichen Macht der Kirche, Aufhebung vieler Klöster, Wahl der Pfarrer durch das Volk, Abgaben an die Kirche nur für soziale Einrichtungen, Privilegienabbau der Adeligen.

Die Wünsche waren mit lauteren Motiven verbunden, der Kampfesgeist der Bauern spiegelte ihre Verzweiflung wider. Der Landtag endete mit einem ehrbaren Kompromiß, doch die Versprechungen wurden von Ferdinand größtenteils gebrochen.

Gaismair übernahm die Leitung des bischöflichen Territoriums Bozen (der ehemalige Brixner Bischof Melchior war mit 70 Prozent am Vermögen der Fugger beteiligt gewesen). Den größten Widerstand leisteten jene, die ohnedies nichts zu verlieren hatten. Trotzdem breitete sich ein Gefühl der Resignation aus, die Spitze der Revolution war gebrochen, die reicheren Bauern und Bürger Brixens begannen „abzuspringen."

Gaismair nahm ein Verhandlungsangebot nach Innsbruck an, erschien und war in eine Falle geraten. Er wurde eingesperrt, und ein fürchterliches Strafgericht brach über seine Anhänger herein. Auch an seiner Verwandtschaft wurde Rache geübt. Gaismair konnte fliehen und sammelte in der Schweiz Getreue um sich. In seiner „*Landesordnung*" verkündete er nun ein soziales und christliches Staatsprogramm auf der Grundlage der Reformation. Demnach sollten in einem demokratischen Tirol mit wiedererstarkten Gemeinden und Brixen als Hauptstadt die Anliegen der Bergpredigt verwirklicht werden. Das Programm sah die Verstaatlichung von Handwerk, Handel und Bergbau vor. Die Bergwerke der Bankhäuser wollte er verstaatlichen, denn durch Wucher und unsoziale Gehälter hätten sich die Kaufmanns- und Handelsfamilien Fugger, Paumgartner, Hochstetter und Stöckl eine Weiterführung verwirkt. Bergwerkseinnahmen sollten für soziale Zwecke verwendet werden. Weinberge und Ackerböden sollten dem Bewirtschafter gehören. Neben einer Zollreform plante er eine soziale Preispolitik, eine Gewinnumverteilung, die Errichtung sozialer Wohnbauten und die Bestellung eines Sozialreferenten in der Regierung. Meßfeiern wollte er ohne „Philisterei und Juristerei". Bilder sollten aus der Kirche entfernt, Klöster in Spitäler umgewidmet, Gold- und Silbergeräte der Kirche für Münzherstellungen verwendet werden. Desgleichen sollten die Burgen geschleift werden, Adels- und Kirchenbesitz der Gemeinde zufallen.

In Brixen plante er eine Hochschule für das Studium der Hl. Schrift. Diese Landesordnung stellt das bedeutendste Programm der Bauernkriege und nach Expertenmeinung eine der beeindruckendsten Staatsutopien dar. Seine Ideen wurden oft als Phantastereien abgetan. Als es Gaismair mit einer rund 650 Mann starken Truppe nicht gelang, eine neue Volksbewegung zu organisieren, zog er nach Venedig und bot seine Dienste als Söldnerführer an.

Doch für seine Pläne konnte er weder beim Dogen noch in Frankreich oder in der Schweiz Unterstützung finden. Von Ferdinand gekaufte Spione und Mörder begannen eine Jagd auf Gaismair, galt es doch, eine hohe Kopfprämie von 1000 Gulden (ca. 1 Million Schilling) zu gewinnen. Ein habsburgischer Steckbrief beschreibt Gaismair 1526: „Ein langer, aufgeschossener, hagerer, dünner Mann, im Alter ungefähr 34 oder 35 Jahre, hat einen schwarzbraunfarbenen dünnen Bart, ein schönes, kleines Gesicht, kurze Haare, geht mit geneigtem Kopf oder etwas bucklig und ist sehr beredt." Zahlreiche Spione sollten helfen, den „Anarchisten", „Protestanten" und „Vaterlandsverräter" ausfindig zu machen. 1532 wurde Gaismair von einem gedungenen Roßhändler in Padua durch 42 Dolchstiche ermordet. Zahlreiche Mordanschläge hatte Gaismair vorher überstanden. Aus einem Schreiben Ferdinands vom 10. Juli 1533 geht hervor, daß zwei gedungene Mordhelfer aus dem kaiserlichen Heer in Neapel stammten. Die Mörder Gaismairs wurden um ihren Lohn geprellt. Trotz fürstlicher Fürbitte um Ausbezahlung wollte die Landesregierung „endlich" mit dem Sparen anfangen, außerdem habe das Mordkommando doch nicht aus „Vaterlandsliebe", sondern nur aus Geldgier gehandelt. Die Geistlichkeit Paduas verweigerte dem „Ketzer" ein Begräbnis. Erst ein Protest aus dem Hof des Dogen bewirkte ein würdiges Begräbnis.

Gaismair, der anfangs die Rechte des Fürsten keineswegs beschneiden wollte, verteidigte auf eine konsequente Art den Freiheitswillen des einfachen Tirolers. Zu einem Revolutionär wurde Gaismair erst durch die Verachtung, die Arroganz und den Wortbruch des Landesfürsten den „kleinen“ und meist rechtlosen Menschen gegenüber.

Die 1525 in Innsbruck mühsam ausgehandelten und doch nicht eingehaltenen Versprechungen an die Bauern wurden zum größten Teil rückgängig gemacht, lediglich die letzten Reste der Leibeigenschaft blieben auch weiterhin für nichtig erklärt.

Viele Forderungen Gaismairs wurden erst sehr viel später, durch Josef II., manche erst in unserem Jahrhundert, u. a. durch das von Johannes XXIII. einberufene II. Vatikanum erfüllt (z. B. Meßfeier in der Landessprache). Bürgermeister und Rat der Stadt Zürich baten um Auslieferung des beschlagnahmten Besitzes Gaismairs an dessen Sohn. Innsbruck lehnte ab, sei doch Gaismair ein „offener Feind des Vaterlandes“ gewesen.

Gaismair versuchte Tirol aus der Habsburgerherrschaft herauszureißen, um eine unabhängige demokratische Bewegung zu errichten. Dadurch versprach er sich eine Lösung schwerer sozialer Ungerechtigkeiten und krasser kirchlicher Mißstände. Letztlich scheiterte Gaismair an der konzentrierten Machtfülle des Hauses Habsburg und an dem mangelnden Gemeinschaftssinn der Gegner Ferdinands. Die Ideen und Verdienste Gaismairs wurden lange Zeit „vergessen“. Er stand nie auf der Seite der Mächtigen, der Habsburger, und verkörperte einen revolutionären und tiefgläubigen Menschen, der sich mit den Geknechteten solidarisch wußte.

Zur Abb.: Illustration einer Flugschrift, herausgegeben vom Schwazer Bergknappen Wolfgang Zierer, 1512. Abgebildet ein Landsknecht, der für die Lehre Luthers eintritt, im Gespräch mit einem Mönch (Tiroler Landesmuseum Ferdinandeum).

Das Schicksal der Wiedertäufer

Zu Zeiten des größten Tiefs in der katholischen Kirche gab es im Unterinntal und Pustertal Erneuerungsbestrebungen, die über die Lehre Luthers weit hinausführten. In der Täuferbewegung gab es verschiedene Erscheinungsformen, doch die Kindertaufe wurde von allen Gruppierungen übereinstimmend abgelehnt, da erst der Erwachsene die christliche Lehre vernunftmäßig erfassen und akzeptieren könne. Sie lehnten das passive Hineingeborenwerden in die Religionsgemeinschaft ab. Die Wieder-Getauften kannten keinen Unterschied zwischen Priester und Laien, sondern traten mit Gott direkt ohne Mittelsperson in Kontakt. In ihrer Glaubensgemeinschaft gab es weder arm noch reich, sondern sie lebten in Gütergemeinschaften. In bäuerlichen Kreisen fanden sie stärkeren Anklang als die Lutheraner. Die starken gemeinschaftlichen Bindungen, der Gleichheitsgrundsatz und die Ablehnung jeder Obrigkeit brachten sie in heftigsten Gegensatz zur geistlichen und weltlichen Hierarchie, da sie auch Steuern und Abgaben verweigerten. Bereits 1527 wandte sich Ferdinand erstmals in einem Generalmandat gegen die Wiedertäufer.

Obwohl die Tiroler Täufer nicht zur radikalen Richtung eines Thomas Münzer gehörten,

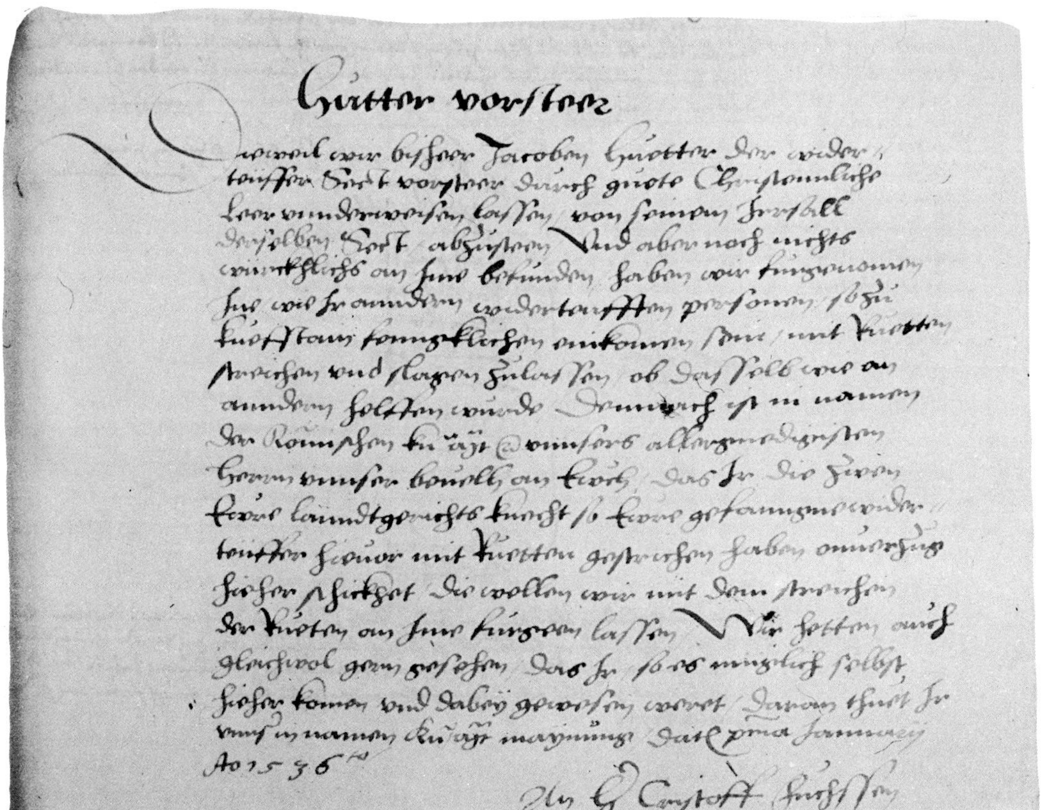

Zur Abb.: Der aus St. Lorenzen im Pustertal stammende Jakob Huter wurde der bedeutendste Vorsteher aller Täufergemeinden. Wie viele seiner Glaubensbrüder sollte er laut obiger Anordnung vom 1. Jänner 1536, um vom „Irrfall derselben Sekt abzustehen", zuerst durch „gute christliche Lehr" unterwiesen werden. Da dies nichts fruchtete, ordnete man an, ihn wie die „andern wiedergetauften Personen… mit Ruten streichen und schlagen zu lassen". Doch auch damit konnte man ihn nicht bekehren, und so wurde er noch im selben Jahr in Innsbruck verbrannt (Tiroler Landesarchiv).

dessen Gewaltherrschaft in Münster (Westfalen) zu Unrecht die ganze Bewegung in Verruf brachte, wurden sie von Anbeginn blutig verfolgt. Ihre Dulderhaltung, ihr Streben nach Vollkommenheit, ihr gewaltloses Eintreten für den Glauben prädestinierte sie zum Freiwild für die Obrigkeit. Bereits 1528 wurde in Rattenberg der erste Wiedertäufer, Leonhard Schiemer, zum Märtyrer. Man fürchtete nicht nur den Bruch mit der alten Religion, sondern auch einen Umsturz der gesellschaftlichen Ordnung. Versuche, die Täufer durch feierliches Abschwören ihres Glaubens wieder in den Schoß der Kirche zu führen, schlugen meist fehl. Auch die Bluturteile, Folterungen und Landesverweisungen konnten den neuen Glauben nicht ausrotten. Um für ihre Überzeugung leben zu können, verließen viele Haus und Hof, führten ein Wanderleben oder begaben sich in andere Täufergemeinden, wie nach Augsburg. Einer der Führer des süddeutschen Wiedertäufertums wurde der ehemalige Rattenberger Bergrichter Pilgram Marbeck. Allein in seiner Heimatstadt mußten 77 seiner Glaubensbrüder für ihr Bekennertum das Leben lassen. Ihr Verbrechen war, daß sie wegen der unglaublichen Mißstände der alten Kirche nach neuen Wegen zu Gott suchten.

Bedeutendster Täuferführer Österreichs wurde der aus St. Lorenzen im Pustertal stammende Jakob Huter. Es gelang ihm, zahlreiche Brudergemeinden zu errichten, doch verhinderte die blutige Verfolgung die Gründung einer gesamttirolischen Täuferkirche. Nachdem die Glaubensverfolgung in Tirol schon Hunderte Opfer gefordert hatte, flüchtete Huter mit seinen Gesinnungsgenossen nach Südmähren. Viele der Flüchtenden, die von ihren Häschern oft noch von den Schiffen auf Inn und Donau heruntergeholt wurden, sind im Zeichen des Kreuzes enthauptet, verbrannt oder ertränkt und ihre Häuser zerstört worden. Besonders schadete den Anhängern Huters, welche statt des Privateigentums eine Art christliche Kommune einführten, die militante Bewegung der westfälischen Täufer. Die glücklich Entkommenen fanden mit mehr als 7000 Gleichgesinnten in Mähren eine neue Heimstätte. Hier konnten sich die Glaubensgemeinden neu organisieren und gemeinschaftliche *Bruderhöfe* oder *Haushaben* errichten. Durch ihren selbstlosen Fleiß haben sie mit Ackerbau, Pferdezucht und Textilfertigung beachtliche Erfolge erreicht.

Als Huter nochmals in seine Heimat zurückkehrte, um die verfolgten Glaubensbrüder zur Emigration zu bewegen, wurde er in Klausen gefaßt und 1536 in Innsbruck verbrannt. Sein Name jedoch lebt bis heute in der Glaubensgemeinschaft der *Huterischen Brüder* fort, die nach dem 30jährigen Krieg in Nordamerika eine neue Heimat fanden. In Tirol war man noch das ganze 16. Jh. eifrig damit beschäftigt, zurückgebliebene Täufer zu bekehren oder auszurotten. Daß die religiösen Eiferer der *Gegenreformation* für Andersdenkende kein Verständnis aufbringen konnten, lag im Zug der Zeit. Kein Ruhmesblatt in der Tiroler Geschichte ist es allerdings, daß noch 300 Jahre später 427 Zillertaler wegen ihres Glaubens die Heimat verlassen mußten.

Das Trientiner Konzil

Das kirchliche Leben litt auch in Tirol an Mißständen und bedurfte einer dringenden Reform. Die Geistlichkeit war im theologischen Wissen teilweise sehr ungebildet und den weltlichen und finanziellen Interessen mehr zugetan als der christlichen Lehre. Viele Bischöfe waren Kunstmäzene und Bauherren, es mangelte ihnen aber an Innerlichkeit. Die Ehelosigkeit der Priester wurde vielfach nicht eingehalten. Das religiöse Leben des Volkes krankte.

Martin Luthers Thesen zu Wittenberg (1517) signalisierten versäumte Reformen und markierten die beginnende Kirchenspaltung. Auch in Tirol hatte die Lehre Luthers Anhänger und Widerhall gefunden. Nach der so großen Abfallsbewegung dachte die Kirche nun tatsächlich an eine ernste Reform und fand im Hause Habsburg – wenngleich nicht uneigennützige – Förderer ihrer Bestrebungen zur Umkehr und Besinnung. Als notwendige und überfällige Antwort auf diese Probleme wurde auf Welsch-Tiroler Boden 1545 eines der bedeutendsten Konzile der Kirche einberufen. Das Trientinum (Tridentinum) stellte ein „Generallager der Christenheit“ dar. Es sollte das längste aller bisherigen Konzile werden. In der Zeit vom 13. Dezember 1545 bis zum 4. Dezember 1563 fanden in drei Sitzungsperioden 25 Sitzungen statt. Das Konzil erlebte drei Päpste: Paul III., Julius IV. und Pius IV. Trient war keineswegs die Stadt erster Wahl gewesen, sondern stellte einen staats- und kirchenpolitischen Kompromiß dar: Die Stadt gehörte zum Reich, war aber von Italien aus leicht zu erreichen und mehrheitlich italienisch.

Protestantische Führer hatten 1531 einen Militärbund zu Schmalkalden geschlossen, dem Kaiser Karl V. beizukommen versuchte. Der Durchzug der Schmalkalder durch Tirol brachte große Schäden im Tiroler Oberland, die Fürstengruft in Stams wurde beschädigt. Die Glaubensspaltung war auch durch ein Konzil nicht mehr rückgängig zu machen, obwohl es an redlichen Bemühungen der Protestanten nicht gefehlt hatte. Die militärischen Erfolge der Protestanten hatten 1555 die Anerkennung beider Glaubensbekenntnisse und ihrer jeweiligen Besitztümer erwirkt, nachdem Karl V. sah, daß sein Lebenswerk, die Einheit des Glaubens zu retten, scheiterte. Die Folge war, daß die Fürsten über die Religion ihrer Untertanen bestimmen konnten. Luther hatte öfters gefordert, die religiöse Frage bei einem Konzil zu beraten. Die Chancen eines möglichen Kompromisses zur Rettung der Einheit des Glaubens wurden leider verspielt.

In der Berufungsbulle werden als Hauptaufgabe die Kirchenreform und die Feststellung des katholischen Dogmas genannt. Stimmberechtigt wollten bei diesem Konzil nur mehr Bischöfe, Ordensgeneräle und Vertreter der Mönchskongregationen sein. Es wurde auch nicht nach Nationen, sondern nach Köpfen abgestimmt. Konzilsberater ohne Stimmberechtigung als Informanten der Prälaten gab es auch damals schon.

Zuerst galt es, katholische Lehraussagen präzise zu formulieren, Fragen über die Lehre von Schrift und Tradition, Erbsünde und Rechtfertigung, Sakrament und Meßopfer, sowie den Grad der Gnaden- und Heilsgewißheit und die Heiligenverehrung zu beantworten. Im Dom zu Trient wurden die Dogmen der Kirche, welche Glaubenssicherheit und Wesentliches der Lehre vermitteln sollten, feierlich verkündet. Konzilshistoriker behaupten, daß die Glaubensspaltung vielleicht vermeidbar gewesen wäre, wenn die Lehraussage über die Rechtfertigung schon auf dem fünften Laterankonzil beschlossen worden wäre. Das Konzil verabschiedete eine Reihe von Reformdekreten, die das Leben der Kirche innerlich und äußerlich stärken sollten, sowie ein neues Ämter- und Weiherecht. Die Priesterausbildung wurde neu geregelt. Knaben- und Priesterseminare sollten als Erziehungs- und Ausbildungsstätten dienen.

Die Bischöfe mußten an ihren Residenzorten verweilen. Das kirchliche Leben hatte schwerstens gelitten, da Bischöfe und Pfarrherren ihren Amtspflichten oft nicht persönlich nachkamen, da sie „Wichtigeres“ zu tun hatten und Stellvertreter arbeiten ließen. Auch die gleichzeitige Führung mehrerer Diözesen in Personalunion sollte dadurch unmöglich werden. Den Bischöfen wurden Aufsichtsrechte über die Prediger übertragen. Sie hatten Synoden abzuhalten und Visitationen durchzuführen. Den Pfarrherren oblag die Führung von Matriken, den jeweiligen Tauf-, Trauungs- und Sterbevermerken in sorgfältig zu verwahrenden Büchern. Die Aufnahme, Klausur- und Noviziatsregeln der Orden wurden gleichfalls reformiert. Die Seelsorge (Pastoral), Leitstern des Konzils, stand im Mittelpunkt der tridentinischen Reform.

Als man in Trient erfuhr, daß Schärtlin, der protestantische Hauptmann, die Ehrenberger Klause erstürmt habe und die Paßübergänge zum Süden bedrohe, reagierten die italienischen Teilnehmer mit Panik. Man wollte aber, ohne Befragung des Papstes, vom Recht einer Verlegung des Konzils nicht Gebrauch machen. Schließlich bewirkte eine von Soldaten eingeschleppte Flecktyphusepidemie die Verlegung des Tridentinums nach Bologna. Die Frage einer Rückverlegung erwies sich als brisanter Streitpunkt. Zum Schluß der dritten Sitzungsperiode leisteten 199 Bischöfe, 7 Äbte und 7 Ordensgeneräle (nun doch wieder in Trient) ihre Unterschriften unter die Konzilsdokumente.

Die weltliche Abhängigkeit und der politische Druck, dem manche Bischöfe – trotz Freizügigkeit in der Konzilsdiskussion – ausgesetzt waren, zeigt sich in der mutigen Antwort des

Bischofs von Fiesole an seinen Herzog Cosimo von Florenz (der wiederum ein Freund Papst Pius' IV. war), als er von diesem zu einem dem Herzog „genehmen" Abstimmungsentscheid verhalten werden sollte: *Ich habe mein Votum nach meinem Gewissen abgegeben, ich kann es nicht ändern, auch wenn ich deswegen mein Leben einsetzen müßte. Ich bin dem Papst ergeben und in allen weltlichen Dingen Euch, meinem Herzog, gehorsam. Aber das Heil meiner Seele steht mir zu hoch, als daß ich auf dem Konzil gegen meine bessere Überzeugung stimmen könnte.* Papst Pius IV. bestätigte – ohne Abänderungen – alle Konzilsbeschlüsse, die einerseits eine Antwort des kirchlichen Lehramtes auf die protestantische Reformation darstellen und andererseits die innere Erneuerung einleiten sollten.

Dabei galt es nicht einfach alte Zustände wieder herzustellen, sondern Seelsorge und kirchliche Hierarchie von innen her – im Sinne einer Selbstbestimmung – den Erfordernissen einer neuen Zeit anzupassen. Eine ganze Kirchenepoche wurde durch dieses Konzil geformt, das nächste Konzil (Vatikanum I) fand 300 Jahre später statt. Im Vergleich zum Konzilsverlauf des Tridentinum erwies sich die Durchführung der ausgehandelten Beschlüsse nicht weniger schwierig.

Zur Abb.: Das Trientiner Konzil, Plenarsitzung (zeitgenössisches Bild im Tiroler Landesmuseum Ferdinandeum). In feierlicher Form trafen sich die Bischöfe „des Erdkreises" in Santa Maria Maggiore. Das Tridentinum, ein „Generallager" der Christenheit, dauerte in drei Sitzungsperioden mit 25 Sessionen von 1545 bis 1563. Die Glaubensspaltung konnte zwar nicht mehr abgewendet werden, doch bewirkte das Konzil einen Reinigungs- und Besinnungsprozeß. Das Konzil, das drei Päpste erlebte, erließ Dokumente, die von 199 Bischöfen, 7 Äbten und 7 Ordensgenerälen unterschrieben wurden.

Rhetiæ alpestris descriptio, in qua hodie
TIROLIS COMITATVS.
SEPTENTRIO.
MERIDIES.
OCCIDENS.
ORIENS.
Ex tabula Wolfgangi Lazij. quam Ioan Maior Viennensis edidit.
Cum Gratia et Priuilegio.

Erzherzog Ferdinand II. Landesfürst von Tirol (1564–1595)

Der Wunsch nach einem eigenen Landesfürsten erfüllte sich für Tirol, als Kaiser Ferdinand I. die österreichischen Erbländer unter seinen Söhnen teilte. Der älteste Sohn Maximilian erhielt die österreichischen Donauländer, das Salzkammergut, die Kaiserwürde und die Sicherung der Thronfolge in Böhmen und Ungarn. Der zweitälteste Sohn Ferdinand wurde mit Tirol und den Vorlanden ausgestattet, und Karl fiel der innerösterreichische Komplex mit den Hauptländern Steiermark, Kärnten und Krain zu.

Ferdinand wirkte schon seit geraumer Zeit für seinen Vater als Statthalter in Böhmen und lernte die Regierungsgeschäfte kennen. Dort hatte er auch heimlich Philippine Welser, die Tochter eines Augsburger Großkaufmannes geheiratet. Erst nach vier Jahren gab der Kaiser seine Einwilligung, und erst nach neunzehn Jahren wurde die Ehe öffentlich verkündet. Sie war und blieb aber morganatisch, das heißt ohne Rechtsfolge für die Fürstenwürde. Schon von Prag aus hatte Ferdinand nach geeigneten Baulichkeiten für seine Hofhaltung in Innsbruck suchen lassen, weil ihm die alte Hofburg in der Innsbrucker Altstadt zu düster und unwohnlich war. Seine Wahl fiel auf die Burg Ambras, die er unter der Leitung seines Hofbaumeisters Giovanni Lucchese zu einem modernen Fürstenschloß im Stil der Hochrenaissance um- und ausbauen ließ. Dieses Schloß schenkte er seiner geliebten Gemahlin. Mit ihr kam eine Frau ins Land, die durch ihren mildtätigen, guten und frommen Charakter die Herzen vieler Tiroler gewann.

Im Sinne seines Vaters betrieb Ferdinand II. die Gegenreformation und rottete den Protestantismus in Tirol und den vorderösterreichischen Ländern aus. Seine Religionsmandate bedrohten alle, die dem Augsburger Bekenntnis anhingen, mit der Landesverweisung und die Wiedertäufer mit der Todesstrafe (siehe S. 130f). Der Landesfürst unterstützte die schon von seinem Vater ins Land berufenen Jesuiten. Um 1570 hatte Petrus Canisius das Predigeramt in Innsbruck inne und gründete die Jesuitenkollegien samt den damit verbundenen Gymnasien in Innsbruck und Hall. Die Schwestern des Landesfürsten errichteten in Hall das Adelige Damenstift. Die Franziskaner folgten welschen Mönchen im Kloster bei der Hofkirche in Innsbruck. Auch das erste Kapuzinerkloster wurde hier von Erzherzog Ferdinand gestiftet. Im ganzen Land wurden neue Kirchen gebaut, die prächtig durchgeführten Fronleichnamsprozessionen und der Aufschwung der Wallfahrten waren ebenfalls Zeichen der im Sinne des Landesfürsten durchgeführten Restauration der katholischen Kirche.

Das Gebiet der Grafschaft Tirol wurde unter Ferdinand II. nicht erweitert, Tirol hatte während dieser Zeit an seinen eigenen Grenzen keinen Krieg, zur Verteidigung der anderen österreichischen Länder gegen die Türken mußten öfters Truppen oder Gelder bereitgestellt werden. Außerdem forderte Ferdinand von der Tiroler Landschaft wiederholt große Beiträge für die Kosten der Hofhaltung. Von dieser profitierte am meisten Innsbruck. In der 2. Hälfte des 16. Jh.s wandelte sich die bürgerliche Handelsstadt zu einer Stadt der Hofleute, des Adels, der Beamten und der Mönche. Das Kunsthandwerk erlebte durch die luxuriöse Hofhaltung eine Blütezeit. In der Pflege von Musik und Wissenschaft wurde Innsbruck ein Zentrum des süddeutschen Raumes, das von Italien her starke kulturelle Einflüsse erhielt. In keiner anderen Geschichtsepoche wurde in Tirol solcher Luxus entfaltet. Dabei herrschte diese Verschwendungssucht zu einer Zeit, in der die Geldquellen aus dem Bergbau immer mehr

←
Abb. links: Die erste Gesamtdarstellung Tirols wurde 1561 vom Wiener Humanisten Wolfgang Lazius für den ersten gedruckten Spezialatlas Österreichs angefertigt. Der hier abgebildete etwas spätere Nachdruck aus dem Tiroler Landesarchiv wurde noch ohne Gradeinteilung und Maßstabsleiste in Kupfer gestochen. Durch die Fülle des topographischen Materials wirkt der Stich unübersichtlich. Die Hochgebirgstäler, aber auch Stubai-, Ötz- und Zillertal sind noch weiße Flecken auf der Landkarte.

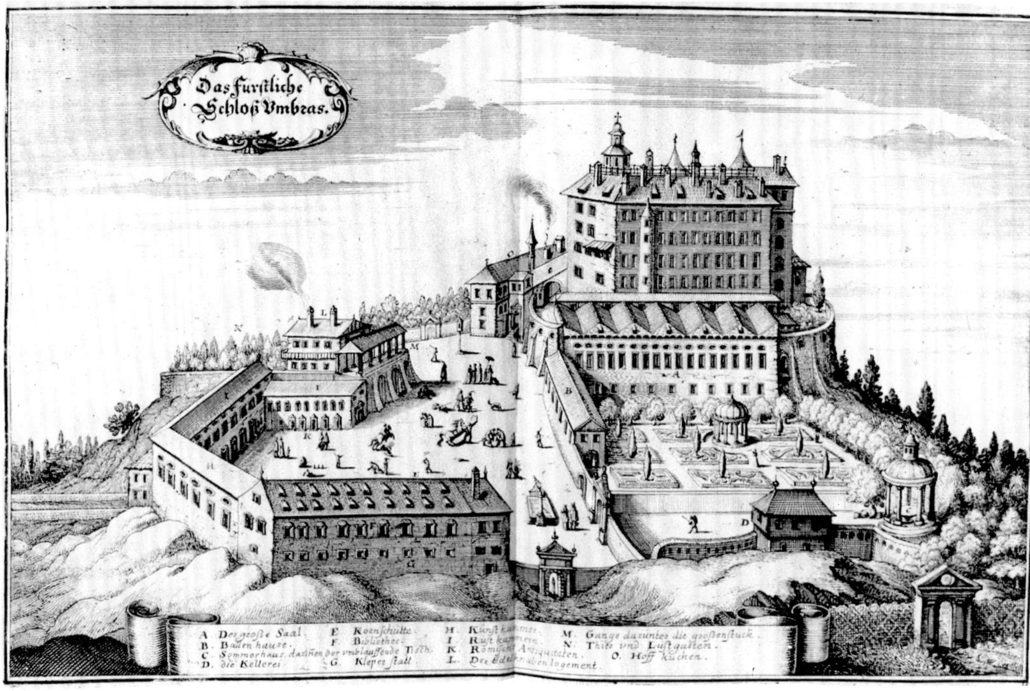

Das unter dem Landesfürsten Ferdinand II. neu erbaute und prächtig ausgestattete Renaissanceschloß Ambras. Kupferstich von Matthäus Merian, aus der „Topographia Provinciarum Austriacarum" 1649.

versiegten und die Schulden anwuchsen. Die tirolischen Landtage in der zweiten Hälfte des 16. Jh.s betrafen meist nur die Gewährung von Hilfsgeldern für den fürstlichen Haushalt. Eigenartig mutet dazu die im Jahr 1573 erlassene Polizei- und Sittenordnung an, als den Bewohnern des Landes Mäßigkeit im Essen und die Gewandung vorgeschrieben wurde. Große Schwierigkeiten gab es für Handel und Gewerbe, da die verkehrte Politik des Landesfürsten, um Tirol vor dem Protestantismus zu schützen, das Land immer mehr abschloß un d den Transitverkehr sehr verringerte. Viele tüchtige Handwerker mußten wegen ihres Glaubens die Heimat verlassen.

Ferdinand II. war ein Kunstkenner und eifriger Sammler. In seinem Lieblingsschloß Ambras befand sich eine reichhaltige Sammlung von Kunstwerken, die Wunderkammer mit Raritäten aus dem Tier- und Pflanzenreich und vor allem die Rüstkammer, die mit ihrer großartigen Sammlung von prächtigen Rüstungen kaum ihresgleichen an einem anderen Fürstenhof hatte. Der wertvollste Teil der Ambraser Sammlungen kam zu Beginn des 19. Jh.s in der Zeit der Napoleonischen Kriege aus Sicherheitsgründen nach Wien und wurde von dort trotz wiederholter Bitten nur teilweise nach Schloß Ambras retourniert.

Philippine Welser starb im Jahre 1580, von vielen betrauert, besonders auch vom Landesfürsten, der an die Hofkirche eine Kapelle anbauen ließ. Diese erkor er als Begräbnisstätte für sich und seine geliebte Frau. Die Grabdenkmäler wurden von Alexander Colin gestaltet.

In den folgenden Jahren residierte Ferdinand häufig in seinem Stadtschloß Ruhelust im Bereich des Hofgartens. Dieser Bau wurde der häufigen Erdbeben wegen in leichter Holzbauweise errichtet. Er fiel im Jahre 1635 einem Großbrand zum Opfer und wurde nicht wieder aufgebaut. In Innsbruck erregte das Erdbeben im Jahre 1572 mit 40 Stößen Schrecken, und die Chronik berichtet vom Jahre 1578, daß damals wegen eines heftigen Erdbebens, vor allem im Bereich von Hall, alle Lustbarkeiten abgesagt wurden.

Da die beiden Söhne Ferdinands aus erster Ehe nicht erbberechtigt waren, verehelichte er sich mit der sehr jungen Anna Katharina, Tochter des Herzogs von Mantua. Sie gebar drei Mädchen und konnte Ferdinands Wunsch nach Söhnen nicht erfüllen. Ferdinand II. starb im Jahre 1595. Bedingt durch seine Jagdleidenschaft, hatte er vor allem in seinen letzten Jahren mehrmals Auseinandersetzungen mit den Bauern.

Diese wehrten sich, da die oftmals großen Jagdzüge und auch das Wild die Felder zerstörten und sie selbst nicht jagen durften. Mit sehr scharfen Maßnahmen hatte sich Ferdinand bei den Bauern unbeliebt gemacht.

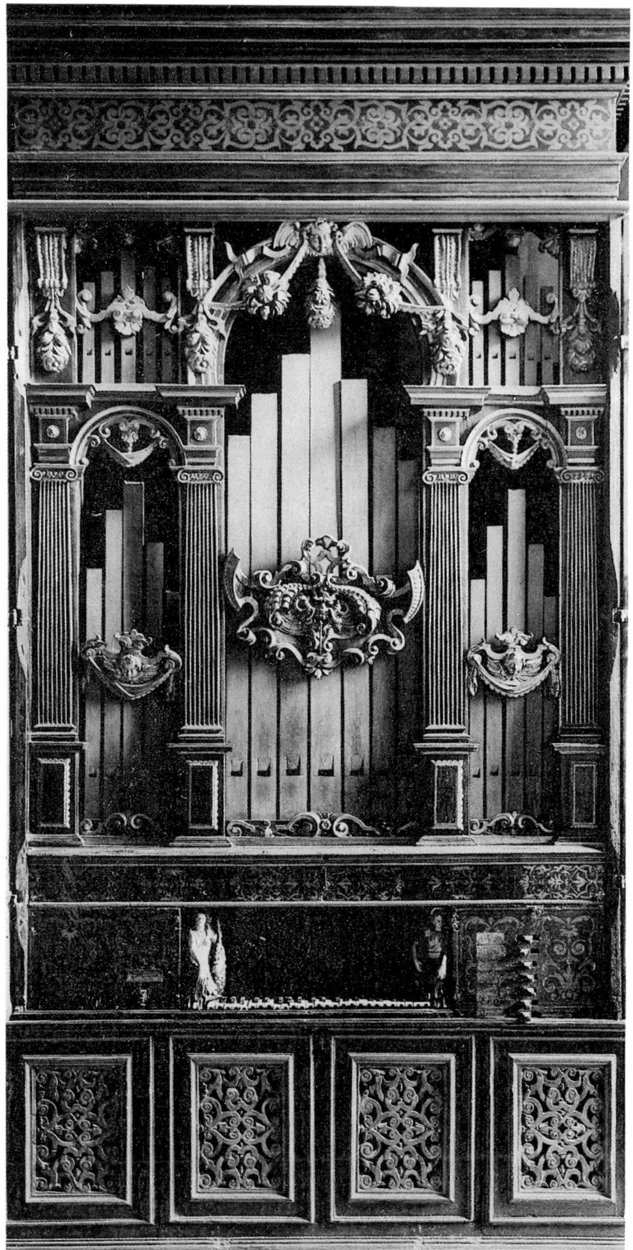

Renaissance-Orgel in der Silbernen Kapelle der Innsbrucker Hofkirche. Die eingeschnittene Datierung lautet „A(nno) D(omini) 20. April 1614".

Die Trientiner Codices berichten von der zweiten Hälfte des 15. Jahrhunderts als einer Blütezeit der Tiroler Musikkultur. Sigmund der Münzreiche holte Paul Hofhaimer (1449–1537) aus Innsbruck als Kantoreileiter an seinen Hof. Von Hofhaimer, der später auch unter Kaiser Maximilian diente, soll Paracelsus gesagt haben: „Das, was Dürer in der Malerei ist, ist Hofhaimer auf der Orgel".
Heinrich Isaac (1450–1517), ein niederländischer Komponist, wirkte am Hof in Florenz, war 1494 bis 1497 Kapellmeister Maximilians und ist Schöpfer des Innsbruck-Liedes.
Leonhard Lechner (1553–1606) aus Schlanders war nach dem Urteil seiner Zeit ein „gewaltiger Komponist" und „Musicus" und Sammler „Neuer Deutscher Lieder". Der Schüler Orlando di Lassos wurde Hofkapellmeister in Stuttgart

Erste Tiroler Schulordnung

Mit dem aufstrebenden Bürgertum konnten sich in den Tiroler Städten und Märkten neben den Lateinschulen immer mehr die deutschen Schulen durchsetzen. Die bestehenden lateinischen Pfarrschulen, die neben Latein und Chorgesang zunehmend auch Unterricht im deutschen Lesen und Schreiben anboten, wurden dem Bedarf entsprechend zu deutschen Landschulen umgebildet. Schon in der vorreformatorischen Zeit dürften in etlichen ländlichen Gemeinden Tirols schulähnliche Einrichtungen bestanden haben, um dem Lesebedürfnis der Bevölkerung zu entsprechen.

Im Zuge der Gegenreformation sollte mit Hilfe bestehender Schulen stärker auf den Glauben der Kinder eingewirkt werden. Gleichzeitig wollten die katholischen Landesfürsten Schulmeister mit protestantischem Gedankengut stärker kontrollieren und den Einfluß der Kirche mit den eigenen Interessen abstimmen. Über die Schule wollte die Regierung in Innsbruck die äußerst dürftigen Glaubenskenntnisse der Bevölkerung heben, um sie gegen das lutherische Gedankengut weniger empfänglich zu machen. Da nicht selten gerade die vielbelesenen und weitgereisten Schulmeister, wie 1524 am Wattenberg, 1549 in Gries bei Bozen, 1566 in Lienz, 1567 in Rattenberg oder 1575 in Taufers, dem neuen Glauben anhingen, nahm sich Erzherzog Ferdinand (1565–1595) der bisher privaten Bildungseinrichtungen an.

Anlaß zum Eingreifen gab der „sektische Schulmeister" Hans Lindenmair von Taufers, dem der Landesfürst mit Mandat vom 12. März 1576 begegnete. Künftig sollten die Gemeinden Tirols und der Vorlande Schulmeister nur mehr nach Ablegung einer Religionsprüfung samt Glaubensbekenntnis anstellen. Jeder Schulmeister, der gemeinsam mit den Hirten jährlich um sein Amt in der Gemeinde ansuchen mußte, sollte seinen alten Glauben durch Eid neuerlich bekräftigen. Dabei gerieten manche Lehrer, wie jene von Mölten oder Bozen, in Gewissenskonflikt, doch die drohende Landesverweisung war meist eine Entscheidungshilfe, um sich auf den katholischen Glauben des Landesfürsten zu besinnen.

Verstärkt zog Ferdinand die Überwachung des Privat- und Gemeindeschulwesens sowie der Kloster- und Pfarrschulen an sich. Mit dem Mandat vom 13. April 1587 hatte das staatliche Interesse am bisher meist kirchlich beeinflußten Schulwesen seinen vorläufigen Höhepunkt erreicht. Die landesfürstliche Verordnung regelte die sonntägliche Katechismuslehre und übergab gleichzeitig die berühmt gewordene sogenannte *Erste Tiroler Schulordnung vom 16. Dezember 1586* der Öffentlichkeit. Damit „den Schuelmeistern, denen die Kinder in Zucht und Lehre untergeben, . . . ein Ordnung fürgeschrieben werde, haben Wir etliche Punkte und Satzungen . . . zusammen vergreiffen und in Ordnung bringen lassen." Von dieser „Instruktion und Ordnung, wie sich fürohin die Teutsche[n], sowohl auch die Lateinische[n] Schuelmeister, welche die Kinder im deutschen Lesen und Schreiben zu underweisen pflegen", sollten laut Mandat in jedem Schulhaus Abschriften angeschlagen werden. Die Schulaufseher oder Scholarchen mußten überwachen, ob in den Schulen keine anderen Gebete als die in der Ordnung angeführten gelehrt werden. Weiters war zu beachten, daß der Lehrer alle Schulkinder zur Katechismuslehre in die Kirche führte.

Da der Protestantismus in der oberösterreichischen Ländergruppe schon weit zurückgedrängt war, konnte der Tiroler Landesfürst bis in kirchliche Belange reichende Eingriffe durchsetzen, ohne bei den Ständen Unruhe hervorzurufen. Schon im folgenden Jahr erhalten wir einen sorgfältigen Lagebericht der Regierung über die Schulsituation in Tirol und den

→

Abb. rechts: 1586 erließ Erzherzog Ferdinand II. die erste Tiroler Schulordnung. Dabei ging es weniger um die innere Reform des Schulwesens, sondern man wollte über die Schulen den Einfluß der katholischen Kirche stärken und das protestantische Gedankengut austilgen. Anstellungserfordernis für den Schulmeister war eine Religionsprüfung und die Ablegung des Glaubensbekenntnisses. Noch war der Schulbesuch freiwillig, denn erst 200 Jahre später wurde unter Josef II. die Schulpflicht eingeführt.

Ferdinand von Gottes genaden/
Ertzhertzog zů Osterreich ꝛc.

Instruction vnnd Ordnung / wie sich fürohin / die Teutsche / so wol auch die Lateinische Schuelmaister/welche die Kinder/im Teutschen Lesen vnd Schreiben/ zu vnderweisen pflegen / auch die Schuelkinder verhalten sollen.

Schuelmaister wandel.

ANfengklich vnd zu forderist/sollē die Schuel Maister für sich selbs / inn jren Haußhaltungen/vnd sonderlichen bey jren Schuelkindern in allen dingen ain züchtig erbar Leben vnd gueten Wandel füeren vnd brauchen/ sich auch allerlay leichtfertigkeiten vnnd ärgernuß enthalten / der Jugend guet Exempel vortragen/auch jre Schuelkinder/vmb jre vngehorsam/vnfleiß vnd verbrechen / nit auß zorn vnd vngedult/ mit Feusten/Haarraufen/zum Kopff schlagen / oder inn ander vngebürlich weg / sonder mit der Rueten (vnd darzüe die Meydlein von den Knaben abgesündert) der gebür nach straffen.

Kinderstraff.

Schuel stundt vnd zeit.

Die Schuelmaister sollen alle jre Schuelkinder dahin halten / das sie allwegen zu denen hernach bestimpten stunden/Als zu Sommers zeiten/ von eingang des Monats Aprilis / vntzt auff außgang des Monats Septembris zu Morgens vmb Sechs vhr/ auff halbe zehen Vhr/vnnd zu Winters zeiten/ als von eingang des Monats Octobris/ wider auff eingang gemelts Monats Aprilis zu Morgens vmb Siben vhr/biß auff zehen vhr/ vnd nachmittag allwegen vmb zwölff vhr / biß auff vier vhr in die Schuel samentlich erscheinen/jnen auch nit gestatten in der zeit anhaimbs zů der Frůsuppen oder Merend zugehn / sonder jhnen vergunnen inn der Schuel vngefahrlich ain halbe stund lang jhr Suppen vnd Marend zuessen / damit hierdurch die lehrung destoweniger versaumbt werde / welliche dann zu disen bestimpten Stunden/ auß vngehorsam nit erscheinen/ vnnd jres aussenbleibens(darauff dann ain Schuelmaister sein guete acht vnnd auffmercken haben solle) genuegsamen schein vnd entschuldigung nit darbringen / sollen darumb der gebür nach / mit der Rueten gestrafft werden/ Doch hierinnen außgenommen die jungen Kinder / mit denen soll man in disem fall vnd in anderweg gebürliche mittel halten.

Kindersuppen vnd Marent.

Straff des Schuelversaumens.

Vnd

Vorlanden: Es wird berichtet, daß es „an vielen Orten und auch etwan ganzen Gerichten kein Schuel nit hat, an etlichen aber wohl etwas Schuel gehalten werde, aber allein Winterszeiten".

Ziel des Mandates von 1587 und der gleichzeitig publizierten Schulordnung war es nicht, eine innere Reform oder systematische Verbreitung und Vereinheitlichung des deutschen Schulwesens zu erwirken, sondern es ging allein um die Sicherung der alten Religion. Da die Schule „vornehmlich ein geistliches Werk ist", wie im Regierungsgutachten von 1588 festgestellt wird, sollten auch die Ordinariate zum Unterhalt beitragen. Ganz im Sinne der Gegenreformation beschränkte sich die Hälfte der zwölfseitigen Schulordnung auf die Wiedergabe von obligaten Schulgebeten vor und nach dem Unterricht. Neben den Gebeten mußten die Kinder täglich die Zehn Gebote, Sakramente, Todsünden, Werke der Barmherzigkeit usw. exerzieren. Das Verdienst Ferdinands liegt darin, daß er mit dieser Schulordnung das Schulwesen von der privaten Zufälligkeit zu einer öffentlichen staatlich-kirchlichen Einrichtung erhob, wenngleich die Finanzierung weitgehend privaten Stellen überlassen blieb.

Die Schulordnung wurde Eltern und Schülern beim Schuleintritt vorgelesen und sollte zu Quatemberzeiten wiederholt werden. An Unterrichtsfächern war Religion, Lesen des Katechismus, allenfalls Schreiben und Kirchengesang vorgesehen. Überdies mußte der Lehrer die sonntägliche Christenlehre in der Schule wiederholen. Die didaktischen Anregungen – man vermutet dahinter den Kanzler der oberösterreichischen Regierung, Leoman Schiller – beschränkten sich darauf, zuerst die Buchstaben zu lernen, dann das Lesen zu üben und dabei jeden Schüler viermal täglich abzufragen. Überdies sollten die Kinder täglich eine Schreibaufgabe erhalten. Schriftliches Rechnen war nur gegen Aufpreis vorgesehen.

Mehr Raum widmet die Schulordnung dem Benehmen, den Pflichten, der Strafgewalt und den Einkünften des Lehrers. Der sittenstrenge, religiöse Wandel des Schulmeisters war oberstes Gebot. Er sollte die Kinder auch auf dem Schulweg überwachen und sie zur Katechisation in die Kirche führen. Bei Verhinderung mußte er für einen Vertreter sorgen. Dem Magister von Rattenberg wurde dringend ein Substitut empfohlen, da er neben 14 Lateinschülern noch 87 Kinder im Deutschlesen und Schreiben unterrichtete und an zwei Kirchen den Gesang und Orgeldienst besorgen mußte. Die Lehrer waren weder zunftmäßig noch durch andere Institutionen organisiert, daher konnte jeder Schreibkundige den Schuldienst versehen. Einziges Anstellungserfordernis war, daß er „der alten wahren katholischen Religion anhängig und nit mit einer Sekt befleckt" war. Der Lehrer Hans Schmidt von Brixlegg erhielt zusätzlich die Auflage, dem Magister von Rattenberg keine ortsansässigen Kinder zu entziehen. Eine gewisse Konkurrenz war nicht ungewöhnlich, da jedes zusätzliche Kind dem Lehrer weitere Einkünfte brachte.

Bemerkenswert sind die pädagogischen Hinweise in der Schulordnung, die eine Bestrafung im Zorn ausdrücklich verbieten. Der Lehrer durfte sich nur der Rute bedienen, weder die Fäuste gebrauchen noch an den Haaren reißen oder an den Kopf schlagen. Eine Züchtigung sollte bei kleinen Schülern vermieden und bei Mädchen abgesondert von den Knaben erfolgen. Erst nach Rücksprache mit dem Scholarchen (Vorsteher der Schule) durften unverbesserliche Schüler vom Unterricht entfernt werden. In die Schule ging nur, wer es sich leisten konnte, denn Bürger und Inwohner mußten pro Quartal 24 Kreuzer bezahlen.

Von der Gemeinde war eine Schulförderung kaum zu erwarten, doch sind Bemühungen bekannt, die Anstellung eines Schulmeisters zu reglementieren. So behielt sich Klausen das Recht vor, die Lehrer jederzeit wieder zu entlassen. In den jeweiligen Rechtsstatus zur Gemeinde griff die landesfürstliche Schulordnung in keiner Weise ein.

In Innsbruck hatte einer der drei Schulmeister ein Jahresfixum von 20 Gulden und zusätzlich eine Brennholzzuteilung. Die anderen beiden Schulmeister am Graben und bei St. Nikolaus erhielten von der Gemeinde den Schulraum, mußten aber mit den Schulkreuzern der Kinder das Auslangen finden. Gegen besondere Entlohnung gab es auch Privatunterricht. Daß zahlreiche Schreibkundige sich eine Privatschule hielten und sich dem Einfluß der Obrigkeit als sogenannte Winkelschulmeister entzogen, war eine bekannte Randerscheinung, die noch dem Theresianischen Schulwesen 200 Jahre später zu schaffen machte.

Am Papier wurde die Unterrichtszeit mit 7 Stunden täglich, im Sommer ab sechs Uhr und im Winter ab sieben Uhr, festgelegt. Versäumte Stunden mußte der Lehrer nicht rückvergüten. Über alle Schulkinder mußte ein Verzeichnis angelegt werden, um ihren lückenlosen Meßbesuch überprüfen zu können. An Lesestoff wurde der Katechismus von Petrus Canisius, das „Namensbüchl“ mit dem Alphabet, den wichtigsten Namen und Gebeten und das „Zuchtbüechl“ verwendet. Alle anderen nicht approbierten Bücher waren ausdrücklich verboten.

Mit dieser Schulordnung war das Schattendasein der deutschen Schule gegenüber den Lateinschulen endgültig beseitigt. Gleichzeitig wurden die Lateinschulen merklich zurückgedrängt, da sie für den täglichen Bedarf wenig bieten konnten. Mit der Gründung der Gymnasien in Innsbruck und Hall übernahmen die Jesuiten zusehends den Lateinunterricht. Auch wenn man von der allgemeinen Schulpflicht noch weit entfernt war, wurde durch diese erste Schulordnung ein gewisses Interesse des Staates bekundet, die Systemlosigkeit zu beenden und eine Vereinheitlichung und weltanschauliche Gleichrichtung zu erreichen. Eine Reglementierung zwischen Eltern, Lehrern und Gemeinde erfolgte nicht, sondern war dem freien Spiel zwischen Angebot und Nachfrage überlassen. Vorerst blieb die Schule Mittel zum Zweck, dem Glaubenseifer eines katholischen Landesfürsten zu dienen.

Petrus Canisius und die Jesuiten

Das Trentiner Konzil wäre weitgehend wirkungslos geblieben, wenn nicht der Papst mit seiner ganzen Autorität auf die Durchführung der Reform bestanden hätte. In den Dienst der Erneuerung stellte sich besonders der neugegründete Orden der Societas Jesu (Gesellschaft Jesu), der Jesuitenorden, dessen Gründer ein ehemaliger spanischer Offizier, Ignatius von Loyola, war. Papst Pius V. sandte die Konzilsdekrete zur Stellungnahme an alle Bischöfe, so auch nach Deutschland, wohin *Petrus Canisius,* Ordensmann der Gesellschaft Jesu, gesandt wurde. Einem Konzilsauftrag zufolge gab er den Römischen Katechismus, ein Handbuch der katholischen Glaubenslehre für Pfarrer, das auf den Definitionen des Glaubens durch das Tridentinum beruhte, heraus. Die vom Konzil begonnene Reform von Brevier und Meßbuch schloß Canisius ab. Petrus Kanis (Canisius) wurde 1521 in Nimwegen (Niederlande) geboren und war Lehrer in Köln. Als erster Deutscher fand er 1543 in den neugegründeten Jesuitenorden Aufnahme, und drei Jahre später erhielt er die Priesterweihe. Nach seinem Aufenthalt in Rom berief man ihn nach Deutschland, um bei der Reform kirchlichen Lebens zu helfen.

Canisius, bald Oberer der deutschen Jesuitenprovinzen, Gründer zahlreicher Collegien, weitgereister Prediger und Reformer der Wiener Universität, ist auch mit der Geschichte Tirols in besonderer Weise verbunden. Er gründete, über Einladung Ferdinands I., die Innsbrucker Ordensniederlassung, eine der ersten auf deutschem Sprachboden. 1925 war das Jahr seiner Heiligsprechung und Erhebung zum Kirchenlehrer. Ein Altarbild Franz Xaver Dietrichs in der Jesuitenkirche zu Innsbruck erinnert an ihn. Auch Ferdinand II. vertraute den Jesuiten. Er wollte die religiöse Einheit des Landes erhalten und verlangte, daß in seinem Lande jeder Einwohner katholisch zu sein hätte oder auswandern müsse. Da die Reform des Weltklerus nicht so schnell vorangehen konnte, fand er in ihnen einen willkommenen Helfer.

Das dem Orden ursprünglich überlassene Salvatorkirchlein in Innsbruck und die später errichtete Dreifaltigkeitskirche erwiesen sich als zu klein. So schenkte Erzherzog Maximilian der Deutschmeister den Patres Grund zum Bau einer neuen Dreifaltigkeitskirche. Pater Fontaner und Maurermeister Pfefferle aus dem Lechtal holten für den neuen Architekten (der erste Bau war eingestürzt) Santino Solari Erkundigungen in Salzburg ein. 1646 konnte das dem Salzburger Dom nachempfundene Gotteshaus, dessen Fassade und Beichtstühle Christoph Gumpp entworfen hatte und das vom Geist des römischen Frühbarocks und vom Baucharakter von Il Gesu (Rom) zeugt, geweiht werden. Das Herz-Jesu-Bild mahnt an ein Gelöbnis, das die Tiroler, ähnlich wie in Polen und Irland, zu schweren Zeiten abgelegt hatten. Die Kirche birgt die Gebeine des hl. Pirminius, des Innsbrucker Stadtpatrons gegen „Seuche" und „Gewürm".

Die Ordensjünger des Ignatius von Loyola, versierte Prediger, eifrige, hochgebildete Söhne der Kirche, dem Papst in unbedingtem Gehorsam verbunden, erfuhren eine straffe Organisation. Der Orden zeichnet sich durch eine strenge religiöse und geistige Ausbildung seiner Mitglieder aus. Er bemüht sich um Vertiefung des religiösen und spirituellen Lebens und um eine Auseinandersetzung mit Glauben und Wissenschaft. Jesuiten übernahmen die Organisation des höheren Schulwesens, gründeten Gymnasien in Innsbruck und Hall und beschickten das Gymnasium in Trient mit Lehrpersonen. Beim einfachen und gläubigen Volk erfreuten sich die Jesuiten – neben den Kapuzinern – besonderer Beliebtheit. Sie hielten volkstümliche Predigten und vermochten durch großartige Theateraufführungen religiöse Inhalte zu veranschaulichen.

Die Jesuitengymnasien wurden bald Stätten von Theaterspielen, die zum Instrument pastoraler Interessen der Glaubensverkündigung, der Erklärung und „Übersetzung" von Mysterien der Religion wurden. Von der Tradition der Sprechstücke, wie in Innsbruck, Hall und Trient aufgeführt, ließen sich auch die Chorherren in Neustift und die Benediktiner in Meran inspirieren.

Neben Canisius verdient auch *Nikolaus Avancinus SJ* aus Brez im Nonsberg (1611–1686), ein Gelehrter und Dichter von Rang, dessen Werke auch in Tirol zur Aufführung gelangten, genannt zu werden. Durch ihn wurde das Jesuitentheater in Wien, dessen Spielleiter er war, allerorten bekannt. Seine Theaterstücke waren auch ein Beitrag zu „kaiserlichen Festspielen".

Der Erfolg des Jesuitentheaters ist nicht zuletzt in der Annäherung zum einfachen Volk zu sehen. Dazu muß erwähnt werden, daß die breite Masse der Bevölkerung des Lesens und Schreibens unkundig war und auf diese Weise – neben der Predigt – eine besonders plastische, eindringliche und erbauende Unterweisung in Religion erhielt.

Zusätzlich stellte es eine Form zeitgemäßen Bemühens dar, der protestantischen Reformation durch eine Gegen-Reformation zu begegnen. Für die erwähnten Festspiele schuf *Fra Andrea dal Pozzo SJ* aus Trient, ein bekannter Deckenmaler, die Bühnenausstattung. Werke dal Pozzos mit der ihn kennzeichnenden illusionistischen Freskomalerei, wie auch in der Universitätskirche von Wien und in San Ignatio, Rom, inspirierten die künstlerische Ausgestaltung vieler Barockkirchen. *Martin Martini,* bei den Chinesen Wei genannt, in Rom ausgebildeter Jesuitenmissionar, wirkte in Goa, auf den Philippinen und in China, wo er als Historiker und Geograph im 17. Jh. Aufsehen erregte. Der 1614 in Trient geborene Priester und Wissenschaftler machte sich durch Magnetismusforschungen und astronomische Beobachtungen einen Namen. Wei, durch seine weiten Reisen auch ein „Tiroler Marco Polo", verfaßte einige Werke in Chinesisch (religiöse Schriften sowie eine chinesische Grammatik) und wurde Superior der Jesuitenprovinz Hangtschou. Der weitgereiste Historiker und Geograph verfaßte eine Geschichte über den Tatarenkrieg, den Mandschureneinfall in China (1644) und erstellte einen Chinaatlas in 17 Blättern, ein Kartenwerk, das über 100 Jahre Geltung haben sollte.

Franziskaner und Dominikaner verfolgten allerdings seine Tätigkeit mit Argwohn, weil er es „wagte", gemeinsame Grundlinien von Christentum und Konfuzianismus zu betonen. Schließlich erwirkten sie beim Papst ein Verbot dieses „ketzerischen" Handelns.

Martin Wei zählte zu jenen Menschen, die sich durch Weitblick, Menschlichkeit und Weisheit des Herzens auszeichneten.

Dem Lehr- und Seelsorgeorden der Jesuiten obliegt heute der Unterricht an der Theologischen Fakultät der Landesuniversität. Die Patres leiten auch ein international beschicktes Priesterseminar, das Canisianum (ihm entstammen eine Reihe von Bischöfen und Kardinälen; auch Flanagan, einer der bekanntesten Pädagogen des 20. Jh.s, Begründer von Boys-Town in Omaha, USA, studierte hier) und eines der größten Jugendzentren Österreichs.

Die Entwicklung der Innsbrucker Universität ist mit der Geschichte des Ordens und der Lehrtätigkeit der Patres an der Theologischen Fakultät eng verbunden. *Karl Rahner SJ*, Dogmatiker und Konzilsberater beim II. Vatikanum, war einer jener Professoren, die das internationale Ansehen der Innsbrucker Universität festigten.

Erzherzog Maximilian der Deutschmeister (1602–1618)

Nach dem Tode Erzherzog Ferdinands II. fielen Tirol und die Vorlande an das Gesamthaus Österreich zurück. Kaiser Rudolf II. residierte in Prag. Er beauftragte seinen Bruder Matthias, zur Erbhuldigung nach Innsbruck zu kommen. Im Jahre 1602 übertrug der Kaiser seinem jüngsten Bruder Maximilian, der schon seit einiger Zeit Hochmeister des Deutschen Ritterordens war, die genannten Gebiete und bestimmte ihn zum Gubernator.

Erzherzog Maximilian war eifrig bemüht, den Frieden zu erhalten, was durch die Zustände in den Nachbarländern immer schwieriger wurde: In den österreichischen Ländern brachte der Bruderzwist im Hause Habsburg Unruhen, solche gab es auch in Venetien und Graubünden, und es kündigten sich die Stürme des Dreißigjährigen Krieges an. Maximilian

Im Innsbrucker Dom befindet sich das Grabdenkmal Erzherzog Maximilians III. des Deutschmeisters, modelliert von Caspar Gras, gegossen in Bronze von Heinrich Reichart. Auf den gedrehten Bronzesäulen liegt eine Platte mit der knienden Figur des Erzherzogs und dem stehenden Patron des Deutschen Ordens, St. Georg. Die Regierungszeit dieses Tiroler Landesfürsten (1602–1618), knapp vor Ausbruch des Dreißigjährigen Krieges, war durch mancherlei Schwierigkeiten und Katastrophen gekennzeichnet. Sie konnten durch sparsame Hofhaltung und politisch kluges Handeln Maximilians weitgehend gemildert werden.

sah daher die Notwendigkeit, im Jahre 1605 eine neue *Zuzugsordnung* mit Zustimmung der Landstände herauszugeben. Sie bezog sich auf das von Kaiser Maximilian 1511 verordnete Tiroler Landlibell und reorganisierte das verfallene Landesverteidigungswesen. Diese Maßnahme sicherte Tirol weiterhin den Frieden und half mit, daß Tirol im Dreißigjährigen Krieg nicht so sehr in Mitleidenschaft gezogen wurde.

Um Handel und Wirtschaft war es nicht gut bestellt. Erzherzog Maximilian bemühte sich darum, ließ im südlichen Etschtal Maulbeerbäume zur Zucht der Seidenraupe anpflanzen, wollte den Ötztaler Flachs in Barchentwebereien verarbeiten lassen, förderte die Biererzeugung, ließ das Salzbergwerk in Hall durch einen neuen Stollen erweitern und kümmerte sich auch um den Getreideanbau. Vom Jahre 1615 stammt eine genaue Getreidebeschreibung nach einzelnen Gemeinden und Bauerngütern. In dieser Zeit kam auch der Maisanbau im mittleren Inntal auf.

Erzherzog Maximilian hatte ein besonderes Interesse an der Geschichts- und Landesbeschreibung. Er fand in Matthias Burglechner, dem Schloßherrn der Thierburg auf der Gnadenwaldterrasse und zugleich hohem Beamten der Regierung in Innsbruck, den richtigen Mann, der ein umfangreiches Werk über die Geschichte und Landeskunde Tirols unter dem Titel „Tiroler Adler“ schrieb und eine ausführliche Landkarte von Tirol zeichnete.

Die Erhaltung der katholischen Religion betrachtete Maximilian als seine Lebensaufgabe, aber er griff nicht so radikal wie seine Vorgänger ein. Durch die Schaffung neuer Klöster wollte er den katholischen Glauben verstärken. Unter großen Feierlichkeiten wurde 1614 das neue Kloster der Serviten in Innsbruck gegründet.

Mit den Tiroler Landständen lebte Erzherzog Maximilian in gutem Einvernehmen, da der Hof bescheiden geführt wurde. Mancherlei Katastrophen bedrohten immer wieder das Land. Jahrelang wütete die Pest in Innsbruck, so daß Erzherzog Maximilian ins Unterinntal und die Behörden nach Sterzing flohen. Die Stadt Innsbruck gelobte die Erbauung der Dreiheiligenkirche. Für die Bewohner des Ötztals bedeutete der plötzliche Vorstoß des Vernagtferners, wodurch die Rofner Ache zu einem riesigen See aufgestaut wurde, Kummer. Prozessionen zum Gletscher sollten die drohende Gefahr abwenden. Durch Zerstoßen des Eises mit gehärteten Eisenstangen gelang der langsame Abfluß des Wassers.

Erzherzog Maximilian starb im Jahr 1618 in Wien. Seinem Wunsche gemäß wurde er in der Innsbrucker St.-Jakobs-Kirche beigesetzt. Caspar Gras schuf die Figuren für das Grabmal.

Abb. unten: Hala Tÿrolis ad Oenum, Hall in Tirol am Inn, in einem Kupferstich (um 1646) von Andreas Spängler. In der rechten Bildhälfte die Innbrücke (Volderer Brücke), die schon um 1300 nachgewiesen wird. Am Bildrand rechts die von Guarinoni erbaute Karlskirche in Volders.

Tirol während des Dreißigjährigen Krieges (1618–1648)

Bis hieher und nicht weiter kamen die schwedischen Reiter! Dieser Spruch aus dem Jahre 1643 steht im Inneren der Klausenkapelle, östlich von Kirchberg. Dorthin führt alljährlich der berühmte Antlaßritt am Fronleichnamstag, bei dem es sich um einen uralten Flurritt handelt, der schon 1655 als „alter Brauch" bezeichnet wird und wahrscheinlich zur Zeit der Schwedengefahr neu gelobt wurde. Zu kriegerischen Auseinandersetzungen mit den ins Land einbrechenden Schweden kam es im Außerfern. Der damalige Landesfürst Leopold V. ließ die nördliche Grenze bei Reutte besetzen und die Festung Ehrenberg durch Gräben, Sperrmauern und Bastionen schützen. Rund 12.000 Landstürmer waren im Juni 1632 bei Reutte versammelt, der Landesfürst selbst übernahm die Verteidigung. Es kam zur mehrmaligen Erstürmung der Stadt Füssen durch die Tiroler und zu Kämpfen gegen die durch Bernhard von Weimar angeführten Protestanten, größtenteils Schweden. Keinen Erfolg hatten die anstürmenden Feinde an der Ehrenberger Klause. Zweimal wurden sie von den Tirolern zurückgeschlagen. Damals drang auch eine schwedische Abteilung bis Stanzach in das Lechtal vor, wurde aber dort durch das mutige Verhalten der Lechtalerinnen zum Rückzug gezwungen. Im Juli 1632 war Tirol wieder vom Feind frei. Erst gegen Ende des Dreißigjährigen Krieges durchstreiften wiederum einige feindliche Scharen die Grenzgebiete des Landes. Inzwischen war auch die Scharnitzer Grenze, die Porta Claudia, befestigt worden.

Wenn Tirol auch verhältnismäßig wenig kriegerische Auseinandersetzungen innerhalb seiner Grenzen hatte, war es keine gute Zeit. Durchziehende Soldaten, auch kaiserliche, brachten Verwüstungen und Plünderungen, vor allem im Oberinntal und im Vinschgau, und schleppten gefährliche Krankheiten in die Täler Tirols ein. An die Pest 1625/26 erinnert der Pestfriedhof von Hötting; in den Jahren von 1634 bis 1637 starben vor allem im Oberinntal viele Menschen an dieser gefährlichen Seuche. Die Wirtschaft lag in diesen Jahren arg darnieder. Um den Handelsverkehr wieder etwas anzukurbeln, schuf Erzherzogin Claudia für die Bozner Messen 1635 den Merkantilmagistrat (siehe S. 158f), der aus den Kaufleuten der welschen und deutschen Nation zu wählen war.

Die gesamte Regierung des Landesfürsten *Leopold V.* fiel in die Zeit des Dreißigjährigen Krieges. Leopold stammte aus der Steiermark und war der Bruder Kaiser Ferdinands II. Mit Rücksicht auf seine Zugehörigkeit zum Haus Österreich war er schon in jungen Jahren zum Bischof von Passau bestimmt worden. Er war ein sehr ehrgeiziger und politisch aktiver Mann. Im Jahre 1610 hatte er sich in Zwistigkeiten zwischen den Brüdern Kaiser Rudolf und Erzherzog Matthias eingemischt und eine Streitmacht, das Passauer Kriegsvolk, aufgestellt. Dieses war nach Böhmen eingerückt und hatte dort gewütet, was dem Ruf des Passauer Bischofs nicht gerade förderlich war. Nach dem Tod des kinderlosen Erzherzogs Maximilian des Deutschmeisters bestimmte der Kaiser Leopold zum Gubernator von Tirol und den Vorlanden. Als solcher verzichtete Leopold auf seine geistlichen Würden und vermählte sich mit der Prinzessin Claudia von Toskana aus dem Hause der Medici. Mit seiner Stellung als Gubernator gab sich Erzherzog Leopold in der Folge nicht zufrieden und erreichte bei seinem Bruder 1623 bzw. 1625 eine formelle Erbteilung. Dadurch wurde er erbberechtigter Landesfürst von Tirol, später auch der Vorlande. Die prunkvolle Hochzeit Leopolds mit *Claudia von Medici* und die einige Jahre vorher ebenfalls in Innsbruck mit großem Pomp gefeierte Vermählung des Kaisers Ferdinand II. standen im schroffen Gegensatz zur allgemeinen Not im Land. Nach dem verhältnismäßig bescheidenen Hofstaat unter Erzherzog Maximilian dem Deutschmeister gab es nun in Innsbruck wieder einen nach italienischem Vorbild ausgerichteten Hof, an dem Musik und Theater gepflegt wurden. Es entstand ein „Comedihaus", in dem aufwendige Ausstattungsstücke und Ballette über die Bühne gingen. Um das notwendige Geld zur Verfügung zu haben, wurde der *Leopoldinische Steuerkataster* für das ganze Land angelegt.

Leopold V. starb noch im selben Jahr, als es den Tirolern gelungen war, die anstürmenden Schweden bei der Ehrenberger Klause abzuwehren. Mitte September 1632 erkrankte er auf der Rückkehr von einer Jagd im Achental und starb in Schwaz. Er hinterließ seine Gemahlin Claudia von Medici mit zwei kleinen Kindern. Sie war eine hochgebildete, energische Frau, die mit Hilfe des Kanzlers *Wilhelm Bienner* (siehe S. 148ff) Tirol bis zur Großjährigkeit ihres ältesten Sohnes Ferdinand Karl im Jahre 1646 gut regierte. Sie starb 1648 und wurde an der Seite ihres Gemahls Leopold V. in der Krypta der im Jahre 1627 vom Erzherzog gestifteten Dreifaltigkeitskirche (Jesuitenkirche) bestattet.

Die Regierung *Ferdinand Karls* (1646–1662) fiel noch in die letzten kriegerischen Ereignisse des Dreißigjährigen Krieges. 1647 eroberte eine schwedische Streitmacht Bregenz trotz des tapferen Widerstandes der Vorarlberger Landwehr. Durch den Westfälischen Frieden erhielt Ferdinand Karl alle in den Vorlanden verlorengegangenen Gebiete zurück, mußte aber auf Wunsch des Kaisers, der den Frieden mit Frankreich vertiefen wollte, das obere Elsaß und die Festung Breisach an Frankreich abtreten. Auch die österreichischen Rechte im Prättigau und Engadin wurden damals verkauft. Die dafür erhaltenen Geldmittel flossen in die landesfürstliche Kasse und kamen der Verschwendungssucht des Hofes zugute, womit Kanzler Bienner nicht einverstanden war, ein Grund mehr für seine spätere Verurteilung und Hinrichtung.

Der Innsbrucker Hof war damals besonders für die Musik- und Theaterpflege bekannt. Auf der westlichen Seite des Rennweges entstand ein großes Festspielhaus, auf der anderen ein Opernhaus. Diese Gebäude gehörten zu den ersten ihrer Art auf deutschem Boden. Besonders große Festlichkeiten fanden im November 1655 statt, als Königin Christine von Schweden bei ihrer Durchreise nach Rom in der Hofkirche in feierlicher Weise zum katholischen Glauben übertrat.

Erzherzog Ferdinand Karl starb plötzlich nach einer Jagd bei Kaltern. Sein Leichnam wurde nach Innsbruck überführt und in der Gruft der Jesuitenkirche bestattet. Da Ferdinand Karl keinen Sohn hatte – seine Tochter war mit dem Kaiser Leopold I. vermählt – folgte ihm sein Bruder *Erzherzog Sigmund Franz.* Dieser zeigte Ansätze zu besserer Finanzpolitik, starb aber bereits 1665 an Atemlähmung. Mit seinem Tod erlosch die tirolische Linie des habsburgischen Hauses und Kaiser Leopold I. vereinte Tirol und die Vorlande mit allen übrigen habsburgischen Ländern. Bis zum Jahr 1918 war der österreichische Herrscher immer auch Herr der gefürsteten Grafschaft Tirol.

→

Abb. rechte Seite: Zu den bedeutendsten Kartenwerken im beginnenden 17. Jh. zählen die Tirol-Karten des Warmund Ygl und des Matthias Burglechner. Besonders die Kartenvorlage Ygls wurde von ausländischen Kopisten immer wieder „übernommen". Durch über hundert Jahre stagnierte die Weiterentwicklung, und es wurde die „Maulwurfshügel-Manier" beibehalten. Hier ein kolorierter Kupferstich von 1630 (Tiroler Landesarchiv).

Comitatus
TIROLIS
die
fürstliche
Graffschafft
TYROL
Meylen
Teutsche
Welsche
KUFFSTAIN
INSPRUG
Hall
Schwatz
Ratnberg
Kroplsburg
Wergl
Brixen
Kitzpuhl
Lofer
Salfelden
Bischofhoff
Dachsenpach
Mitter Sill
Vildin
Windisch Matrey
Drabürg
Lientz
Doblach
Innichen
Brauneggen
Michelspurg
BRIXEN
Neustifft
Clausen
Polaus
Sterzingen
Brenner
Schneeberg
Turol
Meran
Tyrolis Alpen
BOTZEN
Wangen
Wolckenstein
Büechenstein
Kellnstein
Cadover
Burgo
Ciudad
Vedena
Romagno
Feltre
Ceneda
Saligo
Castel
Col Alto
Monte Boluno
Asolo
Baroo
C. Franco
Spiran
Trevifo
Mufestri
Altino
Piave Fl.
Rocca de Valmarino
TRIENT
S. Columba
Persene
Burgo
VAL ZIGAN
Kofel
Cismone
Grigno
Primor
Partatsch
Stramentisch
Welsch Florian
Souer
Lareis
Delfon
Vivian
Neumarckt
S. Florian
Cauerlon
Faeroro
Vischberg
S. Michel
Metz
Belfort
Kron
Margreit
Caftel Feder
Tolon
Roueret
Stein am Gall
Valmoria
Chies al nuovo
Vigola
Schio
Thiene
Caltrano
Marostica
Romano
Bassano
Campo S. Petro
Malo
Bertica
Val d Agno
Etsch Fl.
Inn
Ahen See
Tegern See
Zillerthal
Seehaus
Tierburg
Zellenberg
Rotsen
Ober see
S. Bartholome

Kanzler Wilhelm Bienner

Im 19. Jh. war „Der Kanzler von Tirol“ ein beliebtes Thema für Romanciers (Hermann Schmid) und Dramatiker (Josef Wenter, Merlo, Vikoler). Durch die Poeten fand das Lebensschicksal Bienners ein breites Interesse, mußte sich aber auch manche dichterische Freiheit gefallen lassen. Erst der Tiroler Historiker Josef Hirn stellte die Ereignisse um Wilhelm Bienner 1898 in seiner Monographie „Kanzler Bienner und sein Prozeß“ im richtigen Licht dar.

In der Universitätsmatrikel Freiburgs i. Br. findet sich die Eintragung: *Guilielmus Biner Laupbermensis dioecesis Augustanae immatriculatus 13. November 1607.* Also muß Bienner um 1590 im ostschwäbischen Lauchheim geboren sein. 1611 schloß er sein Jusstudium in Ingolstadt mit dem Doktorat ab. Seine Beamtenkarriere begann er beim Markgrafen Karl von Burgau, Sohn der Philippine Welser. Es folgten als weitere Dienstgeber der Bischof von Freising, der Kurfürst von Bayern und der Reichshofrat in Wien. 1630 kam Bienner am Reichstag zu Regensburg mit Erzherzog Leopold V. von Tirol in Kontakt. Da der tirolische Kanzler Melchior Geur gestorben war, sollte der bisherige, in der vorderösterreichischen Verwaltungsmetropole Ensisheim wirkende Kanzler Dr. Isaak Volmar die ehrende Berufung nach Innsbruck erhalten. Der plötzliche Entschluß des Erzherzogs, Bienner gegenüber Volmar vorzuziehen und zum Kanzler nach Tirol zu berufen, bildete den Keim für die spätere verhängnisvolle Entwicklung. Nach Leopolds frühem Tod wurde der Kanzler bald die rechte Hand der jungen Witwe Erzherzogin Claudia, die ihn 1637 zum Hofkanzler beförderte. Er wurde zum eigentlichen Leiter der Innen- und Außenpolitik und verfocht unbeirrt die landesfürstlichen Interessen gegen die Hochstifte, vertrat die Herrschaftsansprüche in den Vorlanden, verpflichtete den Adel zum persönlichen Wehrdienst und kämpfte gegen die Verschwendungssucht der Hofbeamten. Sein ausgeprägter Rechtssinn, seine Unbestechlichkeit und Prinzipientreue machten ihn unzugänglich und rücksichtslos.

So widersetzte er sich den Bestechungsversuchen des jüdischen Handelshauses May und legte sich deshalb mit dem Obersthofmeister Graf Montecuculi an. Der Prozeß mit Montecuculi gab Bienner recht, und der Graf mußte das Land verlassen. Doch die vielen Parteigänger seines Prozeßgegners – oft Schuldner Abraham Mays – wurden seine Feinde. Ohne Rücksicht auf seine Person verfocht er seinen Rechtsstandpunkt etwa bei der Mitwirkung zur Landesverteidigung. Nicht nur Städte und Gerichte sollten die Lasten der Verteidigung tragen, sondern auch Adel und Geistlichkeit.

Inzwischen hatte es sein Todfeind Volmar geschafft, als Kammerpräsident nach Innsbruck zu kommen. Noch in den letzten Jahren der Vormundschaftsregierung Claudias (1632–1646) zog der erbitterte Rivale Volmar die Außenpolitik immer mehr an sich, obwohl diese im Zuständigkeitsbereich des Hofkanzlers lag. So wurden unter Volmar die Abtretungen vorderösterreichischer Gebiete an Frankreich und Württemberg trotz Bienners Widerstand durchgeführt. Die immer zahlreicher werdenden feindlichen Intriganten drängten Bienner in die Isolation, und es kursierten schon zu Claudias Zeiten Absetzungsgerüchte. Das Gerücht eines Intimverhältnisses zu seiner Regentin ist allerdings eine Erfindung des 19. Jh.s.

Völlig auf Kollisionskurs ging der kämpferische Kanzler, als er dem jungen Erzherzog Ferdinand Karl die verschwenderische Hofhaltung vorhielt. Er mißbilligte, daß die tirolischen Rechte im Prättigau und Unterengadin verkauft wurden und die Schuldenpolitik der Kammer immer größere Ausmaße annahm. Er änderte Beschlüsse des Geheimen Rates, wenn er sie für unrichtig hielt, und lieferte damit seinen Feinden weitere Angriffspunkte. Wegen seiner scharfen Zunge, seiner verletzenden Kritik und Strenge gegenüber Untergebenen mieden seine immer zahlreicher werdenden Feinde jede offene Konfrontation. Die größten Rivalen Bienners waren neben Volmar der Vizepräsident der Kammer Johann Schmaus, der Rektor des Jesuitenkollegs Wolfgang von Gravenegg und der Hofvizekanzler Anton von

Zur Abb.: Darstellung der auf einem steilen Hügel gelegenen Festung Ehrenberg und der Klause im engen Tal im Jahre 1606. Wenige Jahre später gelang es den Tirolern unter dem Landesfürsten Leopold V., die im Zuge des Dreißigjährigen Krieges anstürmenden Feinde hier aufzuhalten und wieder über die Grenzen des Landes zurückzudrängen (Tiroler Landesarchiv).

Girardi. Dieser konnte es nicht verwinden, daß 1637 nicht er zum Hofkanzler befördert, sondern Bienner ihm vorgezogen worden war.

Nach dem Tode Claudias war Bienner nur noch dem Titel nach Kanzler der Regierung und Hofkanzler. Die Gegner hatten ihn so weit kaltgestellt, daß Volmar selbst die wichtigen Berichte von den westfälischen Friedensverhandlungen nicht an Bienner, sondern an seinen Vizekanzler richtete. Es war nur mehr eine Frage der Zeit, bis der lästige Mahner von Ferdinand Karl am 23. Jänner 1650 nach fast 20jährigem Kanzellariat entlassen wurde, eine Vorgangsweise, die in der Blütezeit des fürstlichen Absolutismus durchaus keine Seltenheit war.

Dank seines Geschäftssinnes hatte Bienner das Schloß Büchsenhausen erworben und ausgebaut. Er zog sich mit seiner vielköpfigen Familie auf den Ansitz zurück und widmete sich der Bierbrauerei, doch die Feinde intrigierten weiter gegen ihn. Ein halbes Jahr nach der Amtsenthebung wurde der Exkanzler wegen Zoll- und Steuervergehen im Zusammenhang mit seiner Brauerei vor Gericht gestellt. Während seiner Einvernahme wurden seine schriftlichen Unterlagen konfisziert, denn man erhoffte sich weiteres belastendes Material gegen ihn.

Aus dem anfänglichen Zivilgerichtsverfahren wurde ein Strafprozeß, und seine Gegner erwirkten bei einer Jagd des Erzherzoges in Südtirol, daß er der Verhaftung Bienners

Nach dem frühen und plötzlichen Tod des Erzherzogs Leopold V. im Jahre 1632 übernahm seine Gemahlin Claudia von Medici die Regierung. Ihr zur Seite stand Kanzler Wilhelm Bienner. Die Zeiten waren schwierig, wenn es auch gelang, Tirol vor den größten Schrecken und Verwüstungen des Dreißigjährigen Krieges zu bewahren. Durchziehende Soldaten schleppten ansteckende Krankheiten ins Land, plünderten Dörfer im Grenzbereich, Handel und Wirtschaft lagen darnieder. Um den Handelsverkehr wieder etwas anzukurbeln, schuf die Landesfürstin für die Bozner Messen 1635 den Merkantilmagistrat. Im Jahre 1646 übergab Claudia von Medici die Regierung ihrem ältesten Sohn Ferdinand Karl. Sie starb 1648 und wurde an der Seite ihres Gemahls in der Krypta der Dreifaltigkeitskirche (Jesuitenkirche) in Innsbruck bestattet.

zustimmte. Der Exkanzler nahm im Kloster Wilten seine Zuflucht, doch mißachteten seine Häscher das Asylrecht. Entgegen der Tiroler Landesordnung wurde er wie ein Schwerverbrecher gefangengesetzt und nicht gemäß seines Standes, von der Regierung, sondern von welschen Richtern einvernommen. Es war ein Sondergericht nach Art der Inquisitionsprozesse und wurde ohne Verteidiger im geheimen schriftlichen Verfahren abgewickelt.

Während seiner halbjährigen Untersuchungshaft wurde Bienner 28mal verhört. Das meist in italienischer Sprache geführte Protokoll umfaßt 490 Fragen. Eine Gerichtsverhandlung fand nicht statt. Schon bald brachte man ihn von Innsbruck nach Rattenberg, und im Mai 1651 war die Untersuchung abgeschlossen. Die beiden Untersuchungsrichter sprachen ihn der Überschreitung der Amtsbefugnisse, der unrechtmäßigen Bereicherung und der Majestätsbeleidigung für schuldig. Zum Majestätsverbrecher wurde Bienner, weil er unter einem Bildnis Erzherzogin Claudias kritische Bemerkungen über den schlechten Porträtisten geschrieben hatte. Die aufgefundenen Pamphlete und gehässigen Bemerkungen über diverse Hofpersonen und der berechtigte Tadel an Erzherzog Ferdinand Karl wurden Bienner zum Verhängnis. Selbst in seiner schriftlichen Rechtfertigung an den Erzherzog konnte er sich der bissigen Bemerkungen nicht enthalten. Obwohl Bienner alle Anschuldigungen entkräftete, wurde er zu einer hohen Geldstrafe und zum Tod durch Enthauptung verurteilt.

Die Urteilsbegründung wurde ihm erst auf der Richtstätte in Rattenberg verlesen. Die anwesenden Geschworenen hatten lediglich Statistenrollen zu spielen. Am 17. Juli 1651

Abb. oben: Die einst bedeutsame Handels- und Handwerksstadt Rattenberg. Noch bis zum Jahre 1782 hatte die Burg ihren Festungscharakter. In ihren Mauern wurde am 17. Juli 1651 der Justizmord an Kanzler Wilhelm Bienner begangen (Aquatinta von Würthle, um 1840).

wurde das Urteil vollzogen. Von der aufschiebenden Wirkung eines Gnadengesuches und Schuldbekenntnisses wurde dem Betroffenen bewußt nichts mitgeteilt. Die Feinde Bienners verstanden es auch, den erzherzoglichen Boten, der die Exekution stoppen sollte, in einem Wirtshaus zurückzuhalten.

Wilhelm Bienners Hinrichtung hatte keine politischen oder konfessionellen Ursachen, sondern er wurde das Opfer persönlicher Intrigen. Ein schlecht beratener Landesfürst gab der Rachsucht seiner Feinde nach.

Es mutet merkwürdig an, daß Bienner weniger durch seine Verdienste als Kanzler von Tirol in die Geschichte eingegangen ist, sondern sich als Opfer eines Justizmordes einen Namen gemacht hat.

rechte Seite: Das Reiterstandbild am Leopoldsbrunnen gegenüber der Hofburg entstand noch zur Lebenszeit des Landesfürsten Erzherzog Leopold V. und wurde von Caspar Gras modelliert. Die Hofburg erfuhr in der Zeit Maria Theresias einen großen Umbau (1766–1770). Damals wurde das alte Saggentor mit dem Wappenturm teilweise abgebrochen beziehungsweise dem barocken Eckturm einverleibt. Im Riesensaal der Hofburg sind Porträts Kaiser Franz' I., Stephans von Lothringen, seiner Gattin Maria Theresia und ihrer 16 Kinder. Der Kaiser starb 1765 in der Hofburg, als er sich anläßlich der Hochzeit seines Sohnes Erzherzog Leopold mit der spanischen Infantin Maria Ludovica in Innsbruck aufhielt.

Abb. unten: Der Tiroler Landesfürst Ferdinand II. ließ die alte Andechser Burg Ambras zu einem modernen Fürstenschloß im Stil der Hochrenaissance um- und ausbauen und schenkte es dann seiner Gemahlin Philippine Welser. Im Schloß Ambras befand sich eine reichhaltige Sammlung von Kunstwerken, die Wunderkammer mit Raritäten aus dem Tier- und Pflanzenreich und vor allem die Rüstkammer, die mit ihrer großartigen Sammlung von prächtigen Rüstungen kaum ihresgleichen an einem anderen Fürstenhof hatte.

Der Beginn der Innsbrucker Universität Wissenschaftler des 17. Jahrhunderts

Bis 1669 war die Universität in Freiburg auch Tirols „Landesuniversität“ (Johannes Fuchsmagen war einer ihrer bekanntesten Absolventen, im Jahre 1509 stand ihr mit Blasius Aichhorn ein Brixner Domherr vor). 1669 erließ Kaiser Leopold I. die kaiserliche Urkunde zur Stiftung einer Universität in Innsbruck, die päpstliche Bulle stammt von 1677. Schon in hundert Jahren verdoppelte sich die Hörerzahl, anteilsmäßig waren die Tiroler am stärksten vertreten. Nachteilig wirkte sich aus, daß die Gründung einer universitätseigenen Zentralbibliothek fast 80 Jahre auf sich warten ließ. Heute birgt die von Maria Theresia errichtete Bibliothek 1660 Inkunabeln und 1149 Handschriften. Im Zuge der absolutistischen Politik war auch versucht worden, Einfluß auf das Lehrangebot zu nehmen, was der Freiheit von Lehre und Forschung keineswegs dienlich war. Eine neue Universitätspolitik unter Josef II. brachte die Auflösung der Universitäten in Brünn, Graz und Innsbruck. Aus der Innsbrucker Landesuniversität wurde ein schlichtes Lyzeum (1782). Erst Leopold II. kam den Bitten der Tiroler Ständevertreter nach und eröffnete wieder einen Universitätsbetrieb. Nach einer neuerlichen Aufhebung (1810) errichtete sie Kaiser Franz I. 1826 nochmals. Die Universität führt heute den Namen, Leopold-Franzens-Universität. Erst nach dem stürmischen Jahr 1848 erlebte die Alma Mater Oenipontana ihren Aufschwung. Daran hatten auch die Jesuiten mit der von ihnen geleiteten Theologischen Fakultät, an der zur Jahrhundertwende Theologen aus nahezu 60 Diözesen aller Kontinente studierten, großen Anteil.

Aus der ersten Zeit der Universität verdient *Ignaz Weinhart SJ* Erwähnung, dessen mechanische und physikalische Exponate in wissenschaftlichen Kreisen Europas Aufsehen erregten.

Wissenschaft und Forschung blühten im 17. Jh. Zu erwähnen ist das Universalgenie *Hippolyt Guarinoni aus Trient (1571–1654),* Arzt, Historiker, Architekt, Volksschriftsteller und Botaniker von Ruf. Er war Page beim Mailänder Erzbischof Karl Borromäus, studierte in Prag und Padua, arbeitete als Arzt in Mähren und kam 1607 nach Hall als Stadtphysikus und Hausarzt des Adeligen Damenstiftes. In seinem Hauptwerk skizziert er „Greuel der Verwüstung des menschlichen Geschlechtes“ (1610). Es war die Zeit, da nicht nur der „Schwarze Tod“, sondern auch der Hexenglaube sein Unwesen trieb und Denunziantentum förderte, weil das Vermögen der Gefolterten und Verbrannten den Anklägern zufiel. Guarinoni zog im besonderen beleidigend und wenig zimperlich gegen den „blühenden Aberglauben“ der „unwissenden Fantasten, die wir Idioten nennen“, zu Felde.

Als klüger erwiesen sich seine Ratschläge für Leibesbewegung und gesunde Ernährung, womit er jener Völlerei, die im krassen Gegensatz zur Armut breiter Schichten stand, den Kampf ansagte. Seine Schriften über Medizin, Himmels- und Erdkräfte sind volkstümlich. Er gab „Guardien“, Anregungen zur Pestbekämpfung und Hygiene, insbesondere für Ärzte, Priester und Totengräber, und ermahnte zur Vorsicht bei Haus- und Friedhofsbesuchen sowie Kleiderwechsel. Der medizinisch weitblickende Mann mußte von seinen Gegnern abgeschirmt und unter Regierungsschutz gestellt werden. Als ein „Alpinist des 17. Jahrhunderts“ legte er ein Herbarium (heute das älteste Exponat dieser Art in Österreich) an. Die Karlskirche, dem hl. Karl Borromäus geweiht, ist ein Beispiel seiner architektonischen Begabung.

Matthias Burglechner (1573–1642) war Geograph, als Historiker Vater der Tiroler Geschichtsschreibung. Der Sohn eines Landessekretärs hatte in Padua studiert, bekleidete die Funktion des Vizekanzlers der Regierung in Innsbruck und veröffentlichte eine zweibändige Kirchen- und Weltgeschichte. Vermessungen der venetianisch-salzburgischen Grenze brachten ihm Einsicht in die Notwendigkeit einer geschichtlich-kartographischen und geographisch-beschreibenden Darstellung Tirols. Der Landesfürst sollte für das umfangreiche Kartenwerk (mit Landschaften, Wappen und Bildern der Markt- und Stadtgemeinden und dem Kommentar) einen Sonderkredit gewähren. Es zeigt u. a. den Tiroler Adler „mit allen seinen Herrschaften, Städten und Gerichten wie auch desselben Bergwerke und Weinberg". Manche der einflußreichen Personen, zum Beispiel Halls Salzmaier, erschwerten seine mit umfangreicher Sammeltätigkeit verbundene Arbeit, da sie glaubten, dadurch würden strategische Geheimnisse verraten. Ein Kupferstich wäre zu teuer gekommen, so ließ Burglechner von Meister Gogl die Karte zu seinem Werk als Holzschnitt anfertigen. Da die Landesfürstlichen Räte Maximilians in Burglechners Werk („Adler") zuwenig Lob für den Hof entdeckten, konnte der zweite Teil – er hatte die vier Landstände, die Geschichte der Stifte und Adelshäuser zum Inhalt – nicht erscheinen. Burglechner hatte das ganze Land bereist, Urkundenmaterial gesichtet und war der Meinung, daß er keine Hymnen zu schreiben, sondern über Tatsachen zu berichten habe. Die darüber „fassungslosen" Ratgeber Maximilians verhinderten daraufhin die Drucklegung. Nach dem Tod Maximilians des Deutschmeisters konnte des „Adlers" zweiter Teil beendet werden. Bücher über Orte und Schlösser Tirols rundeten sein Lebenswerk ab. Die Aquila Tyroliensis (Tiroler Adler), die Tirol in Form des Landesadlers mit den Wappen der Städte zeigt, gehört zu den originellsten Kartendarstellungen.

Auch *Marx Sittich* (aus der Trostburger Linie des Hauses Wolkenstein) beschäftigte sich mit Land und Geschichte, bereiste Tirol, besuchte die Burgen, studierte alte Dokumente und verfaßte eine 14bändige handgeschriebene Landeschronik.

Die Platzkapelle in Wenns im Pitztal zeigt ein Bild mit der Kennzeichnung: „Wahres Abbild des hochwürdigen und hochgelehrten *Georg Matthäus Vischer,* eines sehr berühmten Mathematikers". Zirkel, Globus, Sextant und Tellurium symbolisieren seine Tätigkeit. Der in Wenns geborene Vischer (1628–1696) war Mathematiker und Priester, als Kartograph ein Peter Anich des 17. Jahrhunderts. Die Pitztaler Familie hatte durch viele Jahrzehnte die Stellung eines Kassenamtmannes, der Urbarerträge und Zinsen für das Stift Stams zu kassieren hatte. Georg besuchte die Stiftsschule Stams, die auch nicht vergaß, säumiges Kostgeld bei der Mutter mit Nachdruck einzutreiben. Er zog mit 15 Jahren nach Württemberg. Nachdem er die Greuel des 30jährigen Krieges kennengelernt und sich „von seinem Regiment freigemacht hatte", trat er in das Kloster Stams ein, dessen Leben ihm aber „zu hart" schien, so daß er ein Leben als Weltpriester vorzog.

Vischer hatte sich schon früh mathematischen und geographischen Fragen zugewandt. Seine Studien galten der Herstellung von Landkarten und der Landvermessung. Die Stände Oberösterreichs akzeptierten seinen Vorschlag, eine Landkarte, eine Topographie und eine Kupferstichsammlung der Orte, Klöster und Schlösser zu erstellen. Vermessungsarbeiten und Materialsammlungen führten ihn durch das ganze Land, auf seine Pfarre hatte er inzwischen verzichtet. Es folgte dann ein Werk für Niederösterreich und für die Steiermark, das berühmte „Schlösserbuch" (eine Karte mit Topographie), das mit Burglechners Studien vergleichbar ist. Er verfaßte gleichfalls, es war die Zeit der Türkenkriege, detaillierte Karten von Ungarn und Siebenbürgen. Kaiser Leopold I. honorierte ihn durch eine Beförderung zum Mathematikprofessor an der Schule für Hofedelknaben, die auch die kaiserlichen Kinder besuchten. Das Lebenswerk ist erstaunlich umfangreich. So hatte er in 15 Jahren drei österreichische Länder durchwandert und vermessen. Er gilt mit Recht als der größte Kartograph und Geograph Österreichs des 17. Jh.s.

Abb. rechte Seite: Die Erstürmung der Festung Kufstein durch bayrische Soldaten im Jahre 1703. Das Bild zeigt, wie die Bayern, nachdem sie ein offenes Fenster entdeckten, durch dieses in die Burg einsteigen. Die Stelle ist heute durch eine Inschrift im nunmehr gedeckten Aufgang gekennzeichnet.

Abb. oben: Die Burg Kropfsberg wurde am Platz der römischen Straßenstation Masciacum in der ersten Hälfte des 12. Jh.s von den Salzburger Erzbischöfen erbaut. In der wehrhaften Burg wurden 1412 und 1416 Verträge zwischen den Herzogen von Bayern und Österreich geschlossen, hier versöhnten sich nach den Adelswirren in Tirol Friedrich mit der leeren Tasche und sein Bruder Ernst der Eiserne. Um die Burg wurde dann im Jahre 1703 gekämpft. Damals hatte jedoch schon der Verfall eingesetzt. Die im Jahre 1944 durch einen Fliegerangriff noch weiter zerstörte Burganlage wurde in den letzten Jahren teilweise wieder restauriert.

Märkte, Messen und Merkantilmagistrat zu Bozen

Am Weg des transalpinen Handels – insbesondere zwischen Augsburg und Venedig – war Bozen seit dem späten Mittelalter der wichtigste Umschlagplatz geworden. Naturgemäß überwog der Bedarf der deutschen Handelshäuser an Produkten aus dem Levantehandel gegenüber den italienischen Wünschen nach deutschen Waren. Die oberdeutschen Kaufleute aus Augsburg, Ulm, Nürnberg und Regensburg, aber auch aus dem Hansabund, kamen somit in viel größerer Zahl nach dem Süden als umgekehrt die Venezianer nach dem Norden. Die einzigartige, günstige Lage von Bozen mit der Vereinigung der Verkehrswege von Reschen- und Brennerpaß sowie der Wegfall der Sprachbarriere für die überwiegend deutschen Händler waren ideale Voraussetzungen, um Bozen noch im ausgehenden Mittelalter zum wichtigsten Handelszentrum Tirols werden zu lassen.

War in Nordtirol anfänglich Innsbruck der einzige Ort mit Marktrecht, so gab es im Süden um 1200 schon regelmäßig Märkte in Trient, Bozen (Gries) und Meran. Doch erst als die Talferstadt durch die Grafen von Tirol dem Einfluß der Trienter Bischöfe entzogen wurde, kamen die Bozner Märkte zur vollen Entfaltung. 1358 wurde der Andreasmarkt von Gries nach Bozen verlegt. Die Märkte standen im Schutz der Grafen von Tirol, die an der Wahrung des Marktfriedens und an einer gedeihlichen Entwicklung des Handels als Nutznießer am meisten interessiert waren. Ohne besonderen Schutz der Kaufleute und deren Güter war ein ausländischer Händler nach damaligem Rechtsempfinden nahezu Freiwild für jedermann. Daher wurde dem Landrichter von Gries im Namen des Landesfürsten der Schutz der Bozner Messen anvertraut und die *Freiheit der Märkte zu halten, bei dem Leben und dem Gut, nicht zu brechen.*

Erstmals ist um 1450 von *freien Märkten* oder *Messen zu Bozen* die Rede. Sie dauerten jeweils 14 Tage und wurden bis zu viermal jährlich abgehalten. Selbst die von den Habsburgern angezettelten Venezianerkriege konnten den blühenden Handel kaum beeinträchtigen. Die Regierung bemühte sich vielmehr, den Besuch der Kaufleute aus den gegnerischen Territorien für Bozen trotzdem sicherzustellen. Mit der feierlichen Verkündung des Marktfriedens, der sogenannten Marktberufung, wurde der Schutz der ausländischen Messebesucher garantiert. Sigmund mußte nach Übergriffen auf venezianische Kaufleute hohe Entschädigungssummen entrichten.

Der ausländische Kaufmann – in der Marktberufung um 1450 meist als „Gast" bezeichnet – durfte seine Handelsfreiheit innerhalb der Stadt Bozen allerdings nur während der üblichen zwei Markttermine im Frühjahr (vor Ostern und nach Fronleichnam) und Herbst (zu Egidi und zu Andrä) ausüben. Daß in diesen bestimmten Zeiten alle Gäste unbeschränkt Handel treiben durften, welcher sonst im Bozner Stadtbereich den Bürgern vorbehalten blieb, war eben der Wesenszug eines Marktes. Zum Leidwesen der Meraner und Trientiner wurden alle Bestrebungen verhindert, Märkte von Bozen abzuziehen. Bei der Bozner Messe ging es weniger um den Handel mit heimischen Kaufleuten, der von einigen Maklern, den sog. Unterkäufern, besorgt wurde, sondern um die Transaktion von Großhandelsgütern. Daher hatten fast alle größeren Augsburger Handelshäuser und mehrere italienische Kaufleute ihre Niederlassungen in den deutschen bzw. welschen Lauben.

Als der Orienthandel Venedigs im 16. Jh. vom Amerikahandel überflügelt und von den Türken behindert wurde, wollte die Lagunenstadt den Deutschlandhandel für sich monopolisieren. Dieser Wirtschaftspolitik wurde von seiten Tirols jedoch geschickt begegnet, wie die steigenden Zolleinnahmen Bozens beweisen. Laufende Straßenverbesserungen, weitreichende Geleit- und Rechtshilfeverträge, Privilegien für die Märkte und eine maßvolle Zollpo-

Abb. unten: Unter den Andechser Grafen kamen die Bozner Märkte voll zur Entfaltung. 1358 wurde der Andreasmarkt von Gries nach Bozen verlegt, und seit etwa 1450 ist von Bozner Messen die Rede. Zur Verbesserung der Rechtssicherheit wurde 1635 besonders zum Nutzen der Südländer der Merkantil-Magistrat, ein Sondergericht für Markt- und Messeangelegenheiten, geschaffen (Aquatinta von Salathé, um 1850).

litik ermöglichten auch zu Kriegszeiten für alle Handelspartner den Besuch der Bozner Messen.

Die oft komplizierten Rechtsgeschäfte, der Warenaustausch zwischen den nördlichen und südlichen Kaufherren und ihren Faktoren, die Zahlungsmodalität im Kredit- und Bankwesen u. a. ließen den Ruf nach einem Handelsgericht laut werden. 1635 entsprach Erzherzogin Claudia dem Wunsch der Kaufleute und führte den sogenannten Merkantil-Magistrat ein, der besonders für die italienischen Kaufleute während der Messe zur Sicherung ihrer Rechte fungierte. Dieses Sondergericht, das nur für Marktangelegenheiten zur Zeit der Messe kompetent war, überwachte die neuen Messestatuten, denen auch eine Wechselordnung nach dem hochentwickelten italienischen Wechselrecht beigefügt war. Durch den Merkantil-Magistrat war eine Behörde geschaffen worden, die für den gesamten deutschen Sprachraum beispielgebend wurde und dem wichtigsten Umschlagplatz im deutsch-italienischen Handel für die nächsten Jahrhunderte den Wohlstand sicherte.

Der »Boarische Rummel« 1703

Bedingt durch seine strategisch wichtige Lage zwischen den mit den Franzosen verbündeten Bayern und den Habsburger Besitzungen in Oberitalien, war Tirol im Spanischen Erbfolgekrieg ein wichtiges Durchzugsland. Den Oberbefehl über die österreichischen Truppen in Norditalien führte Prinz Eugen, der berühmte Türkenkämpfer. Er führte in Welschtirol seinen denkwürdigen Alpenübergang im Frühjahr 1701 durch und besiegte die französischen Truppen im Sommer desselben Jahres bei Carpi und Chiari in der Poebene.

Dem Land Tirol drohte in der Folge aber von Norden her große Gefahr, da der bayrische Kurfürst Max Emanuel fest entschlossen war, das Land Tirol zu erobern. Dies hoffte er umso leichter zu ermöglichen, weil sich französische Truppen unter dem Feldherrn Villars mit den bayrischen vereint hatten. Am 14. Juni 1703 brach der Kurfürst an der Spitze eines großen Heeres von Rosenheim zum Eroberungszug nach Tirol auf.

Tirol war damals für einen feindlichen Einfall gänzlich unvorbereitet. Die österreichischen Truppen waren abgezogen worden, die Grenzfestungen in schlechtem Zustand, der Landsturm viel zu spät aufgeboten. Daher fiel ohne besonderen Kampf die Festung Kufstein in die Hände der Bayern. Es war der Handstreich eines verwegenen Stoßtrupps, den eine nachlässige und konfuse Besatzung unterstützte, indem sie sich zum Teil mit bloßem Degen überwinden und obendrein zwingen ließ, den kurfürstlichen Grenadieren beim Erklettern der Mauer in der Nähe des Bürgerturms zu helfen, die Max Emanuel innerhalb weniger Stunden zum Herrn der Grenzfeste machten. Nach Zurücklassen eines Kommandos marschierte der Kurfürst mit seinen Truppen von Kufstein das Inntal aufwärts. Nach kurzem heftigen Kampf kapitulierte die Besatzung der Festung Rattenberg. Hatte schon die Nachricht vom Fall Kufsteins unter den Bauern eine fieberhafte Aufregung erzeugt, so stärkte sich der Unmut gegen die säumigen Landesstellen nach dem Verlust von Rattenberg noch mehr. Landsturmhaufen, eigentlich ohne rechte Führung, waren bis Schwaz den Bayern entgegengezogen. Sie glaubten sich verraten, kehrten wieder um und rebellierten in Innsbruck. Inzwischen zog der Kurfürst mit großem Pomp in Hall ein, verlegte dann sein Hauptquartier nach Mühlau und traf von dort aus Vorbereitungen zur weiteren Eroberung des Landes, indem er Bataillone zum Brennerpaß, ins Oberinntal, ins Außerfern und nach Scharnitz entsandte. Nach diesen Anordnungen hielt er am 2. Juli feierlichen Einzug in Innsbruck.

Von Südtirol ausgehend, griff der Volksaufstand gegen die bayrische Fremdherrschaft auf das ganze Land über. Als die Kreidefeuer leuchteten und die Sturmglocken erschollen, griffen Tausende von Landstürmern zu den Waffen, und der Adel stellte sich an ihre Spitze oder trat in ihre Reihen. Von Bozen und Meran aus zogen Truppen gegen Norden, sammelten sich bei Sterzing und warfen die feindlichen Truppen über den Brenner zurück.

Im Oberinntal sammelte Martin Sterzinger, Pflegsverwalter von Laudegg (Burg bei Ladis), im Gerichtsgebäude von Ried, die Kämpfenden der oberen Gerichte Laudegg, Pfunds und Naudersberg. Die Beratungen zur Vernichtung des eingedrungenen Feindes fanden am 29. Juni im Gasthof des Patrioten Linser in Landeck statt, übrigens im selben Gasthaus, wo

Abb. rechts: Im Zuge des Spanischen Erbfolgekrieges war der bayrische Kurfürst Max Emanuel im Jahre 1703 fest entschlossen, Tirol zu erobern. Die Bayern zogen beinahe kampflos durch das Unterinntal nach Innsbruck. Den Versuch, auch den Süden und Westen des Landes zu besetzen, mußten sie jedoch aufgeben, denn von Südtirol ausgehend griff der Volksaufstand gegen die bayrische Fremdherrschaft auf das ganze Land über. Einen großen Sieg erfochten die Tiroler Landstürmer bei der Pontlatzer Brücke (Bild).

Die Tiroler Bauern von 1703.

zur selben Zeit bayrische Offiziere zechten. Man faßte den Beschluß, die bayrisch-französischen Truppen ungestört bis zur Pontlatzer Enge marschieren zu lassen und sie dann von allen Seiten anzugreifen. Sterzinger zog mit seinen Schützen zur Pontlatzer Brücke, ließ diese abtragen, an beiden Bergseiten Verhaue anlegen und am Fließberg oberhalb der Straße Stein- und Holzlager aufschichten. In Schußweite versteckten sich Scharfschützen. Am Sonntag, dem 1. Juli, rückten die Bayern und Franzosen von Landeck das Inntal aufwärts und gegen die Pontlatzer Brücke vor. Dort gab es aber für sie nur Tod und Verderben. Die Fliehenden wurden von den nachrückenden Landecker Schützen mit einem Kugelregen empfangen und gefangengenommen.

Anfang Juli holte der Kurfürst Max Emanuel neue Verstärkungen aus Bayern nach Innsbruck. Er wollte den Durchbruch über den Brenner in den Süden des Landes erzwingen. Mit einer großen Anzahl von Soldaten rückte er durch das Wipptal zum Brenner vor. Der Abzug des Kurfürsten gab aber die Losung zum allgemeinen Aufstand im Inntal. Sogleich erhoben sich die Bauern und Knappen in der Gegend von Schwaz, in den Gerichten Rattenberg, Rottenburg und Thaur. Ihnen schlossen sich der Zillertaler und Brandenberger Landsturm an. Sie nahmen die Festung Kropfsberg im Sturm, öffneten mit Äxten die Stadttore von Rattenberg und eroberten die Stadt. Den in Kropfsberg gefangenen Kommandanten der Bayern zwangen sie, eine schriftliche Aufforderung an die Besatzung der Burg Rattenberg zur Übergabe zu erlassen. In diesen Tagen sicherten sich die Landstürmer auch den wichtigen Übergang bei der Volderer Brücke und eroberten die Stadt Hall.

Kurfürst Max Emanuel kehrte sofort nach Innsbruck zurück, als ihn die Nachricht vom

Abb. rechts: An das Kriegsjahr 1703 erinnert die Annasäule in der Maria-Theresien-Straße von Innsbruck. Die Säule wurde von den Tiroler Landständen zum Dank für die Befreiung vom bayrischen Einfall errichtet. Der Bildhauer Christoph Benedetti schuf 1706 Säule und Statuen. Dargestellt sind die Heiligen Vigilius als Diözesanpatron von Trient, Georg als Landespatron, Kassian als Diözesanpatron von Brixen, Anna, auf deren Tag die Befreiung fiel, und auf der Säule die Muttergottes (kolorierter Kupferstich von Gottlieb Wolffgang nach einer Zeichnung von Kaspar Waldmann, 1706, Tiroler Landesmuseum Ferdinandeum). →

Abb. unten: Ansicht von Kufstein mit den Befestigungsanlagen um 1700. Kupferstich von G. Bodenehr.

VIRGINI DEIPARÆ SINE LABE CONCEPTÆ
Hostium Debellatrici, Patriæ Protectrici.
ET
S. Vigilio Episcopo Tridentino.
S. Annæ Matri Dei Genetricis.
S. Georgio Martyri.
S. Cassiano Mart: & Episcopo Brixinensi
Præcipuis Provinciæ Patronis.
Inclyti Status Tyrolenses, hanc Magnificam de Marmore Columnam In Suburbio Oenipontano erexerunt.
Anno post Partum Virgineum M.D.CC.VI.
Caspar Walman delin:
Gottlieb Wolffgang sculp.

Aufstand der Inntaler erreichte. Von hier mußte er sich jedoch auf die Höhen von Seefeld zurückziehen, weil österreichische Truppen und zahlreiche südtirolische Landstürmer von Süden her durch das Wipptal nach Innsbruck vorstießen. Das bayrische Heer lagerte in den Feldern von Seefeld und unternahm von dort aus Beutezüge ins Inntal. Als aber weitere österreichische Truppen von Süden her ins Land gebracht wurden, zog es der Kurfürst vor, mit seinen Truppen das Land Tirol rasch zu verlassen. Sein Versuch zur Eroberung war am erbitterten Widerstand der Tiroler Landstürmer gescheitert.

Lediglich die Festung Kufstein blieb noch einige Zeit bayrisch. Anfang Oktober übernahm Feldzeugmeister Graf Heister den Befehl über die Belagerungstruppen und brachte 2000 Mann reguläres Militär sowie Geschütze mit. Am 12. Oktober begann die Beschießung, die bis Ende des Monats anhielt. Am 29. Oktober konnte die Stadt erobert werden, aber die Meldung des Nahens eines bayrischen Entsatzkorps veranlaßte Heister, die Belagerung der Festung am 10. November aufzugeben, und er verlegte seine Truppen in Winterstellungen bei Langkampfen, Wörgl und im Leukental. Unter dem Kleinkrieg 1704 litten vor allem die Grenzdörfer beider Länder durch Brandschatzung und Plünderung, wobei die Tiroler den Bayern in nichts zurückstanden und den um Schonung bittenden Leuten zuriefen, sie hätten die Grausamkeiten von den bayrischen Truppen bei deren Einfall in Tirol gelernt. Laut Vertrag mußte Bayern im Jahre 1704 Kufstein an Tirol zurückgeben. Die Burgbesatzung, die man nicht hatte überwinden können, zog Ende November ab.

Tiroler Barockbaumeister

In der Barockzeit begegnen uns viele Baukünstler, Stukkateure und Steinmetze, die Tirols Namen in andere Länder Österreichs, nach Württemberg, Westfalen, Luxemburg (wohin Paul Mungenast gelangte) und ins Rheinland trugen. Sie waren in Zünften bzw. Bruderladen zusammengeschlossen. Viele aus der Reihe der Tiroler kamen aus dem Bezirk Landeck oder aus dem Lechtal. Aus diesen Kreisen stammt auch *Jakob Prandtauer* (1660–1726) aus Stanz bei Landeck, der vom einfachen Maurergesellen aufstieg bis zu den großen Baumeistern des österreichischen Barocks (wie Hildebrandt und Fischer von Erlach). Prandtauer stammte aus einer Gegend, die nach dem Versiegen des Bergwerkssegens eine Übervölkerung aufwies. Ein Teil der Jugend mußte auswandern. Jakob war der einzige Sohn und hatte 6 Schwestern. Mit neun Jahren verlor er seinen Vater. Das Maurerhandwerk lernte er in Schnann bei Georg Assan. Es ist anzunehmen, daß sich an seine keineswegs leichte Jugend Studien in Süddeutschland anschlossen. Nach langen Wander- und Lehrjahren wurde er in St. Pölten ansässig. Sein bedeutendstes Bauwerk ist das Stift Melk an der Donau. Nachdem er schon 1702 die Sakristei gebaut hatte, schloß Abt Berthold den Baukontrakt und eröffnete ihm die Möglichkeit, sich seinen „erworbenen guten Namen durch dieses Kirchengebäu" zu „vermehren".

Abb. rechts: In der Schlucht des Stampfangerbaches steht auf einem Felsblock die Wallfahrtskirche Stampfanger. Der achteckige Zentralbau aus dem 17. Jh. wurde im 18. Jh. durch einen Altarraum und den Turm mit Zwiebelhelm vergrößert. Im Inneren sind einige volkskundlich interessante Votivbilder zu sehen. Die malerisch gelegene Wallfahrtsstätte ist ein typisches Beispiel für die vielen in der Barockzeit entstandenen Wallfahrtskirchen in Tirol. →

Damit durfte der Baumeister die Ehrenbezeichnung „Herr" führen. Ohne „Ihro Gnaden Wissen und Einwilligung" durfte er allerdings am Bauwerk, das „nach dem vorhandenen Riß und von ihm gemachten Modell" auszuführen war, keine Änderung vornehmen. Im Stift Melk tritt uns der Barockstil als ein frommer „steingewordener" Wunsch, die erhoffte Herrlichkeit des Himmels gleichsam auf die Erde „herunterzuziehen", entgegen. In den Prälaten der Donauklöster hatte er verständnisvolle Auftraggeber gefunden. So hatte er Anteil an Entwurf und Ausführung der Klosterbauten Herzogenburg, Klosterneuburg und Göttweig. 1699 finden wir ihn als „Pilthauer bey der Hochgräffl. Herrschaft Thalheimb". Nach dem Tode Carlones beendete er das Stiegenhaus sowie den Marmorsaal des Stiftes St. Florian und führte den Klosterbau zu Garsten und den Bibliothekstrakt des Stiftes Kremsmünster zu Ende. Neben einer Reihe von Landkirchen und Palästen in Wien zeugt auch die Kuppel von Maria Taferl von seinem architektonischen Können. An den Wallfahrtskirchen Sonntagberg und Christkindl hatte er ebenso mitgewirkt. Eine enge Zusammenarbeit verband ihn mit seinem Neffen *Josef Mungenast* (1680–1741) aus Schnann, der sein Werk auch weiterentfaltete. Die Bedeutung Prandtauers drückt sich auch darin aus, daß zur Ausmalung seiner Bauwerke nur die bekanntesten Künstler herangezogen wurden. „Der fürnehme Baumeister zu St. Pölten und vielleicht fürnehmste in ganz Österreich" (so 1716 Dürnsteins Propst Übelbacher) starb 1726 und liegt im Dom zu St. Pölten begraben. Seine Werke – wobei sich Raum, Malerei, Plastik und Licht in harmonischer Anordnung fügen – sind Beispiele prachtvoller Entfaltung österreichischer barocker Bauform im Außen- und Innenbau.

Von großer lokaler Bedeutung für die Entwicklung des Barockstils in Tirol ist das Wirken der *Baumeisterfamilie Gumpp* in Innsbruck, die mehrere Jahrzehnte hindurch die Leitung des Hofbaumeisteramtes innehatte. Ihr verdankt Innsbruck eine Anzahl repräsentativer kirchlicher und profaner Baulichkeiten.

Abb. unten: Stift Melk (Niederösterreich), das bedeutendste Werk von Jakob Prandtauer (1660–1726), der aus Stanz bei Landeck stammt. Gemeinsam mit Hildebrandt und Fischer von Erlach zählt Prandtauer zu den großen Meistern österreichischer Barockbaukunst. Josef Mungenast vollendete das Stift Melk, das große Werk Prandtauers.

Christof Gumpp schuf die Wiltener Stiftskirche, sein Sohn *Johann Martin d. Ä.* das Fugger-(Taxis)palais (Innsbruck). 1725 ließen die Stände von *Georg Anton Gumpp* (1682–1754), dem bekanntesten Vertreter der Familie, das Landhaus, den bedeutendsten weltlichen Barockbau Innsbrucks, errichten. Die Johanneskirche (Innsbruck) und die Fassade der Wiltener

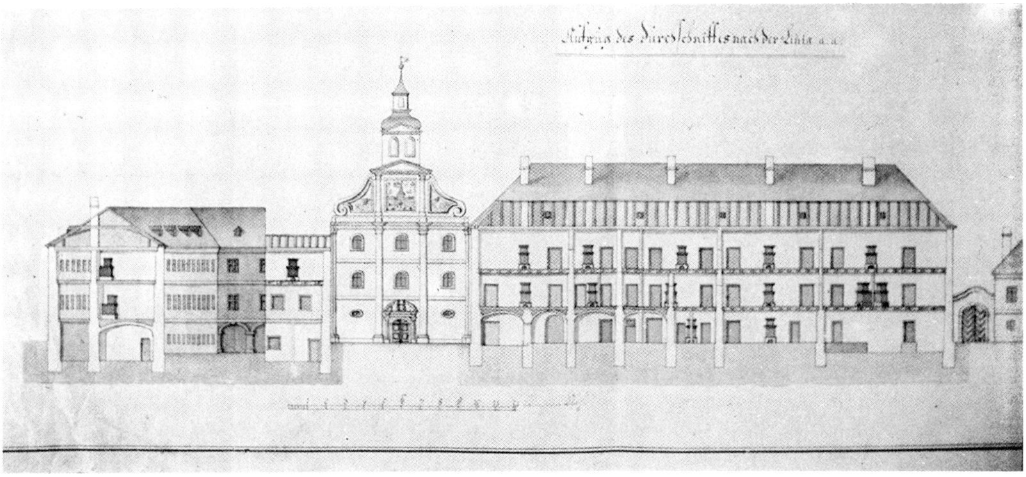

oben: Ein Stück Vergangenheit ist der rechte Trakt des Ursulinenklosters in Innsbruck. Der von Johann Martin Gumpp 1705 errichtete Bau wurde 1981 teilweise abgetragen, um Geschäftslokalen Platz zu machen (Tiroler Landesarchiv, Karten- und Plänesammlung).

unten: Das Landhaus in Innsbruck im Entwurf, lavierte Federzeichnung von Georg Anton Gumpp, um 1723 (Tiroler Landesmuseum Ferdinandeum). Der erste Entwurf des Hofbaumeisters weist reichhaltige Bauelemente auf. Von besonderer Eigenart erweisen sich die Dekorationen der Fenster. Das Landhaus wurde in abgeänderter Form 1725–1728 errichtet und gilt als prächtigster Barockpalast Tirols.

Stiftskirche entstanden nach seinen Plänen. Auch der Umbau des Hofes des Tiroler Volkskunstmuseums (ehemals ein Franziskanerkloster) geht auf ihn zurück. In den Bauwerken der Gumppdynastie vermischen sich eigenständige Merkmale und italienische Einflüsse.

Franz de Paula Penz (1707–1772), Bauernsohn aus Navis, war Priester und Kirchenarchitekt der Diözese Brixen, ein „geistlicher Baudirektor" mit großem künstlerischen und organisatorischen Talent. Galt es eine neue Kirche zu errichten, so wurde Penz dorthin als Pfarrer „versetzt". Er zeichnete sich unter anderem durch ein gutes Gespür für die Auswahl tüchtiger Mitarbeiter aus, mit denen er gut und rasch bauen konnte. Kirchen in Fulpmes, Obertilliach, Gossensaß, Schönberg, Steinach, Schmirn, Telfes, Anras, Neustift im Stubaital, Gschnitz und Arzl (bei Innsbruck) – Beispiele des tirolischen Spätbarocks – gehen auf ihn zurück. Ein Stamm-Wanderbautrupp gestattete ihm, Kuratien (Seelsorgestationen) mit Kirchen und Pfarrhäusern auszustatten. Dem Trupp halfen neben den Dorfbewohnern auch Frauen, die unentgeltlich für das Reich Gottes arbeiteten.

Als Leiter des Brixner Dombaues mußte er auf Grund von Intrigen der Hofbeamten abtreten. Mit der Baubehörde hatte er ständig Auseinandersetzungen. Ihren Baueinsprüchen entging er dadurch, daß bei Eintreffen des Bescheides der Rohbau meist schon stand. Das Volk schätzte ihn als Streiter wider eine arrogante und schikanöse Beamtenschaft. Sein bedeutendstes Werk, die Wiltener Pfarrkirche, verrät in der plastischen Gliederung der Fassade Einflüsse der St.-Jakobs-Kirche und gilt als Musterbeispiel des Tiroler Rokokos. Der Innenraum, mit quellenden Stukkaturen und Dekorationen, hinterläßt einen hellen und festlichen Eindruck. Das Rokokojuwel lieferte in den nächsten Jahrzehnten für die Gestaltung vieler Kirchenbauten der Diözese wichtige Impulse.

Mit Penz begegnet uns der Gründer der Tiroler Architektur des Spätbarocks im mittleren Inntal. Nicht nur in der Baukunst, sondern auch auf dem Gebiet der Barockmalerei entwikkelten Tiroler Künstler ihren eigenständigen Stil.

Tiroler Barockmaler

Die barocke Prachtentfaltung deutet auf ein neues Lebensgefühl. Sie ist ein Spiegel des gestärkten politischen Lebens. Nach dem Ende der Türkengefahr setzt eine Welle von Auftragsvergaben ein.

Tirol kann im 18. Jh. auf eine Reihe anerkannter Künstler verweisen. Dabei tat sich das Grafengeschlecht der Firmian als Förderer der Künste hervor und unterstützte neben den Fleimstalern Unterberger und Alberti auch Paul Troger. Im Donauraum und in Wien, der Kulturhauptstadt der Habsburger, fanden viele Tiroler Aufnahme und Aufstiegsmöglichkeiten.

Peter Strudl aus Nonsberg hatte 1692 die Akademie der bildenden Künste gegründet. Vom kunstliebenden Kaiser Leopold zum Hofmaler bestellt und später geadelt, sollte der Meister dekorativer Kunst jährlich durch acht Monate hindurch nur für den Kaiser malen. Die Akademie, die mit Strudls Tod schloß, wurde später von Karl VI. wieder eingerichtet. Unterberger und Troger standen ihr vor.

Michel Angelo Unterberger (1695–1758) aus Cavalese absolvierte dort Albertis Malschule, studierte in Venedig und kam über Passau nach Wien. Sein Altarbild im Brixner Dom zeigt den Tod Mariä.

Abb. rechts: Paul Troger (1698–1762): Selbstbildnis um 1730 (Tiroler Landesmuseum Ferdinandeum). Selbstbewußt hat sich der aus Zell (Welsberg) im Pustertal stammende Maler mit 32 Jahren dargestellt. Die österreichische Freskomalerei des Barock ist eng mit seinem Namen verknüpft. Die Tiroler Künstler Martin Knoller und Johann Jakob Zeiller zählen zu seinen bekanntesten Schülern. Die Schwerpunkte seines Schaffens sind in Niederösterreich, Wien, Mähren und Ungarn zu finden. Als seine ausgereiftesten Werke werden das Deckenfresko im Brixner Dom (Anbetung des Lammes), das Abendmahl im Stift Zwettl und sein Kunstschaffen in der Klosterkirche von Altenburg angesehen.

Johann Evangelist Holzer (1709–1740) aus Burgeis war ein Vollender des volkstümlichen Rokokos und beeinflußte die Malerei im süddeutschen Raum.

Paul Troger (1698–1762) ist der berühmteste Vertreter der österreichischen Barockmalerei in Tafelbild und Fresko. Der Schneider- und Mesnersohn kommt aus Zell (Welsberg) im Pustertal. Er ist Schöpfer vieler Altarbilder und entwickelte in den Deckengemälden einen eigenen Malstil, voll des Ausdruckes barocken Überschwanges. Seine bekanntesten Werke sind in Göttweig, Salzburg, Melk, Geras, Altenburg, Welsberg und in der Brixner Domkirche zu finden. In den Hauptzentren der italienischen Malerei des 18. Jh.s geschult, schuf der „Tyroller" Werke, die den Höhepunkt heimischer Barockmalerei signalisierten, deren

Zur Abb.: Ausschnitt aus dem Entwurf für das Fresko „Urteil des Paris" im Palais Taxis in Innsbruck von Martin Knoller (geb. 1725 in Steinach am Brenner, gest. 1804 in Mailand). Von 1793 bis 1803 lehrte Knoller an der Mailänder Akademie. 1802 wurde er in die „Accademia Nazionale di Belle Arti" aufgenommen. Knoller zählt zu den bedeutendsten Freskenmalern im süddeutschen Raum.

„Composition" nach Meytens „glücklich und mannigfaltig" ist. Troger stand zum Großteil im Dienst jener Donauklöster, die Prandtauer errichtet hatte. Die Freskenaufträge verdankte er vor allem Mungenast, der schon in deren Diensten stand. Als Professor an der Wiener Akademie der bildenden Künste und als ihr späterer Rektor inspirierte er eine ganze Malergeneration. Die großartigen Fresken, wie sie uns zum Beispiel in den Donauklöstern begegnen, die den Raum in das Unbegrenzte zu erweitern scheinen, deuten auf einen virtuosen und eigenständigen Meister. Farb- und Lichtsymbole – das Gute im Hellen, das Böse im Dunkel – entsprechen dem religiösen Gefühl der Barockzeit. Troger verarbeitete seine Studieneindrücke in Cavalese (bei Alberti), in Venedig, Rom, Neapel und Bologna zu einem eigenständigen Stil. Seinem Mäzen, der sein Talent erkannte, dem Gurker Bischof Graf Thun, verdankt Troger auch Aufträge des Salzburger Bischofs und Landsmannes, Graf Firmian. Wäh-

Zur Abb.: Als besonders schönes Ausstattungsstück der Pfarrkirche Weer gelten die Fresken des Künstlers Franz Anton Zeiller. Sie entstanden vorwiegend im Jahre 1779 und stellen Begebenheiten aus dem Leben des hl. Gallus dar. Im mittleren Kuppelbild heilt der Glaubensbote eine Besessene. Er ist mit einem Bären dargestellt, der ihm diente, nachdem ihm der Heilige einen Dorn ausgezogen hatte. Wie für zahlreiche andere Fresken des Reuttener Künstlers sind die kulissenhafte Architektur, die gemalten Stukkaturen und die in den Vordergrund gestellten Menschengruppen charakteristisch.

rend der Wiener Zeit erhielt er Aufträge von den Donauklöstern. Trogers Fresken finden wir in den Klöstern Altenburg, Seitenstetten, Zwettl und Melk. Für die Hauptkuppel in Altenburgs Klosterkirche erhielt er z. B. 1900 Gulden sowie freie Unterkunft und Verpflegung und – da er einen guten Tropfen nicht verschmähte – 10 Eimer Nußberger Weines.

Er übersetzte Allegorien in eine einfache Ausdrucksform der Malerei, Religion und Kardinaltugenden erscheinen personifiziert. Trogers mythologische Darstellungen sind mit dem Christentum in Verbindung gebracht, so wird z. B. ein „Hercules christianus" in Melk mit den Kardinaltugenden in Beziehung gesetzt. Themen des Triumphes spiegeln den Ausdruck barocken Hoch- und Siegesgefühls nach der Niederschlagung der Türken, einem „Sieg" über die „Ungläubigen". Gerade in der ersten Hälfte des 18. Jh.s finden die gemeinsamen (politischen) Interessen von Kirche und Staat einen künstlerischen Ausdruck.

Die Ölskizzen zu den Fresken waren Kunstwerke für sich. So wollte er eine Ölskizze für den Brixner Dom „keinem" zeigen, „ehe und bevor er nit die Parolla und Gewißheit (zur Ausführung) habe". Ansonsten würde sein „Schizzo . . . vorgezaiget und er beiseite gesözet werden". In den Fresken Trogers – er war einer der wenigen seiner Zeit, der auch eigene Radierungen herstellte – herrscht Dynamik: Spiralförmige Wolkenfelder kreisen um das lichtvolle Zentrum. In der Ölmalerei zeigt sich der italienische Einfluß stärker. Sein Selbstbildnis (siehe S.169) zeigt einen jungen, selbstbewußten Künstler. Altar- und andere Ölbilder finden wir z. B. in Olmütz, Zwettl, Altenburg, Welsberg, Schloß Schönbrunn, im Ursulinenkloster Salzburg, im Sommerspeisesaal des Klosters Geras und in den Österreichischen Galerien in Wien. Nach 1740 gemalte Altarbilder zeigen plastischere Figurenformen und weniger dekorative Ausschmückungen. Der Stil wurde expressiver, Gesten und visionäre Formen sind stärker betont. Gesundheitliche Gründe und viele Lehrverpflichtungen schränkten den Umfang seines Schaffens ein. Die Annahme einer Professur hing auch damit zusammen, daß in den letzten Jahren seines Lebens politische Gewitterwolken aufzogen. Maria Theresia war Karl VI. nachgefolgt, und die Aufklärung störte die Zweckharmonie von Kirche und Staat.

In seinen Spätwerken fehlt das lichte Zentrum, das Licht sucht sich nun vielmehr seinen Weg nach oben. Die Farben werden dunkler, das Triumphgefühl des Barocks wirkt gedämpfter. Darin ist Troger ein sensibler Gradmesser der Zeitumstände. Trogers Kreuzauffindungsbild, das er 1761 für die Innsbrucker Hofkirche gemalt hatte, wurde auf Befehl der Kaiserin entfernt, da Helena ihre Züge getragen haben soll. Roschmann, ein Zeitgenosse, meinte über Troger: „Man will mich aber versichern, daß er jetzt noch weit vortrefflicher in Wien exzelliere und sonderbahr in Fresco den berüembten Künstler Daniel Krän (Gran) ybertreffen solle."

Brixens Bischof hatte Troger 1748 nach Brixen gerufen: „Weilen sein Pembsel (Pinsel) in ganz Europa vor andern sonderbahr in Fresco berüembt (war) und dadurch die Stuckador genzlich außer denen Capitellen erspahret werde. Man würde mithin auch wohl besser thuen allenfalls 1000 oder 1500 Gulden einen guetten und beriembten Mahler mehrers zu göben, als solcher geldt zu erspahren und mit der Mahlerey hingegen khain Vergniegen zu haben." Das Deckengemälde „Triumph des Lammes" im Brixner Dom erstreckt sich über 400 m². Niemand getraute sich, „diesen delicaten und kizlichen Künstler" auf eine mißlungene Fußverkürzung beim hl. Rochus aufmerksam zu machen.

Troger, 1762 gestorben und in der Wiener Schottenkirche beigesetzt, hinterließ ein Werk, das die Barockentwicklung in Österreich eindrucksvoll widerspiegelt.

Zu den bekanntesten Schülern des „Hof-Academie-Mahlers", die einen eigenen Stil entwickelten, zählen neben Maulbertsch und Schmutzer (er stach einige Arbeiten Trogers in Kupfer) Knoller, Zeiller, Zoller und Leitensdorffer.

Johann Jakob Zeiller (1710–1783) stammte aus Reutte, lernte bei Vater Paul sowie in Italien und kam nach einigen Jahren Wienaufenthalt nach Reutte zurück. Hauptwerke finden wir in der Abteikirche Ettal („Die Glorie des hl. Benedikt") und in der Deckenmalerei der Pfarrkirche Elbigenalp. Bemerkenswert sind auch Fresken im Priesterseminar Brixen und in der Benediktinerstiftskirche Ottobeuren (siehe Abb. rechts).

Martin Knoller (1725–1804) kommt aus Steinach. Auch er lernte bei seinem Vater und gelangte – nachdem ihm Troger die Wege geebnet hatte – nach Wien und Rom (wo er die neueren klassizistischen Lehren kennenlernte). Schließlich ließ er sich im Dienst des Grafen Firmian in Mailand nieder. Seine Fresken zeichnen sich durch Helligkeit und klare Formgebung aus. Bemerkenswert sind „Das Paradies" in der Flachkuppel des Klosters Ettal sowie Altarbilder in der Karlskirche (Volders) und in der Heimatpfarre Steinach. Altarbild und Fresken in der Stiftskirche Gries/Bozen zeigen ihn als einen frühklassizistischen Meister. Die

Abb. rechts: Entwurf für ein Fresko in der Stiftskirche Ottobeuren, 1763, von Johann Jakob Zeiller (1710–1783). Der aus Reutte stammende Barockmaler gilt als der bedeutendste Schüler von Paul Troger. →

Die Triumphpforte in Innsbruck (Aquarell um 1810) mit Blick in die Maria-Theresien-Straße mit dem Turm der Servitenkirche. Die zu beiden Seiten des Bogens stehenden Schildwachhäuschen der städtischen Steuereinnehmer weisen auf die hier verlaufende Grenze der Stadt Innsbruck gegen das Dorf Wilten hin. Die Triumphpforte wurde 1765 anläßlich der Hochzeit des Erzherzogs Leopold mit der spanischen Prinzessin Louisa von Bourbon errichtet. Der Schmuck der Südseite erinnert an dieses freudige Ereignis, jener der Nordseite an den kurz später in der Innsbrucker Hofburg erfolgten Tod des Kaisers Franz I.

hochbarocke Tafelmalerei ist auch durch Johann *Georg Grasmayr* aus Brixen (1691–1751) vertreten, der nach seinen Ausbildungsjahren 1724 in Innsbruck seßhaft wurde. In seinen Bildern verschmelzen venezianische und römische Strömungen. Altarbilder finden sich im Dom zu St. Jakob, in den Kapellen des Landhauses und der Hofburg, in der Pfarrkirche Wilten und in der St.-Johannes-Kirche (Innsbruck).

Kostbarkeiten der Rokokobildnisse und tirolischer Porträtkunst hinterließ *Franz Anton Leitensdorffer* (1721–1795). Nach seinem Innsbruck-Aufenthalt wurde er 1758 Theatermaler am Kurfürstenhof zu Mannheim.

Knollers Schüler *Josef Schöpf* (1745–1822) aus Telfs stand, wenngleich noch in der Rokokotradition, dem neuen Zeitgefühl näher. In Innsbruck schuf er Fresken in der St.-Johannes-Kirche und in der Servitenkirche. Schöpfs Deckengemälde in der Servitenkirche wurde im 2. Weltkrieg zerstört. Sie weisen in ihrem Stil schon in das 19. Jh. In diesem Zusammenhang sei noch der Schwazer Maler *Christoph Anton Mayr* erwähnt. Er arbeitete im Stil der Augsburger Rokokomaler und schuf volkstümliche farbenfrohe Fresken, die dem fröhlichen Wesen des Unterländers auf den Leib geschrieben sind. Aus der Reuttener Malerfamilie ist Franz *Anton Zeiller* zu nennen. Auch der Innsbrucker *Josef Schmutzer* gehört den Malern der Rokokozeit an. Beide zuletzt angeführten Meister sind in hervorragenden Werken in der St.-Gallus-Kirche von Weer zu bewundern.

Eine bemerkenswerte Landschaftsdarstellung aus der Gegend von Kössen ist diese kolorierte Federzeichnung von Simon Benedikt Faistenberger, 1756. Die strittige Landesgrenze zu Bayern wird nicht, wie zu dieser Zeit üblich, in einer Karte dargestellt, sondern in dieser künstlerisch interessanten Landschaftsmalerei (Tiroler Landesarchiv, Kartensammlung).

An der Südseite des Turmes der Pfarrkirche zum hl. Michael in Natters befindet sich die letzte und beste Sonnenuhr Peter Anichs, gemalt von Josef Anton Zoller, 1759.

Peter Anich (1723–1766)

Peter Anich wurde am 7. Februar 1723 in Oberperfuss geboren. Seine Eltern hatten dort eine kleine Landwirtschaft, zusätzlich betrieb sein Vater das Drechslerhandwerk, starb jedoch schon sehr früh. Daher mußte der Sohn Peter im Alter von 19 Jahren den Hof und die Sorge um Mutter und zwei Schwestern übernehmen. Peter blieb unverheiratet.

Schon seit seiner frühesten Jugend befaßte er sich mit den Vorgängen am Himmel. Früh wurde in ihm der Wunsch wach, Sonnenuhren selbst zu machen. Dies gelang ihm erstmalig im Alter von 22 Jahren. Seine erste Sonnenuhr zierte ein Haus in Unterperfuss. Wahrscheinlich über Anraten des Pfarrers von Axams, von dem er die Grundbegriffe des Rechnens, Schreibens und Lesens erhalten hatte, begab sich Peter Anich im Jahre 1751 nach Innsbruck zu Professor Ignaz Weinhart. Weinhart erkannte sofort das Talent des jungen Bauern, der von nun an keine Mühe scheute, an jedem Sonn- und Feiertag den dreistündigen Fußmarsch von Oberperfuss zur Innsbrucker Universität zu unternehmen. Zum Abschluß seiner Lehrzeit verfertigte Anich einen großen Himmelsglobus und widmete ihn namens der Philosophischen Fakultät der Universität Innsbruck der Kaiserin Maria Theresia. Um dieselbe Zeit zeichnete er auch seine erste Karte. Im Jahre 1758 folgten zwei kleine Globen (Erd- und Himmelsglobus) im Durchmesser von je 21 cm. Den Abschluß dieser Arbeiten bildete 1759

Abb. rechts: Die Anichkarte von 1774 zeigt noch deutlich, wie die Etsch mit ihren breiten Mäandern den ganzen Talboden ausfüllte. Erst die späteren Flußregulierungen ließen hier wertvollen Kulturgrund entstehen (Tiroler Landesarchiv, Kartensammlung).

ein Erdglobus, den Anich in derselben Größe konstruierte wie drei Jahre zuvor den Himmelsglobus. Die Globen beweisen, daß Anich u. a. auch ein vortrefflicher Meister in der Kunst des Drechselns war. Jede Kugel, mit einem Durchmesser von über 90 cm, besteht aus sehr dicken, kunstvoll zusammengefügten Hölzern und wurde auf einer einfachen Drehbank angefertigt. Durch diese Arbeiten in der Öffentlichkeit (vor allem am Wiener Hof) bekannt geworden, beauftragte ihn dieser im Jahre 1760, den ganzen nördlichen Teil der Grafschaft Tirol (Deutschtirol) zu vermessen und auf einer großen Karte zu entwerfen. Diese auch von Professor Weinhart geförderte Aufgabe wurde nun sein Lebenswerk. Jahre verbrachte er mit seinen Gesellen in den einzelnen Landesteilen und hatte dabei mancherlei Strapazen und Konflikte mit den Behörden zu bestehen. Seit dem Februar 1765 begleitete der ebenfalls aus Oberperfuss stammende Blasius Hueber den öfters von Krankheit geplagten Anich. Überaus gelehrig und interessiert verstand es Hueber, sich unter Anleitung Anichs in kürzester Zeit die Feldmeßkunst anzueignen. Dies war notwendig, da Weinhart das Projekt der Tiroler Landkarte auch auf den südlichen Teil des Landes (Welschtirol) ausdehnen wollte und der Hof in Wien dazu den Auftrag gab. Anich sah sich zu dieser vermehrten Arbeit aber nicht mehr in der Lage, wie aus seinem Brief hervorgeht: „Weil ich mich mit meiner schlechten Gesundheit so ybel auf befinde, deswegen kan ich warhafftig nit mehrer auf mich nemen, als was ich die drey oder vier Jahr her versprochen oder verheissen habe, dan ich bin ja kaum mehr in Stand, das ich das Nord-Tyrol gar ausmache."

Bei Vermessungsarbeiten im sumpfigen Etschtal südlich von Bozen wurden Anich und Hueber im Sommer 1765 von einer gefährlichen Fieberkrankheit befallen. Zwar schien Huebers Zustand zunächst ernster zu sein, er erholte sich jedoch bald, während diese „Abmessung des halben Theils Etschland" Anichs letzte Arbeit im Gelände sein sollte. Sein Zustand verschlechterte sich und brachte ihn und seinen Besitz – wie aus seinem an die Kaiserin gesandten Bittgesuch erschreckend klar ersichtlich – an den Rand des Ruins. Maria Theresia gewährte sogleich Anichs Bitte, doch weil die Verständigung an die Hofkammer in Innsbruck nicht in der sonst üblichen Form einer Hofverordnung, sondern nur durch das mit der eigenhändigen Erledigung der Herrscherin versehene Gesuch nach Innsbruck gesandt worden war, konnte Anich, der wenige Wochen später am 1. September 1766 zu Oberperfuss verstorben war, nicht mehr in den Genuß dieser Pension kommen.

Die Vollendung des von Anich so mühselig begonnenen und erst durch sein Talent ermöglichten großen Tiroler Kartenwerkes war seinem Schüler und Gehilfen Blasius Hueber vorbehalten. 1774 konnte die Karte, der *Atlas Tyrolensis,* gedruckt werden. Tirol hatte damit das beste Kartenwerk seiner Zeit bekommen.

Abb. unten: „Die Resedenz Statt Ynsprugg in Dirol", wie sie sich um 1790 dem Besucher zeigte. Der Stich von Anton Gotthard Uhrschall lehnt sich an die bekannte Merian-Darstellung an. Als Vorlage diente das in der Spätbarockzeit übliche Vogelschaubild. Im Vordergrund der älteste Stadtteil von St. Nikolaus bis Mariahilf und in der Mitte die Neustadt (Maria-Theresien-Straße), die sich schon weit nach Süden (Wilten) erstreckt (Tiroler Landesarchiv, Kartensammlung).

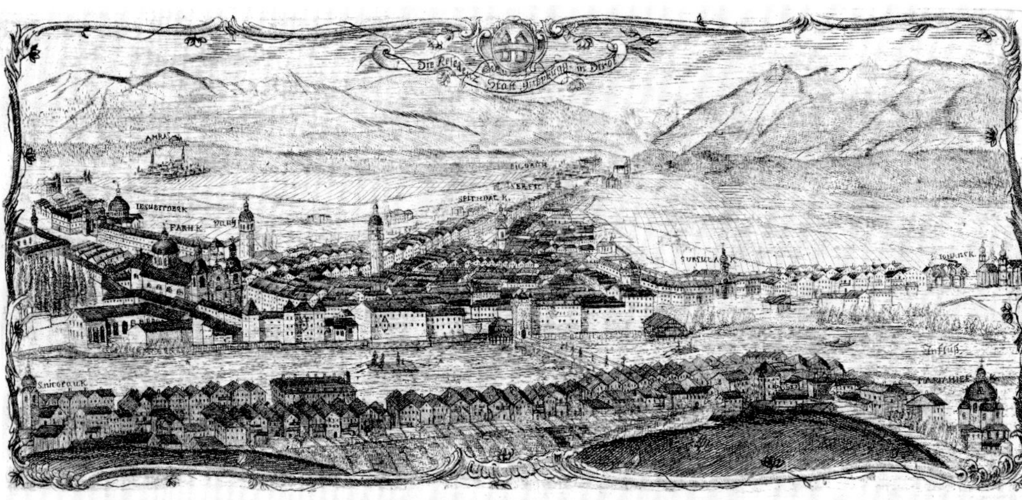

Diözesan- und Pfarregulierungen, Kloster- und Kirchenaufhebungen unter Josef II.

Während die *Aufhebung der Leibeigenschaft* und das *Toleranzpatent* als wichtigste Neuerungen des reformfreudigen Kaisers für Tirol keine praktischen Auswirkungen zeigten, ging die nutzbringende und sinnvolle „Regulierung“ der Kirchensprengel im Bewußtsein bald unter, weil die Volksseele wegen der Kirchensperrungen und Klosteraufhebungen kochte. Die Sperrung von 289 Kirchen und Kapellen, 11 Frauen- und 12 Männerklöstern allein in Deutschtirol war eine Folge der Neueinteilung der Seelsorgebezirke.

Tirol war in seiner damaligen Ausdehnung auf nicht weniger als 11 Bistümer aufgeteilt, wovon nur zwei Bischöfe (Brixen und Trient) im Lande residierten. Kein anderes Kronland kannte eine ähnliche diözesanmäßige Zersplitterung. Die Flächenanteile betrugen für Brixen 40,1%, Trient 24,2%, Salzburg 9,6%, Chur 8,7%, Feltre 4,7%, Chiemsee 4,5%, Augsburg 3,5%, Freising 2,8%, Aquileja 1,1%, Verona 0,6% und Padua 0,15%. Für den zentralistischen, allgewaltigen Flächenstaat wurden diese überkommenen Strukturen unannehmbare Hindernisse. Man denke nur, was es bedeutete, 9 ausländische Bischöfe auf einen Nenner zu bringen, um ein Religionsbuch für die österreichische Schule zu approbieren. Die Anpassung der Kirchensprengel an die politischen Grenzen wurde bereits unter Maria Theresia in anderen Ländern begonnen und von ihrem Sohn Josef II. – in Tirol allerdings mit bescheidenem Erfolg – fortgesetzt. 1785 erhielt Trient die tirolischen Anteile von Feltre, Padua und Verona, Brixen 1789 die Görzer Pfarren zugewiesen. Einschneidende Änderungen gab es aber erst 1964 mit der Errichtung der Diözesen Bozen-Brixen und Innsbruck und des Landesbistums in Vorarlberg (1968), womit die politische Teilung Tirols von der Kirche nachvollzogen wurde. Die Zerteilung Nordtirols auf zwei Diözesen (Innsbruck und Salzburg) blieb hingegen weiter aufrecht.

War die Diözesanregulierung mehr ein kosmetischer Eingriff, so brachte die Neueinteilung der Pfarrsprengel und die allfällige Errichtung notwendiger Seelsorgestationen für die Bevölkerung merkliche Erleichterungen. Bei der Bedarfserhebung stellte sich für Tirol heraus, daß nach dem Nützlichkeitsgrundsatz ein Zuviel an Kirchen bestand und nur wenige Gebiete unterversorgt waren. Allerdings befanden sich die zuständigen Kirchen oft nicht an zentraler Stelle (Paznaun, Tux). Hier wie in anderen Fällen war eine Zusammenlegung notwendig und sinnvoll. Diese Umgliederung von Sprengeln – viele wurden wesentlich verkleinert –, die Neuregelung von Kompetenzen, die ausreichende Ausstattung möglichst vieler selbständiger Seelsorgestationen mit Vermögenswerten erforderte eine völlige Umverteilung der materiellen Grundlagen. Dank der barocken Frömmigkeit gab es viele überflüssige Kirchen mit Pfründen, Benefizien und Paramenten, die nun den neuen oder stark ausgebauten Seelsorgestationen mit ausreichend dotierten Priestern zufließen sollten. Durch Verkauf, Versteigerung, Umwidmung und Schließung von Kirchen, Klöstern und peripheren Kapellen sollte der Religionsfonds jene Mittel erhalten, die für das neu errichtete und zweckmäßig verteilte Netz von Seelsorgestationen notwendig waren.

Daraus ergab sich für Josef II., daß alle überflüssig gewordenen Stellen, die nicht der Seelsorge dienten, ihre Existenzberechtigung verloren hatten. Bereits 1784 waren von dieser Maßnahme 500 Ordensangehörige betroffen. Ein Jahr später wurden auch die Stifte und Propsteien von Innichen, Schnals, Meran und Sonnenburg aufgehoben. Neben den bekannten Eingriffen in die religiösen Traditionen und Kulthandlungen wurde die Bevölkerung durch die Klosteraufhebungen und die Art ihrer Durchführung besonders aufgebracht. Daß dabei die Pfarregulierung und in weiterer Konsequenz die Errichtung von Pflichtschulsprengeln in der Geschichtsschreibung nicht jene Würdigung fand, mag emotional begründet sein.

Tirol erhielt trotz aller Aufhebungen (8 Orte verloren ihren Priester) durch die josefini-

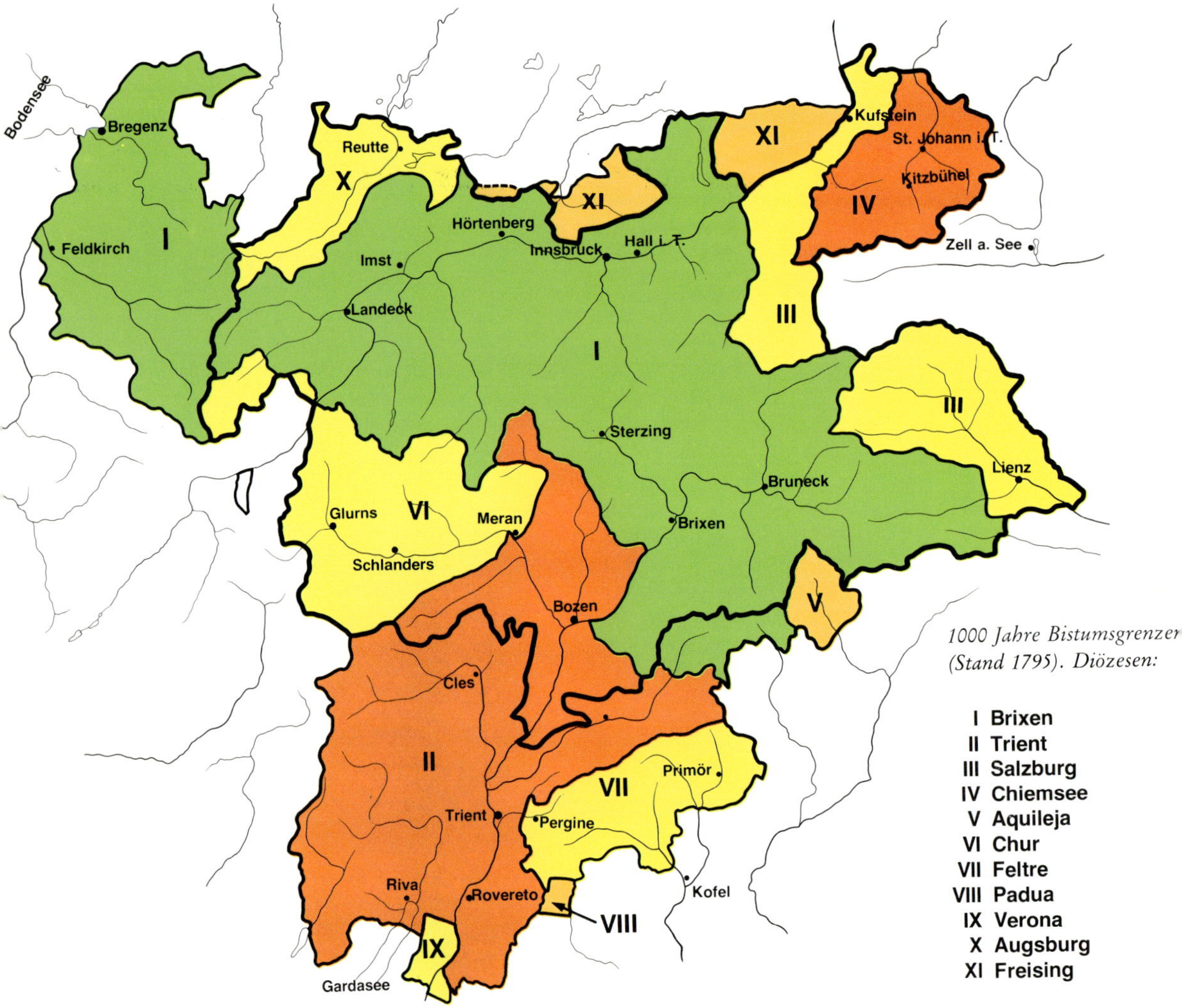

Bistumseinteilung von Tirol und Vorarlberg (nach dem Hist. Atlas der Alpenländer und F. Dörrer). Die wichtigsten drei Landesbistümer Brixen, Chur und Trient hatten durch ca. 1000 Jahre hindurch unverändert (!) ihre Grenzen beibehalten. 300 Jahre hindurch (1506–1796) hatten nicht weniger als 11 Bischöfe ihren Bistumsanteil an Tirol, wovon nur 2 Bischöfe im Lande residierten.

sche Reform um 20 Prozent mehr Seelsorgestationen, und die Zahl der Orte mit eigenem Priester stieg um 17 Prozent. Zu den 154 Pfarren Deutschtirols kamen nur 10 neu hinzu, da die anderen Sprengel das Limit von 1000 Seelen nicht erreichten. Die etwa 300 bestehenden Kuratien, Vikariate und Exposituren wurden durch die Pfarregulierungen um 61 Lokalkaplaneien (Nordtirol 35, Osttirol 5) und etwa 85 Exposituren (Nordtirol 30, Osttirol 3) vermehrt. 146 Ortschaften und Siedlungen hatten somit neue religiöse und kulturelle Mittelpunkte erhalten. Daraus ergaben sich tiefgreifende soziale Änderungen. Es wuchsen neue Dorfgemeinschaften zusammen, die kulturell, wirtschaftlich und gesellschaftlich bald ein Eigenleben entfalteten.

Abb. unten: Handschrift eines Passionsspieles aus Sillian aus dem 18. Jh.: „Tragaedia oder Thraur Spihl von bitteristen Leyden und Sterben Jesu Christi unsers allergebenedeytisten Göttlichen Erlößers; gehört zu mir Antonio Josepho Kuenter pro Tempore 1766 in Niderthaal Antholz beÿ Sanct Walburg Beneficiatum" (Tiroler Landesmuseum Ferdinandeum).

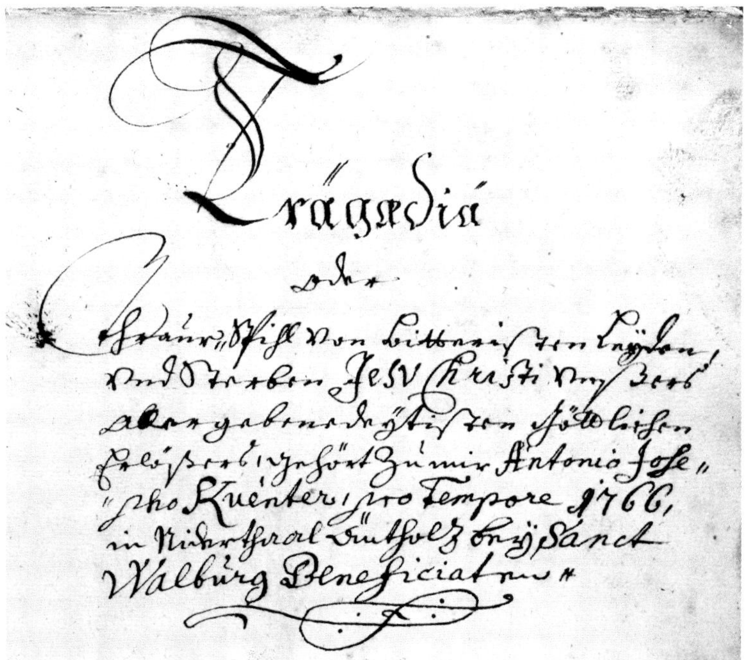

Das religiöse Brauchtum, zum Teil aus heidnischen Gebräuchen erwachsen, erfährt eine volkstümliche Prägung. Umgänge und farbenfrohe Prozessionen zeigen Volksfrömmigkeit. Bekannt sind der Brixentaler Antlaßritt (zur Erinnerung an das Zurückschlagen der Schweden im Dreißigjährigen Krieg), die Fronleichnamsprozession in Götzens, der „Große Umgang" in Kastelruth, die Palmprozession (mit Christus auf einem Holzesel) in Thaur, die Isidorprozession in Untermieming und die Karfreitagsprozession in Arzl i. P. „Geheimnisträger" in Alpbach tragen die Lauretanischen Geheimnisse auf Fahnen. Dornenkrone und Gewandung erinnern an alte Bußprozessionen.

Krippenbaukunst (u. a. im Grödental, in Thaur, Zirl, Inzing, Wenns, den bekanntesten Krippendörfern) und das Passionsspiel (Erl, Thiersee, Sillian) weisen auf eine lange Tradition.

Andachtsstätten schlichter Frömmigkeit finden sich z. B. in Absam, Wilten (Innsbruck), Maria Weißenstein, Brettfall, Maria Trens (bei Sterzing), Kaltenbrunn, Obermauern in Virgen, Maria Waldrast, in Locherboden (bei Mötz), St. Georgenberg und in Mariastein. Die älteste Wallfahrt führt zu den Reliquien des hl. Candidus und zum wundertätigen Kruzifix in Innichen. Die Heiligen Blasius, Antonius und Christoph werden in Völs, Kaltern und in St. Christoph am Arlberg um Fürsprache angerufen. Neben Votivgaben sind vor allem Votivbilder Zeugnisse der Volkskunst. Marterln und Grabinschriften sprechen oft eine innige, humorvolle oder auch derbe Sprache. St. Georgenberg, das zum Kloster Fiecht gehört, wurde in jüngster Zeit zu einem Begegnungsort der Meditation.

Das Gefecht bei Spinges

Gegen Ende des ersten Koalitionskrieges der französischen Revolutionsarmeen gegen die mit Österreich verbündeten Staaten drangen französische Truppen, die unter dem General Napoleon Bonaparte in Oberitalien mehrmals die Österreicher besiegt hatten, gegen die Ostalpenländer vor. Während die Hauptarmee Napoleons durch Friaul, Kärnten und Steiermark vorrückte, gelangte ein französisches Korps unter General Joubert im März 1797 über Trient und Bozen bis nach Brixen. Am 2. April 1797 kam es zu einem allgemeinen Angriff der österreichischen Truppen und des aufgebotenen Landsturmes von Süd- und Nordtirol auf die Stellung der Franzosen im Eisacktal.

Im Zuge dieses großangelegten, jedoch nur zum Teil ausgeführten Planes kam es beim Dorf Spinges über dem Eingang des Pustertales zu einem heftigen Gefecht, bei dem sich vor allem die Landstürmer der Gerichte Sonnenburg und Rettenberg hervortaten. Diese standen unter dem Kommando des Majors Dr. Philipp von Wörndle und waren von Mauls auf beschwerlichem Weg durch frisch gefallenen Schnee bis in die Wälder oberhalb des Dorfes Spinges gelangt. Von dort aus schalteten sie sich in den Kampf gegen die Franzosen ein. Der Gegner konnte in einem dreistündigen Gefecht bis in die Felder von Spinges zurückgeworfen werden. Am frühen Nachmittag rückte von Mühlbach eine Kolonne von etwa 2000 Mann

Im Zuge des ersten Koalitionskrieges zogen französische Truppen durch das Pustertal. Dabei kam es am 2. April 1797 beim Dorf Spinges zu einem heftigen Gefecht, bei dem sich vor allem die Landstürmer der Inntaler Gerichte Sonnenburg und Rettenberg auszeichneten.

Franzosen zur Verstärkung an. Die Tiroler Landstürmer glaubten zuerst an das Kommen der Pustertaler Schützen und erneuerten ihren Widerstand, der sich nunmehr im Dorf Spinges abspielte.

Auf der Seite der Tiroler kämpfte auch die Bauernmagd Katharina Lanz, die unter dem Namen „das Mädchen von Spinges" in die Geschichte einging, mit einer Heugabel gegen die Franzosen. In stundenlangem Kampf lichteten sich die Reihen der Tiroler, so daß Wörndle mit seinen Leuten das Dorf räumen mußte und sich in die Wälder zurückzog. Wenngleich es ihnen nicht gelungen war, dieses Gefecht für sich zu entscheiden, so bewiesen sie den Feinden durch Tapferkeit und Heldenmut einmal mehr, daß sie bereit waren, Land und Freiheit mit allen Mitteln zu verteidigen und sie es mit einem durchaus ernst zu nehmenden Gegner zu tun haben. Die Franzosen zogen schon wenige Tage später durch das Pustertal ab, um sich mit dem übrigen Heer zu vereinen.

Auf den ersten Koalitionskrieg und die Kämpfe gegen die in das Land einrückenden Franzosen geht auch das Gelöbnis der Tiroler an das Herz Jesu zurück. Am 1. Juni 1796 schlossen die Landstände in der Stadtpfarrkirche von Bozen den feierlichen Bund. Im Jahre 1809 mahnte Andreas Hofer seine Mitkämpfer wiederholt daran und erhob den Herz-Jesu-Sonntag zum Landesfeiertag. Noch heute wird dieser Tag in vielen Gemeinden Tirols mit einer feierlichen Prozession begangen.

Die Erhebung Tirols im Jahre 1809

Der Freiheitskampf Tirols 1809 muß im Zusammenhang mit dem Krieg Österreichs gegen Napoleon im selben Jahr gesehen werden. Durch den Frieden von Preßburg war Tirol 1805 zu dem mit Frankreich verbündeten Königreich Bayern gekommen. Von Wien aus verfolgte man die Entwicklung in Tirol sehr genau und knüpfte durch Vertrauensmänner (vor allem durch Erzherzog Johann) Verbindungen mit jenen der gegen die bayrische Herrschaft mißmutigen Bauern an. Zu diesen zählte Andreas Hofer, der Sandwirt vom Passeiertal. Österreich hatte es insofern leichter, zum Aufstand zu schüren, weil sich die Bayern durch hohe Steuerforderungen, Rekrutenaushebungen, unkluge Verwaltungsmaßnahmen und durch aufklärerische, traditionsfeindliche und antikirchliche Tendenzen unbeliebt machten. Allerdings gab es im Land zwei sich schroff gegenüberstehende Parteien: Bauern und Handwerker einerseits, die für die Freiheit kämpfen wollten, und viele städtische Bürger, Beamte und reiche Bauern andererseits, die im Freiheitskampf eine Rebellion sahen.

Im Jänner reiste Andreas Hofer mit einigen Gleichgesinnten nach Wien, wo Verhandlungen über den bevorstehenden Aufstand geführt wurden. Anschließend begannen überall im Land die Vorbereitungen, wobei die Hauptrolle den einzelnen Wirten in den Dörfern zukam. Trotz der immer weiteren Verbreitung blieb das Geheimnis des Aufstandes gewahrt.

Zur Bekämpfung der bayrisch-französischen Truppen in Tirol wurde von österreichischer Seite ein Heer unter Feldmarschalleutnant von Chasteler in Klagenfurt gebildet. Dieses rückte über Osttirol in das Pustertal vor. Auf die Losung „Es ist Zeit!" erhob sich Anfang April der Landsturm. Der erste hartnäckige Kampf entstand im Pustertal. Zugleich rückte Andreas Hofer mit den Passeirern über den Jaufenpaß nach Sterzing vor. Dort wurde die bayrische Besatzung gefangengenommen. Inzwischen entbrannte auch der Kampf um Innsbruck. Oberinntaler, Wipptaler und Stubaier Schützen eröffneten am 12. April schon um fünf Uhr morgens den Kampf gegen die starke bayrische Garnison in der Stadt. Der heftigste Kampf tobte um die Innbrücke. Gegen zehn Uhr vormittags waren die Landstürmer Herren

Durch den mehrmaligen Einfall bayrischer und französischer Truppen im Verlauf des Jahres 1809 kam es besonders in den Grenzbereichen zu zahlreichen kriegerischen Handlungen. Diese farbige und lebendige Darstellung bezieht sich auf ein Gefecht bei Reutte im Außerfern (Tiroler Landesmuseum Ferdinandeum).

der Stadt. Sie zwangen die dort zusammengedrängten bayrischen Truppen unter General von Kinckel zur Übergabe, nachdem Oberst von Ditfurt nach heldenmütigem Widerstand gefallen war. Die siegestrunkenen Bauern feierten ausgiebig in der Stadt, wobei es mitunter auch zu Ausschreitungen gegen die bayrische und jüdische Zivilbevölkerung kam. Zwei Tage später rückte General Bisson mit französischen Truppen durch das Wipptal vor, stets von den Schützen bedrängt. Nach kurzer Gegenwehr auf den Wiltener Feldern mußte er die Kapitulation unterzeichnen, dies wollte er allerdings nur vor einem österreichischen Offizier tun. Solchen gab es aber nicht in der Stadt. Da behalfen sich die Freiheitskämpfer mit einer List. Martin Teimer, Anführer der Oberinntaler Schützen, schlüpfte in die Uniform eines österreichischen Majors, der in Innsbruck im Ruhestand lebte. Nach Unterzeichnung der Kapitulation zogen die Landstürmer mit über 3000 gefangenen Bayern und Franzosen siegreich in Innsbruck ein. In der Stadt waren um diese Zeit an die 20.000 Bauern versammelt. Neuen Jubel gab es, als endlich auch die österreichischen Truppen in Innsbruck einlangten. Die Befreiung des Landes war jedoch dem Landsturm zu danken. In wenigen Tagen hatte er rund 6000 Bayern und Franzosen gefangengenommen, erhebliche Geld-, Material- und Munitionsvorräte sowie eine große Anzahl von Pferden erbeutet. Das Gelingen dieser Aktionen machte die Landstürmer kühn und selbstbewußt.

Das militärische Oberkommando übernahm nun General Chasteler, die Regierungsgeschäfte im Namen des Kaisers der aus Tirol stammende Hofrat Josef von Hormayr. Freude erweckte ein kaiserliches Handbillet, das am 18. April aus Schärding eintraf und den Tirolern kaiserlichen Schutz versprach.

Nach den Niederlagen der österreichischen Armee im bayrischen Donaugebiet wurde die Gefahr für Tirol wieder groß. Napoleon entsandte Anfang Mai zur neuerlichen Besitznahme

Abb. rechts: In den ersten Augusttagen 1809 erlitt eine feindliche Division, die nach Südtirol vorrücken wollte, in der Talenge südlich von Sterzing eine vernichtende Niederlage. Da es sich vorwiegend um Sachsen handelte, wird dieser Abschnitt des hier sehr engen Eisacktales heute noch Sachsenklemme genannt (Tiroler Landesmuseum Ferdinandeum). →

Abb. unten: Zeitgenössische Darstellung einer Verteidigungslinie der Rotholzer und Rattenberger Scharfschützenkompanien an der Achentaler Grenze während der Freiheitskriege. Oberhalb der „Schanz" wurde ein langgestreckter Wehrgraben ausgehoben und durch die kreuz und quer gefällten Bäume ein undurchdringlicher Verhau gebildet. Der Blick von Norden zeigt auch die starken Barrikaden und die Wachtürme, welche 1805 auf Kosten der Gemeinde Achental von den Bayern geschleift wurden (Tiroler Landesarchiv, Kartensammlung).

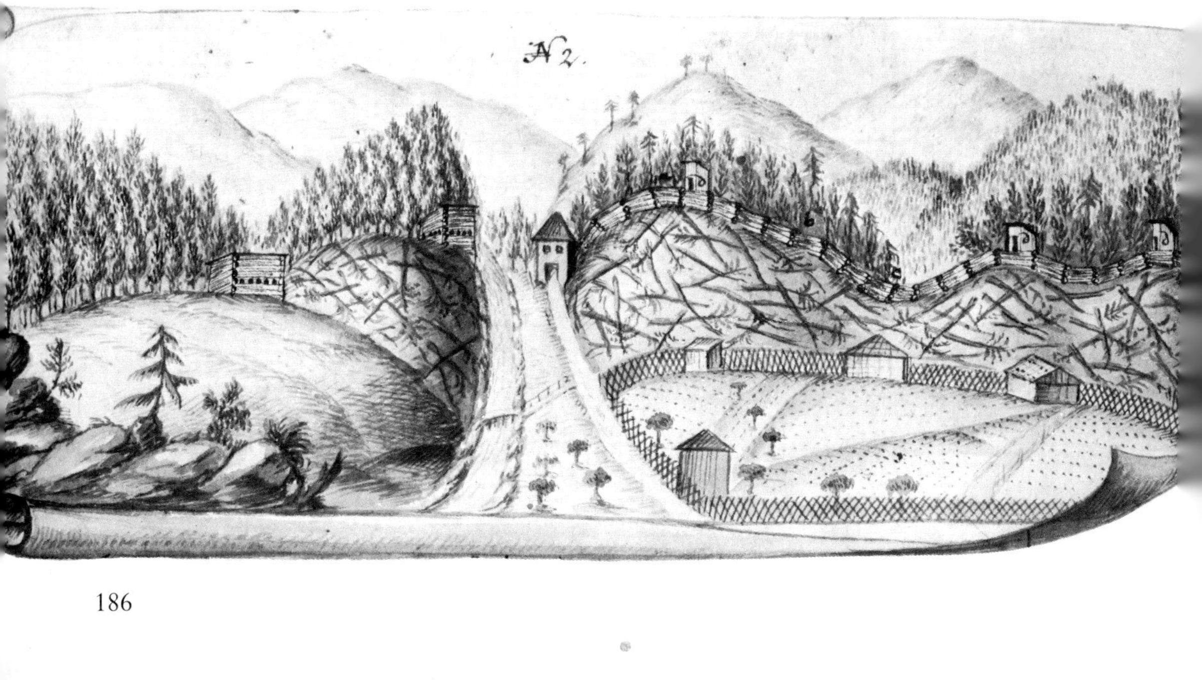

unten: „Erstürmung der Innbrücke bey Innsbruck am 12. April 1809". Das Aquarell von Jakob Plazidus Altmutter aus dem Jahre 1819 (Tiroler Landesmuseum Ferdinandeum) zeigt die von Mariahilf über die Brücke stürmenden Tiroler.

→

rechts oben: Einer der beliebtesten Historienmaler seiner Zeit war Franz Defregger (1835–1921). Das Bild von Speckbacher und seinem Sohn Anderl entstand im Jahre 1869 (Tiroler Landesmuseum Ferdinandeum).

rechts unten: Die Belagerung der Festung Kufstein durch die Tiroler Landstürmer unter Speckbacher und Sieberer im Jahre 1809 nach einem englischen Stich, der wenige Jahre nach der Erhebung Tirols erschien (Heimatmuseum Kufstein).

von Tirol eine starke Heeresabteilung, bestehend aus zwei bayrischen Divisionen mit den Generälen von Wrede und Deroy unter dem Oberbefehl des französischen Marschalls Lefebvre. Diese rückten bei Kufstein und über den Paß Strub ins Land. Am Paß leisteten die Unterinntaler Schützen der Division Wrede hartnäckigen Widerstand und hielten sie bei Waidring durch ein Gefecht stundenlang auf. Dadurch wurden die einfallenden Bayern aufs neue gereizt, was die benachbarten Dörfer entgelten mußten. General Chasteler stand den Vorfällen im Nordosten des Landes ziemlich hilflos gegenüber. Er zog mit den österreichischen Truppen das Unterinntal hinunter und stellte sich in den Feldern von Wörgl dem anrückenden Feind. Der Platz war schlecht gewählt, die Teilnahme der Tiroler an der Seite der Österreicher war mäßig, die Niederlage war vollkommen. Die siegreichen Gegner zogen nun innerhalb weniger Tage brandschatzend und plündernd durch das Unterinntal. Immer wieder versuchten die Landstürmer im Verein mit den Österreichern die eindringenden Bayern und Franzosen aufzuhalten. Bei der Einmündung des Zillertales kam es zu besonders heftigem Widerstand der Tiroler, die vom Klauseck und von der Brettfall die anrückenden Feinde beschossen. Daraufhin setzten die Bayern Schlitters, Straß und St. Margarethen in Brand. Unter Josef Speckbacher, vereint mit den österreichischen Soldaten, verteidigten die Tiroler noch den Markt Schwaz. Nach heftiger Gegenwehr mußten sie sich aber der großen Übermacht beugen und sich auf die Höhen zu beiden Seiten des Inntales zurückziehen. Ein Brand zerstörte Schwaz und Vomp.

Wie schon früher hatte sich der Mangel an einheitlichem Zusammenwirken von Militär und Landesverteidigern gezeigt. Die Landstürmer hatten zu den österreichischen Soldaten und deren Führern nach deren Niederlage bei Wörgl kein Vertrauen mehr. Chasteler war froh, als er von Wien den Auftrag erhielt, mit einem Teil der österreichischen Truppen über Südtirol ins Österreichische abziehen zu können, und General Buol, der den Oberbefehl über die in Tirol verbliebenen österreichischen Truppen erhielt, zog diese teilweise heimlich vom Inntal ab und bezog im Brennergebiet Stellung. Darüber waren die Landstürmer sehr empört. Sie wollten nochmals bei der Volderer Brücke den anrückenden Feinden Widerstand leisten, was aber durch den inzwischen geschlossenen Waffenstillstand unterblieb.

Franzosen und Bayern zogen kampflos nach Innsbruck. Reichsmarschall Lefebvre blieb vom 19. bis 23. Mai in Innsbruck. Dann brach er mit Wredes 7000–8000 Mann starker Division von Innsbruck auf und zog durch das Unterinntal nach Salzburg. Dort erhielt er von Napoleon die Order, sich eiligst nach Wien zu begeben. In Tirol verblieb nur die Division Deroy. Die Tiroler Landstürmer sahen nun eine Gelegenheit zum Kampf. Von Südtirol aus erfolgte die neuerliche Befreiung Nordtirols. Andreas Hofer wurde zum Anführer der Landstürmer ernannt. Von allen Männern, die ihn damals in Sterzing umgaben, war Schützenmajor Josef Eisenstecken einer der eifrigsten. Ihm gelang es auch, einen Teil der kaiserlichen Offiziere zum Kampf mit den Landstürmern zu bewegen. In Nordtirol war es Josef Speckbacher, der im ganzen Inntal zum bevorstehenden Kampf aufmunterte und der alle über die in Sterzing und am Brenner gefaßten Beschlüsse in Kenntnis setzte.

Im Gasthof Kerschbaumer am Brenner hatte der Kriegsrat der Landesverteidiger den Entschluß getroffen, den Feind am 25. Mai auf dem Bergisel bei Innsbruck anzugreifen. An diesem Tag rückte Hofer mit den Etschländer Schützen und den noch mitkämpfenden Österreichern vom Brenner nach Innsbruck vor. Peter Mayr und Pater Joachim Haspinger kamen mit den Eisacktalern, Martin Teimer mit den Oberländern und Josef Speckbacher mit den Unterländern. Andreas Hofer nahm sein Standquartier im Gasthof Schupfen an der Brennerstraße. Die vorrückenden Tiroler trafen den Feind nicht ganz unvorbereitet. Das Gefecht am 25. Mai brachte den Tirolern keinen entscheidenden Vorteil, daher griffen sie am 29. Mai nochmals an. Dem mit letztem Einsatz geführten Kampf konnten die Bayern nicht widerstehen, und da sie mit einer Umzingelung rechnen mußten, traten sie noch in der Nacht den Rückzug durch das Unterinntal an. Tirol war zum zweiten Mal befreit. Groß war die Freude über den Erfolg, sie wurde noch größer, als die Kunde vom Sieg Erzherzog Karls über Napoleon in Aspern bekannt wurde. Zum Monatsende wurde durch die Eigenmächtigkeit Hormayrs auch der Inhalt einer unüberlegten Botschaft des Kaisers Franz bekannt, die besagte, daß dieser keinen Frieden mehr schließen wollte, der Tirol von Österreich trennte.

Dies war deshalb unüberlegt, weil sich die allgemeine Lage bald zum Nachteil Österreichs änderte. Die zahlenmäßig wesentlich schwächeren Österreicher wurden nach zweitägigen Kämpfen und erbittertem Widerstand am 5. und 6. Juli bei Wagram von Napoleon geschlagen. Nach einem weiteren kurzen Gefecht bei Znaim schloß Erzherzog Karl mit den Franzosen Waffenstillstand (12. Juli). Dieser erforderte den Abzug der österreichischen Truppen aus Tirol. General Buol führte die österreichischen Soldaten, denen sich auch der Intendant Hormayr und einige Landstürmer angeschlossen hatten, durch das Pustertal nach Inneröstereich. Hofer und seine Unterführer entschlossen sich dennoch, den Kampf fortzusetzen, da die Beteiligung der Österreicher im Mai nur sehr gering war.

In der zweiten Julihälfte entsandte Napoleon unter Marschall Lefebvre eine Streitmacht von 25.000 Mann (zwei bayrische Divisionen unter dem Kronprinzen Ludwig und dem General Deroy und eine sächsische unter General Rouyer) nach Tirol. Er gab dazu die Order: „*Meine Absicht ist, daß Sie nach Empfang des Gegenwärtigen in den tirolischen Bezirken 150 Geiseln fordern und wenigstens sechs große Orte und die Häuser der Rädelsfüh-*

Abb. unten: Anfang August 1809 kam es in vielen Teilen Tirols zu Gefechten mit den neuerlich ins Land eingefallenen Franzosen und Bayern. Der Stich zeigt das Gefecht in der Oberau am 5. August (Tiroler Landesmuseum Ferdinandeum).

rer plündern und niederbrennen lassen und ihnen erklären, das Land würde in Blut und Eisen aufgehen, wenn nicht alle Gewehre, mindestens 18.000, abgeliefert würden. Sie haben die Macht, seien Sie schrecklich und handeln Sie so, daß man einen Teil der Truppe aus dem Land abziehen kann, ohne fürchten zu müssen, daß sie wieder anfangen."

Starke Abteilungen wurden durch das Oberinntal und über den Brenner entsandt. Sie sollten die Verbindung mit den von Süden her einrückenden französischen Truppen herstellen. Auch von Kärnten rückte der Feind gegen das Pustertal (8. August) vor. Bei der Lienzer Klause gab es aber kein Durchkommen. Die Tiroler Landstürmer, angeführt von Anton Steger und Georg Hauger, wiesen jeden Angriff zurück und schufen damit die Voraussetzung, daß Andreas Hofer die Haupttruppe des Tiroler Wehraufgebotes zur dritten Bergiselschlacht am 13. August vereinigen konnte und gegen einen zahlenmäßig kleineren Feind zu kämpfen hatte. In den ersten Augusttagen erlitten auch andere feindliche Kolonnen, die nach Südtirol vorrücken wollten, vernichtende Niederlagen, sowohl an der Pontlatzer Brücke im Oberinntal als auch in der Talenge südlich von Sterzing (die seitdem die Sachsenklemme heißt), da hier eine sächsische Division vernichtet bzw. gefangengenommen wurde (4. und 5. August).

Die große Entscheidung sollte aber wieder auf dem Bergisel bei Innsbruck fallen. Andreas Hofer schlug sein Hauptquartier wie im Mai im Gasthof Schupfen an der Brennerstraße auf. Im Kriegsrat wurde der 13. August als Tag des Angriffes bestimmt. 15.000 Landstürmer kämpften gegen ein etwa gleich starkes Heer von Bayern und Franzosen. Unter der Losung Hofers „*Nur nit aua lassen!*" griffen die Tiroler schon zeitig in der Früh von den Höhen an. Unter dem Oberkommando Hofers befehligte Haspinger das linke Zentrum von Natters bis zur Brennerstraße, Peter Mayr das rechte bis zum Bergisel, Speckbacher den rechten Flügel östlich der Sill bis Amras, Georg Bucher aus Axams den linken Flügel westlich von Natters und Martin Firler aus Hall die Truppen jenseits des Inns bis Hötting. Gegen Abend waren alle wichtigen Punkte in den Händen der Tiroler. Alle feindlichen Gegenstöße endeten mit großen Verlusten, so daß Marschall Lefebvre die einzige Rettung in einem raschen Rückzug durch das Unterinntal sah: „*Mein guter Stern hat mich immer aus der Verlegenheit der Feldzüge gezogen, besonders aber aus diesen, wo die Natur für die Bewohner kämpfte, welche niederträchtiger und rasender sind als die Wilden. Diese Wilden in Tirol stiegen mit rasendem Geschrei ins Inntal nieder, das Kruzifix an der Spitze, mit ihren Priestern, rasend wie die Tiger. Ich erwarte Ihre Befehle, Majestät, auch wenn ich mich unter den Ruinen Innsbrucks begraben lassen muß. Was mich betrifft, Sire, lassen Sie ab, mich diesen Revolutionskampf führen zu müssen.*" So berichtete Lefebvre an Napoleon. Am 18. August verließ seine Armee den Boden Tirols. Tirol hatte seinen größten militärischen Erfolg errungen, ohne fremde Hilfe hatte es sich befreit.

Andreas Hofer übernahm als Oberkommandant von Tirol im Namen des Kaisers die Regierung des Landes. Mit großer Mühe gelang es ihm, geeignete Leute für die Verwaltung zu gewinnen. Ein kleiner Saal der Innsbrucker Hofburg war sein Arbeitsraum. Größte Schwierigkeiten bereitete die trostlose Finanzlage des Landes. Die von Hormayr begonnene Ausprägung des sogenannten *Zwanzigers* wurde in der Haller Münze fortgesetzt. Streng waren die Verordnungen, die Hofer gelegentlich erließ, um die sittliche Haltung der Bevölkerung und vor allem der in Innsbruck stationierten Schützen zu heben.

Am 14. Oktober wurde in Schönbrunn der Friede zwischen Österreich und Napoleon abgeschlossen. Die Bestimmungen dieses Friedens waren für Österreich erdrückend. Tirol wurde zwischen Bayern (Nordtirol und ein Teil Südtirols), Italien (der restliche Bereich Südtirols) und den Illyrischen Provinzen (Osttirol) aufgeteilt. Nach dem Gebot des Schönbrunner Vertrages mußte Österreich die noch heldenhaft kämpfenden Tiroler im Stich lassen. Die Benachrichtigung der Tiroler war mangelhaft, Andreas Hofer und mit ihm eine ganze Reihe von Freiheitskämpfern glaubten nicht, daß der Kaiser sein Versprechen gebrochen und einen

→

Abb. rechts: Der Stadtturm (Zwölferturm) von Sterzing, für dessen Bau im Jahre 1468 Herzog Sigmund den Grundstein legte.

Frieden unterzeichnet habe, in dem Tirol von Österreich getrennt werde. Besonders Haspinger hetzte Andreas Hofer dazu auf, zum letzten Sturm zu rufen. Dieser endete jedoch mit einer Niederlage am Allerheiligentag in der vierten Schlacht auf dem Bergisel.

Tiroler Freiheitskämpfer

Andreas Hofer

Andreas Hofer gehörte einer seit alters im Sandhof im Passeier ansässigen Familie an. Er war Gastwirt, Vieh- und Weinhändler und kam daher viel im Land herum, er verfügte über zahlreiche freundschaftliche Verbindungen, auch zu Erzherzog Johann. Im Jänner 1809 wurde er mit einigen anderen Gleichgesinnten eingeladen, nach Wien zu kommen, um den bevorstehenden Aufstand zu besprechen.

Im April rückte er mit den Passeirer Schützen über den Jaufen nach Sterzing vor, eroberte die Stadt und nahm die bayrische Besatzung gefangen. Dann folgten die Schützen den Truppen des Generals Bisson durch das Wipptal und fügten ihnen beträchtliche Verluste zu.

Nach der Niederlage der Österreicher unter Chasteler in Wörgl und dem teilweisen Abzug der Soldaten mobilisierte Hofer wiederum den Landsturm. Von allen Unterführern wurde er zum Oberkommandanten der Erhebung gewählt. Da die Bergiselschlacht am 25.

Abb. oben: Viele der an führender Stelle im Tiroler Freiheitskampf des Jahres 1809 stehenden Schützen waren Gastwirte. Andreas Hofer gehörte einer seit alters im Sandhof im Passeiertal ansässigen Familie an. Er war Gastwirt, Vieh- und Weinhändler und kam als solcher viel im Land herum und verfügte über zahlreiche freundschaftliche Verbindungen, die der Volkserhebung zugute kamen. Ansicht des Sandhofes im Passeier um 1820 (Kupferstich von Johann Georg Schedler).

Mai 1809 den Landstürmern nicht den gewünschten Erfolg brachte, griffen sie vier Tage später erneut die in Innsbruck lagernde Division Deroy an. Hofers Truppenzahl war durch den Zuzug aus entfernten Landesteilen noch größer geworden. Eifrig war er bemüht, die Schützen aus allen Teilen Tirols zur Entscheidung auf dem Bergisel aufzubieten, wie folgender Brief zeigt: „*Liebe Brüder Oberinnthaler! Für Gott, den Khayser und dos theare Vatterland! Morgen in der Früh ist der löste Angriff. Wier wollen die Boaren mit Hilff der göttlichen Muetter fangen oder erschlagen und haben uns zum liebsten Herzen Jesu verlobt. Kombt uns zu Hilff, wollt Ihr aber gscheiter seyn, als die göttliche Fürsichtigkeit, so werden Wiers Es ohne Enk auch richten. Andre Hofer, Obercommedant.*“

Aus diesen Zeilen spricht der Andreas Hofer voller Hingabe an sein vaterländisches und religiöses Ideal, der kein Rechthaber, sondern eher weich und versöhnlich, leicht beeinflußbar und dadurch auch verderblichen Ratschlägen zugänglich war (Herbst 1809) und der hart durchgriff, als sich die siegestrunkenen Bauern zu Disziplinlosigkeiten hinreißen ließen.

Hofer war stets ein tiefreligiöser Mann. Am Morgen nach der siegreichen Bergiselschlacht vom 13. August ließ er alle Unterführer auf dem Bergisel sammeln, trat in ihre Mitte und stattete tiefbewegten Herzens dem Allmächtigen und der von ihm verehrten Gottesmutter kniefällig den Dank des Landes ab. Alle Ehren wies er von sich. „*I nit, ös a nit, der da droben!*“ Dann übernahm er als Oberkommandant von Tirol im Namen des Kaisers selbst die Regierung des Landes. Jeden Tag begann er sein Tagwerk mit einer heiligen Messe und am Abend betete man in der Hofburg den Rosenkranz. Auch jede militärische Aktion wurde

←
Abb. links: Am 25. August 1809 erließ Andreas Hofer als Oberkommandant von Tirol das sogenannte Sittenmandat. Der Maler Josef Strickner hält in einem Aquarell (1817) die Verkündung dieses Erlasses in der Maria-Theresien-Straße fest. Am Eingang der Altstadt auffallend die in barocker Zeit anstelle des einstigen Georgentores errichteten Pylonen und die mit einem Doppeladler geschmückte Stadtwache (Tiroler Landesmuseum Ferdinandeum).

mit einer Messe begonnen, so daß Hofer seine Losung geben konnte: „*Mess habts g'hört, an Schnaps habts trunken, also au in Gott's Namen!*" Die größte Freude erlebte Hofer sicherlich, als er Ende September 1809 von Kaiser Franz eine goldene Ehrenkette und 3000 Golddukaten erhielt. Der Abt von Wilten weihte in einem feierlichen Gottesdienst die Kette und legte sie dem Oberkommandanten um die Schultern. Das war am 4. Oktober. Zehn Tage später schloß Österreich mit Napoleon den Frieden von Schönbrunn. In diesem wurde Tirol von Österreich getrennt und in drei Teile zerrissen. Hofer mußte Innsbruck räumen und schlug sein Hauptquartier auf dem Schönberg auf. Er war über die Nachricht vom Friedensabschluß erschüttert. Rasch entschlossen war er bereit, ins Quartier des bayrischen Kronprinzen Ludwig nach Hall zu fahren, um mit diesem die Kapitulation der Tiroler einzuleiten. Da trat Haspinger unheilvoll auf. Gemeinsam mit anderen Freiheitskämpfern gelang es ihm, Hofer unschlüssig und ratlos zu machen und ihn schließlich zu überreden, den neuerlichen Kampf aufzunehmen. Unter dem Druck der Radikalen befahl Hofer den Angriff zum 1. November. Wieder war der Bergisel Ort der Entscheidung. Der Kampf dauerte aber nur zwei Stunden, die Übermacht der Feinde war zu groß und viele der kriegsmüden Landstürmer waren dem Kampf ferngeblieben.

Anfang November sandte Hofer den Priester Daney zum Vizekönig Beauharnais nach Kärnten. Dieser stellte eine Amnestie in Aussicht, worauf Hofer den Befehl gab, alle Angriffshandlungen einzustellen. Einige kümmerten sich nicht darum und kämpften weiter. Sie überschütteten Hofer mit Vorwürfen. Schließlich nötigten ihn die radikalen Freiheitskämpfer, am 11. November nochmals einen Aufruf zum Kampf zu unterschreiben. Es gab in Südtirol noch einige erfolgreiche Gefechte, sie nützten der allgemeinen Sache nichts mehr.

Andreas Hofer mußte fliehen. Auf seinen Kopf war eine Prämie von 1500 Gulden ausgesetzt. In der hochgelegenen Pfandleralm im heimatlichen Passeiertal hauste er mit seinem letzten Getreuen Kajetan Sweth von Ende November bis zu seiner Gefangennahme. Der Dezember brachte viel Schnee und Kälte. Am Heiligen Abend kamen die Frau und der Sohn Johann auf die Alm. Anfang Jänner entdeckte der Grubhofbauer Franz Raffl das Versteck Hofers. Obwohl er Verschwiegenheit versprochen hatte, ging er aus Habsucht zu den Franzosen und verriet den Sandwirt. Am 27. Jänner stiegen einige hundert Soldaten, geführt von Raffl, zur Pfandleralm auf. Sie verhafteten alle, die in der Hütte waren, mißhandelten sie und trieben die Gefangenen zu Tal. Nach einem kurzen Verhör in Meran wurden die Arrestanten per Leiterwagen nach Bozen ins Gefängnis gebracht. Dort veranlaßte General Baraguay d'Hilliers die Enthaftung von Hofers Frau und Sohn. Hofer und Sweth wurden nach Mantua transportiert. Napoleon hatte inzwischen den Befehl gegeben, Hofer nach einer formellen Kriegsgerichtsverhandlung standrechtlich zu erschießen. Wenige Stunden vor seinem Tod schrieb er einem Freund: „*Ade, meine schnöde Welt, so leicht kommt mich das Sterben an, daß mir nicht einmal die Augen naß werden!*" Er hatte sich aus der Verwirrung der Tage des Zusammenbruchs selbst wiedergefunden. Damals hatte ihm das Gefühl, daß er am Unglück des Landes schuldig sei, schwer zu schaffen gemacht. In Mantua starb er am 20. Februar 1810 als ein Führer seines Volkes, als Opfer für die Freiheit Tirols. Seine Gebeine ruhen in der Hofkirche zu Innsbruck.

Anton Aschbacher

Geboren am 14. Oktober 1782 im Weiler Achensee (Scholastika) als Sohn des ebenfalls in den Franzosenkriegen bekannt gewordenen k. k. Zolleinnehmers Johann Aschbacher, studierte in Salzburg und Hall. Von den Achentalern zu ihrem Hauptmann erwählt und von Hormayr zum Schützenmajor ernannt, kämpfte er in der ersten Maihälfte am Achenpaß, bei

←
Abb. links: Enthüllung des Kaiserdenkmals zur Erinnerung an die Vereinigung des Zillertales mit Tirol im Jahre 1816 in Fügen. Aquarell von Leopold Puellacher (Tiroler Landesmuseum Ferdinandeum).

der Rotholzer Brücke und bei Schloß Tratzberg. Er starb 1814 im Zuge der Befreiungskriege als österreichischer Sanitätsoffizier in Frankreich.

Josef Eisenstecken

Josef Eisenstecken, geboren in Matrei a. Brenner am 1. April 1779, trat in Bozen, wohin sein Vater übersiedelt war, mit 20 Jahren in das freiwillige Tiroler Jägerkorps ein und machte mit diesem den Feldzug in Italien mit. 1802 erwarb er das Badlwirtshaus an der Talferbrücke in Bozen, das bald der Zusammenkunftsort aller Bozner Patrioten wurde. Mit Hofer zog Eisenstecken im April 1809 gegen Trient und wurde dessen besonderer Vertrauter. Eisenstecken hatte großen Anteil an den Bergiselschlachten vom Mai. Im November 1809 rettete er sich nach Wien, wurde dort zum Major ernannt, wirkte bei der Eroberung Südtirols im Oktober 1813 mit und starb in Bozen im Jahre 1827.

Georg Hauger

Ein Student aus Freiburg im Breisgau, der sich bei Ausbruch des Krieges freiwillig zum Kriegsdienst in Tirol meldete, zeichnete sich vor allem im Kampf um die Lienzer Klause aus. Der berühmte Maler Albin Egger-Lienz zeigt ihn auf einem Gemälde, wie er mit einem von einer Hauswand genommenen Kruzifix in der erhobenen Rechten den Landstürmern voranschreitet. Er ging später nach Wien und trat 1816 in das Tiroler Jägerregiment ein. Beim Rückmarsch seiner Truppe aus Italien 1822 bewog er als Leutnant mehrere Kameraden, die Gebeine Andreas Hofers aus dem Grab in Mantua zu heben und sie nach Innsbruck zu überführen. Seit 1831 war Hauger Gefangenenhausbeamter in Wien und starb dort 1850.

Pater Joachim Haspinger

Eine der umstrittensten Gestalten des Tiroler Freiheitskampfes war Pater Joachim Haspinger. Er stammte aus dem Gsieser Tal, seine Eltern waren dort angesehene Bauern. In den Franzosenkriegen 1796/97 kämpfte er als Student auch bei Spinges mit. 1802 beendete er sein Studium an der Innsbrucker Universität und trat in den Orden der Kapuziner ein. Nach seiner Priesterweihe (1805) wurde er Aushilfspriester in Schlanders. In der Nacht vom 15. zum 16. August wurden die Kapuzinerklöster zu Meran, Schlanders und Mals vom bayrischen Militär überfallen und die Mönche auf Leiterwagen weggeschleppt. Haspinger kam nach Klausen. Die damals erlittenen Mißhandlungen und Entehrungen stärkten ihn in seiner Überzeugung, bei der Erhebung des Jahres 1809 mitzutun.

In den ersten Kämpfen im April war Haspinger noch nicht dabei. Anfang Mai wurde er als Feldpater mit Eisacktaler Schützenkompanien nach Welschtirol gesandt und erhielt im Valsugana seine Feuertaufe. Schon am 25. Mai kämpfte er bei der Bergiselschlacht und verstand es ausgezeichnet, seine Mitstreiter zum Kampf anzufeuern und sie von ihrer Resignation aufzurichten. Damals wurde der Ruf vom *Pater Rotbart* ein geflügeltes Wort.

Pater Joachim Haspinger war dabei, als die sächsische Division südlich von Sterzing aufgerieben wurde, ebenso bei der großen Bergiselschlacht am 13. August. Sicherlich hatte Haspinger daran Anteil, obwohl er in manchen Aktionen gegen den Ratschlag Hofers handelte.

Nur widerstrebend kam dieser in der nachfolgenden Zeit dem Wunsch Haspingers nach, die Tiroler Erhebung in die östlichen Nachbarländer zu tragen und auch dort die Bevölkerung zum Kampf gegen Bayern und Franzosen aufzufordern. Haspinger zog mit einem größeren Schützenkommando in den Pinzgau. Im Salzachtal schlossen sich ihm nur wenige an, so daß er sein Vorhaben bald aufgeben mußte.

Als die Kunde von dem zwischen Österreich und Frankreich geschlossenen Frieden nach Tirol drang, wollte Hofer jegliche Angriffshandlungen einstellen. Da war es Haspinger, der Hofers Entschlußkraft lähmte, ihn verunsicherte und schließlich – zum aussichtslosen Weiterkämpfen verleitete.

Nach Niederwerfung des Aufstandes versteckte sich Haspinger bei einem Freund und nach abenteuerlichem Weg über Oberitalien gelangte er nach Klagenfurt. Er trat aus dem Kapuzinerorden aus und war als Weltpriester in verschiedenen Gemeinden in Niederösterreich tätig. Im Jahre 1848 begleitete er im Alter von 72 Jahren die Tiroler Studentenkompanie, die damals aus Wien unter dem Kommando des später als Dichter und Geologe berühmt gewordenen Adolf Pichler an die Südgrenze Tirols ausgerückt war, als Feldkaplan. Er starb 1858 in Salzburg und wurde in der Hofkirche zu Innsbruck bestattet.

Peter Mayr

Peter Mayr aus Siffian am Ritten erwarb 1804 das Gasthaus an der Mahr südlich von Brixen. In den Kämpfen des Jahres 1809 war er stets in führender Stellung beteiligt. Bei der entscheidenden Bergiselschlacht am 13. August befehligte er das Zentrum. Er gehörte zu jenen, die nicht an den Frieden von Schönbrunn glauben konnten und immer wieder zum Kampf aufriefen. Im November verteidigte er mit großem Mut die Mühlbacher Klause gegen die anrückenden Feinde unter General Rusca. Nach der Niederwerfung des Aufstandes versteckte sich Peter Mayr in Feldthurns, wurde dort im Februar festgenommen, nach Bozen gebracht und am 20. Februar erschossen, nachdem er es abgelehnt hatte, durch eine Notlüge sein Leben zu retten.

Anton Oppacher

Geboren am 16. August 1770 in Jochberg, war später Wirt, machte als Leutnant der Jochberger Schützenkompanie bereits die Feldzüge von 1796 und 1797 in Südtirol mit und zeichnete sich in den bayrischen Grenzkämpfen von 1800 und 1805 besonders aus. Auch im Jahre 1809 kämpfte er mit und hielt mit seinen Schützen immer wieder die einrückenden Feinde beim Paß Strub auf. Vom Kaiserhaus ausgezeichnet, starb er am 16. Jänner 1845.

Peter Sigmair

Der Tharerwirt zu Mitterolang war in den Kämpfen des Jahres 1809 nie in führender Stellung. Er hatte erst im Februar geheiratet und machte bei den letzten Kämpfen im Spätherbst im Pustertal des öfteren Botengänge. Nach Niederwerfung des Aufstandes flüchtete er auf den Geiselsberg oberhalb seines Heimatortes. Als ihn die Gegner im Wirtshaus von Mitterolang nicht antrafen, griffen sie zum Mittel der Erpressung und nahmen seinen Vater mit. Nachdem Peter Sigmair davon Kunde erhalten hatte, verließ er sein sicheres Versteck und stellte sich dem General Broussier, der jedoch keinen Sinn für Verhalten hatte und ihn in Ketten nach Bozen bringen ließ. Anfang Jänner kam der Tharerwirt ins Gefängnis nach Bruneck und wurde zum Tode verurteilt. Um ein besonders abschreckendes Beispiel zu geben, wurde Peter Sigmair am 14. Jänner nach Mitterolang, seinem Heimatdorf, gebracht und vor dem Baumgartnerhof erschossen. Die Leiche wurde an einem Feldkreuz aufgehängt.

Unter den vielen Freiheitskämpfern des Jahres 1809 seien noch erwähnt:
Andreas Angerer, Wieselerwirt zu Volders; Georg Bucher, Dollingerwirt zu Axams; Martin Firler, Landaufseher in Hall; Paul Hilber von Igls; Peter Kemenater, Sternwirt in Schabs; Georg Lahner von St. Martin in Passeier; Josef Marberger, Gerichtsbeamter in Silz; Johann Panzl, Bräuhauswirt in Matrei in Osttirol, Josef von Morandell, Gutsbesitzer in Kaltern; Georg Hatzl aus Sterzing; Vigil Schweiggl aus Kurtatsch; Josef Rainer, Postmeister in Söll; Jakob Sieberer, Wirt in Langkampfen; Peter Thalguter aus Algund; Jakob Torggler von Mais; Johann Holzknecht vom Passeier.

Josef Speckbacher

Er wurde auf dem Speckhof in Gnadenwald 1767 geboren. Sein Vater war ein in dürftigen Verhältnissen lebender Bauer, der seine mit acht Kindern gesegnete Familie durch Feldarbeit schlecht und recht ernährte. Kaum sechs Jahre alt, verlor Josef seinen Vater und im dreizehnten Lebensjahr auch seine Mutter. So war der junge Speckbacher frühzeitig auf sich selbst gestellt. Er besorgte durch Jahre hindurch das Geschäft eines Hirten. Erst in späteren Jahren eignete er sich Kenntnisse in Lesen und Schreiben an.

Mit 27 Jahren ehelichte er die Bauerntochter Maria Schmiederer von Rinn. Durch seine Tüchtigkeit gewann Speckbacher bald die Zuneigung und das Vertrauen in seiner neuen Heimatgemeinde. Der Umstand, daß Speckbacher die Stelle eines Aufsehers in der Saline Hall versah, festigte seine Stellung. Im Jahre 1797 erhielt er mit der Innsbrucker Schützenkompanie die Feuertaufe bei Spinges. Auch in den Jahren 1800 und 1805 zog Speckbacher aus. Anläßlich eines Roßmarktes lernte er Andreas Hofer in Sterzing kennen. In allen kriegerischen Unternehmungen des Jahres 1809 war Speckbacher einer der tapfersten Kämpfer. Er war stets an der vordersten Front zu finden. In den Bergiselschlachten kommandierte er den rechten Flügel. Trotz allem Unheil, das über Tirol hereinbrach, verlor Speckbacher nicht den Kopf. Immer wieder hatte er die Kraft, von neuem zu kämpfen und die Unterinntaler mitzureißen. Als in der zweiten Oktoberhälfte erneut große feindliche Heere in Tirol einrückten, stellte sich ihnen Speckbacher mit geringer Macht bei Melleck, nördlich vom Paß Strub, entgegen, aber focht einen aussichtslosen Kampf. Damals geriet sein Sohn Andreas in Gefangenschaft der Bayern. Der bayrische König ließ ihn auf eigene Kosten in Landshut erziehen. Speckbacher kämpfte in der vierten Bergiselschlacht am Allerheiligentag wieder als Führer des rechten Flügels, aber seine Erfolge konnten die allgemeine Niederlage nicht mehr aufhalten.

In den folgenden Novembertagen mußte er fliehen, eine hohe Prämie war auf seine Ergreifung ausgesetzt. Er ging in die Berge, wechselte von Alm zu Alm, versteckte sich in einer Felsenkluft oberhalb des Volderer Baches, geriet in eine Lawine und schleppte sich zu einem Bergbauernhof, dessen Bauer er sich anvertrauen konnte. Wochen verbrachte er auch auf dem eigenen Hof in der Düngergrube seines Kuhstalles. Nicht einmal seine Familie durfte vom Versteck, das ihm sein getreuer Knecht Zoppel bereitet hatte, wissen. Noch weniger ahnten die in Speckbachers Haus einquartierten Soldaten davon, wie nahe ihnen der überall gesuchte „Feuerteufel“ war. Nach dem Abzug der feindlichen Soldaten aus seinem Haus machte sich Speckbacher auf den Weg nach Österreich, wo er in Wien freundliche Aufnahme fand, die goldene Verdienstmedaille erhielt und zum Major ernannt wurde. Seit 1814 lebte er wieder in Hall, starb aber bereits 1820 an den Folgen der in den Kämpfen und auf der abenteuerlichen Flucht erlittenen Verletzungen.

Anton Steger

Anton Steger, Sohn eines Brunecker Gastwirtes und seit 1801 Leibjäger und Büchsenmacher, stand im persönlichen Dienst des Erzherzogs Johann. Er wurde zum Kommandanten der Pustertaler Schützen. Besonders wichtig war der von ihm geleitete Widerstand an der Lienzer Klause in den ersten Augusttagen 1809, als es den Landstürmern gelang, das Vordringen feindlicher Truppen unter General Rusca zu verhindern. Im Oktober sah Anton Steger zum Unterschied von den meisten anderen Führern der Tiroler die Nutzlosigkeit eines weiteren Widerstandes ein und mahnte seine Leute zum Frieden. Er selbst zog nach Wien und nahm seinen Dienst bei Erzherzog Johann wieder auf. Im Jahr 1832 starb er an Cholera.

Josef Ignaz Straub

Einer der bedeutendsten Unterinntaler Freiheitskämpfer war der Kronenwirt von Hall, Josef Ignaz Straub. Ihn betraute man vor allem mit organisatorischen Aufgaben. Josef Ignaz Straub und der Stadtbaumeister von Innsbruck, Josef Huter, wurden am 22. April 1809 ins kaiserliche Hoflager nach Ebersberg abgesandt. Mit einem größeren Pulvertransport zogen sie wieder zurück in die Heimat. Als die Straße über Salzburg wegen der anrückenden Franzosen nicht mehr zu passieren war, mußte der Transport der Pulverwagen über Ischl und Aussee ins Ennstal und weiter in den Pinzgau geführt werden. Straub langte mit einem größeren Geldbetrag und Huter mit dem Pulvertransport am 12. Mai in Innsbruck ein. Nach der Unterdrückung des Aufstandes hatte Straub viel Schweres durchzumachen. Zuerst wurde ihm sein großer Besitz genommen. Im Frühjahr 1813 erfolgte seine plötzliche Verhaftung, da man ihn geheimer Verhandlungen mit den Österreichern bezichtigte. Er wurde nach München, später nach Passau abgeführt und erst im Dezember wieder auf freien Fuß gesetzt. Er starb am 16. Oktober 1850.

Martin Teimer

1878 in Schlanders geboren, studierte Jus. Nach längerem Aufenthalt in Kärnten kam er 1809 nach Tirol zurück und war in den ersten Kämpfen des Tiroler Landsturms als Oberinntaler Schützenführer hervorragend tätig. Er bewirkte die Kapitulation des Generals Bisson, kommandierte in der zweiten Bergiselschlacht den linken Flügel und wurde vom Kaiser zum Major ernannt, außerdem mit Auszeichnungen versehen, die kein anderer Tiroler Freiheitskämpfer erhielt. Im Juli verließ Teimer mit den letzten österreichischen Truppen Tirol, erwarb dank einer Gnadengabe des Kaisers die Herrschaft Wildon in der Steiermark und starb dort 1838.

Rupert Wintersteller

Wirt in Kirchdorf, entstammte einem Geschlecht, dessen Mitglieder sich schon in den Kriegen 1703 und 1742 hervorgetan hatten. Er wurde am 25. Jänner 1773 geboren. Als Leutnant der zweiten Kitzbühler Kompanie kämpfte er im Zuge des ersten Koalitionskrieges in Süd- und Welschtirol sowie 1800 in Bayern. Als Hauptmann der Kirchdorfer Schützen verteidigte er siegreich den Paß Strub um Allerheiligen 1805. Damals war es den Bayern trotz großer zahlenmäßiger Überlegenheit nicht gelungen, die Felsenenge zu durchbrechen. Viermal versuchten sie es vergeblich und räumten nach überaus schweren Verlusten das Feld.

Gleich zu Beginn des Tiroler Aufstandes nahm Wintersteller den Hauptmann der Bayern in St. Johann gefangen. Unvermutet trat er in das Zimmer und verlangte vom verblüfften Offizier den Degen. Dieser wollte Lärm schlagen. Da sagte ihm Wintersteller, daß die Bayern vom Landsturm bereits umringt seien. Da griff der Offizier zur Pistole. Aber der kräftige Wintersteller überwältigte ihn und erklärte ihm, daß weiterer Widerstand zwecklos sei. Die gefangenen Bayern wurden nach Lofer abgeführt. An allen Unternehmungen im Unterland war Wintersteller im Kriegsjahr 1809 beteiligt. Nach dem Treffen bei Waidring im Mai ging sein Anwesen in Flammen auf. Nach Abschluß des Wiener Friedens kehrte er zu seiner Beschäftigung als Wirt und Bauer zurück, wurde aber trotzdem im März 1813 verhaftet und in Ketten nach München und anschließend nach Ingolstadt geführt, wo er bis zum Oktober eingekerkert wurde. Er starb am 30. August 1832 in seiner Heimat.

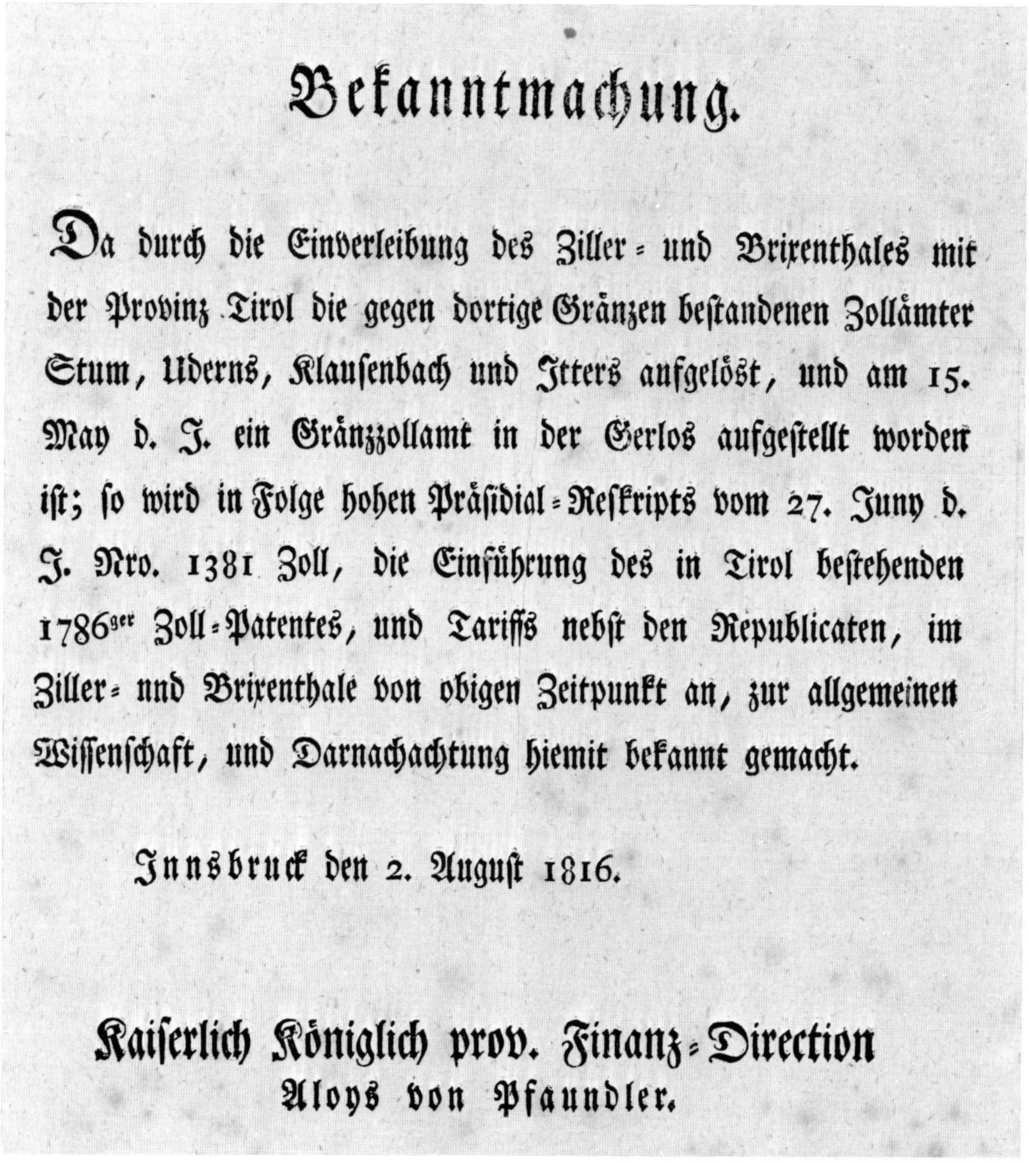

Bekanntmachung.

Da durch die Einverleibung des Ziller- und Brixenthales mit der Provinz Tirol die gegen dortige Gränzen bestandenen Zollämter Stum, Uderns, Klausenbach und Itters aufgelöst, und am 15. May d. J. ein Gränzzollamt in der Gerlos aufgestellt worden ist; so wird in Folge hohen Präsidial-Reskripts vom 27. Juny d. J. Nro. 1381 Zoll, die Einführung des in Tirol bestehenden 1786ger Zoll-Patentes, und Tariffs nebst den Republicaten, im Ziller- nnd Brixenthale von obigen Zeitpunkt an, zur allgemeinen Wissenschaft, und Darnachachtung hiemit bekannt gemacht.

Innsbruck den 2. August 1816.

Kaiserlich Königlich prov. Finanz-Direction
Aloys von Pfaundler.

Wegen des komplizierten Grenzverlaufes im Zillertal kam es wiederholt zu Grenzstreitigkeiten mit Salzburg. Erst nach der Einverleibung Salzburgs durch Österreich kamen 1816 die ehemals zum Hochstift Salzburg gehörigen Gerichte Zell, Fügen und Itter endgültig zu Tirol. An der Diözesangrenze mitten durch das Zillertal hat sich allerdings trotz zahlreicher Bemühungen seit Josef II. nichts geändert.

Territorialänderungen im Zuge der Franzosenkriege

Tirols Ausdehnung war seit der Zeit, als Kaiser Maximilian I. im Süden das Pustertal und im Nordtiroler Unterland beträchtliche Gebiete dazugewonnen hatte, durch drei Jahrhunderte unverändert geblieben. Erst Napoleons Eroberungskriege brachten die Landesgrenzen direkt (1802/1803 schon indirekt) in Bewegung; 1805/1806 folgte die Angliederung an Bayern, 1810 die Dreiteilung und 1815 die Repatriierung an Österreich.

Wegen der Landgewinne Frankreichs in Oberitalien (1797) mußte der Herzog von Modena mit dem Breisgau und der Landvogtei Ortenau abgegolten werden. Ebenso wie die Habsburger mußten viele deutsche Fürsten ihren Besitz am linken Rheinufer an Frankreich abtreten. Dafür sollten sie nach Beschluß des Reichstages (1802) durch die geistlichen Fürstentümer, die alle aufgehoben und säkularisiert wurden, angemessen entschädigt werden.

Die Hochstifte Brixen und Trient (wovon Brixen besonders im Pustertal großen Streubesitz hatte) waren bis zur Neuverteilung im sogenannten *Reichsdeputations-Hauptschluß* (1803) staatsrechtlich Ausland. Diese Enklaven innerhalb Tirols, zu denen auch die salzburgischen Gerichte im Ziller-, Brixen- und Iseltal zu zählen sind, machten jedoch die meisten Reformen Tirols mit. So wurde auch die Tiroler Landesordnung von 1573 in den Brixner Gebieten befolgt. Der Hoheit Brixens unterstanden bei dessen Einverleibung in die Grafschaft Tirol drei Städte und 51 Dörfer mit ungefähr 26.000 Bewohnern. Das Hochstiftsterritorium von Trient war viermal größer als Brixen und brachte der Monarchie etwa 146.000 neue Staatsbürger. Daß die Besitzergreifung der Hochstifte Brixen und Trient durch den österreichischen Staat im Jahre 1803 ohne Komplikationen vor sich gehen konnte, beweist, wie sehr diese Gebiete in das Land Tirol schon integriert waren. Die Einverleibung der Hochstiftsgebiete war seit Maximilian der größte Territorialgewinn Tirols.

Über diesen Landgewinn konnte sich Österreich vorerst nur kurze Zeit freuen, denn bereits zwei Jahre später ging Tirol durch die unglückliche Dreikaiserschlacht verloren. Bayern als Verbündeter Napoleons erhielt unter anderem im *Preßburger Frieden* Gesamttirol und das seit 1783 unter der Innsbrucker Zentralverwaltung stehende Vorarlberg zugesprochen. Am 11. Februar 1806 erfolgte die formelle Zivilbesitzergreifung durch das junge Königreich Bayern. Als kleine Entschädigung erhielt Österreich erstmal das einstige Fürstbistum Salzburg samt Berchtesgaden. Damit kamen auch die salzburgischen Gerichte Fügen, Zell, Itter und Windisch-Matrei (heute Matrei in Osttirol) an Österreich. Sie bildeten nunmehr Exterritorien innerhalb des bayrischen Tirol. Österreich hatte im Zillertal sozusagen die Fronten gewechselt und bemühte sich nach wie vor vergeblich, die komplizierten Grenzen mit den kleinen Ex- und Enklaven zu bereinigen. Österreich hatte also nach dem Verlust Tirols wieder einen Teil des Landes erhalten, der vorher staatsrechtlich nicht zu Tirol gehörte. Doch nicht lange hielten die neuen politischen Grenzen, denn nach dem Tiroler Aufstand und dem *Frieden von Schönbrunn* (14. Oktober 1809) gingen Salzburg und die ehemals salzburgischen Gebiete im Ziller-, Brixen- und Iseltal an Bayern verloren. Somit haben wir das Kuriosum, daß Tirol erstmals (allerdings unter bayrischer Hoheit) politisch völlig geeint war; allerdings für nur wenige Monate. Überhaupt waren alle diese Vorgänge nur kurzfristig und ohne Spätfolgen. Lediglich der Anschluß Osttirols an Kärnten an die sogenannte Illyrische Provinz Frankreichs sollte 1938 eine Neuauflage erfahren.

Am 28. Februar 1810 wurde durch den Pariser Vertrag die Dreiteilung Tirols besiegelt, um die Widerstandskraft zu schwächen. Neben der Zuteilung Osttirols mit Innichen und Sexten zu den Illyrischen Provinzen Frankreichs kam es zu einer Querteilung des Landes nördlich von Bozen. Waidbruck, Sarnthein und Lana waren noch bayrisch. Hingegen zählten

Buchenstein, Ampezzo und Toblach zum Königreich Italien. Die Sprachgrenze hatte bei den damaligen machtpolitischen Entscheidungen noch keine Rolle gespielt.

Nach Napoleons Rußlandfeldzug war seine Übermacht gebrochen. Noch im Jahre 1813 wurde die italienische und französische Herrschaft beseitigt. Nach schwierigen Verhandlungen mit Bayern wurde im *Pariser Vertrag* vom 3. Juni 1814 die Rückgabe Tirols (ohne Vils) zugesichert. Die altsalzburgischen Gebiete im Ziller- und Brixental behielt sich aber Bayern als Faustpfand zurück, bis die Salzburgfrage gelöst war. Die Wiedervereinigung Tirols mit Österreich stand am *Wiener Kongreß* außer Zweifel. Die Rückgabe von Vils und die Zuteilung der salzburgischen Gerichte Fügen, Zell und Itter zu Tirol erfolgte erst 1816 nach dem *Vertrag von München*. Damit waren die Territorialfragen für die nächsten 100 Jahre geregelt.

Die Entlastung der Bauern von Zins und Zehent

Kaiser Josef II. beseitigte die teilweise in Ostösterreich noch bestehende Leibeigenschaft und beabsichtigte die Ablösung der Grundlasten. Sein früher Tod verzögerte jedoch letzteres Vorhaben um mehr als ein halbes Jahrhundert. Erst das Revolutionsjahr 1848 und der gegen mittelalterliche Strukturen kämpfende Liberalismus brachten die schon lange überfälligen Grundzins- und Zehentablösungen zustande. Dadurch wurden alle Bauern von weiteren Geld- oder Naturalleistungen gegenüber den Grundherren befreit.

Auch die Konservativen Tirols konnten sich diesem Zeitgeist nicht entziehen und mußten im Landtag, wenn sie die Bauernschaft nicht verlieren wollten, für die Grundentlastung stimmen. Am drückendsten waren die Grundabgaben dort, wo Klöster und Hochstifte ihre Besitzungen hatten. Besonders Adel und Klerus sprachen sich für die weitere Beibehaltung der Zinse und Zehente aus. Bemerkenswert ist, daß im Tiroler Landtag die Grundentlastung bereits Wochen *vor* dem Antrag des Reichstagsabgeordneten Kudlich beschlossen worden war. Auch eine angemessene Entschädigung der Grundherren war vorgesehen, doch erhielt dieses Landesgesetz nicht die kaiserliche Sanktion.

In Tirol waren die meisten Bauern seit Jahrhunderten persönlich frei – es ist daher nicht angebracht, von einer Bauernbefreiung zu sprechen –, doch standen vor 1848 die meisten Höfe im Obereigentum eines geistlichen oder weltlichen Grundherrn. Nunmehr wurde dieses Abhängigkeitsverhältnis aufgehoben. Die hauptsächlich in Naturalien geleisteten Zehentabgaben wurden in Geld umgerechnet. Von der Gesamtsumme der Entschädigungen mußte ein Drittel der Bauer übernehmen, ein Drittel zahlte der Staat und ein Drittel wurde der Grundherrschaft abgeschrieben. Der Bauer konnte sein Drittel innerhalb von 20 Jahren abzahlen.

Die Tiroler Grundentlastungskommission unter Dr. Johann Haßlwanter führte bis zur Beendigung ihrer Tätigkeit im Jahre 1853 insgesamt 564.310 Erkenntnisse durch, wobei die Ablösesummen in Südtirol dreimal höher lagen als in Nordtirol. Diese höhere Belastung durch die Grundherren im Süden des Landes ist durch die hochwertigen Erträge aus Wein-, Obst- und Getreideanbau zu erklären. Überraschend ist, daß die Grundabgaben in Tirol für eine bestimmte Flächeneinheit im Durchschnitt mehr als doppelt so hoch waren als etwa in Innerösterreich. Ein gleich großer Bauer in Niederösterreich mußte nur ein Drittel von den Abgaben eines Tiroler Bauern leisten. Allerdings ist zu berücksichtigen, daß in Tirol insgesamt nur 1003 Tage Robot geleistet werden mußten, hingegen in Niederöstereich über 8 Millionen Tagesschichten. Ein weiteres bemerkenswertes Ergebnis der Grundentlastung in Tirol war, daß der Naturalzehent wegen seiner Wertbeständigkeit bei der Ablösesumme ungefähr die Hälfte aller grundherrlichen Lasten ausmachte.

Die Kommission konnte die Entlastung in Tirol innerhalb von nur vier Jahren durchführen, was darauf zurückzuführen ist, daß ein Drittel der abgabenpflichtigen Bauern sich mit dem Grundherrn direkt einigte. Das Verhältnis zueinander war folgedessen nicht schlecht. Verglichen mit anderen Ländern war die Zahl der belasteten Bauern und berechtigten Grundherren in Tirol doppelt so hoch. Daraus ist zu schließen, daß der grundherrliche Besitz viel mehr zersplittert war und die Anwesen merklich kleiner ausfielen. Die riesigen Ländereien mancher Klöster Ostösterreichs mit eigenen Hofmarken und eigener Jurisdiktion konnten sich in Tirol mit Ausnahme von Innichen, Pillersee und Axams schon landschaftsbedingt nicht entwickeln. Dank des Streubesitzes der tirolischen Grundherren entfaltete der Tiroler Bauer schon im 16. Jh. eine Eigenständigkeit, die ihm zumindest die persönliche Freiheit garantierte. Seine Abhängigkeit zum Grundherrn war also schon vor 1848 nur mehr privatrechtlicher Natur.

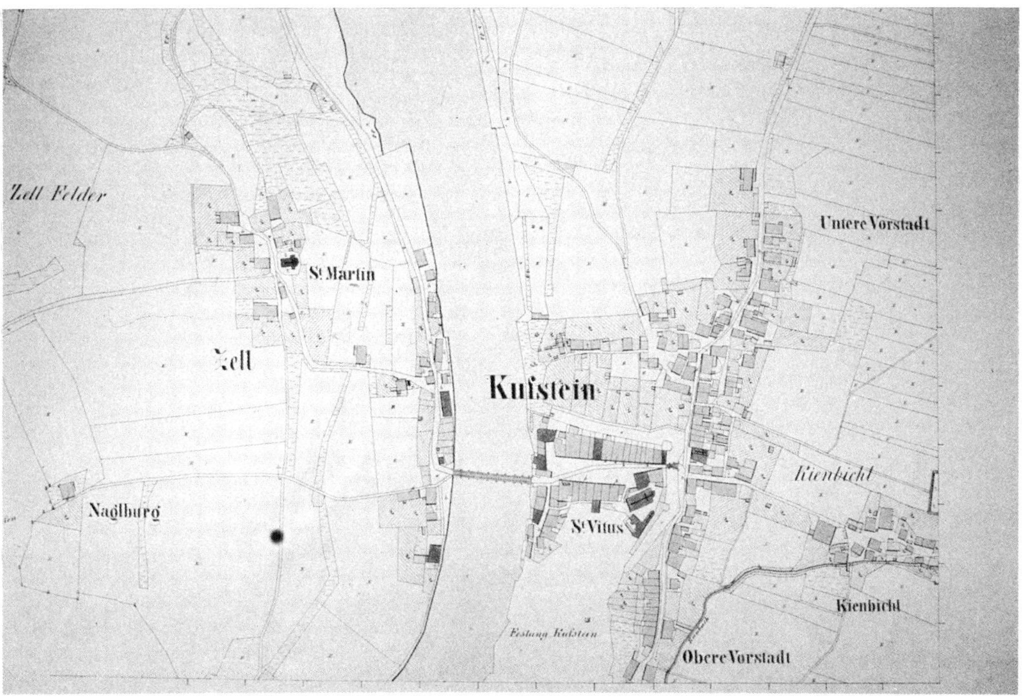

Eine wichtige Quelle für die Entwicklung der Ortsbilder sind die um 1855 von allen Gemeinden Tirols angelegten Katastermappen. Erstmals wird der Hausbestand planmäßig erfaßt, während im Theresianischen Grundsteuerkataster die Liegenschaften nur verbal beschrieben sind (Tiroler Landesarchiv, Kartensammlung).

Das Zeitalter des Eisenbahnbaues (1854–1884)

Seit dem Bau der beiden Römerstraßen über Brenner und Reschen hatte sich bis ins 19. Jh. bei den Verkehrsmitteln (Zugtiere) wenig geändert. Auch die erste Pferdebahn von Linz nach Budweis ist noch der seit Jahrhunderten üblichen Art der Fortbewegung zuzurechnen. In England waren bereits seit mehr als zehn Jahren Dampflokomotiven unterwegs, als auch am Kontinent die ersten Eisenbahnprojekte in den dreißiger Jahren auftauchten. Tirol mußte am Ball bleiben, wollte es nicht den lebensnotwendigen Transitverkehr verlieren. Tiroler Privatleute wie Dr. Maurer und Leopold Philip und die Innsbrucker Kaufleute ergriffen seit 1835 die Initiative, konnten sich jedoch gegen den Wiener Zentralismus des Vormärz und die Konzeptlosigkeit der Hofkanzlei nicht durchsetzen. Wien sollte zum Zentralpunkt im Staatsbahnsystem werden, weshalb sich Freiherr von Kübeck gegen alle Projekte stellte, die nicht die Kaiserstadt tangierten. So rangierte das Bahnprojekt Bozen–Innsbruck noch im Jahre 1851 an elfter Stelle. Erst bilaterale Verhandlungen mit Bayern und der zunehmende Druck Englands brachten die Eisenbahn für Tirol.

1853 begannen die Erdarbeiten auf der Strecke Innsbruck–Wörgl und 1854 wurden (kurz vor Eröffnung der Semmeringstrecke) die Bauarbeiten Bozen–Verona vergeben. Interessantes Detail am Rande: Bereits 1838 hatte Alois Negrelli, der Planer des Suezkanals, das erste Gutachten für eine Eisenbahnlinie von Innsbruck nach Kufstein erstellt. Ihm wurde 1854 die Bauleitung der Südtiroler Bahn übertragen.

Die beiden ältesten Schienenwege Tirols wurden aus Staatsmitteln finanziert. Die Nordti-

Abb. unten: Zementschiff bei Kufstein um 1860. Gut sichtbar neben dem Fluß der Treidelweg für die Bergfahrt, die Holzbogenbrücke von Kufstein und links die Trasse für die Eisenbahn, die damals erst seit wenigen Jahren befahren wurde (Heimatmuseum Kufstein).

Abb. oben: Ankunft des Kaisers Franz Joseph am Bahnhof in Innsbruck am 29. September 1863 (Tiroler Landesmuseum Ferdinandeum).

roler Staatseisenbahn Innsbruck–Kufstein wurde am 24. November 1858 und die Südtiroler Staatseisenbahn Bozen–Verona am 23. März 1859 eröffnet. Zur Entlastung der Staatskasse wurden diese Bahnen noch vor ihrer Fertigstellung privatisiert und schließlich nach den Kriegsereignissen des Jahres 1859 der Südbahngesellschaft übertragen. Es war nur mehr eine Frage der Zeit, bis die Verbindung des italienischen Schienennetzes mit dem geplanten bayrischen erfolgen sollte.

Die intensiven Bemühungen Tirols, den Brenner mit einer Eisenbahn zu überqueren, wurden bereits 1847 von der österreichischen Regierung akzeptiert. In diesem Jahr legte der Venezianer Ingenieur Qualizza im Auftrag eines Veroneser Bankiers im Innsbrucker Landhaus einen Entwurf vor, der einen 5760 m langen Scheiteltunnel vorsah. Weitere Projektentwürfe stammten von Karl Ritter von Ghega und Achilles Thommen. Doch es sollten noch 15 Jahre vergehen, bis der Baudirektor der Südbahngesellschaft Carl v. Etzel mit den Vorarbeiten beginnen konnte. Mit der geplanten Höchststeigung von 25 Promille erreichte er eine Streckenverkürzung von 36 km gegenüber Ghegas Projekt. Seine interessante Variante, Hall als Ausgangspunkt zu nehmen, scheiterte allerdings am Einspruch Innsbrucks. Aus Kostengründen wurden die 16 Baulose an kleinere Unternehmer vergeben. Widerstände der Grundeigentümer und existenzbedrohten Wirte und Kaufleute an der Brennerstraße verzögerten den 1864 begonnenen Bahnbau. 1866 mußten wegen des Krieges mit Italien 14.000 italienische Arbeiter entlassen werden. Wegen der Staatstrauer für Kaiser Maximilian von Mexiko wurde die zweite Alpenbahn Österreichs ohne alle Feierlichkeit am 24. August 1867 eröffnet. Die schwierige Trassenführung durch die Sill- und Eisackschlucht erforderte nicht weniger als 22 Tunnels mit insgesamt 5673 m. Weit vorausblickend wurde der Bahnkörper für eine Doppelgleisführung ausgerichtet und das zweite Gleis etappenweise bis 1908 zugelegt. Kostspielige Brückenbauten wie beim Semmering wurden durch Flußverlegungen und Dammschüttungen vermieden. Erstmals konnte diese bedeutendste Alpentransversale in nur sechs Stunden überwunden werden. Der Postwagen benötigte für dieselbe Strecke von Innsbruck bis Bozen 15 Stunden. Innerhalb von drei Jahren hatten mehr als 20.000 Arbeiter die bis heute wichtigste Eisenbahnverbindung über die Alpen geschaffen.

Die Ereignisse von 1866 zeigten die strategische Bedeutung einer Bahnverbindung durch das Pustertal zwischen Villach und Franzensfeste. Durch den Bau der Brennerbahn finanziell stark belastet, konnte die Südbahngesellschaft erst mit Hilfe eines Staatsbeitrages 1869 mit dem Bau beginnen. In nur 26 Monaten Bauzeit wurden diese 211 km, wovon 122 km auf Tiroler Boden liegen, vollendet. Bauleiter Karl Prenninger konnte die Pustertalbahn am 30. November 1871 dem Verkehr übergeben.

Wieder waren es politische Hintergründe, denen Tirol einen weiteren Bahnbau verdankt. Da Innsbruck mittels Bahn von Wien aus nur über Bayern zu erreichen war, suchte man nach 1866 nach einer innerösterreichischen Bahnverbindung. Die Verbindung Salzburg–Bischofshofen–Saalfelden–Kitzbühel–Wörgl wurde von beiden Landtagen lebhaft urgiert. 1872 war die Finanzierung der sogenannten Gisela-Bahn durch eine Privatgesellschaft, nämlich die „Kaiserin-Elisabeth-Bahn", gesichert. Trotz eines Bergsturzes auf Salzburger Seite konnte die Bahnlinie bereits am 6. August 1875 feierlich übergeben werden. 63 km Bahntrasse liegen

Abb. unten: In knapp dreieinhalb Jahren war am 19. November 1883 der 10,3 km lange Arlberg-Eisenbahntunnel durchschlagen. Der Großteil der Arbeiten erfolgte händisch. Diese Bohrmaschine war eines der wenigen technischen Hilfsmittel, die vor mehr als 100 Jahren bereits zur Verfügung standen.

Abb. oben: Nicht weniger als 347 Brücken, Viadukte und Durchlässe wurden in schwierigstem Gelände über den Arlberg errichtet. Als „Europabrücke des 19. Jh.s" könnte man die 88 m hohe und 120 m weite Trisannabrücke bezeichnen. Sie gehört neben der 1840 erbauten Stephansbrücke an der Brennerstraße zu den kühnsten Brückenbauten ihrer Zeit.

auf Tiroler Boden. 1915 kam ein zweiter Schienenstrang dazu. Mit der Eröffnung der Verbindung Salzburg–Tirol verkürzte sich die Strecke Wien–Innsbruck um 155 km gegenüber der Verbindung durch das Pustertal.

Die letzte Hauptbahn auf Tiroler Boden, die Arlbergbahn, fand im Präsidenten der Feldkircher Handelskammer, Karl Ganahl, seit 1847 ihren eifrigsten Wegbereiter, doch ließ der Bau Jahrzehnte auf sich warten. Zwar hatte man im Reichsrat diesem Jahrhundertbauwerk die nötige Dringlichkeit zuerkannt, doch Finanzkrisen, Börsenkrachs und Fragen der Rentabilität bewirkten immer wieder neue Verzögerungen. Erst der deutsch-französische Krieg, der Bau der Gotthardbahn und der Tunneldurchschlag durch den Mont Cenis waren Anlaß genug, mit den Trassenstudien zu beginnen. Tunnelvarianten zwischen 6,4 km und 12,4 km waren projektiert, doch Gegenprojekte verzögerten den Baubeginn weiter. Erst nach 34 Jahren (!) vergeblichen Bemühens wurde im Jahre 1880 der Bahnbau gesetzlich sanktioniert. Nach dreieinhalb Jahren war der 10.250 m lange Arlbergtunnel am 19. November 1883 durchschlagen. Oberbaurat Julius Lott konnte die feierliche Eröffnung am 20. September 1884 nicht mehr erleben. Das äußerst schwierige Gelände erforderte nicht weniger als 347 Brücken, Viadukte und Durchlässe und 15 Tunnels. Neben dem längsten Eisenbahntunnel Österreichs zählt die 88 m hohe und 120 m weite Trisannabrücke zu den Superlativen dieser Hochgebirgsbahn.

Innerhalb von drei Jahrzehnten wurden in Tirol sechs bedeutende Hauptbahnlinien mit einer Streckenlänge von 586 km geschaffen, die zum Großteil zweigleisig durch schwieriges Gelände führen. Damit fand das Zeitalter des Eisenbahnbaues seinen vorläufigen Abschluß. Erst 1910/12 erfolgte der Bau der Mittenwaldbahn unter Ing. Josef Riehl.

Tiroler Erfinder

Das 19. Jh. brachte eine Vielzahl von Erfindungen und technischen Neuerungen. Manche davon gehen auf Leute zurück, die keine spezielle Ausbildung genossen und sich das Wissen autodidakt angeeignet hatten. Die industrielle Entwicklung war durch das rasante Anwachsen naturwissenschaftlicher Kenntnisse bedingt. Tirol darf auf Erfinderpersönlichkeiten verweisen, die Geniales leisteten, beim „Umsetzen" ihrer Erfindungen zur Verbesserung ihrer Lebensverhältnisse aber wenig Glück hatten. Viele ernteten keinen Dank und starben unbekannt.

Der Kufsteiner Schneidermeister *Josef Madersperger* (1768–1850) erfand 1814 die Nähmaschine. Er lebte in Wien und starb im Armenhaus.

Peter Mitterhofer (1822–1893), der Erfinder der Schreibmaschine, stammt aus Partschins. Die Produktion von Schreibmaschinen erfolgte später durch amerikanische Konzerne. Der Sohn eines Tischlermeistes konstruierte in den Jahren 1864 bis 1869 vier Modelle (siehe Abb. S. 229). Auf langen Fußmärschen brachte er sie nach Wien, um finanzielle Unterstützung für sein Projekt zu erbitten. Es war ein Amerikaner namens Scholes, der später (1867) ebenfalls eine Schreibmaschine herstellte. Sie wurde dann von der Firma Remington in Serie erzeugt. Mitterhofers Modelle sind im Technischen Museum in Wien ausgestellt. Auch er lebte in bescheidensten Verhältnissen und starb mittellos.

Mit *Johann Kravogl* (1823–1889) aus Lana begegnet uns einer der Erfinder des Elektromotors. Sein Motor war auch ein vielbewundertes Exponat bei der Pariser Weltausstellung. Kravogl, Universitätsmechaniker in Innsbruck, erfand auch ein Repetiergewehr, eine Quecksilberluftpumpe und eine durch die Expansionskraft der Luft angetriebene Lokomotive. Wenngleich es an Anerkennung nicht fehlte, starb er arm in Brixen.

Der Pitztaler Bauernsohn *Christian Tschuggmall* (1785–1845) aus Wenns stellte automatische Spielzeuge und Puppen her. In 17 Jahren Wanderschaft lernte er Europa kennen und führte seine Spielzeugpuppen sogar dem Zaren und dem Sachsenkönig vor.

Ein Lechtaler, *Peter Singer* (1810–1882), erbaute das „Pansymphonikum", die erste mechanische Orgel.

Ein Pionier der neuen Seilbahntechnik ist *Luis Zuegg* aus Lana. Zwischen 1912 und 1936 verfeinerte er die Seilbahntechnik und errichtete 1923 die Seilbahn Meran–Hafling. Erkenntnisse aus dem Seilbahnbau im Ersten Weltkrieg und aus dieser Musterseilbahn lieferten die Möglichkeit, einen Lizenzvertrag mit einer Weltfirma abzuschließen. Das Seilbahnsystem „Bleichert-Zuegg" trägt seinen Namen.

Christian Reithmann (1818–1909) aus St. Jakob bei Fieberbrunn arbeitete schon in der Zeit seiner Tischlerlehre am Bau einer Zahnfräsmaschine. Der vielseitig Begabte wurde später Hofuhrmacher in München. Einen 1852 entwickelten Knallgasmotor stellte er später auf den Betrieb mit Leuchtgas um. Ehe Otto sein Patent anmeldete, baute Reithmann einen Viertaktmotor (um 1867). Die Folge war ein betrüblicher Prozeß, den Otto wegen Patentverletzung anstrengte. Zwar konnte der Erfinder des Zwei- und Viertaktmotors die Anerkennung seiner Ersterfindung des Viertaktmotors erreichen (er hatte den Motor schon seit Jahren verwendet), doch verlor er gegen einen Konzern das Recht, aus seiner Erfindung auch Nutzen zu ziehen. Nach einem Patent Reithmanns ist auch das Glockenspiel am Rathaus in München eingerichtet. Der gelernte Hofuhrmacher ist der Erfinder der elektrisch betriebenen Uhr.

Norbert Pfretzschner (1817–1905), Arzt in seinem Heimatort Jenbach, gilt als Erfinder der photographischen Trockenplatte (1866–1867).

Der Osttiroler *Simon Stampfer* (1792–1864) baute eine Filmtrommel.

Ein Eisenbahnersohn, *Otto Nußbaumer* (1876–1930) aus Wilten (Innsbruck), forschte – nach seinem Technikstudium in Graz – als Assistent von Prof. Ettinghausen auf dem Gebiete drahtloser Telegraphie. Am 15. Juni 1904 glückte ihm eine musikalische Übertragung auf

Abb. oben: Modell einer Lokomotive des Mechanikers Johann Kravogl aus Lana, 1823–1889 (Tiroler Landeskundliches Museum, Innsbruck).

Abb. unten: Max Valier, geb. 1895 in Bozen, gest. 1930 in Berlin, mit einem seiner Schienen-Raketenwagen (1928). Er gilt als einer der großen Pioniere der Raketentechnik und als ein Vorkämpfer der Raumfahrt. Bei der Explosion eines Raketenmotors mit flüssigem Treibstoff am Prüfstand der Fa. Heyland in Berlin-Britz verlor er mit 35 Jahren das Leben.

drahtlosem Wege. Nußbaumer verfaßte grundlegende Abhandlungen über die Verwertung der Radiotechnik.

Anton Nagy (1863–1935), Arzt aus Hall in Tirol, erwies sich als vielseitiger Konstrukteur. Er erfand Gasturbine und Schraubenflieger, aber auch Geräte wie den Motorschlitten und den Sterilisationsapparat.

Ein Pionier der Raketentechnik war der Bozner *Max Valier* (1895–1930). 1924 schrieb er eine Studie über Fragen der Raketentechnik und der Astronautik. Die notwendigen Experimente mit Raketenautos startete Valier mit Fritz von Opel, einem Autoindustriellen. Dem folgten 1929 Versuche mit Raketenflugzeugen. Er arbeitete am Bau einer Rakete mit Flüssigtreibstoff. Erst 35 Jahre alt, starb er an den Folgen eines mißglückten Laborversuches mit flüssigem Gas in Berlin.

Abb. unten: Bedingt durch den Eisenbergbau im Schlicker Gebiet siedelten sich in Fulpmes längs des Baches Schmiede an, die auch nach dem Erlöschen des Bergbaues noch ihr Handwerk weiter ausübten und den Beginn für die heutige Stubaier Kleineisenindustrie darstellten. Im 19. Jh. gab es im Stubaital schon 93 Meister mit ungefähr 130 Gesellen und 100 Hilfsarbeitern, die meisten davon waren in Fulpmes beschäftigt. In diese Zeit fällt auch die Gründung der k. k. Fachschule für Eisen- und Stahlbearbeitung am Schlicker Bach in Fulpmes. Die ausgewählten Gegenstände aus dem Jahre 1824 befinden sich im Tiroler Landeskundlichen Museum, Innsbruck.

Übervölkerung und Auswanderung

Zwischen dem 16. und 19. Jh. hat sich die Bevölkerung Tirols besonders im Oberland trotz Pest und Krieg verdoppelt bis verdreifacht. Da die Menschen fast ausschließlich von der Landwirtschaft lebten, der Boden jedoch nicht beliebig vergrößert werden konnte, kam es zu Abwanderungen und saisonbedingter Arbeitssuche im Ausland. Gerade in den kargen Gegenden des Außerfern, des Oberinntals, Villgratens und im Pustertal war der Bevölkerungszuwachs am höchsten. Es mutet heute merkwürdig an, daß die Art des Erbrechtes Ursache für den unterschiedlichen Kindersegen in unserem Lande war. Tatsache ist, daß in Gebieten mit Güterteilung (d. h. jedes Kind erhält einen Erbteil vom elterlichen Hof) die Übervölkerung am stärksten war. Durch die Erbteilung des Realbesitzes wurden jedoch die wirtschaftsfähigen Hofeinheiten so zersplittert, daß sie schon nach wenigen Generationen eine Familie nicht mehr ernähren konnten. Bis in die höchsten Regionen rodete man jedes nutzbare Fleckchen und entwickelte ein ausgeklügeltes Bewässerungssystem zur Ertragssteigerung. Trotzdem wanderten bereits 1628/29 mehr als 200 Personen aus den Gerichten des Lechtals nach Innerösterreich ab. Selbst in Jahren ohne Mißernten konnte der Inhaber von 1/16 oder 1/32 eines Hofes seine Familie nicht mehr ernähren und mußte als Taglöhner oder Gewerbetreibender seine Existenz sichern. Wie sehr die alten Hofeinheiten durch die Erbteilung zerschlagen wurden und sich die Armut mit jeder Familiengründung vergrößerte, zeigt sich am Beispiel der Gemeinde Kappl. Im Jahre 1628 gab es 2078 Grundanteile; 150 Jahre später waren es 5679 Teilstücke bei gleicher Gesamtfläche.

Wieso konnte die Art des Erbrechtes das Bevölkerungswachstum beeinflussen und die Armut fördern? Im Unterland mit seinem Anerbenrecht war eine Güterteilung nicht üblich. Meist bekam der älteste Sohn den Hof und konnte eine Familie gründen. Die weichenden Geschwister wurden Knechte und Mägde am elterlichen Hof oder bei einem anderen Bauern. Jedenfalls hatten sie wegen fehlender Existenzgrundlage nur geringe Heiratsaussichten. So blieb die Einwohnerzahl im Landgericht Kufstein zwischen 1615 und 1837 fast konstant. Sie erhöhte sich nur von 11.969 auf 13.438 Personen. Allerdings stieg der Prozentsatz der unehelich geborenen Kinder auf 10 Prozent gegenüber 2 Prozent in Landeck.

Die Platznot als Folge der Erbteilung (oft lebten mehrere Familien im selben Raum nur durch Bodenmarkierungen getrennt) wurde durch die Gemeinden noch verschlimmert. Denn der Neubau von Häusern wurde verhindert, um nicht die Nutzungsrechte an der Gemeindeweide und am Gemeindewald mit neuen Mitinhabern teilen zu müssen. In der ersten Hälfte des 19. Jh.s erreichte das unbewältigte Bevölkerungswachstum seinen Höhepunkt. Immer mehr Menschen mußten zeitweise oder für ständig außer Landes ziehen. Schon der im 16. und 17. Jh. versiegende Bergsegen ließ viele Knappen und Holzknechte in ausländische Bergreviere abwandern. Viele Oberinntaler fanden im Baugewerbe außerhalb Tirols im Sommerhalbjahr einen Erwerb. So waren unter den 2000 Einwohnern Kappls nicht weniger als 98 Maurermeister und 72 Gesellen. Als Saisonarbeiter waren Tiroler Zimmerleute, Maurer und Stuckarbeiter im süddeutschen Raum gefragt.

Große Entlastung für kinderreiche Familien brachte die Verschickung der zehn- bis fünfzehnjährigen Knaben als Hüterbuben nach Schwaben. Die sogenannten Schwabenkinder zogen verstärkt seit dem 17. Jh. im Frühjahr „ins Reich". Zu Fuß kehrten sie um Martini neu eingekleidet und mit drei bis vier Gulden Lohn wieder zu ihren Eltern heim. Jährlich verließen ca. 2500 Schwabenkinder und ca. 3000 Saisonarbeiter ihre Heimat.

Der Imster Kreishauptmann berichtet 1832: „*Die Armuth im Kreise Oberinnthal ist allenthalben groß, und die Noth steigt noch vom Frühling jeden Jahres bis zum Herbst. Es würde manchem Hausvater kaum möglich sein, in dieser Periode eine zahlreiche Familie zu erhalten, weswegen er sucht, denjenigen Teil seiner Familie, der ihm bei der dieslands so beschwerlichen Feldarbeit nicht behülflich sein kann, nämlich die Kinder von 9 bis 15 Jahren, vom Tische zu entfernen, indem er sie zum Viehhüten in das Ausland schickt.*" Aus dem Gerichtsbezirk Landeck wird versichert, daß ein Drittel der Bevölkerung verhungern müßte, wenn es nicht die zeitliche Auswanderung gäbe.

In Landeck oder St. Anton wurden die Kinder gesammelt und unter Führung der *Schwabenmutter* über den Arlberg zu den Kindermärkten nach Friedrichshafen, Ravensburg, Waldsee oder Wangen gebracht. Erst 1890 wurde zum Schutze der Kinder ein *Hütkinderverein* gegründet. 1915 verbot man die „*bedauerliche Ausbeutung der kindlichen Arbeitskraft*", die nach dem Ersten Weltkrieg nochmals kurz auflebte. Mehr als 300 Jahre hindurch war dies jedoch die einzige Möglichkeit, hungernde Tiroler Bergbauernfamilien zu entlasten. Eine

Abb. oben: Besonders durch die Übervölkerung im Zusammenhang mit der Zerstückelung wirtschaftsfähiger Hofeinheiten im oberen Inntal und im Außerfern waren die 10- bis 15jährigen gezwungen, als Hütkinder nach Schwaben zu ziehen. Seit dem 17. Jh. zogen jährlich bis zu 2500 sogenannte „Schwabenkinder" in den Bodenseeraum, um die kinderreichen Bergbauernfamilien zu entlasten. Anfang November kamen sie neu eingekleidet und mit einigen Gulden in der Tasche unter der Führung des Schwabenvaters oder der Schwabenmutter wieder in ihre Heimat zurück (Foto um 1892).

andere Gruppe, die sich im Ausland ihr Brot verdienen mußte, waren die Deferegger Hausierer und die Zillertaler Krämer sowie die Oberinntaler Vogelhändler und Krautschneider. Bisweilen ersetzten Tiroler in ihrer bunten Tracht als sogenannte *Hoftyroler* oder *Tyroler Wastel* den Hofnarren. Manche kamen als Wurzelgräber, Branntweinbrenner und Pechsammler weit über die Landesgrenzen, die Grödner Bildschnitzer sogar bis nach Amerika. Die Stubaier Kraxentrager verbreiteten ihre Eisenwaren bis nach Ungarn, Polen, Böhmen und in die Levante. Über jene Tiroler, die im 19. Jh. für immer auswanderten, um in Südamerika eine neue Heimat zu finden, handelt ein eigenes Kapitel.

Die Saisonhandwerker und Wanderhändler trugen auch zur Verbreitung des Protestantismus bei. Dies hatte wiederum zur Folge, daß viele Tiroler wegen ihres neuen Glaubens unfreiwillig auswandern mußten. Nicht Armut und Hunger zwang die Deferegger Protestanten zur Auswanderung, sondern allein ihr Glaube. Zwischen 1666 und 1725 wurden 895 Menschen gezwungen, ihre Osttiroler Heimat für immer zu verlassen. Mit Gewalt zerriß der Salzburger Fürstbischof viele Familien, denn Kinder unter 15 Jahren durften nicht auswandern. So wurden damals 227 Kinder zurückbehalten, 56 davon konnten von ihren Eltern später „entführt" werden.

Ähnlich war es im Zillertal, wo durch Händler und Bergleute protestantisches Gedankengut eingedrungen war. Noch im 19. Jh. wurde dem Wunsch der Zillertaler, eine eigene protestantische Pfarrgemeinde zu gründen, von den geistlichen und weltlichen Behörden nicht entsprochen.

Im Jahre 1837 (also 56 Jahre nach dem Toleranzpatent) gaben 393 Zillertaler wegen ihrer Religion die Heimat auf. Sie gründeten in Erdmannsdorf im Riesengebirge eine Zillertaler Kolonie. Diese Zahlen nehmen sich bescheiden aus, wenn man berücksichtigt, daß zu dieser Zeit aus dem Salzburgischen rund 20.000 Menschen aus diesem Grunde auswandern mußten. Einen empfindlichen Verlust an Menschen erfuhr Tirol bereits im 16. Jh., als die Wiedertäufer wegen ihres Glaubens ihr Leben ließen oder zur Auswanderung gezwungen wurden (siehe auch Seite 130f).

Alpinismus, Wegbereiter des Fremdenverkehrs

Als Herzog Sigmund vom Mönch Felix Fabri durch das Gebirge begleitet wurde, erschienen diesem die Gipfel Tirols *horribiles* (schrecklich). Auch Kaiser Maximilians Abenteuer in der Martinswand flößte den Zeitgenossen Respekt ein. Die Unkenntnis und Ehrfurcht vor dem Hochgebirge war noch im 18. Jh. so groß, daß kein Älpler ohne Notwendigkeit die Eisregionen betrat. Nur Jäger und Hirten „verirrten" sich bisweilen auf einen Gipfel, um Gemsen bzw. Schafe zu erspähen.

Naturforscher bestiegen als erste bedeutende Gipfel. So berichtete der Franzose Balthasar Hacquet über seine *Mineralogisch-botanische Lustreise . . . zu dem Berg Glockner in Tyrol 1779 und 1781* und wurde damit Wegbereiter für die sehr frühe Erstbesteigung des Großglockners am 28. Juli 1800 unter der Patronanz des Gurker Bischofs Graf Salm. 14 Jahre vorher war der wesentlich leichtere Montblanc bestiegen worden. Als die wichtigsten Gipfel der Westalpen (meist durch wohlhabende Engländer) bezwungen waren, richtete sich das Augenmerk verstärkt auf die Ostalpen. Grundlage für diese frühen Unternehmungen war der 1774 von Peter Anich und Blasius Hueber herausgegebene Tirol-Atlas, der bis zur Herausgabe der Generalstabskarte im 19. Jh. das wichtigste Hilfsmittel für Alpinisten wurde.

Daß am höchsten Berg Tirols, dem 3899 m hohen Ortler, bereits am 27. September 1804 der Passeirer Joseph Pichler stand, ist der Initiative Erzherzog Johanns zu danken. Im Jahr darauf erfolgte die erste Touristenbesteigung, ebenfalls auf Anregung des Erzherzogs. Das goldene Zeitalter des Alpinismus ging auch in Tirol um die Mitte des 19. Jh.s zu Ende, als die letzten bedeutsamen Gipfel (die Ötztaler Wildspitze 1857) auf den Normalrouten erstürmt waren. Mit ortskundigen heimischen Führern und Trägern unternahmen gutbetuchte „Salonbergsteiger" in der Folge wahre Expeditionen, da es vorerst noch keine Schutzhütten gab. Aber auch Führerlose wagten sich bis in die höchsten Täler Tirols vor, wobei besonders Hermann von Barth, der Erschließer des Karwendels, zu nennen ist. Er und viele andere

erzählten in den heute schwärmerisch anmutenden Erlebnisberichten von den Schönheiten des Hochgebirges und trugen viel zur Popularität Tirols bei.

Zur Errichtung von Anstiegen, Stützpunkten, Erstellung von Detailkarten und Routenbeschreibungen wurde bald eine bessere Organisierung der Bergsteiger notwendig. Als erste erkannten dies nicht die Einheimischen, sondern Engländer, die 1857 in London den ersten Alpenclub gründeten.

In Tirol war es ein junger Geistlicher, der zeitlebens unbedankt für die Erschließung seiner engeren Heimat größte persönliche Opfer brachte und sich lange vergeblich um den Zusammenschluß in- und ausländischer Bergsteiger bemühte. Franz Senn, als Bergbauernkind am 19. März 1831 in Längenfeld geboren, hatte in seinem Katecheten Christian Falkner einen großen Gönner. Er ermöglichte ihm das Studium in Innsbruck, München und Brixen. Als Kooperator begann Senn in Zams, Serfaus und Landeck. 1860 erhielt er die Kuratie Vent, zu der auch ein kleiner Gastbetrieb gehörte. Tatkräftig ging er an die Erweiterung des Pfarrhofes, da sich schon viele Gäste angesagt hatten. Er investierte seine eigenen Ersparnisse, um möglichst viele der ausländischen Touristen in einem der ärmsten und höchstgelegenen Bergdörfer Tirols beherbergen zu können und dadurch die Not zu lindern. Dazu gehörte die Erschließung der Bergwelt, derentwegen die Gäste den langen Anmarsch über Karrenweg und Saumpfad auf sich nahmen. Noch in den sechziger Jahren unternahm er zahlreiche mühevolle Erstlingstouren und wurde so zum besten Kenner der Ötztaler Alpen und ihr großer Erschließer (er bestieg erstmals den Brochkogel, Fluchtkogel, die Fineilspitze, Weißseespitze und die Ramolkögel). Auf seinen vielen Neutouren begleitete ihn meist Zyprian Granbichler, der als Zimmermann beim Widumsausbau mitgeholfen hatte. Kurat Senn hatte den Plan, einen sicheren Gehweg von Zwieselstein nach Vent und weiter über das Hochjoch in das Schnalstal zu bauen. Und er verwirklichte ihn auf eigene Kosten. Immer mehr profitierten die Venter von diesem Weg, doch die Schuldenlast mußte Senn allein tragen, bis zu seinem Lebensende.

Seine zweite Enttäuschung war die mißlungene Vereinigung aller deutschen Bergsteiger in einem einzigen Alpenverein. Der in Wien 1862 gegründete ÖAV lehnte Senns Idee wiederholt ab. Am 9. Mai 1869 wurde von Johann Stüdl und seinem Münchner Freund Karl Hofmann der Deutsche Alpenverein gegründet. Als Senn nach Nauders versetzt wurde, konnte er sich dem Alpinismus nicht mehr mit gleicher Kraft widmen, doch ging seine Saat voll auf. Ein immer dichteres Netz von Wanderpfaden lockte mehr Touristen in das aufblühende Ötztal, und der baldige Zusammenschluß der beiden Alpenvereine war dem Gästestrom über die Grenzen hinweg nur förderlich.

Sein Leben vollendete der große Initiator des Tiroler Alpentourismus mit 52 Jahren in Neustift, nachdem ihn die Nauderer durch Intrigen sogar ins Gefängnis gebracht hatten. Die Franz-Senn-Hütte, die ein Jahr nach seinem Tod im Oberbergtal bei Neustift vollendet wurde, hält seinen Namen als einen der bedeutendsten Pioniere des Alpinismus in Erinnerung.

Um das Bergsteigen sicherer und bequemer zu machen, entstanden in Tirol in den folgenden Jahrzehnten Dutzende von Schutzhütten, und noch zu Lebzeiten Senns wurde eine vorbildliche *Bergführer-Ordnung für Tirol und Vorarlberg* genehmigt, um den ungeübten Gästen ein gefahrloses Bergsteigen zu ermöglichen. Das Führerwesen war bis zum Aufkommen des Wintersports um die Jahrhundertwende neben der bescheidenen Landwirtschaft eine der wenigen Erwerbsquellen der Bevölkerung in den Bergtälern. Schon um 1900 schrieb ein Zeitgenosse: *„Der Alpinismus hat auch den Bewohnern der Alpengebiete, von denen*

← Abb. linke Seite: Die Erschließung der wichtigsten Dolomitengipfel war bereits im letzten Jahrhundert abgeschlossen (der höchste Berg Tirols, der Ortler, wurde schon 1804 erstiegen). Die hier dargestellte Bezwingung des Zwölfers in den Sextener Dolomiten im Jahr 1891 von E. T. Compton zeigt die einfache Ausrüstung und den damaligen Stil zu klettern (Original im Alpenvereinsmuseum, Innsbruck).

Schrötter 1897

viele bisher in kümmerlichster Armut ihr Dasein fristeten, die Einnahmsquellen um ein beträchtliches vermehrt. Die Fremdenindustrie erstand . . .“

Inzwischen haben sich die Alpenvereine von jeder weiteren Erschließung distanziert, denn nach Errichtung von rund 1000 Liften und Seilbahnen allein in Nord- und Osttirol gilt es, die Bergwelt Tirols vor einer ausufernden Fremdenindustrie zu schützen.

Abb. links oben: Bedingt durch das milde Klima und die landschaftlichen Schönheiten wurde Meran schon früh zu einem beliebten Kurort des Kaiserreiches, ein Treffpunkt der Wohlhabenden aus allen Teilen der Monarchie, ausgestattet mit pompösen Hotels und Anlagen.

←

Abb. unten: Schon früh gab es Boote auf dem „Jörgenthaler See“, wie der Achensee früher nach seinem Besitzer, dem Kloster St. Georgenberg, hieß. Zur Zeit Sigmunds des Münzreichen und Kaiser Maximilians I. wurden von venezianischen Schiffsleuten schön verzierte Schiffe mit 30 bis 40 Rudern hergestellt. Der Landesfürst Ferdinand II. hatte eine kleine Achenseeflotte, mit der er in seinem Fischereirevier herumfuhr. Mit dem Aufleben des Fremdenverkehrs seit der Mitte des 19. Jh.s begann dann eine neue Epoche der Schiffahrt. 1887 wurde der erste Schaufelraddampfer „St. Josef“ (siehe Abbildung) in den Dienst gestellt. Er faßte 120 Personen und steht noch heute – wenngleich mehrfach umgebaut – in Verwendung.

←

Abb. links unten: Im 19. Jh. entdeckte man vermehrt die landschaftlichen Schönheiten Tirols. In einigen Gegenden begann der erste Fremdenverkehr. Dazu zählte auch das Gebiet am Achensee, das durch eine Schmalspurbahn von Jenbach aus erschlossen wurde. Der idyllische Stich aus dem 19. Jh. zeigt den Achensee und Pertisau mit dem Fürstenhaus, das schon den Landesfürsten des späten Mittelalters und der ersten Jahrhunderte der Neuzeit Herberge bei ihren zahlreichen Aufenthalten am Achensee geboten hatte.

Politisch-geistige Strömungen nach 1848

Andreas Hofers Kampfruf *„Für Gott, Kaiser und Vaterland“* reichte für die meisten Tiroler aus, um die Zeit des Metternich'schen Polizeistaates ohne große Komplikationen zu überdauern. Die wenigen (insgesamt 250) *„mißvergnügten“* Tiroler, die in den Polizeiakten geführt wurden, setzten sich aus Bonapartisten, Carbonari, Demokraten und meist ausländischen Revolutionären zusammen. Die Schichten des Bürgertums, der Intellektuellen und des Proletariats waren hierzulande geringer und kaum organisiert. Kaiser Ferdinand konnte daher im Revolutionsjahr 1848 getrost seine Residenz in Innsbruck aufschlagen.

Die Umwälzungen, welche vom patriarchalischen Absolutismus zu einer konstitutionellen Verfassung führten, wurden also nicht von den „biederen“ Tirolern ausgelöst (wenngleich sie sich dem neuen Zeitgeist nicht verschlossen), doch blieben die neuen Ideen des Liberalismus, Nationalismus und Sozialismus vorerst auf eine dünne Schicht in den wenigen Städten und Industrieorten beschränkt. Allmählich vollzog sich jedoch durch neue Arbeitsbedingungen eine Umschichtung in der rasch wachsenden städtischen Bevölkerung. Der Ruf nach besseren Arbeitsbedingungen, mehr Bildung und Deckung individueller Ansprüche einerseits und die von Intellektuellen getragenen unterschiedlichen weltanschaulichen Ideen andererseits ebneten den Weg für eine pluralistische Gesellschaft. Immer weniger Menschen ließen sich ihre politisch-weltanschauliche Auffassung von oben her vorschreiben. Selbst unter der Geistlichkeit waren die politischen Lager zwischen Konservativen und Christlichsozialen gespalten, was schließlich zum Rücktritt von Bischof Aicher führte.

Das gehobene Selbstbewußtsein der Menschen und ihr Bedürfnis an Mitgestaltung und Mitbestimmung sowie die Sicherung der persönlichen Freiheit und Schutz vor staatlichen Übergriffen wurde vom Liberalismus vertreten. Das liberale Bürgertum forderte die Wahrung der kulturellen Eigenart, der Muttersprache und des Volkstums und näherte sich damit dem Nationalismus. Die nach 1848 lautwerdende *Großdeutsche Idee* verlangte sehr deutlich, alle Völker Mitteleuropas unter der Führung der Habsburger zusammenzufassen, also auch die Nichtdeutschen. Hingegen wollten die *Kleindeutschen* eine Lösung, die alle nichtdeutschen Völker der Donaumonarchie ausschloß. Beide Bestrebungen waren für Österreich und Tirol gleich gefährlich. Denn auf der anderen Seite gab es den italienischen *Irredentismus,* welcher eine „Erlösung“ aller italienischen Gebiete von der Fremdherrschaft forderte. Die Frage, ob die Verwirklichung der Autonomiebestrebungen im italienischen Landesteil – besonders Statthalter Merveldt sträubte sich dagegen – eine Beruhigung der nationalen Gemüter gebrachte hätte, blieb von der Geschichte unbeantwortet (vgl. Kapitel: Der Autonomiekampf).

Eine weitere neue Kraft neben Liberalismus und Nationalismus war das Streben nach mehr sozialer Gerechtigkeit und eine Sicherung der dringendsten Lebensbedürfnisse der Arbeiter. Vorerst unter liberalem Einfluß gruppierten sich 1870 in Innsbruck, dann in Bozen und Meran Bildungsvereine für Arbeiter. Besonders seit dem ersten Parteitag der Sozialdemokraten in Hainfeld (1888/89), wo die Tiroler durch Josef Holzhammer vertreten waren, stieg das Selbstbewußtsein der Arbeiter stark an. Mit der Forderung dieser Partei nach dem allgemeinen und gleichen Wahlrecht, nach der Verbesserung der Lohn- und Arbeitsverhältnisse, der Trennung von Staat und Kirche sowie dem Verlangen nach kultureller Autonomie der Nationalitäten, bot das Parteiprogramm zugleich gesellschaftspolitischen Zündstoff.

Daß sich in Tirol die vorhandene politische Vielfalt im Landtag und in den Gemeinden nicht widerspiegeln konnte, hängt mit dem Zensuswahlrecht zusammen. Kein Arbeiter und Gewerbetreibender war imstande, die erforderliche Steuerleistung aufzubringen, um stimmberechtigt zu sein. So konnten sich die sozial Schwachen nur auf der Basis eines Vereins artikulieren, und es gibt keine authentischen Zahlen über das tatsächliche politische Kräfteverhältnis Tirols zur Zeit der Monarchie. Als 1907 zumindest für den Reichsrat alle Tiroler mit gleichem Gewicht stimmen konnten, wurden für Innsbruck bei der Ersatzwahl zwei Mandate von den Sozialdemokraten gewonnen. Da die Abhängigkeit der beiden Großparteien von der katholischen Kirche in Tirol sehr groß war und die konservative Bauernschaft 90 Prozent der Bevölkerung ausmachte, war auf Landesebene keine politische Sensation zu erwarten. In Anerkennung der Wahlergebnisse hielten die Sozialisten 1911 ihren Parteikongreß in Innsbruck, wobei neben Adler und Renner auch der Russe Trotzky anwesend war. Kein Ruhmesblatt für die Trienter Sozialisten war, daß ihr 1911 gewählter Reichsratsabgeordneter, Cesare Battisti, 1915 zur italienischen Armee desertierte.

Da sich die politische Meinungsbildung nach Aufhebung der Zensur in der Öffentlichkeit abspielen konnte, kam es nach der konstitutionellen Verfassung von 1848 und 1861 bald zu einer Blüte im parteipolitischen Zeitungswesen. Die einzige Tageszeitung seit 1814 war das Regierungsblatt *Bote für Tirol.* 1854 erschienen erstmals die parteilosen *Innsbrucker Nachrichten,* die sich seit 1900 und besonders seit 1919 zum freiheitlichen Sprachrohr entwickelten. Der liberalen *Innsbrucker Zeitung* folgten seit 1866 das *Innsbrucker,* dann *Tiroler Tagblatt.* Die Konservativen gaben das *Volksblatt für Tirol und Vorarlberg* und seit 1861 die *Tiroler Stimmen* heraus. Die sozialdemokratische *Volkszeitung* bestand von 1890 bis 1939. Die Christlichsozialen vertraten ihre Meinung seit 1907 im *Tiroler Anzeiger.*

Wie sehr im Blätterwald Weltanschauung, Politik und Glaube in alle Lebensbereiche hereinspielten, läßt sich am Beispiel des Schulkampfes erläutern. Die seit 1804 bestehende Monopolstellung der Kirche in der Schulaufsicht wurde durch den seit 1867 liberal dominierenden Reichsrat zu Fall gebracht. Da der Papst den Liberalismus bereits 1864 in einer Enzyklika als Irrlehre verdammt hatte, bekämpften die klerikalen und konservativen Tiroler Abgeordneten die seit Jahrzehnten ausstehende Schulreform. Das Reichsvolksschulgesetz von 1869 sah u. a. eine interkonfessionelle Schule vor, eine Verlängerung von sechs auf acht Jahre, die Erhebung der Lehrer in den Beamtenstand und deren Altersversorgung. Weil sich die klerikal-konservative Mehrheit im Tiroler Landtag weigerte, auf Grund der Reichsschulgesetze die entsprechenden Durchführungsgesetze zu beschließen (man berief sich auf das Konkordat von 1855, sprach von Elternrecht und staatlichem Schulmonopol), mußte 23 Jahre hindurch bis 1892 mit Notverordnungen gearbeitet werden. Die Leidtragenden des gesetzlosen Zustandes in Tirol waren die Lehrer, welche teilweise in Nachbarländer mit angemessenen Gehältern und geordneten Rechtsverhältnissen abwanderten. In polemischen Zeitungsartikeln wiegelte die konservative Presse die Bevölkerung gegen die mehrheitlich beschlossenen Schulgesetze auf. Die Klerikalen sprachen von einer Entchristlichung der Schule und beanspruchten für die Kirche das „historische und natürliche Recht", das Reichsvolksschulgesetz als ungültig und unverbindlich zu betrachten. Die *Tiroler Stimmen* (1871, Nr. 52) behaupteten, daß die Lehrerbildungsanstalten nur mehr konfessionslose Lehrer hervorbrächten.

Die gleiche Intoleranz legten die von der katholischen Kirche (Bischof Vinzenz Gasser) beherrschten Parteien im Landtag gegenüber den Protestanten an den Tag, um die katholische Glaubenseinheit Tirols zu wahren. Da jenes Landesgesetz, das die Gründung von protestantischen Kirchengemeinden verbot, jedoch im Widerspruch zum Staatsgrundgesetz von 1867 stand, wurde es aufgehoben. 1875 gründete man in Innsbruck und Meran die ersten evangelischen Kirchengemeinden. Damit war das vor fast 100 Jahren erlassene Toleranzpatent auch in Tirol verwirklicht worden. Für die Zillertaler Inklinanten kam diese Verwirklichung allerdings um 38 Jahre zu spät.

Um die Jahrhundertwende vollzog sich in der katholisch-konservativen Partei ein bedeutsamer Wandel, denn immer mehr Abgeordnete wandten sich den offenen sozialen und wirtschaftlichen Fragen der Handwerker und Bauern zu und neigten in der Nationalitätenfrage zu einer toleranteren Haltung. 1901 konnten die Christlichsozialen nach dem Vorbild Dr. Karl Luegers bei den Landtags- und Reichstagswahlen erste Erfolge auf Kosten der Konservativen erzielen.

Ihre führenden Männer waren Aemilian Schöpfer, der Bürgermeister von Sillian, Josef Schraffl, und der Beamte Josef Schorn. Schraffl begründete 1904 den Tiroler Bauernbund (siehe auch Seite 226). 1907/08 erzielten die Christlichsozialen einen durchschlagenden Wahlerfolg. Auch in der liberalen Partei vollzog sich ein bedeutsamer Wandel zur nationalen Richtung unter Führung Eduard Erlers. Der in ganz Europa immer stärker auftretende Nationalismus führte in Innsbruck bei der Eröffnung der italienischen Rechtsfakultät zu Straßenkämpfen. Schließlich erzwangen die Deutschnationalen deren Schließung, und die Regierung versprach, zum Ausgleich in Triest eine Rechtsfakultät zu errichten. Die veränderten Parteienverhältnisse in Tirol stimmten mit den Wahlergebnissen beim Reichsrat wegen des andersgearteten Wahlmodus nur teilweise überein.

Abb. unten: Die Außenpolitik der Donaumonarchie Österreich-Ungarn bekam durch den Abschluß des Zweibundes mit dem Deutschen Reich im Oktober 1879, eines gegen Rußland gerichteten Defensivbündnisses, ihre feste Grundlage. Dem Zweibund folgte dann 1882 der Abschluß des Dreibundes mit Italien. Doch war dieses Bündnis von Anfang an wegen des italienischen Irredentismus zweifelhaft. Dieser strebte die Vereinigung des Trentino, der Grafschaft Görz, Triests, Istriens, Fiumes und Dalmatiens mit dem 1871 errichteten Königreich Italien an. An diesen Forderungen zerbrach später das Bündnis, und Italien wandte sich während des Ersten Weltkrieges von den Mittelmächten ab und schloß sich der Entente an.

Blütezeit der Geschichtsforschung

Unter den staatlichen Aufsichtsorganen des Vormärz konnten Forschung und Freiheit der Lehre kaum gedeihen. Besonders das Geschichtsstudium litt unter der Polizeiära des Fürsten Metternich, und die österreichischen Lehrbücher wurden in deutschen Landen mit Spott bedacht. Längst arbeitete man dort am großen Quellenwerk der Monumenta Germaniae Historica, während sich die österreichischen Historiker über die veralteten Kolleghefte kaum hinauswagten.

Umso bedeutsamer für die Universität Innsbruck war deshalb die Berufung des Benediktinerpaters Albert Jäger im Jahre 1845, als er die Lehrkanzel für Universal- und Österreichische Staatengeschichte vertretungsweise zugesprochen erhielt. Am 8. Dezember 1801 in Schwaz geboren, erlebte er als Knabe, wie im Kriegsjahr 1809 die Bäckerei seines Vaters in Flammen aufging. Verarmt kam er mit zehn Jahren zu seinem Onkel nach Bozen, besuchte das dortige Gymnasium und war zugleich vier Jahre Hauslehrer beim Bozner Merkantilkanzler Joseph von Giovanelli. Dieser weckte bei Jäger nachhaltiges Interesse für das Ständewesen Tirols. 1825 trat Jäger als Novize in das Benediktinerstift Marienberg (Vinschgau) ein, wo bereits Beda Weber wirkte. Nach dem Theologiestudium in Brixen und Trient unterrichtete er zehn Jahre am Meraner Gymnasium. Daneben forschte er über den Engadiner Krieg, die Grafen von Tarasp und Kaiser Sigmund. 1841 berief ihn der Statthalter Graf Brandis als Erzieher seiner Söhne nach Innsbruck, wo er nebenher im Statthaltereiarchiv und im Ferdinandeum eifrig forschte.

Durch sein 1844 erschienenes Werk über den bayrischen Einfall von 1703 begründete er seine überragende Stellung als Geschichtsforscher. Schon am 6. Juni 1846 wurde er Professor an der Alma Mater. Doch 1849 berief ihn der Orden als Gymnasialdirektor nach Meran. Jäger sollte nicht mehr nach Innsbruck zurückkehren, sondern wurde von Minister Thun „als die bedeutendste Autorität in Österreich" an die Wiener Universität berufen. Jäger erschien dem Unterrichtsminister von allen österreichischen Gelehrten „als der Geeignetste", um eine Schule österreichischer Geschichtsforscher zu begründen. Nach höchster Intervention gab ihn der Marienberger Abt frei, und Jäger zog 1851 nach Wien. 1854 bis 1869 stand er als erster Direktor dem von ihm gegründeten *Institut für österr. Geschichtsforschung* vor. Er erwarb sich wegen seiner Lehrbegabung und Berufung hervorragender Fachkollegen (Theodor Sickel) sowie seiner berühmten Seminarübungen für Lehramtskandidaten einen ausgezeichneten Ruf. Die gesamte folgende Geschichtsforschung in der Donaumonarchie beruht auf den Grundlagen, die Jäger geschaffen hat. 1865/66 wurde er zum Rektor der Universität Wien gewählt.

Während seiner Wiener Zeit blieb er tirolischen Forschungsthemen treu. Seine Arbeiten über Nikolaus Cusanus, den Josefinismus, das Ständewesen und die Freiheitskämpfe gelten teils heute noch als grundlegend. Als er in die Politik und zum Abgeordneten gedrängt wurde, legte er die Institutsleitung in die Hände Sickels. Nach Eintritt in den Ruhestand zog er wieder nach Tirol und vollendete mit 84 Jahren sein Standardwerk über die *Geschichte der landständischen Verfassung Tirols*. Hochbetagt starb er 1891 in Schwaz, wo er begraben wurde.

Mit der Umgestaltung der Philosophischen Fakultät kehrte in Innsbruck nach 1848 ein neuer Geist ein. Unterrichtsminister Thun wandte sich ans Ausland, um eine neue Historikergeneration heranbilden zu können. Durch die endgültige Abberufung Jägers aus Innsbruck wurde die Lehrkanzel für Allgemeine Geschichte definitiv besetzt. Leider konnte der geniale Schüler Jägers, der Gubernialbeamte Rudolph Kink, für Innsbruck nicht gehalten werden. 1851 wurde er als Ministerialbeamter nach Wien berufen und im Unterrichtsministerium aufgerieben.

Mit Thuns Entscheidung, den Westfalen Julius Ficker auf die seit drei Jahren vakante

Lehrkanzel nach Innsbruck zu berufen, war die Voraussetzung für die Begründung der bedeutsamen Historischen Schule der Universität Innsbruck geschaffen worden. Besonders Friedrich Böhmer, einem Hauptförderer der *Monumenta,* ist diese für Innsbruck so glückliche Berufung zu danken. Am 30. April 1826 in Paderborn geboren, promovierte Ficker in Bonn und hielt dort seine ersten Vorlesungen. Seine Arbeiten über Kölner Erzbischöfe fanden in der Fachwelt lebhafte Anerkennung. Obwohl erst 26jährig, konnte Ficker bei seiner Berufung Bedingungen stellen, denn er galt bereits als Wissenschaftler ersten Ranges. Bis zu seinem Lebensende (1902) blieb er Innsbruck und der Alma Mater durch 50 Jahre treu, obwohl er ehrenvolle Berufungen nach Wien und Bonn erhalten hatte.

Durch ihn erlangten die historische und germanistische Lehrkanzel in Innsbruck eine überregionale Bedeutung und liefen manch größerer Universität den Rang ab. Von der Innsbrucker Universität ist eine gewaltige Vertiefung des rechtsgeschichtlichen Beweises und eine starke Fortbildung exakter Methoden ausgegangen. Durch die Verbindung diplomatischer und rechtsgeschichtlicher Betrachtungsweise wurden der Urkundenforschung neue Wege eröffnet. Ficker verlegte die Lehrtätigkeit für seine bevorzugten Schüler in das Ferdinandeum, um sie an den Originalen schulen zu können. Seit 1866 konnte er das Statthaltereiarchiv für die historische Forschung (unter seinem Schüler David Schönherr) zugänglich machen. Sein Plan, ein zeitlich geordnetes Werk der ältesten Urkunden Tirols (Monumenta Tirolensia) anzulegen, wurde in Wien nicht unterstützt, da Minister Thun die österreichische Geschichte für dringlicher hielt. Nicht Vermittlung von Fachwissen, sondern die Anleitung zum selbständigen historischen Forschen war Fickers methodisches Ziel. Um seine Eliteschüler zu motivieren, verschaffte er ihnen reichlich Literatur und ein ansehnliches Stipendium.

Abb. unten: Das Museum Ferdinandeum in Innsbruck um das Jahr 1870. Vor Errichtung des Museumsgebäudes befanden sich die Schauräume in der benachbarten Universität. Der bis heute existierende Verein des Landesmuseums Ferdinandeum geht auf das Jahr 1823 zurück. Einer seiner Gründer und eifrigster Förderer war Andreas Dipauli Freiherr von Treuheim.

Fickers hervorragendster Schüler war *Alphons Huber* (1834–1898). Er stammte aus Schlitters und war zum Geschichtsforscher geboren. Auch für ihn standen Quellenforschung und Quellenkritik im Vordergrund, womit er in Konkurrenz zum Wiener Institut trat. Weil Huber vom Unterrichtsrat erinnert wurde, sich mehr nach den Bedürfnissen der Lehramtskandidaten zu richten, hätte dies bald zu einem Eklat Fickers geführt.

In der Publikationsreihe *Archiv für Geschichte und Alterthumskunde Tirols* hatten die Schüler Fickers ein Sammelwerk für ihre Einzelforschungen eröffnet, was wiederum den Neid Wiens erweckte. Die Arbeiten Hubers über die Vereinigung Tirols mit Österreich, eine zweibändige Geschichte Österreichs und Rudolph IV. zeichnen sich besonders durch Gründlichkeit und Klarheit aus.

Hervorgehend aus den *Monumenta Germaniae* wurde die Leitung der *Regesta Imperii* fast ausschließlich Gelehrten der Innsbrucker Schule übertragen und damit zur wichtigsten Grundlage für die deutsche Kaiser- und Reichsgeschichte. *Ficker, Huber, Mühlbacher, Redlich* und *Ottenthal* hatten nacheinander die Gesamtleitung dieses Regestenwerkes übernommen und damit weit über den Tiroler Raum hinaus äußerst verdienstvoll gewirkt. In Anerkennung der Verdienste der Innsbrucker Historischen Schule wurde 1871 unter Heinrich Zeissberger ein eigenes historisches Seminar eingerichtet.

Von den vielen hervorragenden Geschichtsprofessoren der Innsbrucker Schule seien noch *Emil Ottenthal* aus Taufers im Pustertal (1855–1931) und besonders *Oswald Redlich* aus Innsbruck (1858–1944) genannt, die u. a. gemeinsam sämtliche Tiroler Gemeinde-, Pfarr- und Adelsarchive inventarisierten und veröffentlichten. Beide erhielten eine Professur in Wien. Neben ihnen haben *Hans von Voltelini, Leo Santifaller, Otto Stolz* und *Hermann Wopfner* für die Tiroler Geschichtsforschung Hervorragendes geleistet.

Die erste zusammenfassende Geschichte Tirols stammt vom Innsbrucker Gymnasialprofessor *Josef Egger* (1839–1903), die er in drei Bänden auf 2200 Seiten (1872–1880) veröffentlichte. In gewissen Bereichen bietet die reiche Materialsammlung Eggers immer noch eine wichtige Unterlage. Neben *Alois Lechthalers* 1936 erstmals erschienener populärer Geschichte Tirols ist die „Geschichte des Landes Tirol" von Otto Stolz, obwohl bereits 1955 herausgebracht, die letzte und bisher umfassendste wissenschaftliche Gesamtbearbeitung der Landesgeschichte. Der zweite von Stolz geplante Band über Verfassung, Verwaltung, Wirtschaft und Kultur Tirols konnte infolge seines Todes am 4. November 1957 nicht mehr erscheinen.

Veränderungen des Innsbrucker Stadtbildes im 19. Jahrhundert

Das Wachstum einer Stadt läßt sich an zwei Merkmalen besonders deutlich erkennen: an den Einwohnerzahlen und an der regen Bautätigkeit. Wenn wir von Innsbruck reden, müssen wir auch die 1904 und 1938 eingemeindeten Vororte Wilten und Pradl sowie Hötting, Amras, Mühlau, Arzl, Igls und Vill mitberücksichtigen, da sie eine ähnliche Entwicklung wie die Landeshauptstadt mitmachten.

Zu Beginn des 19. Jh.s war Innsbruck ein Städtchen von der heutigen Größe Halls. Rund 10.000 Menschen lebten in der Altstadt, der Neustadt (Maria-Theresien-Straße), in Mariahilf, St. Nikolaus und der Kohlstatt (Dreiheiligen). Bis in die vierziger Jahre des vorigen Jh.s war das Wachstum in der Stadt stetig (1840: 10.826 Einwohner), hingegen in Wilten schon als stürmisch zu bezeichnen (1811: 700 Einwohner, 1840: 1547 Einwohner). In den nächsten

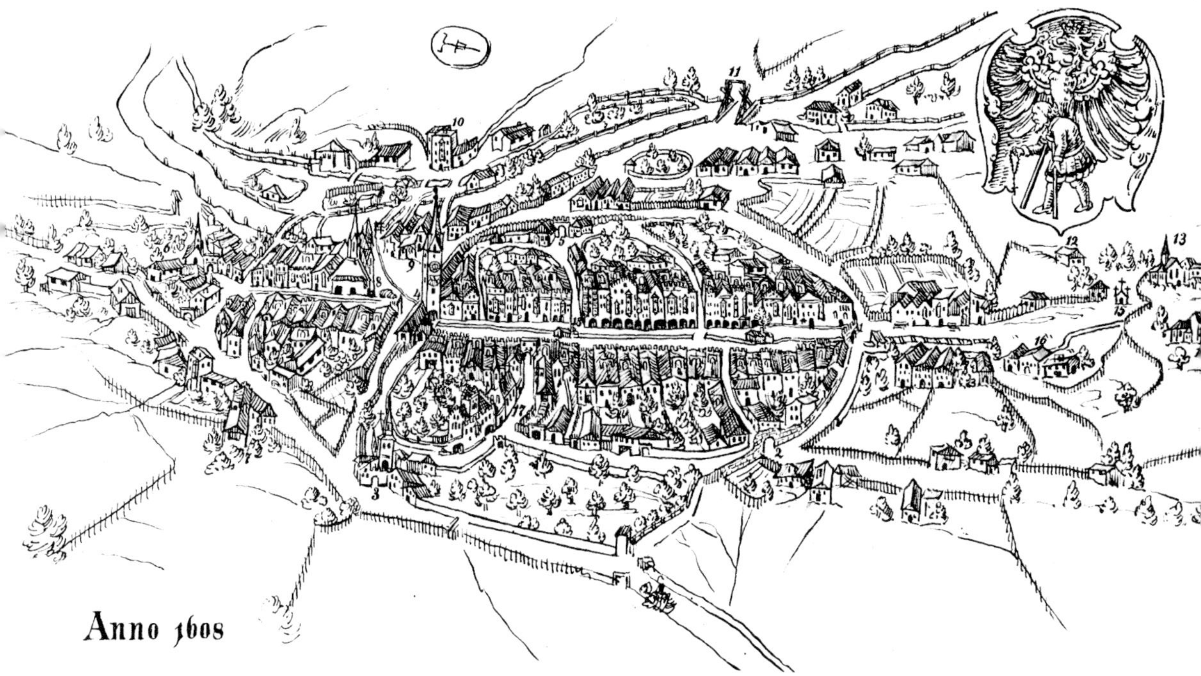

Anno 1608

Abb. oben: Darstellung von Sterzing aus dem Jahr 1608. Oft spielte diese Stadt in der Geschichte Tirols eine große Rolle, und vielfältig sind die Zeugen vergangener Jahrhunderte, angefangen von der römischen Zeit bis zum späten Mittelalter, als Sterzing als Bergbauort ein wichtiger wirtschaftlicher und kultureller Mittelpunkt war. Im Jahr 1904 wurde hier der Tiroler Bauernbund gegründet. Sebastian Rieger (Reimmichl), Kooperator in Gries/Brenner und schriftstellerisch begabter Redakteur, ermahnte seit 1897 die Tiroler Bauern, sich zu einer katholischen Bauernorganisation zusammenzuschließen.

Da Konservative und Christlichsoziale den Liberalismus ablehnten, sich aber ansonsten bitter befehdeten (Bischöfe tendierten mehrheitlich zu den Konservativen, der Klerus zu den Christlichsozialen), hemmte dies die Entwicklung eines solchen Standesverbandes. Die Bauern, bisher den Konservativen nahestehend, schwenkten in das christlichsoziale Lager. Eine erstmals 1902 in Bozen erschienene Bauernzeitung sollte die Bauern mehr für die Politik interessieren. Entgegen allen Querschüssen Konservativer und mit Hilfe weitsichtiger Bauern, wie Schraffl (Sillian) und Frick (Sterzing), konnte ein Bauerntag vorbereitet werden. Am 4. Juni trafen sich 500 Vertreter von Gemeinden, Genossenschaften und Bauernvereinen in Sterzing. Schraffl wurde der Vorsitz der neuen Versammlung übertragen. Im Gasthof Rose rief er zur Verwirklichung der Idee Reimmichls, zur Gründung des Bauernbundes, auf. Am nachfolgenden Tag war der Allgemeine Bauerntag, zu dem 7000 Bauern aus allen Tälern zusammenströmten. Noch im gleichen Jahr, am 11. Dezember, wurde der Tiroler Bauernbund in Innsbruck auch als politischer Verein gegründet. Der Christlichsoziale Schraffl wurde erster Bundesobmann. Schon nach einem Jahr war der Bauernbund mit 13.000 Mitgliedern der größte politische Verein Tirols.

Jahrzehnten verdoppelte sich die Einwohnerzahl Innsbrucks und betrug 1880: 20.534 Einwohner und 1900: 26.866. Noch beachtlicher ist der Zuwachs von Wilten, der absolut fast gleich hoch war wie in Innsbruck. Fast 12.000 Personen fanden in Wilten im 19. Jh. eine neue Heimstätte. Ähnlich wie heute in Völs und Neu-Rum ließen sich damals besonders in den Gemeinden Wilten und Hötting, wo die Gründe billiger waren, die meisten Zuwanderer nieder. Ursprünglich dürfte das Interesse an einer Stadtvergrößerung nicht sehr groß gewesen sein, denn noch im 18. Jh. hatte der Stadtrat wegen „lästiger Vermehrung der Volkszahl" Einspruch erhoben.

Schon mit der Verbesserung der Fernstraßen über den Arlberg und Brenner im späten 18. Jh. und besonders seit dem Ausbau der Reichsstraßen um die Mitte des 19. Jh.s hatte sich Innsbrucks Verkehrslage sehr verbessert. Die Zirler Bergstraße wurde neu angelegt,und mit der Errichtung der modernen Brennerstraße (Stephansbrücke 1840) und der Kettenbrücke bei Mühlau (1834) mied der Fernverkehr die alte Ellbögener Straße nach Hall.

Bis zur Triumphpforte, die damals an der Gemeindegrenze zu Wilten stand, war die Maria-Theresien-Straße bereits dicht verbaut. Nach 1840 setzte an der heutigen Leopoldstraße eine rege Bautätigkeit ein. In wenigen Jahrzehnten war das Dorf Wilten mit der Innsbrucker Vorstadt zusammengewachsen. Zur gleichen Zeit setzte auf dem alten Stadtgebiet gegen Osten die bedeutendste Erweiterung ein. Es ist die spätere Museumstraße, die auf dem Stadtplan von Philipp Miller (um 1840) teils noch als Projekt eingezeichnet ist. Innerhalb weniger Jahre folgten die Angerzellgasse, die heutige Erlerstraße und die Wilhelm-Greil-Straße. Mit der Errichtung des Bahnhofs und der ersten Eisenbahnlinie (1858) durch das Unterinntal wurden die Wiesen zwischen Margarethenplatz (heute Bozner Platz) und Bahnhofsplatz in rascher Folge verbaut.

Die kräftigen Wirtschaftsimpulse, die durch den Bahnbau (vgl. dieses Kapitel) kamen, und die gleichzeitig einsetzende Landflucht brachten im Innsbrucker Stadtbild tiefgreifende Änderungen mit sich. Zahlreiche öffentliche Gebäude wurden in der zweiten Hälfte des 19. Jh.s errichtet. Seit 1870 entstanden die Anichstraße, die Bürgerstraße und die Fallmerayerstraße. Maximilianstraße und Kaiser-Josef-Straße folgten seit 1890. Im Osten bildeten Bahngelände und Sill bis zur Jahrhundertwende eine natürliche Grenze, doch gegen Westen waren (abgesehen von den hohen Grundstückspreisen) keine Grenzen gesetzt. Die großzügig angelegte Lehrerbildungsanstalt und das Gerichtsgebäude in der Schmerlingstraße waren noch auf städtischem Grund. Auch die neuen Pavillons der Klinik lagen größtenteils nördlich der Grenzstraße (heute Maximilianstraße). Das Anatomische Institut und weitere Institute wurden ebenso wie der große Westfriedhof auf den Wiltener Feldern errichtet. Die sogenannte Landesgebäranstalt in der Gaismayrstraße wurde auf einem über 11.000 m^2 großen Areal 1890 eröffnet. In dieser Straße hatte die Gemeinde Wilten auch die neue Bürgerschule (Hauptschule) großzügig angelegt.

Um die Jahrhundertwende waren im Gemeindegebiet von Innsbruck nur noch ein Großteil der nassen Saggenwiesen unverbaut, weiters die Zelgergründe zwischen Triumphpforte und Bahnhof, der Exerzierplatz am Innrain und die Obstgärten unter dem Ansitz Büchsenhausen. Wie weit Wilten vor der Eingemeindung 1904 mit der Stadt schon verwachsen war, zeigt am besten der abgebildete Stadtplan von 1894. Seit 1880 wurde das Viertel um Andreas-Hofer-Straße und Müllerstraße mit neuen Wohnhäusern versehen, die keineswegs mehr Dorfcharakter hatten.

Die in der zweiten Hälfte des 19. Jh.s entstandenen Wohnblocks wurden meist in geschlossener Bauweise im Geviert angelegt. Die Innenhöfe der durchwegs dreistöckigen Häuser hatten anfänglich Nutzgärten, die immer stärker von sogenannten Stöcklgebäuden verdrängt wurden. Wohlhabende Bürger siedelten sich um 1900 in ansehnlichen Villen im westlichen Teil des Saggens an.

Die Staubplage war in den neuen Stadtteilen um 1900 noch keineswegs bewältigt, obwohl seit 1840 Sprengwagen unterwegs waren, um die Fahrbahnen naß zu halten. Seit 1870 wurden die wichtigsten Straßen mit Porphyrwürfeln aus Südtirol gepflastert. Die Herzog-Friedrich-Straße wurde bereits 1877 asphaltiert. Sonst waren aber nur die Gehsteige entlang von

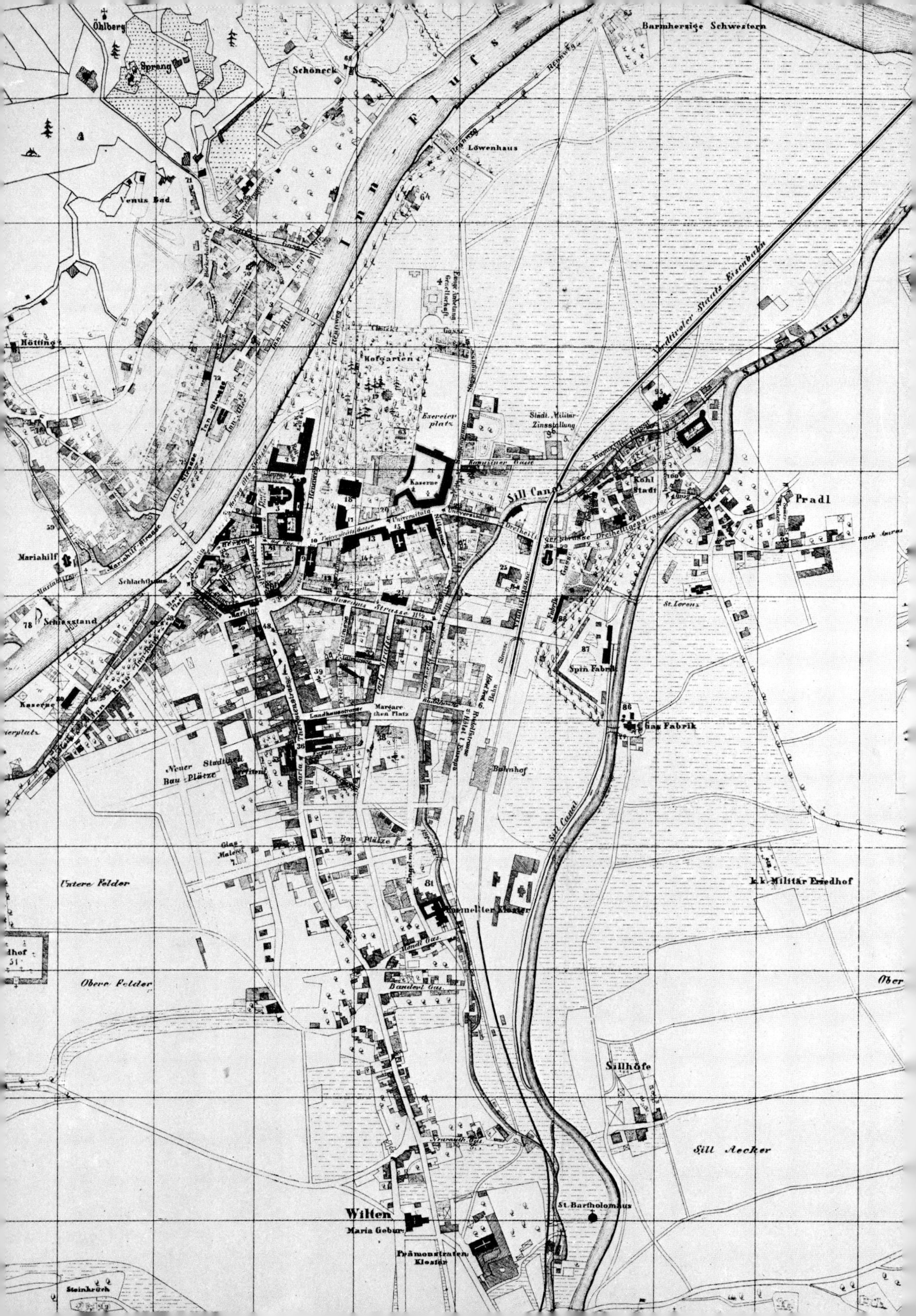
Öhlberg
Sprung
Schöneck
Barmherzige Schwestern
Inn Fluss
Löwenhaus
Venus Bad
Hötting
Hofgarten
Exercier platz
Kaserne
Stadt. Militär Zinsstallung
Sill Canal
Kohl Stadt
Pradl
Nordtiroler Staats Eisenbahn
Sill Fluss
Mariahilf
Mariahilf Strasse
Inn Strasse
Schlachthaus
Schiesstand
Universitäts Gasse
Museums Strasse
Dreiheiligenstrasse
St. Lorenz
Spin Fabrik
Gas Fabrik
Landhausstrasse
Margarethen Platz
Bahnhof
Neuer Stadtheil Bau Plätze
Bau Plätze
Glas Malerei
Untere Felder
Obere Felder
Karmeliter Kloster
k.k. Militär Friedhof
Sillhöfe
Sill Aecker
Wilten
Maria Geburt
Prämonstratenser Kloster
St. Bartholomäus
Steinbruch

geschlossenen Häuserreihen mit Platten versehen. Die Schotterstraßen wurden seit 1880 auch von den neuerrichteten Hydranten aus besprüht, um der Staubplage Herr zu werden. Die vielen Bäume, die damals im Saggen gepflanzt wurden, bilden heute noch die wichtigste grüne Lunge im Stadtgebiet. Zur Verschönerung des Stadtbildes hatten bereits die Bayern beigetragen, als sie während ihrer kurzen Herrschaft zahlreiche Alleebäume an wichtigen Durchzugsstraßen pflanzen ließen.

In den hundert Jahren seit der Bayernherrschaft hatte sich Innsbrucks Bevölkerung einschließlich Wilten und Pradl verfünffacht: 1811: 10.237 (Wilten 700, Pradl 285); 1910: 53.194. Entsprechend dieser Bevölkerungsexplosion hat sich auch der Baubestand vermehrt, wie eine Gegenüberstellung der beiden Stadtpläne von 1840 und 1894 zeigt (1811 standen in Innsbruck 574 Häuser, um 1900 waren es 1016; in Wilten erhöhte sich der Hausbestand von 87 auf 516, in Pradl von 36 auf 84). Keine Gemeinde Tirols hat im 19. Jh. eine so rasante Entwicklung genommen. Nur die Nachbargemeinden hatten unter dem Einfluß Innsbrucks teilweise ähnliche Zuwachsraten. Hötting hatte seine Einwohnerzahl im 19. Jh. mehr als verdreifacht, Mühlau und Arzl verdoppelt. Vergleichsweise hat die Bevölkerung Nordtirols in diesem Zeitraum nur um ein Viertel, von 222.000 auf 282.000, zugenommen. Dank der Eingemeindungen im 20. Jh. war für die nächsten Jahrzehnte genügend Bauland gesichert, um dem weiterhin stürmischen Bauboom – besonders in Pradl – gerecht zu werden.

Abb. links: Eisenbahnbau, Wirtschaftsaufschwung, Verbesserung der Straßen und die einsetzende Landflucht führten vor 100 Jahren zu einer stürmischen Entwicklung in Innsbruck. Hatte die Stadt zu Andreas Hofers Zeiten nicht mehr als 10.000 Einwohner, so waren es um 1900 fast 27.000. Gleichzeitig ließen sich in Wilten ca. 12.000 Personen nieder. Die etappenweisen Stadterweiterungen waren: Museumstraße (nach 1840), Anichstraße (1870), Andreas-Hofer-Straße, Müllerstraße (1880), Maximilianstraße, Kaiser-Josef-Straße (1890). Nach der Eingemeindung Wiltens und Pradls (1904) hatte Innsbruck über 50.000 Einwohner.

Abb. unten: Schreibmaschine von Peter Mitterhofer (1822–1893) aus Partschins (bei Meran). Zwischen 1864 und 1869 baute er mehrere Schreibmaschinenmodelle aus Holz und Blechteilen. Sie befinden sich heute in Wien (Technisches Museum). Mitterhofer starb mittellos. Mit der Serienproduktion von Schreibmaschinen begannen später amerikanische Konzerne.

Tiroler in Südamerika

Leopoldine, eine Urenkelin Maria Theresias, und ihr Sohn Pedro II. riefen schon 1824 die ersten Kolonisten nach Brasilien.

Diese Kolonistensiedlungen wurden nach überregionalen Siedlungskonzepten errichtet und bewirtschaftet.

Der gewichtigste Teil der deutschsprachigen Auswanderer zog aus klimatischen Gründen in die südlicheren Staaten Brasiliens. Vorerst siedelten sie in geschlossenen Gebieten, erst später gab es Dörfer verschiedener Nationalitäten und Landsmannschaften.

Als österreichische Kolonien sind *Saõ Bento* und *Dreizehnlinden*, das für die Tiroler Auswanderer zu einer neuen Heimstätte wurde, zu erwähnen. Dreizehnlinden, seine Gründung geht auf die Jahre 1932/1933 zurück, gehörte bereits zu den erwähnten gemischtsprachigen Gebieten.

Die wirtschaftliche Krise nach dem Ersten Weltkrieg wirkte sich auch in Tirol unheilvoll aus. So hatte der frühere Landwirtschaftsminister Andreas Thaler, er stammte aus der Wildschönau und war auch Tiroler Bauernbundobmann (wie schon Alois Haueis aus Zams), Erkundigungsfahrten nach Südamerika unternommen, um Arbeitslosen, insbesondere den vom Hof weichenden Söhnen, bei der Gründung einer neuen Existenz zu helfen.

Thaler erwarb viel Land, wobei Österreich die Kaufsumme vorstreckte. 1933 fuhren die Tiroler Pioniere über den Atlantik, eine zweite Auswanderungswelle folgte. Die Zusammensetzung der ersten Siedler war bunt gemischt: ein Geistlicher, Ordensschwestern für Schule und Krankenpflege, Mechaniker, Zimmerleute, in der Mehrzahl aber Bauern.

Heute ist Dreizehnlinden eine Stadt mit rund 8000 Einwohnern, wobei die Tiroler mit den Vorarlbergern, die vornehmlich im Stadtkern wohnen, in der Minderheit sind. Kommunalpolitisch wurden an Dreizehnlinden (Treze Tilias) auch Siedlungsräume angeschlossen, die damals hauptsächlich von Brasilianern und Italienern bewohnt wurden. Daran sollte sich auch nichts mehr ändern. Die politischen Verhältnisse brachten es mit sich, daß 1940 in Brasilien die deutschen Schulen geschlossen wurden. Für die kulturelle Eigenständigkeit und Entfaltung bedeutete dies eine schwere Belastung. Die Tiroler bauten ein wenig abgeänderte Mittelflurhäuschen. An eine Bodenreserve war nicht gedacht worden, was sich bald schon als Nachteil herausstellen sollte. Der extensiven Bewirtschaftung folgte Landnot. Etliche Siedler wanderten innerhalb Brasiliens wieder aus. Genossenschaftlich hatte die Gemeinde nach dem Tod Andreas Thalers mit großen Problemen zu kämpfen. Der einstige Maisanbau hat den Boden erodiert, der Ort liegt auch marktfern. Die „Cooperativa", eine Genossenschaftsform, setzte Schritte zur wirtschaftlichen Zusammenarbeit. Die neue Deutsche Schule wurde 1971 eingeweiht. Neben den Siedlungen in den brasilianischen Staaten Saõ Bento, Rio Grande do Sul und Santa Catarina gab es noch Auswandererkolonien nördlich von Rio de Janeiro. Lange Zeit war der Kontakt mit diesen Siedlungen abgebrochen. Auch die Kolonisten in Brasilien wußten bedauerlicherweise nichts voneinander.

Nach den Kriegen Napoleons wurde von Kaiser Pedro II. das Angebot gemacht, auch das gebirgige Land von Espirito Santo zu besiedeln. Die Einladung war zunächst an Fremdenlegionäre gerichtet worden, die schon unter Pedro I. ins Land gekommen waren. Sie hatten sich wegen der allgemeinen Not und der Schwierigkeiten der Umstellung im nachnapoleonischen Europa dazu veranlaßt gesehen auszuwandern. Dazu gesellten sich zumeist deutschsprachige Aussiedler und im Gefolge auch Tiroler. Die Dörfer pflegten nach dem jeweiligen Herkunftsland bezeichnet zu werden, so auch „*Tirol*", das schon 1857 gegründet worden war. Dort siedelten Tiroler, die z. B. Namen wie Thomas, Schöpf, Egg, Walcher, Siller, Helmer, Pfurtscheller, Greil und Liner trugen. Viele kamen aus dem Stubaital und vom Mieminger Plateau, aber auch Oberinntaler und Pitztaler gesellten sich dazu. Das urwaldähnliche Land mußte erst gerodet werden.

Die Besiedlung erfolgte im Zuge der Sicherung der Landverbindung zwischen Nord- und Südbrasilien. Demnach war auch der Kaiserbesuch von Pedro II. 1861 ein großes Ereignis in „Tirol", wenngleich sich die Einwanderer vor größte wirtschaftliche und persönliche Probleme gestellt sahen.

„*Geschriben, den 8ten Feber 1880*" sandte Ignatz Helmer an seinen „*Freund Schwager Franz, Sohn des Michl Riml*" nach Blons in Arzl im Pitztal folgende Nachricht (hier stark gekürzt):

„*Ich Ignatz Helmer als dein Schwager, will dier berichten, was bey Uns vergangen und wie es Uns bies jetz ergangen ist. Gott sey lob bies jetz gesund . . . mit meiner Frau Josefa und 9 Kindern . . . in Zufrüdenheit gelebt . . .*" Der Bauer erwähnte seine vier Kolonien, die er „*mit Amtlichen Schriften in der Hand*" bearbeitet. „*Ich will dier sagen, für wivile an Geld wier jährlich an Kafe absetzen: an 100 Eirobe, die Eirobe zu 15 Kilo gerechnet, zu verschieden Preis, einmal zu 5, einmal zu 6, einmal zu 6½ Milreid.*"

(Der Milreid betrug in der Währung der damaligen Zeit – so erklärt dies Ignatz Helmer – 1½ Gulden.) „*Fleisch ist jetz Theur geworden durch viele Einwanderung und Viechseuchen. Und Fleisch muß man täglich zur Nahrung haben, diejenigen welche kleinen Viechstand haben, müssen auch hier schmahl leben . . . Mit bloß einer Koloni und noch schlechtes Land ist es nicht guth, so wie bey Euch kann man nicht arbeiten. In unserer Gegend ist alles bewohnt, man braucht große Ländereien, wenn man viel Viech und Pflanzung haben soll; für Faule ist nicht guth . . .*"

„*Vielwöniger*" ist die Situation für Bettelleute gut. Betteln ist etwas für „*Verunglückte*".

Helmer widmet sich der Frage der Landvergabe durch die Regierung und beklagt sich: Die Grundstücke „*kommen theur und oft noch schlechtes Land*". Eine Wirtschaftlichkeit unter zwei bis drei Kolonien scheint kaum gegeben zu sein.

„*Das billige Regirungsland ist von uns jetzt schon 2 bies 3 Tagreisen entfernt.*" Die Kaffeeausfuhr kostet „*sehr viel schwitz mit Lasttieren und dabey noch Geld und somit bleibt auch nicht mehr alles überig für solche die weite Ausfuhr haben . . .*

Gottlob wier haben 5 Stunden wo wier noch guth verkauffen können, 5 vorwertz, 5 zurük, um 6 fort um 6 Abends zu Hause, aber mit Pferd oder Esel. Und wivil lad man auf ein Thier? 5 bies 6 mahl 15 Kilo. Und was für Viech halten wier? Ich Ignatz heut zu Tage mitt meiner Familie, 3 Pferde und 1 Esel." Ignatz Helmer gehören 12 Stück „*Rindviech*" und 6 Schweine. Weiters: „*An 30 Stük Hüner, bey 20 Stük Ziegen, und das alles geth täglich auf meiner eigenen Viechweide, im Sommer wie im Winter, weil wier so wie da kein Winter haben.*"

Voll Freude erzählt der brave Bauer über das gesunde Wasser „*für Viech und Menschen*" und lobt das Klima. „*Und wem haben wier das alles zu verdanken? Gott allein!*"

Über die einheimische Geistlichkeit scheint Helmer enttäuscht zu sein: „*Bloß an Geistlichkeit fehlt es Uns, von dessen Artikel wie es da ist, will ich Euch nicht viel sagen.*

Schuele haben wier noch von einem guth gelernten Schuellehrer, welcher auch Organist zugleich machen kann und das ganze Mesneramt, jedem Geistlichen antworten kann. Der Geistliche mag herkommen wo er will, wann er nur ein Richtiger währ."

Der Lehrer kam zu Helmers Zeit aus dem Lechtal. Das Problem mit der Geistlichkeit scheint den frommen Mann sehr zu bedrücken, und er bittet den Schwager Franz zurückzuschreiben, wie es „*im Tierol*" mit der Geistlichkeit stehe. Helmer möchte auch weiters wissen, „*ob auch in Inspruk schon Evangelische sich eingeschlichen haben sollten*".

Für die verstorbene Base „*Genovefe*" bittet er „*alle Freunde, Geschwisterten und Verwanten um ein vertrauensvolles gebeth*". Er schließt mit Grüßen an die „*Famili*" in Blons und verspricht, eine „*Potografi*" zu senden. Gezeichnet: „*Ignatz Helmer*"

1863 erbauten die Tiroler in Dorf Tirol ein Gotteshaus, 1897 stand schon die erste Schule, die dann 1940 – wie in Dreizehnlinden – für die nächsten Jahre schließen mußte.

Erst wurde Kaffee, später Maniok (Knollenpflanzen) angebaut. Tirol steht ebenfalls vor großen Problemen, die noch schwerer als jene von Dreizehnlinden wiegen. Zum einen liegt die Siedlung verkehrsmäßig wenig günstig, und zum anderen ist der Boden durch die intensive Bewirtschaftung ausgelaugt. Das Problem der innerbrasilianischen Auswanderung stellt sich auch hier.

Pozuzo

Nicht nur Brasilien, auch Peru lud auswanderungswillige Siedler in sein Land. Zu der Zeit, als Tirol in Brasilien entstand, begann sich 1858 auch Pozuzo zu entwickeln. Baron *Schütz von Holzhausen* hatte 200 Tirolern und 100 Rheinländern eine neue Heimat in Peru versprochen. Das Tiroler- und Rheinländer-Dörfchen liegt östlich der riesigen Andenketten, unweit des Amazonas-Einzugsbereiches.

Die Tiroler Auswanderer kamen vornehmlich aus dem Oberland, aus Silz, Obsteig, Landeck, Pfunds, Leutasch, Zams, Polling, aber auch aus Innsbruck, Enneberg und einer Reihe von Unterinntaler Ortschaften. Viele Emigranten waren mit ihrer alten Heimat berechtigterweise unzufrieden. Mittellose durften damals nicht heiraten. Die meisten waren wirtschaftlich so unter Druck gesetzt worden, daß sie dieser Situation eine Auswanderung vorzogen. Manche Gemeinden waren behilflich und gaben den Auswanderern Zuwendungen. Kein Wunder, daß viele Paare bei der Einschiffung heirateten.

Die Diskussion für und wider die Auswanderer wogte hoch. Daran erinnert noch eine Zeitungsnotiz des „*Boten*" vom 16. März 1868 über den Abschied von 350 Auswanderern: „*Es war ein zu Wehmut und ernsten Gedanken stimmender Anblick, diese Wanderer, die in*

Abb. rechts: Maniokanbau in der Siedlung Tirol, Brasilien. Der Maniok war ehemals die einzige von den Indios gepflegte Kulturpflanze. Obwohl Tirol zum „Kalten Land" gehört (in Winternächten kann es zu Frostbildungen kommen), gedeiht hier noch Maniok, eine Wurzelknolle, die in heißeren Zonen bis zu 10 kg schwer wird. Die Knollen werden nach der Ernte gewaschen und geschält. Aus dem zerquetschten Wurzelinhalt wird eine giftige Flüssigkeit herausgepreßt. Die feuchte und entgiftete Fruchtmasse wird geröstet und findet als Maniokmehl (z. B. zur Bereitung von Suppen) Verwendung.

←

Abb. links: Kirche in Tirol (im Staat Espirito Santo, Brasilien). Die Zahl der deutschsprachigen Bewohner in diesem Bundesstaat wird auf 160.000 geschätzt. Die Dörfer tragen die Ortsnamen nach der Herkunft ihrer Bewohner: So gibt es z. B. auch eine Siedlung Schweiz, Holland usw.). Mit der Gründung dieser Orte (Tirol 1857) sollte die Landverbindung zwischen Süd- und Nordbrasilien gesichert werden. Weitere größere Tiroler Siedlungen in Südamerika sind Dreizehnlinden (Santa Catarina, Brasilien) und Pozuzo (Peru).

Abb. rechts: Landschaft in der Siedlung Tirol (Brasilien). Zum Teil weit voneinander entfernt liegen die Höfe der Kolonisten, und die alte Muttersprache wird hier vielfach nicht mehr gesprochen. Das den Auswanderern ursprünglich überlassene Gelände war noch Urwald. Bald erhielt es deutsche Flurnamen. Neben Maniok gedeihen in diesem Gebiet Kaffee, Bananen, Mandelbäume und Orangen.

fernen Zonen eine bessere Heimat zu finden hoffen, gruppenweise an dem mit Menschen angefüllten Bahnhofplatze ankommen zu sehen. Es gab unter diesen Auswanderern bejahrte Männer und Frauen, ja Greise, Familienväter und Mütter, teilweise auch kräftige Jugendliche, viele Kinder, mitunter ganz kleine. Eine Menge Bekannter und Verwandter der Auswanderer war mitgekommen, um ihnen hier noch das letzte Lebewohl, den letzten Händedruck zu bieten, um zum letzten Male ins Auge zu blicken. Verschiedenartig waren die Eindrücke des Abschieds. Man sah tränenfeuchte Augen und in vielen Gesichtern den Ausdruck gepreßter Herzen; bei andern wieder im Gegenteil sorglosen Gleichmut, Freude und Jubel. Unter den weiblichen Auswanderern bemerkte man wenige, die hübsch und stark waren, die meisten waren schwächlichen Aussehens und manche auch augenfällig in einem Zustande, der der neuen Ansiedlung Pozuzo einen baldigen Zuwachs in Aussicht stellte. An herzerschütternden, aber auch an empörenden Szenen fehlte es nicht . . . Mögen den Wanderern ihre Hoffnungen erfüllt werden und sie vor Täuschungen bewahrt bleiben! Mögen sie, wenn sie reisemüde an den Küsten des Stillen Ozeans landen und ihnen die Riesenberge des Landes das Bild der für immer verlassenen Heimat zurückrufen, die Zufriedenheit und die Wohlfahrt finden, die sie hier vermißten. An Arbeit wird es ihnen nicht fehlen. . . .“

Nach fünf Monaten beschwerlicher Seefahrt gelangten die Landsleute nach Lima, wo sie sich sogleich in Quarantäne begeben mußten. Enttäuschung und eine gewisse Hoffnungslosigkeit wuchsen, als die Kolonisten erfahren mußten, daß die versprochene „fertiggestellte“ Straße nach Pozuzo erst geplant war. Tatsächlich sollten noch 100 Jahre vergehen, bis eine Straßenverbindung verwirklicht werden konnte. Auch andere Versprechungen des Barons erwiesen sich als Luftschlösser. Kein Wunder, daß manche schon in Lima „absprangen“ und sich dort ansiedelten. Über den 4884 m hohen Ticliopaß zogen die Tiroler in den Osten Perus. Alsbald schien das Dorf „vergessen“. Erst später – durch die Andenexpeditionen von Prof. Kinzl, durch Berichte von Schmid-Tannwald und Besuche von H. Holtz, H. Gasser, Prof. Ilg und K. Keplinger – gelangte das Dörfchen wieder in das Bewußtsein des Landes. Hab und Gut und Kinder auf Esel verladen, zog das Trüppchen seinem Bestimmungsort, über den es wissentlich im unklaren gelassen worden war, dem Quellgebiet des Amazonas, entgegen. Es stellte sich auch heraus, daß der Baron noch nie in Pozuzo gewesen war.

Im Gebiete von Pozuzo, in Äquatornähe, nimmt der Urwald zu. Die Luftfeuchtigkeit beträgt durchschnittlich über 90 Prozent. Pozuzo liegt in einem schmalen Talbecken, die Kolonistenhöfe zerstreuen sich im weiten Umkreis. Die Besiedlungspläne der peruanischen Regierung basierten auf dem Gedanken, dadurch einen Brückenschlag zum Amazonas und damit zum Atlantik zu erreichen. Besonders verbunden wußten sich die Tiroler mit ihren Seelsorgern Pfarrer Egg, Pfarrer Schafterer und Pater Pezzei. Rheinländer und Tiroler vermischten sich bald. Unter den Auswanderern finden wir Namen wie Schuchter, Weindl, Hosp, Egg, Staud, Jäger, Raffl, Schöpf u. a. Die Tiroler mußten sich auch alles selbst erzeugen, von Dachschindeln über Textilien bis zu den Schuhen. Noch bis vor 30 Jahren gab es Tauschhandel und wirtschaftlich völlig autarke Familien. Bund und Land erstellten – im Rahmen einer Hilfe zur Selbsthilfe – eine Reihe von Programmen zum Ausbau des Elektrizitäts-, Ausbildungs- und Gesundheitswesens sowie zur wirtschaftlichen Entwicklung. Neben einem kleinen Kraftwerk betreibt Pozuzo auch ein dorfinternes Telefonnetz. Zur „Außenwelt“ sind die Pozuzianer mit Sprechfunk verbunden. Geerntet werden neben Kaffee, Reis, Mais und Zuckerrohr auch Papayas, Bananen und Yuca, eine Kartoffelart. Auch die Brauchtumspflege erhielt neue Akzente. K. Keplinger besuchte wiederholte Male das Dorf und setzte Impulse zur Entwicklung des Gemeinwesens.

Was die Entwicklung der deutschen Sprache und des Volksbrauchtums betrifft, macht sich das so lange Abgeschnittensein und „Vergessensein“ von der Heimat Tirol bemerkbar. Pozuzo und die Siedlung Tirol in Brasilien gelten als Enklaven bajuwarisch-österreichischen Dialekts. Vieles erinnert in Pozuzo an die Heimat in Österreich: der doppelstöckige Hausbau, der Herrgottswinkel in der – klimatisch bedingt – offenen „Sala“ (einem geräumigen Wohnraum) und das religiöse Brauchtum.

Auch für die Pozuzianer ist die Kenntnis zweier Sprachen unerläßlich. Kulturelle Bewußtseinsbildung, Zusammenarbeit und eine gewisse wirtschaftliche Sicherheit, aber auch Respekt vor den Ureinwohnern und die Fähigkeit, mit den Indios in guter Nachbarschaft zu leben, bedingen einander.

Der Autonomiekampf für Welschtirol

Die klare Abgrenzung des italienischen Siedlungsgebietes vom deutschen, das sich fast überall mit der natürlichen Grenze deckte, garantierte bis ins 19. Jh. ein reibungsloses Nebeneinander der beiden Völker in Tirol. Abgesehen von den deutschen Sprachinseln Florutz, Gereut, Palai und Lusern und den Grenzgemeinden des Nonsberges blieben die 380.000 Italiener südlich von Salurn unter sich. Hingegen gab es außerhalb des Trentino keine italienischen Siedlungen, sondern nur wechselnd starke Arbeiter- und Händlerkolonien in den Städten Deutschtirols. Diese ethnographische Situation ließ in bürgerlichen Kreisen Welschtirols frühzeitig den Wunsch nach politischer Selbstverwaltung aufkommen, die weniger den Politikern Tirols als denen Wiens Sorge bereitete, weil damit an den Grundfesten des Vielvölkerstaates gerüttelt wurde.

Jedes Zugeständnis an die 2,5 Prozent Italiener innerhalb der Gesamtmonarchie ließ weitreichende Rückwirkungen auf ähnlich gerichtete Autonomiebestrebungen anderer Völkerschaften erwarten. Es war naheliegend, daß die Italiener 1874 versuchten, die Welschtiroler Autonomiefrage vom Bereich des Landtages in den des Reichsrates zu verlegen, um eine gesamtösterreichische Lösung der Selbstverwaltung der völkischen Minderheiten zu erreichen. Bezeichnend für die damalige Situation ist, daß die beabsichtigte Schaffung eines eigenen Kronlandes Trentino auf heftigsten Widerstand der Polen stieß, um ähnliche politische Ambitionen der von ihnen unterdrückten Ruthenen gar nicht erst aufkommen zu lassen.

Da jedoch die Welschtiroler keineswegs unterdrückt waren, sondern vielmehr der Nationalitätskampf von außen ins Land getragen und hier von einer schmalen bürgerlichen Intelligenzschicht übernommen wurde, verkannte man auf Landes- und Reichsebene die Notwendigkeit, ein Autonomiemodell zu verwirklichen. Hingegen darf nicht übersehen werden, daß den völkischen Minderheiten auch ohne Autonomiestatus alle staatsbürgerlichen Grundrechte zugestanden wurden. Art. 19 des Staatsgrundgesetzes vom 21. Dezember 1867 besagt: „Alle Volksstämme des Staates sind gleichberechtigt und jeder Volksstamm hat ein unverletzliches Recht auf Wahrung und Pflege seiner Nationalität und Sprache. Die Gleichberechtigung aller landesüblichen Sprachen in Schule, Amt und öffentlichem Leben wird vom Staate anerkannt.“ Die Beamten in Welschtirol waren fast alle italienisch und die italienische Sprache in Amt und Schule alleinherrschend. Dies ging so weit, daß etwa vor einem Gericht in Rovereto selbst dann nicht in deutscher Sprache verhandelt werden konnte, wenn Kläger und Beklagter deutsch waren.

Häufig wird vergessen, daß der italienische Landesteil vom deutschen Tirol beträchtliche finanzielle Vorteile hatte und mehr Mittel vom Lande empfing, als Abgaben geleistet wurden. Der italienische Landesteil stand jedoch nicht nur an Wirtschaftskraft und Volkszahl dem deutschen nach, sondern war bis 1803 auch durch staatsrechtliche Zersplitterung benachteiligt. Einerseits war das Reichsfürstentum des Trienter Bischofs, mit beträchtlichen deutschen Anteilen über Meran hinausreichend, in der Grafschaft Tirol stark integriert. Anderseits reichte der österreichische Verwaltungskreis „an Welschen Konfinen“ mit seinen Enklaven tief in Hochstiftsgebiete des Trienter Bischofs.

Daß Welschtirol vom Landtag durch Jahrhunderte fast ausgeschlossen blieb und nur die Welschen Konfinen ihre ständischen Vertreter entsenden konnten, war dadurch bedingt, daß

Abb. oben: Die alte Bischofsstadt Trient wurde nach der Glaubensspaltung zum Zentrum der religiösen Erneuerung, als dort 1545–1563 das Konzil, das sogenannte Tridentinum, abgehalten wurde. Als Trient 1803 nach der Säkularisierung des Hochstiftes staatsrechtlich der Monarchie einverleibt wurde, entwickelte es sich zum Mittelpunkt der Irredentisten. Der aus Trient gebürtige österreichische Reichsratsabgeordnete Cesare Battisti kämpfte im Ersten Weltkrieg als Überläufer gegen Österreich und wurde 1916 hingerichtet. Luftbild aus dem Jahre 1916.

Fürstbischof und Domkapitel das Hochstift Trient als Ganzes im Landtag repräsentierten. Daher waren bis 1803 etwa zwei Drittel der italienischen Bevölkerung von der politischen Willensbildung ausgeschlossen.

Die administrative Einigung der bisher zerrissenen Territorien unter einer gemeinsamen Kreisregierung, dann Kreisverwaltung in Trient, führte erstmals alle Tiroler mit italienischer Sprache zusammen. Von 1868 bis 1896 amtierte sogar eine eigene Abteilung der Statthalterei für Welschtirol, ein einmaliges Faktum in der ganzen Monarchie. Diese territoriale und rechtliche Vereinheitlichung des von den Italienern so bezeichneten Trentinos begünstigte die nationalen Strömungen, die seit 1848 immer stärker wurden.

Trotz der klaren Abgrenzung des italienischen Siedlungsgebietes zwischen Salurner und Veroneser Klause konnten wegen der gesamtösterreichischen Rückwirkungen keine sichtbaren Erfolge in der Autonomiefrage erzielt werden. Besonders Statthalter Merveldt schadete durch seine obrigkeitsstaatliche Haltung jener seit 1889 im Landtag einsetzenden Liberalisierungstendenz. Ein vom Liberalen Dr. Grabmayr ausgearbeiteter Autonomieentwurf war im Landtagsausschuß bereits von beiden Seiten gebilligt, jedoch von Merveldt abgelehnt wor-

Abb. oben: Zu einem großen Festtag für ganz Tirol gestaltete sich der 29. August 1909, als in Innsbruck die hundertjährige Wiederkehr des Freiheitskampfes gefeiert wurde. Am Tage zuvor waren der 79jährige Kaiser Franz Joseph und der Thronfolger Franz Ferdinand mit Gefolge im Hofzug nach Tirol gekommen. Der Kaiser wurde auf dem Margarethenplatz (nunmehr Bozner Platz) von 2500 Südtiroler Schützen begrüßt. Am 29. August fand der Festgottesdienst vor dem Andreas-Hofer-Denkmal auf dem Bergisel statt. Daran schloß sich die Kaiserehrung vor der Hofburg (Bild). Der Jubiläumsfestzug dauerte nahezu drei Stunden. Ergreifend war das von Josef Bachlechner geschnitzte Kreuz, das von einer vom Maler Albin Egger-Lienz gestalteten und angeführten Gruppe getragen wurde. Der Kaiser begab sich später zum Landeshauptschießstand und zum Greisenasyl im Saggen. Am Abend fand in den Räumen der Hofburg eine Galatafel statt.

den. Je länger die Autonomieverhandlungen hinausgezogen wurden – und dies lag durchaus im Sinne Wiens –, desto deutlicher zeigte sich, daß es der Welschtiroler Intelligenz weniger um autonome Rechte als um eine Ablösung des Tiroler Südens im Sinne des Irredentismus ging.

Trotz staatspolitischer Bedenken gediehen die Vorverhandlungen mit italienischen Abgeordneten und der Regierung schon weit. So hatte Ministerpräsident Hohenwart 1871 den Italienern die gesamte Verwaltung ihres Landesteiles einschließlich der Finanzhoheit zugestanden. Nur die Gesetzgebung sollte dem gemeinsamen Landtag vorbehalten bleiben, was die Italiener ablehnten. Das zweite bedeutsame und vor dem Zusammenbruch letzte Autonomieprojekt scheiterte endgültig 1902 an der Ladinerfrage, obwohl es den Italienern in Wirtschaft, Verwaltung, Landwirtschaft und niederem Schulwesen völlige Autarkie gegeben hätte. Redliche Bemühungen auf beiden Seiten, besonders durch den späteren Landeshauptmann

Dr. Theodor Kathrein, wurden durch die Obstruktionspolitik der italienischen Landtagsabgeordneten und die schwierigen parteipolitischen Verhältnisse sehr erschwert. Verunmöglicht wurden die Autonomiebestrebungen von Scharfmachern, durch falsch verstandenen Patriotismus, zuviel Nationalismus und den staatsgefährdenden Irredentismus. Bis zum Ersten Weltkrieg gab es keine ernsthaften Versuche mehr, die Autonomie für das Trentino zu verwirklichen.

Abb. unten: Aufnahme von der Beschießung der Cima Costabella (2759 m) durch österreichische Artillerie während der Kampfhandlungen an der Südfront 1917.

Der Kampf in den Bergen der Südfront (1915–1918)

Gleich bei Kriegsausbruch im Spätsommer 1914 wurden aus Tirol und Vorarlberg alle Kaiserjäger-, Landesschützen- und Landsturmregimenter nach Galizien und Bosnien beordert und hatten dort in der Folgezeit schwere Kämpfe gegen die russischen Heere zu bestehen.

Obwohl Italien dem Dreibund (mit Deutschland und Österreich-Ungarn) der Mittelmächte angehörte, erklärte es bei Ausbruch des Krieges seine Neutralität, weil die österreichische Regierung das Ultimatum an Serbien in Rom erst am 24. Juli 1914 zur Kenntnis gebracht hatte. Im Dezember 1914 wurden nun Verhandlungen aufgenommen. In diesen machte Österreich Italien Zugeständnisse bezüglich der Abtretung Welschtirols an Italien, wenn dieses bis Kriegsende neutral verbliebe und Österreich volle Handlungsfreiheit auf dem Balkan gewährte. Die Italiener lehnten das Angebot ab und verlangten ganz Südtirol bis zum Brenner. Noch während der Verhandlungen mit Österreich entschloß sich die italienische Regierung, den Eintritt Italiens in den Weltkrieg auf seiten der Entente zu vollziehen. Am 26. April 1915 unterzeichneten Frankreich, England und Rußland mit Italien den Londoner Vertrag, der es zur Teilnahme am Krieg gegen die Mittelmächte binnen Monatsfrist verpflichtete und ihm dafür die Erfüllung der Gebietswünsche zusagte. Daher erklärte Italien am 23. Mai 1915 Österreich-Ungarn den Krieg.

Als sich Italien anschickte, Tirol zu erobern, rief man in höchster Bedrängnis die Standschützen als allerletztes Aufgebot. Die Jahrgänge unter 21 und über 42 Jahre traten nun freiwillig unter die Waffen, um die Landesgrenzen zu verteidigen. 50 Bataillone Standschützen mit 32.000 jungen Burschen und älteren Männern hielten zusammen mit im Lande verbliebenen Landsturmeinheiten und dem Deutschen Alpencorps bis zum Oktober, als endlich die Kaiserjäger und Landesschützen aus Rußland zurückgeholt wurden, die Grenzberge Tirols erfolgreich gegen die italienischen Armeen. Sie hatten dabei eine 350 km lange Grenze vom Stilfser Joch bis zur Kärntner Grenze bei Sexten zu verteidigen. Auf dieser Kampflinie standen sie als ein schütterer, aber unerschütterlicher Grenzwall einem zahlenmäßig vierfach überlegenen und dazu noch bestausgerüsteten Feind gegenüber.

In diesem Zusammenhang ist von Sepp Innerkofler aus dem Sextental, einem der bekanntesten Bergführer im Dolomitengebiet, zu berichten. Als solcher bildete er mit anderen Bergführern und felsgewohnten Standschützen die berühmte „Fliegende Patrouille“, die sich rastlos auf verschiedenen Gipfeln sehen ließ, um den Anschein zu erwecken, daß alle diese Berge besetzt seien und fest in der Hand der österreichischen Truppen wären. Nachdem die Italiener den strategisch wichtigen Paternkofel besetzt hatten – was von den Österreichern trotz der Warnung Innerkoflers versäumt worden war – und von dort aus die Aktionen der Österreicher beeinträchtigten sowie das Dorf Sexten zerstörten, bekam Innerkofler den Auftrag, den Berg im Handstreich zu nehmen. Dabei fand er knapp unterhalb des Gipfels den Tod (4. Juli 1915). Die Alpini begruben ihn auf dem Gipfel des Paternkofels.

Als Italien später seine Front nach Süden verlegen mußte, wurden die sterblichen Überreste des heldenhaften Bergführers geborgen und im Friedhof des Heimatdorfes beigesetzt.

Bei den Kämpfen im Cristallo- und Drei-Zinnen-Gebiet sowie am Kreuzberg im Sextental verfolgten die Italiener das Ziel, zum nahen Pustertal durchzubrechen. Dabei bildete der Monte Piano einen wichtigen Stützpunkt der Dolomitenfront. Schon vierzehn Tage nach Kriegsbeginn bemächtigten sich Tiroler Einheiten des Gipfels. In den Sommer- und Herbstmonaten des Jahres 1915 erfolgten zahlreiche Angriffe italienischer Artillerie. Nach dem strengen Winter 1915/16 versuchten die Italiener im Juni 1916, mit schweren Geschützen aus dem Raum südlich des Monte Piano die wichtige Bahnlinie im Pustertal zu treffen. Dabei

Abb. oben: In den strengen Kriegswintern des Ersten Weltkrieges forderten Lawinen Tausende Opfer unter den in extremer Höhenlage eingesetzten Soldaten.

Abb. links: Die Tragödie des Krieges wird an diesem Einzelschicksal verdeutlicht. Ein ruthenischer Spion wird am Schießstand bei Bruneck hingerichtet (1916).

Abb. oben links: Österreichische Soldaten vor dem zerstörten Dorf Sexten (15. Juli 1915), der Heimat von Sepp Innerkofler, der mit anderen Bergführern und Standschützen die berühmte „Fliegende Patrouille" bildete. Nachdem die Italiener den strategisch wichtigen Paternkofel besetzt hatten, was von den Österreichern versäumt worden war, und von dort durch Artilleriefeuer das Dorf Sexten zerstörten, bekam Innerkofler den Auftrag, den Berg im Handstreich zu nehmen. Dabei fand er knapp unterhalb des Gipfels den Tod.

Abb. oben rechts: Großvater und Enkel rückten als Standschützen (des Enneberger Bataillons) bei Kriegsbeginn gegen Italien (1915) ein.

gerieten die Orte Toblach und Innichen unter Beschuß von Granaten. Die beabsichtigte Unterbrechung der Bahn wurde aber trotz eines enormen Munitionsaufwandes nicht erreicht. In den folgenden Kriegsjahren hielten die Österreicher den Monte Piano auch bei schwierigsten Gefechtslagen. Als an der Isonzofront Ende Oktober 1917 die große Offensive losbrach, gaben die Italiener die Dolomitenfront preis.

Am 3. November räumten sie das Gebiet am Monte Piano, den sie trotz tapferer Angriffe nicht bezwingen hatten können. Zu den härtesten Kämpfen an der Tiroler Front zählten in den Jahren 1915/16 die um den Col di Lana. Der Berg bildet mit dem Monte Sief ein mächtiges Massiv, das bastionsartig aus der Dolomitenfront vorspringt. Seine militärische Bedeutung lag darin, durch seinen Besitz eine Sperre ins Gadertal zu bilden. Schon von Kriegsbeginn an hatten die Tiroler den Berg besetzt, wobei allerdings der Nachschubdienst ungemein schwierig war und viele Opfer verlangte. In der zweiten Oktoberhälfte setzte ein italienischer Generalangriff den Verteidigern besonders zu. In den folgenden Wintermonaten trieben die Italiener tiefe Minenstollen unter den Gipfel, und in der Nacht vom 17. zum 18. April 1916 fiel die Col-di-Lana-Spitze durch Sprengung in die Hände der Italiener. Damals fielen ca. 170 Mann auf österreichischer Seite.

Ab November 1917 kam der Gipfel wieder in österreichischen Besitz und blieb es bis zum Schluß des Krieges.

→

Abb. rechts oben: Ausgedehnter Drahtverhau eines österreichischen Stützpunktes. Im Hintergrund die Presanella-Gruppe.

Abb. rechts unten: Schwierig gestaltete sich der Transport von Lebensmitteln, Munition und Gebrauchsgütern zu den oft weit abseits und in beinahe unzugänglichen Gebieten liegenden Stellungen. Die Aufnahme zeigt eine Hundekolonne am Weg zur Ortler-Front.

Abb. links unten: Österreichische Verteidigungsstellungen bei Sett Sass nördlich des Col di Lana im Oktober 1917. Deutlich erkenntlich das mühsam im Fels ausgearbeitete Netz von Unterkünften und Gräben.

Abb. rechts oben: Österreichischer Doppeldecker vor dem Start am Feldflugplatz bei Brixen (Sommer 1917). →

Abb. rechts unten: Die Sextener Dolomiten mit den weltbekannten Drei Zinnen (2998 m). In der Mitte das Tal Marzon und das Tal d'Ansiei mit der italienischen Straßensperre Orsolina und dem Ort Auronzo, rechts der Col di Vezza (2157 m) und der Monte Rusina (1789 m). Die Fotografie stammt aus dem Jahr 1916 und wurde von einem österreichischen Aufklärungsflugzeug aufgenommen.

Abb. links unten: Erbeutetes italienisches Geschütz mit Kettenantrieb vor dem Dante-Denkmal in Trient.

→

Abb. rechts oben: Eine österreichische Beobachtungspatrouille bei der Überquerung eines Gletscherbruches im Adamello-Abschnitt (Frühjahr 1916).

Abb. rechts unten: Sicherer Unterstand im ewigen Eis des Gletschers am Adamello.

Abb. unten: Der junge Kaiser Karl I. besucht die Soldaten auf den Bergen der Südfront. Er wurde 1914 wegen der Ermordung Franz Ferdinands zum Erzherzog-Thronfolger bestimmt. Nach dem Zerfall der Donaumonarchie verzichtete er am 11. November für Österreich und wenige Tage später für Ungarn auf die Ausübung der Regierung und wurde in Österreich durch die Gesetze vom April und Oktober 1919 samt seinem Hause des Thrones für verlustig erklärt und des Landes verwiesen. Die kaiserliche Familie übersiedelte nach dem Zusammenbruch vom November 1918 zuerst auf das Schloß Eckartsau im Marchfeld, dann in die Schweiz. Von der Schweiz aus versuchte Karl im Jahre 1921, die Herrschaft in Ungarn zurückzugewinnen. Daraufhin wurde er von der Entente auf die Insel Madeira verbannt. Dort starb er bereits ein Jahr später mit 35 Jahren am 1. April 1922 in Funchal.

S.T
10.S.T
12.S.T
13.S.T

Unter den Bergen der Südfront nimmt der Monte Pasubio eine Sonderstellung ein. Er war der Angelpunkt der Front. Die Versorgung des heißumkämpften Gebietes geschah von Rovereto im Etschtal aus. Das Kampfgeschehen konzentrierte sich auf zwei gegenüberliegende Felsplatten, die sogenannte „österreichische Platte", gelegen auf einer Seehöhe von 2206 m, und die um ungefähr 30 Meter höher gelegene „italienische Platte". Die Österreicher standen hier also im Nachteil, ihr Platz konnte von den Italienern leicht eingesehen und unter Beschuß genommen werden – und trotzdem hielten die Kaiserjäger diesen Berg durch ihre Tapferkeit bis Kriegsende. Auf beiden Seiten waren ca. 200 Geschütze im Einsatz, im mörderischen Trommelfeuer fielen Tausende, Freund und Feind.

Wenn auch um einige Berge besonders heftig gekämpft wurde, kennzeichnet die Tiroler Front vor allem ein Stellungskrieg, teilweise in Fels- und Eisregionen, wo die Natur den Soldaten ebensoviel abverlangte wie der Feind. Aber gerade die Standschützen, aus denen sich ein Gutteil der österreichischen Verteidiger bildete, kannten ihre Berge, und dies war mit ein Grund für die erfolgreiche Verteidigung, insbesondere in den ersten Kriegsmonaten.

Im Verlauf der Kriegsjahre machten sich an der Front wie auch im Hinterland der Nahrungs- und Munitionsmangel ernstlich bemerkbar. Zwar konnte durch die Herbstoffensive im Isonzogebiet ein letzter großer Sieg erfochten werden, doch der allgemeine Zusammenbruch der Mittelmächte an den anderen Fronten führte zum bitteren Ende der österreichisch-ungarischen Monarchie; ein Niedergang, der sich seit dem Tod des Kaiser Franz Joseph im November 1916 immer mehr abgezeichnet hatte.

Die k. u. k. Armee kämpfte aber noch im Herbst 1918 an der italienischen Front. Als am 24. Oktober die italienische Offensive einsetzte, errangen die Österreicher im Grappagebiet noch einen Abwehrerfolg, dann aber wurden die ungarischen Truppen von ihrer Regierung abberufen, in der Folge verweigerten viele nichtdeutsche Truppen den Gehorsam, und die Front begann sich langsam aufzulösen. Am 3. November nachmittags wurde der Waffenstillstand abgeschlossen. Man vermochte auf österreichischer Seite aber nicht mehr den Truppen bekanntzumachen, daß der Waffenstillstand erst am nächsten Tag um 15 Uhr in Kraft treten sollte. Von österreichischer Seite kam es daher zur Einstellung der Feindseligkeiten und daher fielen über 300.000 Mann, vor allem an der Tiroler Front, in Unkenntnis dieser Situation kampflos in italienische Gefangenschaft. Italien feierte diesen Tag als den siegentscheidenden von Vittorio Veneto.

Für Tirol bedeutete das Ende des Ersten Weltkrieges eine Katastrophe, wurde doch das Land, seit tausend Jahren eine Einheit, zerschlagen. Welschtirol und Südtirol, das Kernland Tirols, mußten an Italien abgetreten werden, dies war umso bitterer, als der Feind bis zum Ende des Krieges im Jahre 1918 vergeblich gegen die Front in den Tiroler Bergen angerannt war.

←
Abb. links oben: Fliegeraufnahme des in den Jahren 1833–1838 erbauten österreichischen Forts Franzensfeste. Oberes und unteres Werk mit der Eisenbahnbrücke der Pustertaler Bahnlinie. Die Festung war seinerzeit die größte und modernste Sperranlage Europas. Unter Mussolini weiter ausgebaut, beherbergte sie während des Zweiten Weltkrieges den italienischen Staatsschatz.

Abb. links unten: Der Mangel an Rohstoffen und Munition zwang gegen Ende des Ersten Weltkrieges zur Abnahme der Kirchenglocken. Im ganzen Land wurden sie von den Türmen geholt, und oft blieb nur die Totenglocke zurück. Im Bild angelieferte Glocken auf einem Sammelplatz in der Nähe der Basilika und der Stiftskirche Wilten in Innsbruck.

Abb. oben: Zahlreiche österreichische und deutsche Kampfflugzeuge, die an der Italienfront im Einsatz standen, versuchten am Ende des Ersten Weltkrieges mit dem letzten noch vorhandenen Treibstoff den seinerzeit in Hall befindlichen Flugplatz anzufliegen. Die Luftfahrtveteranen wurden dort einfach stehengelassen und in der Folge von Interessenten vollkommen demontiert.

Abb. unten: Bei Temperaturen bis –10° C im November 1918 klammerten sich Hunderte von Soldaten außen an überfüllte Waggons und Lokomotiven, um der Gefangenschaft zu entgehen und schneller in ihre Heimat zurückzukommen.

Abb. oben: Nach dem Zusammenbruch der Donaumonarchie und der Unterzeichnung des Waffenstillstandes am 3. November 1918 begann der große Rückzug der an der Südfront kämpfenden Armee. Tausende erschöpfte und hungernde Soldaten aller Nationen des alten Österreich lagerten, teils noch bewaffnet, für kurze Zeit mit Roß und Wagen auf allen Plätzen und den umliegenden Feldern von Hall.

Abb. unten: Ein schwerer Mörser, hergestellt von der Kanonenfabrik Skoda in Pilsen, am Rücktransport.

Der Vertrag von St.-Germain und seine Folgen

Nach der Niederlage im Ersten Weltkrieg und dem Untergang der Habsburgermonarchie galt es, die Trümmer des zerschlagenen Österreich-Ungarn neu zu verteilen. Anders als im Wiener Kongreß vor 100 Jahren, als der damalige Verlierer Frankreich ein gewichtiges Wort bei der Neuordnung Europas mitzureden hatte, wurde der Friedensvertrag von Saint-Germain-en-Laye für „Deutsch-Österreich" zu einem Diktatfrieden der Siegermächte. Die demütigenden und äußerst harten Friedensbedingungen, welche den ehemaligen Mittelmächten Deutschland, Österreich, Ungarn, Bulgarien und Türkei in den Pariser Vororteschlössern aufgezwungen wurden, bargen bereits den Keim für den Zweiten Weltkrieg in sich.

Mit dem Staatsvertrag von Saint-Germain am 10. September 1919 wurde der Waffenstillstand von Villa Giusti bei Padua (3. November 1918) und somit der Kriegszustand mit der Entente beendet. Die österreichische Delegation unter Staatskanzler Karl Renner wurde im Mai nach Paris zitiert, dort interniert und von den Verhandlungen ausgeschlossen. Die deutschösterreichische Friedensdelegation, der international anerkannte Experten angehörten, durfte nur schriftliche Vorschläge und Stellungnahmen unterbreiten, die in französischer Sprache abgefaßt sein mußten. Daß die gewählten Vertreter Deutschösterreichs die Dienstbotentreppe benützen mußten und nur am Querteil eines kleinen Tischchens bei den „Verhandlungen" teilnehmen durften, war weniger bedrückend als die gestörten Nachrichtenverbindungen zur Heimat. In den besetzten Gebieten Kärntens, der Steiermark und in Südtirol sowie in den deutschsprachigen Gebieten der Sudeten bekannte sich die Bevölkerung zu Deutschösterreich, doch durfte dort nicht gewählt werden. Nach dem Nationalitätenprinzip hätten diese Gebiete dem „Restösterreich" zugeschlagen werden müssen. Doch Österreich setzte sich aus dem zusammen, was die anderen übrigließen. Nur mehr etwa 10 Prozent der Bevölkerung von einst lebten im Reststaat, an dessen Lebensfähigkeit selbst Patrioten zweifelten.

Die Entente sah das neue Österreich und Ungarn als Rechtsnachfolger der Donaumonarchie an, obwohl Dr. Renner darauf hingewiesen hatte, daß sich nach dem Zusammenbruch am 12. November 1918 acht Nationen ihre eigenen Parlamente, Regierungen und Heere schufen und somit eigene Staatswesen darstellten. Die Alpenrepublik war wie diese entstanden und daher nicht als Nachfolgerin der Monarchie anzusehen.

Während bei der Grenzziehung im Osten den Siegern kleine Zugeständnisse abgerungen werden konnten, blieb die österreichische Delegation bezüglich Südtirol völlig erfolglos. Eigentlich war das Schicksal Südtirols bereits im Londoner Vertrag 1915 besiegelt worden, als man das Königreich Italien für seinen Abfall von den Mittelmächten mit Dalmatien und Südtirol belohnen wollte. Vergeblich hoffte Österreich, daß jener Passus des 14-Punkte-Friedensprogramms des US-Präsidenten Wilson auch angewendet werde: *Neuziehung der Grenzen Italiens entlang klar erkennbarer Linien der Nationalität.* Daß Wilson seinem feierlich proklamierten Grundsatz untreu wurde, beruht auf mangelnder Sachkenntnis und Rücksichtnahme auf die Stimmung der Italoamerikaner. Hauptsächlich mußte Deutschsüdtirol als Beutegeschenk herhalten, weil man die Ansprüche Italiens auf Istrien und Dalmatien beim nunmehr befreundeten Jugoslawien nicht durchsetzen konnte. Selbst der Pustertaler Korridor als einzige österreichische Verbindung zwischen Nord- und Osttirol konnte nicht gehalten werden.

Das kleine Südtirol wurde der großen Weltpolitik zuliebe geopfert. Den 230.000 Deutschsüdtirolern und 11.000 Ladinern wurde ebenso wie den 3 Millionen Sudetendeutschen das Recht verweigert, über ihre Staatszugehörigkeit selbst zu bestimmen. Unter Mißachtung des Selbstbestimmungsrechtes, der völkischen Zugehörigkeit, einer mehr als 550jährigen gemeinsamen Geschichte mit Österreich wurde Südtirol von dem erst seit einem halben Jahrhundert existierenden Italien annektiert. Von England, Frankreich und Amerika wurden alle Grundsätze über Bord geworfen, um einen jungen nationalistischen Staat zu befriedigen. So fanden die Forderungen der vor 40 Jahren begründeten Bewegung *Italia Irredenta* (= unerlöstes Italien) eine Erfüllung, die weit über die Sprachgrenze Salurns hinausging.

Selbst das von Italien erstellte Prinzip der Wasserscheide als natürliche Grenze wurde von diesem zum eigenen Vorteil durchbrochen, denn sonst hätten Sexten, Innichen und Vierschach bei Österreich verbleiben müssen. Bis zuletzt glaubte man in Österreich und vor allem in Tirol, daß die vom fanatischen Annexionspolitiker Ettore Tolomei angestrebte Brennergrenze fern jeder politischen, nationalen und ethnischen Realität sei. Geschichtslügen, verfälschtes Statistik- und Kartenmaterial waren sein Rüstzeug bei den Pariser Friedensverhandlungen. Gerade in Südtirol hätte sich eine weitgehende Übereinstimmung der geographischen Grenzen mit der Sprachgrenze vom Ortler über die Salurner Klause zu den Dolomiten ergeben. Diese Grenze wäre auch strategisch durchaus für Italien akzeptabel gewesen, wie dies für beide Seiten in einem schmerzlichen und verlustreichen Stellungskrieg mehr als drei Jahre hindurch bewiesen worden war.

Von Alttirol, das seit Kaiser Maximilians Zeiten eine Größe von rund 26.700 km^2 und zuletzt 947.000 Einwohner hatte, kam mehr als die Hälfte (14.100 km^2) an das Königreich Italien. Davon hatte Deutschsüdtirol eine Fläche von 7700 km^2. Am selben Tag, als sich die Kärntner für Österreich entschieden, wurde Südtirol unter Mißachtung des Selbstbestimmungsrechtes mit der Bezeichnung „Alto Adige" dem italienischen Staat de jure eingegliedert. Die obskuren Umstände, die in einem Pariser Vorort zu jenem denkwürdigen Ergebnis führten, sind heute fast vergessen. Geblieben sind die Grenzen quer durch Tirol, für die es keine rationale Erklärung und keine geschichtliche Begründung gibt.

Noldin und das Schicksal Südtirols

Nach dem Ersten Weltkrieg wurde Tirol selbständiges Bundesland einer Republik. Das Friedensdiktat von Saint-Germain vom 10. September 1919 traf das Land hart. Der südliche Landesteil Tirols mit 230.000 Südtirolern kam – entgegen dem Selbstbestimmungsrecht der Völker – zum Königreich Italien. Das Land war zerrissen. Italien erhielt jene Grenze, die ihm im Londoner Geheimvertrag zugesprochen worden war. Der Brenner sollte für Italien, einer Wasserscheidentheorie zufolge, eine natürliche Grenze sein.

Österreich war föderalistisch, Italien stark zentralistisch regiert. Der Friedensvertrag verpflichtete zu keinem Volkstumsschutz der Südtiroler. Einige Kundmachungen des Militärs, Erklärungen bei den Friedensverhandlungen und Äußerungen des guten Willens seitens des Königs von Italien bei seiner Thronansprache am 1. Dezember 1919 ließen auf eine Wahrung autonomer Rechte hoffen. Der König sprach von „freiheitlichen Traditionen", von „Wahrung der lokalen Institutionen, der Selbstverwaltung und lokalen Sitten". Die faschistische Machtübernahme 1922 zerstörte auch die geringsten Hoffnungen. Südtirol sollte „ent-heimatet" werden. Die Italianisierungspolitik trug die Handschrift Senator Tolomeis, der schon Südtirolberater des italienischen Premierministers Orlando bei der Friedenskonferenz 1919 in Paris war. Ein in Bozen gegründetes „Kommissariat für Sprache und Kultur" sollte sich nun der Italianisierung widmen. Schon 1921 hatte Credaro, Generalkommissar der neuen Provinz, gegebene Versprechungen als überholt, lediglich von „geschichtlichem Wert", bezeichnet. Nach der Annexion wurde Südtirol mit dem Trentino zur Provinz „Venezia-Tridentina" vereinigt. 1926 folgte die Errichtung der Provinzen Bozen und Trient, das Bozner Unterland wurde aber zur besseren Italianisierung der Provinz Trient angegliedert. Ab 1928 kam es zur Verlegung von Großindustrien in den Bozner Raum, die nur Italiener beschäftigen durften. Transport- und Steuererleichterungen sollten den ungünstigen Standort wettmachen. 1929 wurde auch noch das Hofrecht aufgehoben, um den Bauernstand zu schwächen. In dem Kapitel „Die Zeit des Faschismus" kommen wir noch ergänzend und ausführlich auf die faschistische Unterdrückung und auf die Option, traurige Etappen Tiroler Geschichte, zu sprechen.

Trotz der ohnmächtigen Situation erwuchs ein Wille zum passiven Widerstand und zum Durchhalten. Weder die Zuwanderung von Italienern noch die Zwangsitalianisierung vermochten den Lebenswillen des Südtiroler Volkstums zu brechen. Aus dieser Situation heraus erwuchsen die sogenannten „Katakombenschulen", die in *Kanonikus Michael Gamper* ihren Promotor fanden. In diesen Behelfs- und späteren Geheimschulen wurden die Kinder in ihrer Heimatsprache unterrichtet. Es galt schließlich auch, die deutsche Sprache weiterhin zu pflegen. Die Lehrer solcher Schulen waren bald Androhungen, Belästigungen und schikanösen Strafen ausgeliefert. 1926 verbot man die Behelfsschulen endgültig. Damit wurden sie im wahrsten Sinne zu Untergrundschulen. Die in eigenen Kursen herangebildeten Lehrpersonen

Abb. unten: Meran, am Fuße von Schloß Tirol, nannte sich einst Hauptstadt an der Etsch. Der jeweilige Burggraf von Tirol war gleichzeitig Richter des Landgerichtes. Bis 1420 residierten die Tiroler Landesfürsten auf Schloß Tirol. Meran selbst war nie Residenzstadt oder Sitz der Landesbehörden. Von den 23.417 Einwohnern (1910) waren 848 Italiener bzw. Ladiner, heute überwiegt die italienische Bevölkerung.

waren sich der Gefahr für ihr pädagogisches Wirken bewußt. Neben Kanonikus Gamper sind die Namen *Josef Noldin* und *Angela Nicoletti* mit den Katakombenschulen eng verbunden. Nicoletti, die in Kurtatsch unterrichtete, starb 1930 an den Spätfolgen der Verhör- und Untersuchungsmethoden seitens staatlicher Behörden.

Der Rechtsanwalt Josef Noldin, 1888 in Salurn, Tirols südlichem Grenzort, geboren, hatte im Bozner Unterland den Katakombenunterricht organisiert und wurde somit zur Zielscheibe von Angriffen. Nach der Beendigung der Mittelschule in Rovereto und des Jusstudiums in Innsbruck war er als Kaiserjäger an der russischen Front und geriet dabei (1915) in russische Gefangenschaft. Nach der Rückkehr (1920) ließ er sich als Rechtsanwalt in Salurn nieder, gewährte den vom Faschismus Verfolgten Rat und Hilfe und zog sich den Haß politischer Fanatiker zu. Nach vielerlei Widerwärtigkeiten und Anschlägen auf seine menschliche Würde wurde er auch verhaftet und für 5 Jahre nach den Liparischen Inseln verbannt. Seine „Verbrechen“: eine Tiroler Christbaumfeier und der Schreibunterricht für Kinder. Malaria und typhusähnliche Anfälle brachen seine Gesundheit auf der Strafinsel. Briefe an seine Mutter waren verboten. Ein Gnadengesuch wollte er keineswegs abschicken. Berufs- und Ausreiseverbot waren die letzten Amtsschritte gegenüber Noldin. Das Ausreiseverbot machte auch einen in Aussicht genommenen notwendigen Kuraufenthalt unmöglich. Schon vor dem Ersten Weltkrieg hatte Noldin an die Widmung seines Hauses in Salurn für die Jugend des Landes gedacht. Dieser Plan wurde erst viel später, am 9. Juli 1977, realisiert. Heute steht das Noldinhaus den Jugendlichen Tirols, aber auch denen des übrigen deutschsprachigen Raumes, als Stätte der Begegnung mit Südtirol zur Verfügung. Am 14. Dezember 1929 starb Noldin im Sanatorium in Bozen. Er liegt in Salurn begraben. Leute wie Josef Noldin sind ein Beispiel dafür, daß in Tirol – auch in Zeiten großer Bedrängnis – die Sehnsucht nach Gerechtigkeit und demokratischem Leben nicht erlöschen konnte, vielmehr wuchs und erstarkte.

1938 wurde der Name „Österreich“ ausgelöscht. Der Norden und der Süden waren unter diktatorische Herrschaft gekommen. Das NS-Regime, das nach dem Zusammenbruch der „Ära“ Mussolinis in Italien einmarschierte, setzte für Südtirol eine deutsche Zivilverwaltung ein. Das Bozner Unterland kam wieder zur Provinz Bozen, die deutsche Sprache war wieder gleichberechtigt.

Über die Opfer dieser Zeit und den Widerstand siehe auch Seite 276ff. Die NS-Besetzung Südtirols fand im Mai 1945 ihr Ende.

Ludwig von Ficker und „Der Brenner“

Das künstlerische, dichterische und intellektuelle Schaffen Europas fand zu Beginn des Jh.s im *Brennerkreis* ein sensibles Forum der Begegnung. *Ludwig von Ficker* (1880–1967), gebürtiger Münchner, war Sohn des Historikers Julius von Ficker und kam mit 16 Jahren nach Innsbruck. Er gründete 1910 die philosophisch-literarische Zeitschrift *Der Brenner*, die literaturgeschichtlich für unser Jahrhundert bedeutsam wurde. Der *Brenner* wurde zu einem Zentrum des Gedankenaustausches und der Suche nach einer neuen Dichtung, nach neuen kulturellen und geistigen Strömungen. Sprache und Geist sollten – als dem Menschen wesenseigen – eben diesem Menschen, wieder Wesentliches eröffnen. Dichter und Philosophen wie Rainer Maria Rilke, Georg Trakl, Ferdinand Ebner, Theodor Haecker, Karl Kraus, Carl Dallago, Josef Georg Oberkofler, Josef Leitgeb, Paula Schlier, Ignaz Zangerle und der Pädagoge Daniel Sailer waren dem *Brenner* freundschaftlich verbundene Mitarbeiter. Trakl war in den Militärapothekerdienst eingetreten und arbeitete 1912 als „Medikamentenakzessist“ im Garnisonsspital Innsbruck. Im Zuge der Wirrnisse des Ersten

Der Brenner

I. Jahr. Innsbruck / Bozen / 1. Juni 1910. Heft 1.

Geleitwort.

Vielleicht ist schon der Beginn dieser Zeitschrift ein Fehlbeginnen, indem die Aussicht auf Bestand gering erscheint gemessen an den vorhandenen Mitteln und dem Zusammentun von nur Wenigen. Vielleicht ist auch für das Erscheinen der Zeitschrift keine Notwendigkeit da in dem Sinne, daß sie von vielen gewünscht wird. Aber es sind Unternehmungen von reger Beteiligung und größtem Aufwand von Mitteln gescheitert, und andere — ausgesetztere — haben sich durchgerungen und behauptet. Darum wollen wir trotz der wenig ermunternden Aussicht den Versuch wagen und gestützt auf ernstes Wollen in der Öffentlichkeit mit dem Unternehmen festen Fuß zu fassen suchen, indem wir uns bemühen, dasselbe so auszubauen, daß es uns die Begriffe: Kultur, Kunst, Dichtung lebendig und fruchtbar erhält. Es bedeutet uns im Kerne ein Unterbringen der menschlichen Natur — ein Unterbringen von Menschentum. Und zuletzt dünkt uns ein solcher Versuch schon eine Tat.

„Der Brenner", eine philosophisch-literarische Zeitschrift, wurde von Ludwig von Ficker begründet (im Bild die erste Ausgabe aus dem Jahre 1910), gilt als eine der bedeutendsten Kulturleistungen Tirols im 20. Jh. Mitarbeiter, wie Dallago, erweiterten die kulturkritische Linie um anthropologische, religiöse Fragestellungen. I. Zangerle: „Heute können wir uns kaum mehr vorstellen, was Ficker im bürgerlich-mediokeren Milieu des damaligen Innsbruck auf sich nahm, als sich der „Brenner" mit der Dichtung des Salzburgers Georg Trakl identifizierte" (im „Fenster", Nr. 32, Innsbruck 1983). Das Brenner-Archiv bewahrt und bearbeitet ca. 40 Nachlässe und arbeitet an der Verwirklichung einiger Projekte: Herausgabe des Briefwechsels Ludwig von Fickers (1907–1967), Biographie Paula Schlier, ergänzende Ebner-Ausgabe, Edierung der Werke von Fritz von Herzmanovsky-Orlando und von Franz Kranewitter. Bei der Eröffnung der neuen Räume des Archivs konstituierte sich auch eine „Gesellschaft der Freunde des Brenner-Archivs" (11. Dezember 1981). Die Festschrift Ignaz Zangerle (1981) spiegelt 15 Jahre Brenner-Forschung wider.

Weltkrieges mußte der *Brenner* von 1915 bis 1919 sein Erscheinen einstellen. Trakl starb, viele mußten einrücken, einige Mitarbeiter blieben auf dem Schlachtfeld, „Der Brenner will“, so schrieb Ficker nach dem Wiederbeginn 1919, „das Beispiel einer geistigen Erhebung bieten, die nach wie vor nichts anderes bezweckt als den Ausdruck der Bewegtheit im großen Unbewegten, das uns umgibt, den Anschluß an ein Urheimatliches, das der Welt verlorenging, eindeutig gegen alle Zweideutigkeiten einer aus den Fugen ihrer Selbstherrlichkeit geratenen Außenwelt zu verteidigen und zu vertiefen“. Die Zielsetzung dieser Zeitung, einem „Wagnis der Begeisterung“ von literarisch-historischer Bedeutung, skizzierte Ficker so: „Wegbereitung zu sein der Erkenntnis des Kommenden, der Tiefberufenen, Herz und Verstand der Gegenwart zu weiten und dieser selbst vorläufig im wahrsten Sinne des Wortes heimzuleuchten aus dem ungeheuerlichen Angstdickicht, in dem sich der Geist der Zeit verfangen hat und darin er sich vom Auge des Ewigen, das er zu blenden wähnte, um wie von etwas Furchtbarem fixiert fühlt.“ *Der Brenner* ist kulturgeschichtlich eine der bedeutendsten Leistungen Tirols im 20. Jh.

Tiroler Künstler in der ersten Hälfte des 20. Jahrhunderts

Im 19. Jh. war die Malerei in Tirol von römischen Kunstkreisen und den Akademien in Wien und München beeinflußt. Der historische Klassizismus, der Nazarenerstil mit seiner romantischen Ausprägung und die Historienmalerei dekorativer Art markierten den Weg ins 20. Jh., an dessen Beginn der späte *Franz von Defregger* (1835–1921) aus Stronach bei Lienz steht, der viele Szenen aus dem bäuerlichen Leben und von den Freiheitskämpfen volksnah darstellte. Der Professor an der Akademie in München war ein Meister des Genrebildes. In einer Reihe von Ölbildern stellte er Szenen des Befreiungskampfes (Andreas Hofers Abschied, Speckbacher und sein Sohn Anderl, Letztes Aufgebot) dar und verfertigte nach zeitgenössischen Bildern Porträts der Anführer dieser Zeit. Für seine Werke über die Freiheitskriege wurde Defregger von Kaiser Franz Joseph in den Ritterstand erhoben und mit einer Goldmedaille ausgezeichnet. Seine Bilder sind voll Sorgfalt, Gefühl sowie Liebe zum Detail und zeichnen sich durch meisterhafte Maltechnik und durch besondere Empfindung von Farben aus.

Albin Egger-Lienz (1868–1926), aus Stribach (Dölsach) bei Lienz, ging von Defregger aus, vollzog aber – wenngleich oft unverstanden – einen expressiv orientierten Wandel in der Tiroler Kunst und beschritt einen Weg zur Moderne. Stationen seines Wirkens waren München, Weimar, Wien und Bozen. Seine monumentalen Bilder aus dem bäuerlichen Leben sprechen eine eindringliche Sprache und zeugen in ihrer Art von einem eigenständigen, künstlerischen Ausdruck. Die Werke seiner ersten Schaffensperiode sind in ihrer markanten Art voll Pathos und Intensität und erzählen neben der Welt des Bauern vom Schrecken des Krieges (z. B. „Totentanz“). In den Gedankengemälden seines Spätwerkes zeigt sich die besondere Bedeutung des Künstlers. So begegnet uns in seinem Auferstehungsbild Christus (in einer Bauernstube) als Mensch. Er ist kein Triumphator, sondern einfach und schlicht. Egger-Lienz steigert den künstlerischen Ausdruck durch die Sparsamkeit der Mittel von Farbe und Raumgestaltung.

Der Trientiner Maler und Offizierssohn *Arthur Nikodem* (1870–1940) zählt mit der ihm eigenen Farbkomposition und ausdrucksstarken Malweise zur Moderne. Nikodem ließ sich mit 50 Jahren vom Postdienst pensionieren, um sich ganz der Kunst zu widmen. Sie brachte ihm zwar einige Ausstellungserfolge, doch wurde die Tragweite und Bedeutung seines Schaf-

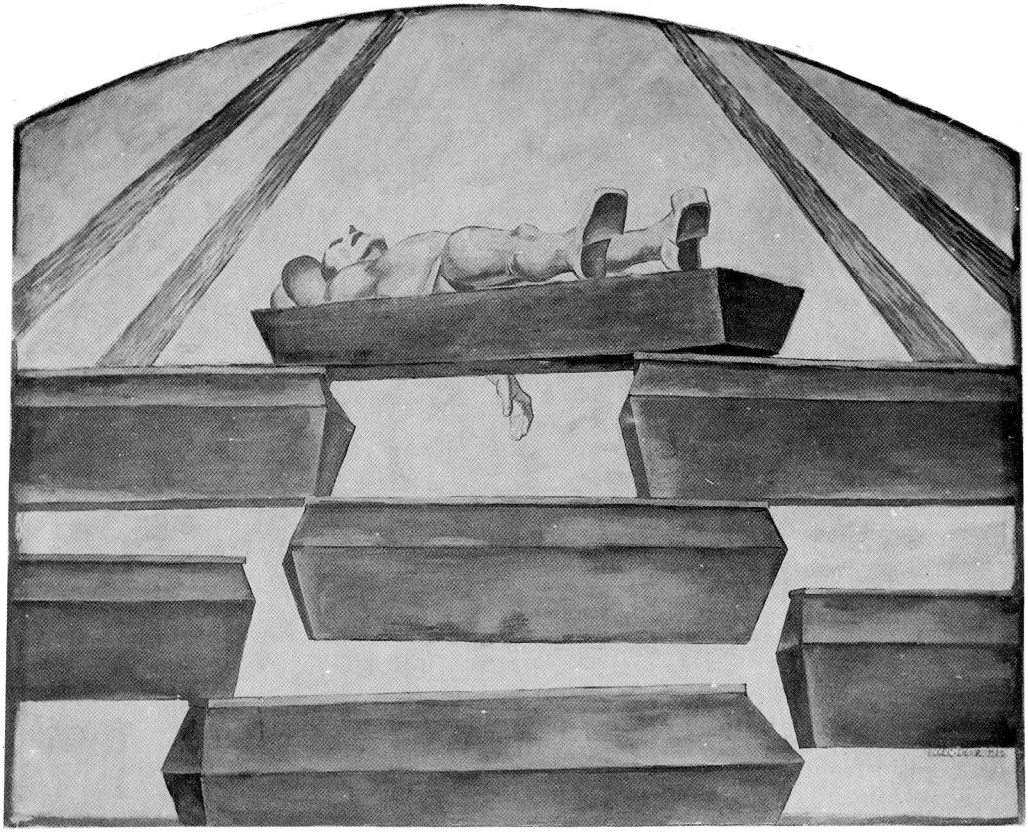

fens erst nach seinem Tode erkannt. Mit Egger-Lienz zählt er zum bedeutendsten Vertreter der Tiroler Malerei in der Zwischenkriegszeit.

Josef Bachlechner d. Ä. (1871–1923), aus Bruneck, war Bildhauer. Seine Schnitzwerke deuten auf tiefes Empfinden und Liebe zu den kleinen Dingen, wovon (neben Altarwerken und Holzfiguren in den Kirchen des Landes) im besonderen seine Weihnachtskrippen sprechen.

Der impressionistisch orientierte Maler *Leo Putz* (1869–1940) stammt aus Meran. Auch ihn zog es 1886 nach München (der dominierenden Ausbildungsstätte für Tirols Künstler). Seine Ausstellung 1906 fand reges Echo. Putz wirkte in München und startete auch eine glänzende Laufbahn, die ihn als Kunstprofessor nach Brasilien (Rio de Janeiro) führte. 1936 ließ er sich wieder in seiner Heimat Meran nieder. Seine Themen zeigen Stilleben, Damenbildnisse, Aktdarstellungen und Landschaften in leuchtenden und frohen Farben.

Max Esterle (1870–1947) aus Cortina d'Ampezzo war Maler in Innsbruck. Der Präsident des Tiroler Künstlerbundes machte sich auch als Karikaturist und Porträtist einen Namen. Aus Schwaz stammt *Hans Weber-Tyrol* (1874–1957). Seine Landschafts- und Tierbilder zeigen ein impressionistisches Empfinden.

←

links oben: Hauptbild am Kriegerdenkmal Lienz von Albin Egger-Lienz (geb. 1868 in Stribach bei Lienz, gest. 1926 in St. Justina bei Bozen). Er gilt als eine der bedeutendsten Persönlichkeiten in der Tiroler Kunstgeschichte. Seine Bilder sprechen eine in den Farben bewußt sparsame, in der Raumkonzeption schlichte und ausdrucksvolle Sprache, ausschlaggebend ist der Symbolgehalt.

links unten: Egger-Lienz wurde nicht immer verstanden. Ein zeitgenössisches Dokument der Intoleranz ist diese Spottkarte auf sein Auferstehungsbild.

rechts: Pfarrkirche in Erpfendorf (1955) von Clemens Holzmeister. Holzmeister (geb. 1886 in Fulpmes, gest. 1983 in Salzburg) war Professor an der Kunstakademie Düsseldorf und an der Technischen Hochschule Istanbul. Seine Bauten sind klar konstruiert und wurden zu einem Wegbereiter der modernen Architektur. 650 Bauten und Projekte umfassen sein Wirken. Bekannte Beispiele sind das Festspielhaus in Salzburg, das Krematorium in Wien, das Regierungsgebäude in Ankara und zahlreiche Kirchenbauten.

Schon von alters her wurde die dramatische Dichtung in Tirol gepflegt. Der Bogen spannt sich von den Sterzinger Spielen über das Jesuitendrama herauf bis in unsere Zeit. Franz Kranewitter und Karl Schönherr sind die bedeutendsten Vertreter Tiroler Dramatik in unserem Jahrhundert.

Karl Schönherr (1867–1943), Arzt aus Axams, wurde mit Werken wie „Erde", „Der Weibsteufel", „Frau Suitner" und „Es", „Kindertragödie", „Glaube und Heimat", „Der Judas von Tirol" weit über Tirol hinaus bekannt. Der mit seiner Heimat verbundene Mensch mit all seinen Hoffnungen, Wünschen, Sehnsüchten, seinem Zorn und Neid, oft dem Schicksal ausgeliefert, steht im Mittelpunkt.

Die Leidenschaft und das Schicksal des seiner Tradition verbundenen Menschen stehen auch bei Franz Kranewitter (1860–1938) aus Nassereith (Abb. rechts) im Mittelpunkt des Schaffens. Beachtenswert sind neben „Andre Hofer", „Epilog" und „Totentanz" sein Werk über „Michel Gaismayr" und der Einakterzyklus „Die sieben Todsünden". Werke Schönherrs und Kranewitters wurden insbesondere durch die Exl-Bühne im gesamten deutschen Sprachraum bekannt.

Abb. oben: Mit diesem und ähnlichen Plakaten versuchte man nach der erzwungenen Abtretung Südtirols an Italien der Weltöffentlichkeit verständlich zu machen, daß bis zur Berner Klause (Salurn) die deutschsprachige Bevölkerung seit mehr als 1300 Jahren beheimatet ist.

←

Abb. links unten: Der Eishofbauer (Ludwig Auer) und seine Buben in „Erde“ von Karl Schönherr. Eindrucksvoll gestaltete die Exl-Bühne die Charaktere in Schönherrs dramatischen Stücken.

Ignaz Gabloner aus Bozen, „Der Dieb", 1922.

Abb. oben: Alfons Walde, „Gaßlrennen in Kitzbühel", 1913 (Tiroler Landesmuseum Ferdinandeum). Walde (1891–1958) stammt aus Kitzbühel, studierte in Wien Architektur und kam mit dem Kunstschaffen von Gustav Klimt und Egon Schiele in Kontakt. Seine Bilder sind expressionistisch beeinflußt und zeigen, zum Teil in leuchtkräftigen Farben, Charakteristika der Landschaft. Schlicht und ausdrucksstark wirken besonders seine Winterlandschaften. In seinen Frühwerken ist er – ähnlich Arthur Nikodem – dem Wiener Sezessionismus verpflichtet.

Die Zeit des Faschismus

Am selben Tag, als Südkärnten durch Volksabstimmung (10. Oktober 1920) zu Österreich zurückkehrte, wurde Südtirol endgültig von Italien einverleibt. Schon in den ersten Monaten unter italienischer Fremdherrschaft, noch bevor die äußerst rechtsradikalen und nationalistischen Faschisten in Italien den liberalen Parlamentarismus beseitigten, bekamen die Südtiroler den Terror der Schwarzhemden zu spüren. Mit Waffengewalt wurde am 24. April 1921 ein Trachtenumzug in Bozen überfallen, 50 Personen verletzt und der Lehrer Franz Innerhofer ermordet. Und schon vor dem Marsch auf Rom (28. Oktober 1922) erzwang eine Kommandoeinheit den Rücktritt des deutschen Bozner Bürgermeisters und des gewählten Gemeinderates. Nach der Machtergreifung Benito Mussolinis terrorisierte die faschistische Minderheit ganz Italien.

Von den vier 1921 ins italienische Parlament gewählten Südtirolern, Toggenburg, Walther, Reut-Nicolussi und Tinzl, konnte sich bei den Neuwahlen 1924 nur noch Karl Tinzl halten. Als zweiter Abgeordneter Südtirols war Paul Sternbach im Parlament vertreten. Tinzl hat übrigens 1944/45 als Nachfolger Peter Hofers die deutsche Präfektur für die Provinz Bozen übernommen.

In den nun folgenden Jahren wurde mit unglaublicher Härte die Italianisierungspolitik Südtirols vorangetrieben. Mit dem historisch-ideologischen Rüstzeug eines Ettore Tolomei wollte Mussolini das Deutschtum ausrotten, da die Südtiroler nur durch die bajuwarische Einwanderung „germanisierte Romanen" seien. Familiennamen, Grabinschriften, Ortsnamen, Straßenanschriften und Firmenschilder mußten italianisiert werden. In Schulen und Ämtern durfte die deutsche Muttersprache nicht mehr verwendet werden. Besonders die Volksschullehrer wurden unterdrückt, teils entlassen und zwangspensioniert. Deutsche Zeitungen wurden verboten oder zensuriert. Den Gemeinden setzte man ortsfremde Italiener als Amtsbürgermeister vor. Die Wasserkraft wurde unter Mißachtung der bäuerlichen Wasserrechte für Oberitalien ausgebeutet; in den Obstkulturen Bozens Industrieanlagen aus dem Boden gestampft und zigtausend italienische Arbeiter angesiedelt, um die deutsche Bevölkerung zu unterwandern. Die Steuern wurden vervielfacht, um ein deutsches Proletariat zu schaffen. Zusätzlich wurden Obst- und Weinexport über den Brenner und der Fremdenverkehr stark behindert. Jeden Widerstand der deutschen Bevölkerung brach man durch Depor-

Zu den Abb.: Noch immer erinnert das Faschistendenkmal (links) in Bozen an jene unglückselige Zeit, die bereits 1921 mit der Ermordung Franz Innerhofers begann. Die provokante Inschrift, daß erst die Faschisten die Kultur ins Land gebracht hätten, ist eine tägliche Beleidigung aller dort lebenden Volksgruppen. Typisch für die Geschichtsfälschung in der Faschistenzeit ist auch der italienische Soldatenfriedhof bei Burgeis (Bild unten); ähnliche wurden bei Gossensaß und am Toblacher Feld errichtet. Die aus dem Süden umgebetteten Italiener hatten Deutsch-Südtirol nie betreten, da bekanntlich bis zum Waffenstillstand die Front entlang der Sprachgrenze verlief.

tationen. Josef Noldin war nur einer von zahlreichen Südtirolern, die in den Süden verbannt wurden. Vielen, wie den Abgeordneten Reut-Nicolussi oder Sternbach, blieb als letzter Ausweg nur die Flucht nach Österreich.

Untätig sahen die Großmächte, die Südtirol für ihre Interessen geopfert hatten, diesem Treiben zu. Wegen der außenpolitischen Ohnmacht Österreichs führten auch die Proteste vor dem Völkerbund zu keinem Erfolg. Mussolini wollte die Südtiroler nicht als nationale Minderheit, sondern als „ethnische Reliquie“ verstanden wissen und betrachtete die Behandlung der Südtirolfrage im österreichischen Nationalrat als Einmischung in inneritalienische Angelegenheiten.

Nachteilig wirkten sich für Südtirol die im März 1933 in Österreich und Deutschland erfolgten rechtsradikalen Veränderungen aus. Bundeskanzler Dollfuß hatte mit der Ausschaltung des Nationalrates und des Verfassungsgerichtshofes die Entwicklung zum austro-faschistischen Ständestaat eingeleitet, und in Deutschland war die nationalsozialistische Partei unter Adolf Hitler an die Regierung gelangt. Um sich den Rücken bei nationalsozialistischen

Österreich war ein von den Entente-Mächten diktiertes Staatsgebilde, das keiner wollte. Vielen Tirolern erschien daher die Parole „Heim ins Reich“ als einziger Ausweg aus einem Staat, den man nicht für lebensfähig hielt. Das Bild zeigt die Maria-Theresien-Straße in Innsbruck am 24. April 1921, dem Tag der Tiroler Anschlußabstimmung. 98,6 Prozent der Wähler stimmten dabei für den Anschluß an Deutschland. Aufgrund des Friedensdiktates von Saint-Germain war jedoch dessen Verwirklichung unmöglich.

Agitationen frei zu halten, verpflichtete sich Dollfuß beim Treffen mit Mussolini in Riccione im August 1933, die berufsständische Verfassung einzuführen und die Bekämpfung der Sozialdemokraten anzugehen. Die Unruhen des Bürgerkrieges im Februar 1934 mit 300 Toten führten zur Ausschaltung der Sozialdemokraten und waren ganz im Sinne Mussolinis. Heimwehrführer Starhemberg als sein Handlanger hatte zuvor durch seine Hetzrede in Innsbruck viel zur Verschlechterung der innenpolitischen Lage beigetragen.

Die Abhängigkeit Österreichs von Italien (politisch und wirtschaftlich) verstärkte sich zusehends, was durch den Abschluß der „Römischen Protokolle" vom 17. März 1934 offenkundig wurde: Nicht nur wirtschaftliche Zusammenarbeit wurde Dollfuß von Mussolini zugesichert, sondern auch militärische Unterstützung bei innerösterreichischen Unruhen. Das dadurch vertraglich erzwungene Wohlverhalten Österreichs brachte den Südtirolern außer einigen Begnadigungen keine Erleichterungen. Dieses aus der Sicht Tirols äußerst unpopuläre Zusammenspiel von Dollfuß und Mussolini verursachte in Innsbruck nur deshalb nicht den zu erwartenden Widerstand, weil von Hitler das noch größere Übel, nämlich die völlige Preisgabe Südtirols, angekündigt wurde.

Die Unterdrückungsmaßnahmen gingen ganz im Sinne des größten Deutschtumhassers Tolomei weiter. Die Machtübernahme der Nationalsozialisten beim Putsch in Wien am 25. Juli 1934 konnte zwar noch um vier Jahre hinausgezögert werden, weil Mussolini mit dem Einmarsch drohte. Doch um den Preis der Eigenständigkeit Österreichs und auf dem Rücken der Südtiroler wurde die autoritäre Innenpolitik auch nach der Ermordung von Dollfuß fortgesetzt. Bundeskanzler Schuschnigg, 1897 in Riva am Gardasee geboren, sicherte sich am 22. August 1934 bei einem Treffen mit Mussolini die Zusammenarbeit mit dem faschistischen Nachbarregime. Und damit sich Österreich der Unterstützung beim Völkerbund gegen das NS-Regime sicher war, nahm es demonstrativ eine proitalienische Haltung ein, was von englischer Seite sehr mißbilligt wurde. Die Südtiroler aber waren und blieben rückhaltlos den Faschisten ausgeliefert. Die größte Entgleisung leistete sich der Führer der Vaterländischen Front, Vizekanzler Starhemberg, der Mussolini zur Beendigung der Eroberung Abessiniens (viele Südtiroler waren dabei gefallen) beglückwünschte.

Mit Intensivierung der Achse Berlin–Rom verlor Österreich in Italien seinen Rückhalt. Der außenpolitische Spielraum für Österreich wurde trotz weiteren Paktierens mit Italien (23. März 1936) immer enger, und wenige Monate später mußte Schuschnigg in Rocca delle Caminate Mussolinis Annäherung an Deutschland zur Kenntnis nehmen. Österreich und Südtirol waren wieder zum Spielball der Großmächte geworden. Die bedrängte Situation Schuschniggs zwischen Mussolini und Hitler ließ sich auch durch eine geplante Volksabstimmung nicht mehr retten. Am 13. März 1938 erfolgte der Anschluß an Deutschland.

Gerade wegen Hitlers Haltung in der Südtirolfrage war die Anschlußbegeisterung in Tirol eher gedämpft. Hitler beeilte sich gegenüber seinem Verbündeten, die Brennergrenze als unantastbar anzuerkennen. Eine weitere Verbeugung vor Italien war die Angliederung Osttirols an Kärnten, da es durch seine geographische Isolierung zu sehr an die Zerreißung Tirols erinnerte. Der mögliche Zankapfel Südtirol wurde durch das berüchtigte Abkommen am 23. Juni 1939 beseitigt. Darin wurden die Südtiroler aufgefordert, sich bis Jahresende für Deutschland und damit für die Auswanderung oder für Italien zu entscheiden. Mit Lokkungen und Drohungen wurden die „Dableiber" genötigt, für Deutschland zu optieren. 211.799 Südtiroler, das sind 86 Prozent der deutschen Volksgruppe, haben sich gegen die Italianisierung und damit zum Verlassen ihrer Heimat entschieden. Beim deutschen Klerus der beiden Diözesen hingegen war das Ergebnis im Sinne des Vatikans gerade umgekehrt.

Daß trotz deutscher Gründlichkeit die begonnene Umsiedlung (man sprach unter anderem von Gebieten in Galizien) nicht durchgezogen wurde, scheint nach neuesten Forschungen von Anbeginn eingeplant gewesen zu sein, denn die im Umsiedlungsabkommen vorgesehene Frist von drei Jahren war viel zu lang. Auch die bereitgestellte Ablösesumme Italiens hätte nie für alle Südtiroler Umsiedler ausgereicht. Immerhin hatten bis Ende 1942 etwa 79.000 Südtiroler, meist die ärmere Schicht, ihre Heimat verlassen. Ein Drittel davon hat sich in den seit 1940 erbauten Südtirolersiedlungen in Innsbruck, Kematen, Telfs, Reutte, Jenbach

Abb. oben: Selten war die Maria-Theresien-Straße von Innsbruck so festlich geschmückt wie in jenen Märztagen 1938, als die neue Gauhauptstadt die reichsdeutschen Truppen begrüßte. Nur wenige Jahre später lagen viele dieser Häuser in Schutt und Trümmern.

Abb. rechts oben: Wie im gesamten Bundesgebiet, so erfolgte auch in Tirol der „Anschluß" am 13. März 1938 an das Deutsche Reich, ohne daß ein einziger Schuß an den Grenzen gefallen wäre. Unter den Klängen des Badenweiler Marsches fand sich auch in Hall eine beachtliche Menschenmenge ein, die zur Begrüßung der einmarschierenden Soldaten am Unteren Stadtplatz erschien.

Abb. rechts unten: Der Führer Adolf Hitler und der Duce Benito Mussolini trafen sich am 18. März 1940 am Brenner, um ihre Machtpolitik aufeinander abzustimmen. Südtirol wurde schon 1939 vom nationalsozialistischen Regime preisgegeben. Der Grundsatz von „Blut und Boden" und die Schaffung von Lebensraum wurden dabei ausnahmsweise aus machtpolitischen Erwägungen zurückgestellt.

und Kufstein niedergelassen. Der Rest fand im übrigen Österreich und in Deutschland eine neue Heimat.

Mitte 1943 kam Südtirol unter deutsche Verwaltung (Operationszone Alpenvorland). Das großangelegte Umsiedlungsprogramm war offensichtlich nicht mehr aktuell. Die Hoffnungen auf Vereinigung Tirols nach Ende des Krieges erfüllten sich im Pariser Frieden nicht. Immerhin aber mußte Italien im Abkommen zwischen den Außenministern Gruber und De Gasperi die Autonomie für Südtirol zugestehen. Bis zur Verwirklichung sollte es allerdings noch ein langer Weg sein.

GARAGE
SHELL

Luftangriffe

Seit der Landung der Alliierten auf Sizilien im Juli 1943 wurde der Krieg immer stärker von der Front in das Hinterland getragen, um die Bevölkerung zu demoralisieren und den Nachschub zu stören. Bozen und Feldkirch hatten bereits im Herbst die ersten Bombenopfer zu beklagen. Die Innsbrucker hingegen wiegten sich in Sicherheit und reagierten auf die mittäglichen feindlichen Überflüge kaum noch. Man hatte sich an die häufigen Fliegeralarme, welche bisher ohne Folgen geblieben waren, gewöhnt, und nur ein Teil der Bewohner suchte noch die Luftschutzkeller auf.

Umso härter traf daher der erste Luftangriff die Stadt. Nach der üblichen Vorwarnung und Hauptwarnung fielen am 15. Dezember 1943 um 12.40 Uhr die ersten Sprengbomben. Innerhalb weniger Minuten wurden etwa 300 Bomben abgeworfen. Die Wirkung war verheerend. An diesem Tag starben 269 Frauen, Kinder und alte Männer unter den Trümmern ihrer Häuser, viele gerade beim Mittagessen. Besonders viele Tote waren in der Maria-Theresien-Straße Nr. 10, Speckbacherstraße 59 und Seilergasse 5 zu beklagen. Die meisten Treffer lagen im Zentrum und Bahnhofsbereich. Das Landhaus wurde mehrfach getroffen. 45 Häuser lagen in Schutt und Asche, fast 300 waren schwer beschädigt worden. Etwa 500 Menschen waren verwundet und 1627 obdachlos geworden.

Bis Kriegsende sollten noch 21 weitere Angriffe auf Innsbruck erfolgen, die jedoch insgesamt weniger Menschenverluste verursachten als jenes erste Bombardement vom 15. Dezember 1943.

Die Toten waren noch kaum begraben, da erfolgte am 19. Dezember die zweite, noch verheerendere Bombardierung der Gauhauptstadt. Um die Mittagszeit warfen zwei Bombergeschwader zu je 74 Flugzeugen ihre tödliche Last ab. Etwa 500 Bomben stürzten die Stadt in Panik und Verzweiflung. Trotzdem waren diesmal „nur" 70 Tote zu beklagen, da nun der Fliegeralarm ernstgenommen wurde und alles in die Luftschutzkeller drängte. Tausende Familien zogen mitten im Winter aus ihren fensterlos gewordenen Wohnungen aus und flüchteten aufs Land. Schulen und Spitäler wurden evakuiert. Da die öffentlichen Luftschutzkeller teils ungeeignet waren und für Bunkerbauten das Baumaterial fehlte, wurden in hektischer Eile Stollen für 20.000 Menschen in den Berg getrieben. Noch heute sind diese Anlagen entlang des Hohen Wegs, hinter der Innstraße, beim Rößl in der Au, bei der Hörtnagl- und Lohbachsiedlung sowie in Amras beim Bierwirt und Lehrerheim, am Bergisel und Mentlberg teilweise zu erkennen.

Ziel der alliierten Luftangriffe auf Innsbruck war die wichtige Bahnlinie über den Brenner.

Italien hatte im Oktober 1943 Deutschland den Krieg erklärt, und am 22. Jänner 1944 versuchten die Alliierten einen Durchstoß auf Rom von Norden. Daher sollte der deutsche Nachschub über die Alpen möglichst gestört werden.

Der nächste schwere Luftangriff auf Innsbruck erfolgte erst am 20. Oktober 1944. Wegen des früh gegebenen Fliegeralarms hatten viele Menschen schon vor der Entwarnung die Stollen verlassen. Die Folge waren zahlreiche Bombenopfer.

Neben Sprengbomben wurden auch ungefähr 1000 Splitterbomben abgeworfen. Völlig überraschend war der Angriff vom 26. Oktober. Die Sirenen heulten erst auf, als schon die ersten Bomben gefallen waren. Trotz der vielen Treffer am Bahnhof blieb ein Lazarettzug unversehrt. Normalerweise mußten die Züge bei Fliegeralarm den Bahnhof verlassen.

Nach mehreren kleinen Angriffen ist den älteren Innsbruckern jener Luftangriff vom 16. Dezember 1944 in Erinnerung. Neben Bomben mit Aufschlag- und Zeitzündern wurden erstmals 12.000 Stabbrandbomben über dem ganzen Stadtgebiet abgeworfen. Die verheerende Folge waren 30 Großbrände, 34 Mittel- und 200 Kleinbrände. Das Landesgericht, das „Hochhaus", die Pfarrkirche und der Stadtsaal wurden getroffen. Allein im neuen Rathaus

Zur Abb.: Unter den Tausenden auf Innsbruck abgeworfenen Fliegerbomben (vorwiegend 500-kg-Sprengbomben) befanden sich zahlreiche Blindgänger, die von Polizeieinheiten geborgen und in der Roßau entschärft bzw. gesprengt werden mußten. Noch viele Jahre nach dem Zweiten Weltkrieg werden bei Bauarbeiten solche Relikte englischer und amerikanischer Herkunft gefunden.

wurden 25 Personen durch eine Zeitbombe getötet. Stadtarchivar Schadelbauer berichtet darüber: „Im Luftschutzkeller war gar nichts zu hören, nur war alsbald das Licht ausgegangen. Da schlug plötzlich eine Bombe vom Adolf-Pichler-Platz her, angeblich durch einen Parterreraum, in den Keller ein . . . Nun erbebte plötzlich der Sanitätskeller, als eine Bombe in das Nachbarhaus (Ecke Anichstraße) eingeschlagen hatte. Man hörte das Zusammenbrechen des Mauerwerkes, ohne zu wissen, ob dies im Rathaus selbst sei. Das Geräusch entsprach dem des Schotterabladens. Es verging nun eine gute Stunde, ohne daß Entwarnung gegeben wurde. Viele Schutzsuchende standen auch im Mittelgang des Kellers herum. Da ließ der Bürgermeister Christoph Wurstsemmeln verteilen. In diesem Augenblick erfolgten zwei Explosionen von Zeitzündern, die den Keller ganz eindrückten und den Hausteil darüber zum Einsturz brachten. 25 Personen waren tot. Bürgermeister Christoph lehnte, völlig vom Schmutz überschüttet, an der gegenüberliegenden Mauer."

In den letzten Kriegsmonaten wurden außer Innsbruck immer häufiger Orte entlang der Brennerbahn, besonders Matrei, Steinach und St. Jodok, aus der Luft bombardiert und von Tieffliegern angegriffen. Auch Hall, Schwaz, Brixlegg, Wörgl und Kufstein sowie viele kleinere Orte im Unterinntal waren wiederholt Angriffsziele aus der Luft. Reith bei Seefeld

Abb. links: Maifeier der NSDAP, 1. Mai 1939, am Oberen Stadtplatz von Hall. Der anfänglich vielfachen Begeisterung unter der Bevölkerung in der Hoffnung auf eine politische Beruhigung und eine wirtschaftliche Aufwärtsentwicklung folgten Jahre des Grauens und der Unfreiheit.

→

Abb. rechts oben: Am 16. Dezember 1944 erfolgte der schwerste von insgesamt 22 Bombenangriffen auf die Landeshauptstadt. In sechs Wellen überflogen 120 Flugzeuge die Stadt und warfen neben 600 mittelschweren Sprengbomben 45 Bomben mit Langzeitzündern und 12.000 Stabbrandbomben ab. Die angerichteten Schäden übertrafen alle bisher entstandenen. Stadtpfarrkirche, Hofburg, das ehemalige Hoftheater, Stadtsaal, ,,Hochhaus" und Landesgericht wurden damals getroffen und zum Teil vollkommen zerstört.

→

Abb. rechts unten: Bei den Luftangriffen vom Dezember 1943 wurde besonders die Maria-Theresien-Straße, da sie parallel zum Bahnhof verläuft, schwer getroffen. Auch die Seitenkapelle der Servitenkirche wurde dabei zerstört.

Abb. links: Zu den aufwendigsten Maßnahmen, um wertvolle Bauwerke vor Luftangriffen zu schützen, zählt die Einmauerung des Goldenen Dachls. Der Bombenschutt im Vordergrund und die Ruine des Nachbarhauses zeigen, wie knapp dieses Wahrzeichen von Innsbruck der Zerstörung entging (Aufnahme Dezember 1944).

oben: Das furchtbare Ende jener Epoche zwischen 1938 und 1945 zeichnete sich besonders durch die immer häufigeren Bombenangriffe ab.

→

rechte Seite oben: Nicht nur Innsbruck wurde im Zweiten Weltkrieg bombardiert, sondern u. a. Bahnknotenpunkte wie Hall, Wörgl, Kufstein und Bozen. Getroffen wurde aber hauptsächlich die Zivilbevölkerung, die allein in Innsbruck fast 500 Tote zu beklagen hatte. Wie man sieht, verfehlten die meisten Bomben den Haller Bahnhof und verwüsteten die umliegenden Wohnhäuser.

mußte noch in den letzten Kriegstagen wegen der Eisenbahnbrücke über dem Gurglbach zahlreiche Bombardierungen über sich ergehen lassen.

Eine neue Variante des Bombenkrieges erfuhr Innsbruck am 10. April 1945 beim einzigen größeren Nachtangriff. Um 21.30 Uhr ertönten die Alarmsirenen. Bald darauf erleuchteten sogenannte „Christbäume" das Zielgebiet taghell. Diese Leuchtzeichen waren die untrüglichen Vorboten einer drohenden Bombardierung. Panikartig flüchtete die Bevölkerung in die umliegenden Stollen, wobei mehrere Kinder und eine Frau erdrückt wurden. Abgeworfene Flugzettel forderten die Soldaten zur Kapitulation und die Zivilisten zum Widerstand gegen das Regime auf. Luftschutzwart Zimmermann berichtet über jenen Nachtangriff: „*Zugleich hörte ich ein leichtes Brummen in der Luft, das ich für ungefährlich hielt. Aber schon fielen Leuchtkörper, die zerplatzten und unter Rauchentwicklung neues Feuerwerk ausstießen und nochmals so und wieder. Die erste Explosion warf die Leuchtkörper in weitem Bogen auseinander und nach unten. In der Folge wurden die Bereiche immer enger, sodaß die ganze Anordnung dieser Menge von Leuchtkörpern den Eindruck der Beleuchtung eines umgekehr-*

Nach den Bombenangriffen wurden diese Knopflochanhänger mit Durchhalteappellen unter der Bevölkerung verteilt.

ten Christbaumes machte . . . Ich hörte nun auch schon das bekannte dumpfe Brummen der schwerbeladenen Bomber. Das Rumpeln und Poltern kommt rasch näher. Ja, das waren die Schweren. Die Schläge müßten bald folgen." Um die Sirene nicht zu überhören, schliefen viele Innsbrucker bei offenem Pappfenster. Scheiben gab es bei Kriegsende kaum noch. Viele legten ihre Kleider nicht ab und hatten den Rucksack mit den wichtigsten Dokumenten und Habseligkeiten griffbereit neben dem Bett. Wegen der strikten Verdunkelungsvorschriften mußte man sich ohne Licht zu den Schutzräumen vorantasten.

Am 20. April erfolgte die 22. und letzte Bombardierung Innsbrucks. Insgesamt waren in den eineinhalb Jahren 495 Menschen, meist Zivilisten, getötet worden. 1819 Wohnhäuser wurden völlig zerstört oder schwer beschädigt. Besonders im Bahnhofsbereich häuften sich die Schadensfälle. Noch viele Jahre nach Kriegsende zeugte trotz eifrigen Wiederaufbaues so manche Bombenruine von jener unheilvollen Zeit.

Opfer der NS-Zeit – Widerstand in Tirol

Hitlers Einmarsch war von den Tirolern nicht nur bejubelt worden. Es gab auch Ablehnung und Gegnerschaft, passiven und geheimen Widerstand.

In der „Reichskristallnacht" (9./10. November 1938) gab es in Innsbruck Übergriffe auf Juden und jüdisches Eigentum, sollte sich doch auch in Tirol zeigen, daß sich in einer solchen Nacht „die kochende Volksseele gegen die Juden erhebe" (Gauleiter Hofer). 18 der 130 Juden Innsbrucks wurden verhaftet, drei getötet, fast alle verletzt, ein Ehepaar wurde schwer

Abb. linke Seite: Die gespenstisch anmutenden Bronzestatuen in der Hofkirche wurden bereits 1939 anläßlich der Errichtung des ersten Luftschutzbaues mit Zellstoff umwickelt, um deren Oberfläche zu schützen. ←

→ *Abb. rechts: Nach der kriegsbedingten Verwahrung der „Schwarzen Mander" verlassen die überlebensgroßen Bronzestandbilder 1945 wieder den Kundler Stollen. Der Kenotaph in der Hofkirche mit den wertvollen Marmorreliefs von Colin wurde durch dicke Mauern geschützt.*

verletzt in die Sill geworfen. Die Wünsche Hofers hatten SS-Leute in Zivil erfüllt. Mit dem NS-Regime wurden Unrecht verankert, Andersdenkende liquidiert und Nichtdeutsche verachtet. 250 Sondergesetze bereiteten die Endlösung der Juden, auch jener Tirols, vor.

In der NS-Zeit wurden im Landesgericht Innsbruck 65 Personen, darunter auch Tiroler, aus politischen Gründen exekutiert. Das Anhaltelager in der Reichenau wurde vornehmlich mit NS-Gegnern aus anderen Ländern gefüllt. 40 Nord- und Südtiroler wurden wegen ihrer politischen oder religiösen Überzeugung hingerichtet. Nicht mitgerechnet sind Opfer, die an den Auswirkungen von Folter starben oder von einer Militärjustizstelle abgeurteilt wurden. Opfer einer solchen Gehorsamsverweigerung aus Gewissensgründen wurde z. B. der Haller *Walter Crainz*. Sein „Verbrechen": Verweigerung der Teilnahme an der Erschießung von Geiseln. Josef *Mair-Nusser*, ein Diözesanführer der Katholischen Jugend aus Bozen, fand den Eid auf die SS mit seinem Glauben nicht vereinbar und wurde wegen „Wehrmachtszersetzung" in einem Gefangenenwaggon auf dem Weg nach Dachau „beseitigt". 930 Tiroler aus Nord und Süd wanderten in Gefängnisse und Konzentrationslager. Der nationalsozialistische Terror forderte auch das Leben einiger Priester. Ihre Namen finden sich auf einer Gedenktafel in der Blutskapelle im Stift Stams.

P. Johannes Steinmayer SJ, 1890 in St. Magdalena geboren, in Stams geweiht, wurde, nachdem er 25 Jahre lang als Priester gewirkt hatte (er war Männerreferent des Seelsorgeamtes in Innsbruck), in Berlin-Brandenburg enthauptet. Der Vorwurf: Konspiration mit dem Feind. *P. Franz Reinisch SAC*, der einen Eid auf das NS-Regime verweigert hatte, erfuhr 1942 in Brandenburg das gleiche Schicksal. Auch Jesuitenpater *Alois Grimm* wurde ein Opfer der NS-Justiz. Seine Enthauptung erfolgte 1944 in Brandenburg. Der Volksmissionär *P. Johann Schwingshackl SJ* wurde noch 1945 zum Tode verurteilt. Er starb in München.

Otto Neururer, Pfarrer in Götzens, der aus Piller (Gemeinde Fließ) stammt, starb im gefürchteten „Bunker" von Buchenwald. Er wurde als letztes und zwölftes Kind einer Bauernfamilie geboren. Nach seinen Studien im Vinzentinum und im Priesterseminar wurde er 1907 in Brixen zum Priester geweiht. Es folgten Kooperatorenjahre in Uderns, Götzens, Fiß und Kappl. In Silz und Oberhofen war er auch Pfarrer- bzw. Dekanprovisor. Während der Jahre des Ersten Weltkrieges wirkte Neururer als Kooperator in der Haller Stadtpfarrkirche, anschließend als Benefiziat, Katechet und Kongregationspräses in Innsbrucks Propsteipfarrkirche St. Jakob. 1932 erfolgte die Bestellung zum Pfarrer von Götzens. Da er sich verpflichtet fühlte, jemandem aus seiner Pfarre von einer Eheschließung abzuraten, wurde er am 15. Dezember 1938 inhaftiert. 1939 erfolgte die Überstellung aus dem Innsbrucker Gestapogefängnis in das Konzentrationslager Dachau, dem bald die Deportierung nach Buchenwald (Weimar) folgte. Auch in Buchenwald versuchte er, seinen Mitgefangenen als Seelsorger zu begegnen und heimlich Sakramente zu spenden. Das brachte ihm auch die Einweisung in den „Bunker" zur Einzelhaft. Zwei Tage später, am 30. Mai 1940, starb Neururer – trotz der Folter – ruhig im Gebet. Am 20. November 1983 wurde über Antrag des Innsbrucker Bischofs R. Stecher das Seligsprechungsverfahren im Innsbrucker Priesterseminar eröffnet.

Der Provikar der Apostolischen Administratur Innsbruck, Geistlicher Rat und Monsignore *Carl Lampert*, verfaßte eine Todesanzeige. Am Begräbnis nahmen außerdem demonstrativ viele Pfarrkinder teil. Die NS-Verwaltung fühlte sich ob dieser Ereignisse brüskiert und verhaftete Lampert. Bei Stettin boten ihm Gestapoagenten „Unterlagen" über die V1- und V2-Raketenversuche an. Lampert lief in eine Falle und wurde in Halle a. d. Saale enthauptet.

Der Widerstand gegen Hitler regte sich schon früh, wobei die sich formierenden Widerstandsgruppen bedacht waren, kein Menschenleben zu riskieren. Sie konzentrierten sich in ihren Aktionen auf Dokumentenfälschungen, auf die Sabotage von Stromleitungen, Fernsprech- und Transporteinrichtungen. Ihr Zeichen war „05". Die Null bedeutete den Buchstaben „O", „5" war das Kennzeichen für den 5. Buchstaben im Alphabet. Die Kombination: „OE", als Abkürzung für Österreich. *Fritz Molden* begann im Juli 1944 Verbindungen mit dem Schweizer Armeestab aufzunehmen und gründete eine Verbindungsstelle „Schweiz" zum besseren Informationsfluß. Kontakte ließen sich u. a. auch zu A. Dulles, dem Bruder des US-Außenministers, und zum Adjutanten de Gaulles herstellen. Die Innsbrucker Studenten *Wallnöfer* und *Mittermayer* leisteten Kurierdienste in die Schweiz. „Hauptquartiere" des Widerstandes waren in der Andreas-Hofer-Straße, in der Innstraße und Schillerstraße. Zur Innsbrucker „05"-Gruppe gehörten noch *Grünewald (Vater und Sohn), Pezzei, Nicolussi, Hohenlohe-Schillingfürst, Haller* und einige Offiziere *(Steiner, Moser, Stricker, Haubold)*. Funkstationen wurden in Betrieb genommen und Pläne für eine alliierte Luftlandeaktion erstellt. Seit 1941 operierte im Ötztal eine Widerstandsgruppe um *W. Pfaundler* und *H. Saurwein*. Andere Gruppen hatten sich um *Würthle, Stricker, Görz* und *Eckl* gebildet. Weitere Mitarbeiter solcher Gruppen waren u. a. *P. Falkner* (ein Berufschauffeur aus dem Ötztal), *S. Mayr, S. Moser, Pfarrer Krießmer* (Huben), *V. Pezzei, J. Stockhammer, F. Hutter, S. Zechner, Ing. v. Hradetzky*. Vor Kriegsende übernahm der Zivilist „*Brandt*" (ein Deckname für den späteren Landeshauptmann und Außenminister *Dr. Karl Gruber*) die Leitung der Widerstandsgruppen.

Die Kemater Alm, die Adolf-Pichler-Hütte, das Hotel Kreid, das Café München und eine Spirituosenhandlung in der Andreas-Hofer-Straße waren die wichtigen Operations- und Begegnungsorte des Widerstandes. Eine entscheidende Besprechung fand am 13. April 1945 bei Architekt *J. Sackenheim,* der wenig später das Archiv der Gestapo im Schillerhof aushob, statt. Am 1. Mai, als die Nachricht vom Tod Hitlers kam, schlugen Widerständler Sackenheims zu. Bald darauf konnte Gruber in der von *Oberleutnant Hubers* Männern befreiten Conradkaserne sein Quartier aufschlagen. In einem Coup eroberten *Todeschinis* und *Eckls* Widerstandskämpfer die Klosterkaserne. *Rittmeister Winkler* besetzte die Kommandozentrale der Gendarmerie am Innrain. *General Böheim* wurde auf der Hungerburg verhaftet, Gauleiter Franz Hofer flüchtete aus seinem Landhaus. Bei der Besetzung des Landhauses erlitt *Prof. Dr. Franz Mair* tödliche Verwundungen. Kämpfe gab es noch in Wörgl. Die Eroberung von Schloß Itter, in dem hohe ausländische politische Gefangene untergebracht waren (u. a. Expremier Daladier und de Gaulles Schwester) gestaltete sich schwierig. Es ist ein Verdienst der Widerstandsbewegung, daß Innsbruck ohne große Kampfhandlungen übergeben werden konnte.

Opfer des Naziregimes waren auch die Soldaten und Ausgebombten und alle jene, die um ihre Jugend und um ein sinnvolleres Leben geprellt wurden.

Nach der Eingliederung Südtirols mit den Provinzen Belluno und Trient in die „Operationszone Alpenland" am 10. September 1943 wurden die Juden in Konzentrationslager abtransportiert. *Kanonikus Michael Gamper* konnte sich zwei Monate in einem Widum am Ritten verstecken und 1943 nach Florenz fliehen. In einem Kloster der Augustiner-Chorherren Neustifts in Florenz verfaßte er die „Große Gedenkschrift" jener, die „dem Naziterror standgehalten" hatten, aber auch jener, die sich zur Option nach Deutschland gezwungen fühlten. Sie wurde Anfang 1945 den Alliiertenvertretern in Rom übermittelt. Gamper bat um Befreiung *„von dem doppelten Druck der italienischen Fremd- und der nationalsozialistischen Gewaltherrschaft"*.

Der antifaschistische Widerstand kristallisierte sich in der *Egarter-Gruppe,* zu deren Kern teilweise Mitglieder des *Andreas-Hofer-Bundes* gehörten. Zentrum des militärischen Widerstandes wurde das Passeiertal. Als das Deutsche Reich im September 1943 in Südtirol die Macht übernahm, wurden zahlreiche Exponenten des Andreas-Hofer-Bundes verhaftet (so auch dessen Vorsitzender *Friedl Volgger,* der ins KZ kam). Der Andreas-Hofer-Bund hatte bis dahin seine Aktivitäten auf Propaganda gegen die Option nach Deutschland konzentriert. Die bereits am 20. November 1939 gegründete Widerstandsbewegung „Andreas Hofer" hatte auch bewirkt, daß sich ca. 25 Prozent der Südtiroler gegen eine Abwanderung aus ihrer Heimat aussprachen. *Hans Egarter* übernahm nach der Verhaftung und Deportation Volggers die Führung des Widerstandsbundes. Die Mitglieder der Widerstandsgruppe orientierten sich an den Sendungen von Radio London. Egarter leitete die nötigen Informationen nach Bern weiter. Von Mister McCoffery aus Bern erhielt er Zusendungen, um Partisanen und Verfolgte zu unterstützen. Rund 280 Südtiroler gehörten zur Widerstandsorganisation (ca. 600 Mitglieder). Die meisten „Widerständler" waren in den unterwanderten Polizeiregimentern „Alpenvorland", „Bozen" und „Schlanders" zu finden. Die Folge war, daß Befehle verweigert und Polizeiaktionen verraten wurden. Einzelne Mitglieder konnten, da sie in Polizeiregimentern zwangsverpflichtet waren, frühzeitig vor Militäraktionen warnen und somit etlichen Südtirolern und Italienern das Leben retten.

Die Aktivitäten gegen die deutschen Truppen bestanden vor allem in Sabotageaktionen gegen technische Einrichtungen. Freilich mußte die Südtiroler Widerstandsorganisation auch Verluste hinnehmen, vier Mitglieder wurden hingerichtet, zwei erschossen, etliche blieben verschollen oder wanderten in das KZ. Zu den wichtigsten Männern des Widerstandes zählte neben Volgger und Egarter auch *Johann Gasser.* Ihm gelang es, in das Rekrutierungsbüro nach Bozen zu kommen und viele Einberufungen irrezuleiten. *Josef Nock* zog im Polizeiregiment „Alpenvorland" einen „Geheimdienst" auf und konnte mit italienischen Partisanen zusammenarbeiten. Weiters: *Karl Gufler, Kooperator Franz Innerhofer, Joh. Pircher* (der die Nachrichtenübermittlung zwischen Südtirol und der Schweiz sicherte), *E. Hofer, J. Graber, Dekan F. Pircher, A. Platter, Sebastian und Martin Kuen, E. Machel, Joh. Gamper, J. Müller, J. Lübbers, A. Prixner, Msgr. von Petersdorff* (er hörte regelmäßig die Geheimsender und übermittelte die nötigen Nachrichten), *A. Mayer, L. Winkler, A. Pingger, A. Kaser* und *A. Pedross* (der im April 1945 eine Massendesertion organisierte).

Die Südtiroler informierten die Alliierten über sämtliche Aktionen und operierten auch nicht ohne Aufträge der „Kommandoorganisation“ in der Schweiz. Widerstandskämpfer wurden von den British Special Forces unterstützt. Nach dem Kriegsende halfen Mitglieder der Widerstandsgruppe den Alliierten bei der Suche nach NS-Verantwortlichen, die sich in den Südtiroler Bergen versteckt hielten.

Die Geschichte der NS-Zeit in Tirol zeigt ein sehr vielgestaltiges und auch widersprüchliches Bild. Bedauerlich ist, daß die Geschichte der verfolgten Tiroler Juden verdrängt wurde. *„Man zieht es vor, so zu tun, als gäbe es keine Geschichte der Juden Tirols“* (Pelinka). Der Widerstand in jener Zeit deutet darauf, daß sich jedoch wie zu allen Zeiten Landsleute fanden, die gegen das institutionalisierte Unrecht und gegen ein System der Unterdrückung und Entfremdung auftraten.

Pariser Abkommen – das Paket

Nach dem endgültigen Zusammenbruch des faschistischen Regimes Mussolinis und der nationalsozialistischen Regierung schöpften die Südtiroler erneut Hoffnung. Die anglo-amerikanische Besatzung (bis Ende 1945) wollte die Umsiedlungspolitik im Sinne des italienischen Innenministeriums nicht weiter fortsetzen. Sie setzte sich vielmehr für die Pflege und Gleichberechtigung der deutschen Sprache ein. Das Bozner Unterland kam jedoch wieder an die Provinz Trient. Italienische Partisanengruppen wurden veranlaßt, sich aus den Südtiroler Bergen zurückzuziehen. 156.628 Unterschriften dokumentierten den Wunsch der Südtiroler nach einer Rückkehr zu Österreich.

Die sich im Mai 1945 konstituierende Sammelbewegung *Südtiroler Volkspartei* erachtet es als ihr Hauptziel, das Selbstbestimmungsrecht für Südtirol zu erreichen. 140.000 nicht ausgewanderte Optanten waren wegen ihrer unklaren Staatsbürgerschaft in der Manifestation ihres politischen Willens behindert. Österreichs Forderung für ein Selbstbestimmungsrecht wurde am 30. April 1946 aus machtpolitischen Gründen abgewiesen, der Wille der Südtiroler mißachtet. Eines der grundlegendsten Rechte eines Volkes blieb den Südtirolern damit weiterhin vorenthalten. Die Alliierten (insbesondere England) drängten jedoch auf eine Vereinbarung zwischen Österreich und Italien über eine Frage der Autonomie und über den Schutz der deutschsprachigen Minderheit im Staat Italien. Am 5. September 1946 unterzeichneten Österreichs Außenminister (und ehemaliger Tiroler Landeshauptmann) Gruber sowie sein italienischer Amtskollege Degasperi, ein Trentiner Politiker, das *Pariser Abkommen*, das auf Wunsch Englands und über den Antrag der Niederlande und Belgiens als Zusatz in den italienischen Friedensvertrag von 1947 miteinbezogen wurde. Das Pariser Abkommen regelt folgende Punkte:

a) Den deutschsprachigen Einwohnern der Provinz Bozen und der benachbarten Ortschaften in der Provinz Trient wird Gleichberechtigung mit den italienischen Einwohnern zugestanden, dies im Rahmen von Maßnahmen zum Schutz des Volkscharakters, zur kulturellen und wirtschaftlichen Entwicklung der Deutschsprachigen. Garantiert wird:
– die Verwendung der Muttersprache in Elementar- und Mittelschulen,
– Gleichstellung der Sprache in Ämtern und im Schriftverkehr, zweisprachige Ortsschilder,
– Recht auf Rückgängigmachung italianisierter Familiennamen,
– Gleichberechtigung bei Einstellung im öffentlichen Dienst.

b) Weiters wird die Ausübung einer autonomen regionalen Gesetzgebungs- und Vollzugsgewalt versprochen. Es wird zugestanden, auch die Südtiroler zu konsultieren, um einen Rahmen für Maßnahmen für eine Autonomie zu erstellen.

Samstag, den 7. September 1946 2. Jahrgang

Vereinbarung Dr. Gruber – Degasperi

Autonomie für Südtirol – Internationale Garantie – Rückkehr der Optanten Freier Warenaustausch

(Telephonbericht unseres Pariser Dr. L.-Korrespondenten)

Paris, 6. September. Die inoffiziellen Verhandlungen unserer Delegation mit der italienischen, vor allem mit dem italienischen Gesandten in London und Mitglied der italienischen Delegation, Carandini, die vor 14 Tagen begannen, führten nun nach einer Unterredung Außenminister Dr. Grubers mit dem italienischen Ministerpräsidenten Degasperi zu einer Einigung und einem abschließenden Vertrag. Der Vertrag wurde von Carandini in Rom, wo er vor 10 Tagen mit dem damals in der italienischen Hauptstadt weilenden Ministerpräsidenten Degasperi bezüglich des österreichischen Vorschlages eine Unterredung hatte, vorbereitet.

Er sieht die Autonomie Südtirols bis zur Salurner Klause, ausschließlich des Trentino, das die Italiener in ihren Autonomieplan einbezogen hatten, vor. Der seinerzeit zwischen Hitler und Mussolini geschlossene Vertrag über Südtirol soll nichtigerklärt werden. Ein System des freien Austausches der landwirtschaftlichen Güter und Weine Südtirols einerseits und der für Südtirol notwendigen Güter österreichischen Ursprungs andererseits sowie die Rückkehr der 70.000 Südtiroler, die ihre Heimat verlassen haben, sind in dem Abkommen vorgesehen.

Diese Abmachungen sollen durch eine Klausel über eine internationale Garantie bekräftigt werden. Man glaubt, daß diese Klausel die Zustimmung des Viererrates und der übrigen Nationen finden wird, doch sind Einzelheiten über den Inhalt der Klausel noch nicht bekannt. Es scheint jedoch, daß sie den Rahmen einer Art internationalen Schiedsgerichts im Zweifelsfall, wie es Australien und Südafrika für die Ueberwachung und richtige Durchführung der mit Italien und den Satelliten zu schließenden Friedensverträge vorgeschlagen hatte, nicht übersteigen wird.

Erklärungen Degasperis

Degasperi erklärte gestern abend gegen 9 Uhr in einer in der italienischen Gesandtschaft abgehaltenen Pressekonferenz: „Ich kann augenblicklich noch keine Einzelheiten über das mit Außenminister Gruber getroffene Abkommen geben, doch bin ich überzeugt davon, daß die Südtiroler in Zukunft zufriedener sein werden als bisher." In italienischen Kreisen unterstreicht man, daß dieser Vertrag eine weitgehende Konzession bedeute, die die italienische Regierung sich entschloß, als Beitrag zum europäischen Frieden zu machen und die die Worte Degasperis, daß Südtirol eine Brücke zwischen Oesterreich und Italien sein soll, verwirklichen wird.

Stellungnahme der Mächte

Dr. Gruber und die österreichische Delegation entzogen sich bisher jeglichen Erklärungen. Man erwartet in der heute abend stattfindenden österreichischen Pressekonferenz Erklärungen der Südtiroler Delegation. In Kreisen der Konferenz hegt man keinen Zweifel, daß England, Amerika und Frankreich diesem zwischen der österreichischen und der italienischen Regierung geschlossenen Vertrag beistimmen werden. Besonders Bevin, für den die Südtiroler Frage durch die wiederholten Angriffe im Unterhaus und in der Presse unangenehm waren, wird sich durch diese Vereinbarungen merklich erleichtert fühlen. Was Rußland anbetrifft, so ist man sich über seine Haltung noch nicht im klaren. In der zwischen Gruber und Wyschinski stattgefundenen Unterredung jedenfalls wurde diese Frage nicht berührt. Doch zweifelt man in den Kreisen der sowjetischen Gesandtschaft nicht daran, daß Rußland zu den von Oesterreich und Italien vorgeschlagenen internationalen Garantien seine Zustimmung geben wird, vorausgesetzt, daß die Garantien nicht unter die Art allgemeiner Garantien für die Rechte der Minderheiten, die man absichtlich in den Friedensverträgen vermeiden will, fallen.

Zur Abb.: Am 5. September 1946 wurde das Pariser Abkommen zwischen Italien und Österreich von Österreichs Außenminister und vormaligem Tiroler Landeshauptmann Karl Gruber und seinem italienischen Ressortkollegen, dem Trentiner Politiker Alcide Degasperi, unterzeichnet. Diese Vereinbarung (das Bild zeigt die Schlagzeile der Tiroler Tageszeitung vom 7. September 1946) wurde – über Betreiben Englands – in den italienischen Friedensvertrag einbezogen.

Zur Abb.: Nach den Sprengstoffattentaten der sechziger Jahre gab es zahlreiche Prozesse. Hier werden Südtiroler in Ketten zu den Verhandlungen in Mailand geführt. Sie lächeln ihren Angehörigen zu. Manche der Aussagen wurden durch Foltermethoden erzwungen.

c) Italien verpflichtet sich, innerhalb eines Jahres die Frage der Staatsbürgerschaftsoptionen zu revidieren, zu einem Abkommen über Anerkennung gewisser akademischer Titel zu gelangen, ein Abkommen für den freien Durchgangsverkehr von Personen und Gütern zwischen Nord- und Osttirol auf dem Eisenbahnwege und in einem weitgehenden Umfang auch auf den Straßen vorzubereiten. Gleichfalls sind Erleichterungen für einen erweiterten Grenzverkehr und einen örtlichen Austausch gewisser Mengen von charakteristischen Gütern vorgesehen.

Ein präziserer Vertragstext hätte sich als nützlich erwiesen, konnte jedoch nicht erreicht werden. Das österreichische Parlament akzeptierte den Friedensvertrag mit einer vom außenpolitischen Ausschuß erarbeiteten Resolution, in der es u. a. heißt: „*Der Ausschuß gibt der bestimmten Hoffnung Ausdruck, daß eine geänderte Weltlage in Zukunft den Südtirolern die Möglichkeit der Selbstbestimmung über ihre staatliche Zugehörigkeit geben wird. Er ist der Meinung, daß dieses Prinzip der einzige Weg für eine dauernde Lösung der Südtirolfrage ist, die von Österreich als gerecht und befriedigend angenommen werden könnte.*" Das Pariser Abkommen – ein Teil des Friedensvertrages der Alliierten mit Italien – wurde mit den Stimmen von 13 Staaten angenommen. Die sechs Ostblockstaaten stimmten dagegen. Heikel erwies sich der Punkt der Optantenfrage. Am 2. Februar 1948 erließ Italien ein Dekret, wonach Optanten durch Widerruf bzw. auf Einzelansuchen die italienische Staatsbürgerschaft wiedererwerben können, damit in der Heimat verbleiben bzw. dorthin zurückkehren können. Dieses Optantendekret bewirkte, daß ab 1948 durch Optantenwiderruf 115.000 und auf Einzelansuchen 40.615 Südtiroler die italienische Staatsbürgerschaft wiedererlangen konnten. 655 Personen wurde sie verweigert. Damit wurde deren Besitz als deutsches Eigentum beschlagnahmt, über Entscheid der Alliierten jedoch im Oktober 1951 wieder freigegeben. Somit stand auch diesen Personen ab Juli 1952 die Möglichkeit offen, die italienische Staatsbürgerschaft regulär zu bekommen.

Der Artikel 2 des Pariser Abkommens brachte auch die Wiederangliederung des Bozner Unterlandes und sechs deutscher Randortschaften an die Provinz Bozen. Das *Accordino* förderte eine Erweiterung des Warenaustausches zwischen Nord- und Südtirol. Italien bestand (gegen den Willen der Südtiroler) auf einer Einbeziehung Südtirols in die italienische Provinz Trient zu einer Region Trentino – Alto Adige mit gewissen Autonomierechten. Die Errichtung dieser Region war mit der Verfassung vom 1. Jänner 1948 möglich geworden. Ein Autonomiestatut, das ohne Mitsprache der Südtiroler erstellt wurde, trat für die Region *Trentino – Tiroler Etschland* am 14. März 1948 in Kraft. Trotz eigener Landtage und Landesregierungen in den Provinzen Bozen und Trient lag ein Großteil der Kompetenz bei der Region, in der die Südtiroler in der Minderheit waren. Die Zuwanderung von Italienern nach Südtirol wurde wieder forciert und damit die Einhaltung des Pariser Abkommens umgangen. Auch die Erfüllung anderer Punkte, z. B. Gleichstellung der Sprachen, Einstellung von Südtirolern in den öffentlichen Dienst und Durchführungsbestimmungen zur Verwirklichung des Autonomiestatuts, ließen auf sich warten. Ein wirksamer Schutz der Identität und Eigenart Südtirols war nicht gewährleistet, trotz einer „selbständigen" Provinz Bozen. Schutzbestimmungen für die Ladiner galten nur in Südtirol, nicht aber in den Provinzen Belluno und Trient. 1954 verfaßte die Südtiroler Volkspartei eine Denkschrift an die Regierung Italiens, die unbeantwortet blieb. Ein Memorandum der österreichischen Bundesregierung (1956) schlug die Einrichtung einer gemischten Kommission zur Lösung der anstehenden Probleme vor.

Am 17. November 1957, am Jahrestag des Todes von Kanonikus Michael Gamper, fand auf Schloß Sigmundskron eine Großkundgebung von 35.000 Südtirolern statt, die u. a. ein „Los von Trient" und „volle Autonomie" forderten. Nach all den Mißerfolgen wandte sich Südtirol an Wien, damit Österreich auf die Erfüllung und Durchführung des Pariser Abkommens dringe. Die Verhandlungen erstreckten sich von 1956 bis 1960 und scheiterten. Daher brachte die österreichische Bundesregierung die Autonomiefrage im Herbst 1960 vor das Plenum der UNO. Eine von der Vollversammlung einstimmig verabschiedete Entschließung forderte Rom und Wien auf, die Verhandlungen wiederaufzunehmen. Die UNO-Resolution machte auch auf den „Schutz des Volkscharakters" aufmerksam. 1961 kam es zu Bombenanschlägen im Süden Tirols, die durch scharfe Gegenmaßnahmen beantwortet wurden. Im sogenannten Mailänder Prozeß nahmen jedoch auch namhafte Juristen Italiens für die Rechte Südtirols Partei. Auf zwei UNO-Entschlüssen beruhend, wurden die bilateralen Gespräche fortgesetzt und am 30. November 1969 durch die Außenminister Waldheim und Moro in Kopenhagen abgeschlossen. Eine Neunzehnerkommission, aus elf Italienern und acht Südtirolern bestehend (Präsident Senator Dr. Rossi), hatte 1961 bis 1964 wichtige Studien und Vorarbeiten geleistet, sodaß ein „*Paket*" von Autonomierechten vereinbart werden konnte, das die Südtiroler Volkspartei am 22. November 1969 – nach eingehenden Beratungen – mit knapper Mehrheit annahm. Das Paket war zwar keine Ideallösung, aber eine den „Umständen" entsprechend annehmbare. Die Ratifizierung durch die gesetzgebenden Körperschaften Italiens und Österreichs erfolgte im Dezember 1969. Ein „*Operationskalender*" ersetzte eine internationale Verankerung der getroffenen Übereinkünfte. Es folgten ein *Verfassungsgesetz* (10. November 1971) und ein neues *Autonomiestatut* (31. August 1972). Den Provinzen Trient und Bozen der nun *Trentino – Südtirol* genannten Region wurden jetzt weitgehende Rechte (z. B. auf den Gebieten des Handels, der Landwirtschaft, des Fremdenverkehrs, der kulturellen Entwicklung) eingeräumt. Die Zuständigkeiten der Kulturämter und Schulverwaltungen beider Provinzen wurden genauer beschrieben und ausgeweitet. Auch Kompetenzfragen beim Wohnungsbau wurden präzisiert. Manche Verwaltungsagenden der Republik konnte nun die Provinz wahrnehmen (z. B. die Arbeitsvermittlung). Für die Vergabe von öffentlichen Ämtern ist ein Stellenproporz vorgesehen. Auch wenn noch Fragen offenbleiben und die Durchführung Mängel aufweist, so stellte sich doch ein Klima ein, das versöhnlicher und kooperativer geworden ist und hoffen läßt, daß Südtirol einmal ein wertvolles Mosaiksteinchen in einem vereinten Europa bilden wird.

Straßenbauten in Tirol

Verkehrsgeographisch hat das „Land im Gebirge“ als Brücke im Ost- und Westverkehr, vor allem aber im Nord- und Südverkehr, im Güter-, Post- und Reiseverkehr eine zentrale Bedeutung. Diese Brückenfunktion weist auf eine lange Tradition zurück: Gekrönte Häupter, Pilger, Postkuriere und Händler zogen durch das Land, auch der Handelsaustausch zwischen Venedig und Augsburg rollte über den Brennerpaß. In der Folge entstanden entlang der Straßen Raststationen, Fuhrwerks- und Handwerksbetriebe.

Schon die Römer legten ein gut ausgebautes Straßennetz an. Heinrich Kuntner, ein Kaufmann aus Bozen, trieb um 1310 den Straßenbau durch die Eisackschlucht Bozen–Kollmann voran, sodaß der Umweg über den Ritten nicht weiter nötig war. Durch Ausbau und Pflege des Straßennetzes versuchte Tirol der Konkurrenz durch die Benützung anderer Handelswege (etwa in der Schweiz) leichter zu entsprechen. Die Straße in die Vorlande führte über den Fernpaß, auch der Postverkehr zwischen Prag und Rom rollte über Tirol. Der florierende Handelsverkehr (allein Bozen hatte vier Messen) erforderte den ständigen Ausbau der Verbindungswege. Auch von Straßenräubern, wie Avogadro, weiß die Geschichte des Lan-

Abb. rechts: Die Stilfser-Joch-Straße (2757 m), deren Trasse seit über 150 Jahren unverändert blieb, wurde 1825 als österreichische Militärstraße zur Verbindung des Trafoier Tales mit dem Veltlin errichtet. →

Abb. unten: Zu den größten Landschaftsveränderungen im 18. Jh. gehören Flußregulierungen, Trockenlegungen von Mooren und Seen (der sogenannte „Moosbau“) sowie der Ausbau von Straßen. So wurde im Etschtal für den Obstbau viel Neuland gewonnen. Hier die Regulierung der Etsch anläßlich der Überschwemmung des Sinichbaches im Jahre 1793.

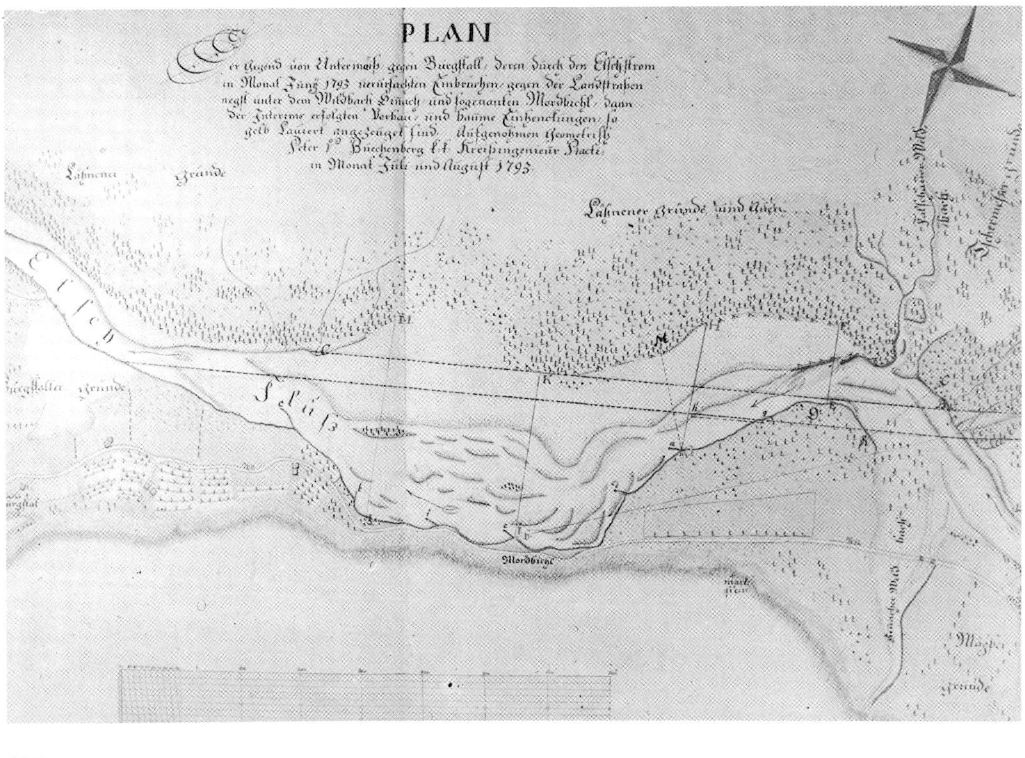

Zur Abb.: Stellwagen auf der Stilfser-Joch-Straße um 1895 (Zeichnung von E. T. Compton, Österr. Alpenvereinsmuseum, Innsbruck). Beherrschend wirkt der Ortler (3899 m), der höchste Berg Tirols. Die Stilfser-Joch-Straße stellt eine Verbindung zur Lombardei her und galt als eine technische Meisterleistung. Die Straße zweigt bei Spondinig ab, die Auffahrt zum Stilfser Joch beginnt bei Trafoi. 1825 (unter Kaiser Franz I.) erbaut, war sie die zweithöchste Straße Europas. 48 Kehren führen auf eine Paßhöhe von 2757 m. Eine Spitzsäule an der Straße erinnert an Josef Pichler aus Passeier, der am 27. September 1804 (beim siebten Versuch) den Ortler besteigen konnte.

des zu erzählen. Nach den Napoleonischen Kriegen und dem Wiener Kongreß setzte ein industrieller und wirtschaftlicher Aufschwung ein, viele Verbindungen wurden großzügig ausgebaut. Beachtung erregte zu ihrer Zeit die Stephansbrücke bei Innsbruck, die als die größte Steinbrücke der Monarchie galt und von *Leonhard Liebener* entworfen wurde.

Neu angelegt wurden die Straßen bei Hochfinstermünz und über den Fernpaß. Die Stilfser-Joch-Straße (als Verbindungsweg zur Lombardei) gilt als eine kühne und musterhafte technische Leistung (siehe Abb. S 285). 1820 begonnen und 1838 eröffnet, führt die bei Spondinig abzweigende 50 km lange Straße in 47 Kehren zum Stilfser Joch (2757 m). Auch die Verbindung Pustertal–Ampezzo–Venetien wurde in der ersten Hälfte des 19. Jh.s ausgebaut. Eine Pionierleistung stellt die Dolomitenstraße dar. Manche Verkehrswege wurden in Südtirol zwischen 1920 und 1938 auch aus strategischen Überlegungen angelegt.

Nach 1945 nahm das Verkehrsaufkommen sprunghaft zu. Die Brennerstraße über den mit 1374 m niedrigsten Paß der Zentralalpen ist seit jeher einer der bedeutendsten Verbindungswege Europas. Bald schon wurde mit der Trassierung einer Autobahn über den Brenner begonnen. Seit 1974 besteht zwischen Sizilien und Lübeck eine durchgehende Autobahnverbindung. Die Pläne für den Nordtiroler Teil der Brennerautobahn wurden in der Baudirektion des Landes ausgearbeitet.

Ein Kernstück der Strecke München–Modena bildet die Europabrücke im Wipptal (Spatenstich im April 1959), die zu den imposantesten Straßenbauwerken Europas zählt. Sie ist maßgeblich das Werk des Tiroler Ingenieurs Hofrat *Gruber*. Mit einer Höhe von 190 Metern (höher als der Stephansdom), einer Länge von 815 m (Gesamtstützweite 784,5 m, Hauptbrücke 657 m), einer Breite von 22,2 m und einer Steigung von 4,05 Prozent überspannt sie, auf fünf Stahlbetonpfeilern ruhend, die Sill zwischen Patsch und Schönberg (siehe Abb.

S. 289). Zur Verbauung der 170.000 Kubikmeter Beton mußten insgesamt rund 5 Millionen Kubikmeter Fels und Schotter bewegt werden. Allein für den höchsten Pfeiler wurden 40.000 Tonnen Material verbaut. Das Stahltragwerk beträgt 657 m, wiegt aber nur 5500 Tonnen.

Die Luegbrücke der Brennerautobahn gilt mit 1800 m Länge als das längste Brückenstück in Österreich. Ein Teilstück der Autobahn zwischen Volders und Brennersee wurde im Dezember 1968 eröffnet. Zwischen Kufstein und Volders mußten auch Abschnitte des Innbettes verlegt werden. Ende 1968 erfolgte die Fertigstellung der Autobahn Trient–Bozen. Bis 1970 konnte auch das Teilstück Brenner–Bozen eröffnet werden.

1967 wurde die Felbertauernstraße mit einem über 5 km langen Scheiteltunnel eröffnet, die den Weg von Bayern zur Adria verkürzt. Sie gewährleistet somit einen wintersicheren Güter-, Handels- und Fremdenverkehr.

Der Ausbau von Nord-Süd-Achsen über den Fernpaß und Reschenpaß bzw. durch das Ziller- und Pustertal nach Italien ist in Planung, stößt aber auch auf Proteste von Umweltschützern. Der Ausbau der Straßenverbindung nach Vorarlberg und die Untertunnelung des Arlbergs brachten eine Erleichterung und Intensivierung des Ost-West-Verkehrs.

Das gut ausgebaute Straßennetz erleichterte und bedingte die Entstehung bzw. Steigerung des Fremdenverkehrs. Auch die großen Kraftwerksbauten wären ohne Erweiterung des Straßennetzes nicht möglich gewesen. Beides, Fremdenverkehr wie Kraftwerksbau werden heute zunehmend kritisch betrachtet.

Die Silvretta-Hochalpenstraße und die Straße über das Timmelsjoch (2500 m), als Privatstraßen im öffentlichen Verkehr, sowie die Straße über das Hahntennjoch sind Beispiele vom hohen Standard der Ingenieurkunst.

Das Netz an Güter- und Forstwegen ist in den letzten Jahren ausgebaut worden. Nachfolgend einige weitere Tiroler Pioniere des Straßenbaues: Der Vinschgauer *Josef Duile* (1776–1863) aus Graun, der in der Landesbaudirektion tätig war, arbeitete am Bau der Brenner- und Arlbergstraße. Er konstruierte auch die alte Innsbrucker Kettenbrücke und führte als erster die Verwendung des Asphalts zur Staubfreimachung ein. Einer der berühmtesten Ingenieure Tirols war der Südtiroler *Alois von Negrelli-Moldelbe* (1799–1858) aus Primör, der auch die entscheidenden Reformpläne für den Bau des Suezkanals vorlegte. Er lieferte das Projekt für die Reichsstraßenverbindung zwischen dem Toblacher Feld und Verona. Der Leiter des k. u. k. Baudepartements für Tirol und Vorarlberg, *Leonhard Liebener* (1800–1869) aus Truden im Fleimstal, machte sich nicht nur durch den Bau der erwähnten Stephansbrücke einen Namen. Er leitete auch die schwierigen Straßenbauarbeiten an der Hochfinstermünzstraße, den Ausbau der Nordrampe der Brennerbahn, Straßenbaustücke in Kardaun b. Bozen, an der Töll bei Meran und die Errichtung der Katzenbergstraße bei Reutte.

Von *Josef Riehl,* dem Sohn eines Bozner Gastwirtes (1842–1919), wird schmunzelnd gesagt, daß die Eisenbahnkarte Tirols seine Visitenkarte sei. Er machte sich aber nicht nur als Ingenieur für das Eisenbahnwesen einen Namen, sondern auch als Erbauer der weltberühmten Dolomitenstraße. Durch Straßenbauten außerhalb Tirols machte der Innsbrucker *Albert Gasteiger von Rabenstein und Kobach* (1823–1890), der ein kaiserlich-persischer General der 1. Klasse wurde, auf sich aufmerksam. Er leitete beachtenswerte Straßenbauten im Orient und wurde als erster Europäer Khan von Persien. Die Tonalestraße und die Straße von Finstermünz nach Martinsbruck beruhen auf Planungen des Brixleggers *Anton Geppert* (1829–1890).

Die Leistungen Tirols auf dem Sektor des Straßenbaues rufen heute wie damals Anerkennung hervor, wenngleich es auch ernstzunehmenden Protest gegen die zunehmende Verbauung des Alpenlandes und die dadurch gegebene Störung des ökologischen Gleichgewichtes gibt. Der Bogen der Straßenbautechnik reicht von den ersten Saum- und Karrenwegen, dem Straßennetz der Römer, den Handelsstraßen des Mittelalters bis zur Europabrücke, einem Symbol der Straßenbaukunst unserer Zeit.

→

Abb. rechts: Europabrücke und Autobahnschleife bei Schönberg der Brennerautobahn. Der Bau wurde 1959 begonnen. Die Europabrücke (820 m lang) ist die bekannteste der 42 Autobahnbrücken. Das Nordtiroler Teilstück der Autobahn wurde 1968, das Südtiroler Teilstück 1975 fertiggestellt. Die Autobahn führt über den Brennerpaß (mit 1372 m der niedrigste Paß der Zentralalpen) und zählt zu den bedeutendsten Verbindungswegen Europas.

Abb. oben: Der Gepatschspeicher im Kaunertal. Das 6 km lange Staubecken mit einem Nutzinhalt von 138 Millionen m³ wird durch einen Steinschüttdamm abgeschlossen, dessen Krone rund 130 m über der Talsohle liegt. Mit einer jährlichen Erzeugung von 620 Millionen kWh zählt das Kaunertalkraftwerk (Betriebsaufnahme Oktober 1964) zu den größten Speicherkraftwerken der Alpen.

Wissenschaftler aus Tirol im 19. und 20. Jh. – Forum Alpbach

Bedeutende Tiroler Wissenschaftler des 19. Jh.s

Jakob Philipp Fallmerayer (1790–1861), Bauernsohn aus Tschötsch bei Brixen (zog später nach Bayern), war wie *Beda Weber* und *Pius Zingerle* einer der anerkannten Orientalisten seiner Zeit. Seine Schriften und Reiseberichte fanden ein lebhaftes Echo und zeigten ihn als großen Prosaisten.
Vitus Graber (1844–1892), aus Weer stammender Zoologe, Veröffentlichungen über den Sinn „niederer" Tiere.
Johann Mitterrutzner (1818–1902), Augustiner-Chorherr aus Tils bei Brixen, erstellte für die Afrika-Mission Wörterbücher für Bari und Dinka und beschäftigte sich auch mit slawinischer und ladinischer Sprache in Tirol.
Karl Senhofer (1841–1904) aus Klausen war Univ.-Prof. für Chemie und entdeckte die direkte Einführung von Karboxylgruppen in Phenole und Phenolsäure.
Der Bozner *Josef Spaeth* (1823–1896) arbeitete als Professor in Wien auf den Gebieten der Geburtshilfe und Antiseptik; führte den Kaiserschnitt in der Geburtsstation ein und gab Lehrbücher für Ärzte und Hebammen heraus.
Alois Sprenger (1813–1893), sprachbegabter Forscher aus Nassereith, übersetzte persische, indische, türkische Handschriften und Bücher.
Der Bozner *P. Franz Seraph Zallinger SJ* (1743–1828) war ein anerkannter Meteorologe und Physiker. Er schrieb Abhandlungen zu den Grundsätzen der Elektrizität, über krummlinige Bewegungen der Körper und über Innsbrucker meteorologische Beobachtungen.
P. Justinus Ladurner (1808–1874), Franziskanersuperior aus Meran, sammelte 14.000 Urkunden und wertete sie für seine Tiroler Geschichte aus.
Franz Freiherr von Hausmann (1810–1874), Botaniker aus Bozen, umfangreiche Arbeit zur „Flora Tirols".
Franz von Tappeiner (1816–1902), Meraner Kurarzt aus Laas, beschäftigte sich mit dem Krankheitsbild und der Freilufttherapie von Tuberkulose.
Karl Atz (1832–1913) aus Kaltern, Priester und Kunsthistoriker (wobei er sich auch als Konservator betätigte), schrieb eine Kunstgeschichte Tirols und eine Abhandlung über den deutschen Anteil des Bistums Trient.
Franz Schardinger (1853–1917) aus Reutte, Oberinspektor der Lebensmitteluntersuchungsstelle Wien, schrieb beachtete Werke über Spaltpilze und Urtierkulturen und gilt als Entdekker der Azelangärung.
Otto Stolz (1842–1905) aus Hall war Univ.-Prof. für Mathematik in Innsbruck und Verfasser von Lehrbüchern.
P. Heinrich Denifle (1844–1905), Dominikaner und Kulturhistoriker aus Imst, fand als profunder Kenner von mittelalterlicher Kultur- und Kunstgeschichte Anerkennung.
Josef Hirn (1848–1917), Historiker aus Sterzing, Univ.-Prof., grundlegende Werke zur Tiroler Geschichte (über die Erhebung Tirols 1809, über Erzherzog Ferdinand II. und Kanzler Bienner).
Franz von Wieser (1848–1923) aus Kufstein, Leiter des Innsbrucker Landesmuseums, beschäftigte sich mit historischen und geographischen Fragen u. a. zur Tiroler Urgeschichte und Geographie.
Josef Maria Pernter (1848–1908) aus Neumarkt, widmete sich Fragen der Meteorologie und Geodynamik; weltweit anerkannter Leiter der Zentralanstalt für Meteorologie in Wien.
Georg von Pfaundler (1795–1876) befaßte sich in einem zwölfbändigen Werk mit der Geschichte Tirols und verfaßte ein Werk über Burgen und Kunst in Tirol.

Johann Jakob Staffler (1783–1868) aus St. Leonhard im Passeier erstellte als Geschichts- und Heimatforscher die erste umfassende Landesbeschreibung „Tirol und Vorarlberg, statistisch und topographisch, mit geschichtlichen Bemerkungen".
Ludwig Hörmann von Hörbach (1837–1924) aus Feldkirch gilt als einer der großen Volkskundler. Sein bedeutendstes Werk: „Tiroler Volksleben" (1909).
Auf *Albert Jäger, Josef Egger* und *Alfons Huber* wurde schon im Kapitel „Blütezeit der Geschichtsforschung" Bezug genommen.

Bedeutende Tiroler Wissenschaftler des 20. Jh.s
(waren z. T. auch an der Landesuniversität tätig)

Alois Brandl (1855–1940), Innsbrucker Anglist und Dialektforscher, Herausgeber des Shakespeare-Jahrbuches von 1898 bis 1919, Professor in Prag, Göttingen, Straßburg, Berlin; Beiträge zur englischen Literaturgeschichte mittels genauer Textstudien.
Josef Andreas Jungmann, Pastoral- und Moraltheologe, bekannter Liturgiefachmann in Innsbruck.
Alois Riehl (1844–1924), Philosoph aus Bozen, widmete sich der Erkenntnislehre.
Alois Walde (1869–1924), Philologe, schrieb ein vergleichendes Wörterbuch der indogermanischen Sprachen.
Josef Eduard Wackernell (1850–1920) aus Göflan bei Schlanders, widmete sich als Germanist u. a. der Literaturgeschichte und den Tiroler Passionsspielen; erstellte mit Heinz Stecher eine Volksliedersammlung (mit rund 30.000 Titeln die größte des deutschen Sprachraumes).
Albert Defant (1884–1974) bearbeitete als Geophysiker meteorologische Fragen und wurde Direktor des Meereskundlichen Institutes Berlin.
Ludwig Kofler (1891–1951) machte sich als Pharmakologe einen Namen und konstruierte wissenschaftliche Apparaturen wie z. B. einen Schmelzpunktapparat.
Siegmund von Schumacher (1872–1944) lieferte als Embryologe und Histologe wertvolle Studien.
Leopold von Pfaundler (1839–1920) arbeitete als Physiker u. a. auch in Paris und gab ein Standardwerk, das vierbändige Handbuch über die gesamte Physik, heraus.
Georg Eisath (1868–1925) aus dem Eggental fand als Neurologe eine Färbemethode für das Nervenstützgewebe.
Alois Goldbacher (1837–1924), Meran, profunder Kenner lateinischer Prosa; bedeutendstes Werk: „Briefe des hl. Augustinus".
Vinzenz Gredler (1823–1912), Naturforscher aus Telfs, Sven Hedin gab ihm die zoologische Tibetsammlung zur Bearbeitung; Studien über Tirols Land- und Süßwasserkonchilien, über Käfer, Ameisen und Halbflügler.
Josef Hepperger (1855–1928), Astronom, Leiter des Observatoriums Wien.
Josef Insam (1883–1933), aus dem Grödner Tal, weltweit anerkannter Botaniker der Sporenpflanzen.
Meinhard von Pfaundler (1872–1947) lehrte an der Münchner Universität; Handbuch für Kinderheilkunde.
Emil Reisch (1863–1933), Forschungen aus Archäologie, Wien.
Friedrich Röck (1879–1953), Imst, Univ.-Prof. und Direktor des Völkerkundemuseums (Wien), Arbeiten über die Entstehung der Zahlen und über die Entzifferung von Bildhandschriften Mexikos.
Karl Toldt (1840–1920) aus Bruneck, Univ.-Prof. für Anatomie und Rektor in Wien; sein sechsbändiges Werk „Anatomischer Atlas" erfuhr viele Auflagen und Übersetzungen.
Erich Wasmann SJ (1859–1931), Meran, Tierpsychologe, Insektenforscher; Veröffentlichungen über Ameisen, Instinkt und Intelligenz im Tierreich.
H. Wopfner schrieb ein mehrbändiges Werk über Tiroler Bergbauern.
Josef Blaas (1850–1936), Geologe aus Innsbruck; Erforschung der Alpen in Tirol und Vorarlberg.

Abb. oben: Bau des Malfonbachtunnels der neuen Arlberg-Schnellstraße, 1979.

Abb. rechts: Bohrarbeiten in der Kalotte, Arlberg-Straßentunnel, 1977. Der 14 km lange Tunnel, am 1. Dezember 1978 feierlich eröffnet, garantiert eine weitgehend wintersichere Verkehrsverbindung zwischen Tirol und Vorarlberg. Die Einfahrt in den Tunnel erfolgt bei St. Jakob am Arlberg (Tirol), die Ausfahrt in Langen am Arlberg (Vorarlberg).

Friedrich Stolz (1850–1915), Geschichtsforscher aus Hall; Schwerpunkte: Namenkunde, Urbevölkerung von Tirol.
Carl Wilhelm Dalla Torre (1850–1928), Naturwissenschaftler aus Kitzbühel; vielbeachtete Arbeiten zur Fauna und Flora des Landes Tirol.
Konrad Fischnaler (1855–1941), Heraldik-, Heimat- und Kunstgeschichteforscher, schrieb ein Tiroler Wappenbuch, eine Innsbruck-Chronik, u. a. auch Studien über das Eisacktal in Lied und Sage.
Hans von Voltelini (1862–1938), Innsbrucker Historiker, Univ.-Prof., Werke zur österreichischen Geschichte und zur Landesgeschichte (1809).
Josef Schatz (1871–1950), Univ.-Prof. aus Imst, Forschungen über die Dialektformen (im bes. über die Imster Mundart) und über die Gedichte von Oswald von Wolkenstein.
Heinrich von Ficker (1881–1957), Innsbrucker Univ.-Prof., Meteorologe, zahlreiche Fachveröffentlichungen zur Wetterkunde.
Josef Garber (1883–1933), Kunsthistoriker aus Tscherms, Entdecker der romanischen Fresken in St. Prokulus bei Naturns, der ältesten Wandmalereien Tirols.
Karl Röck (1883–1954), Imster Sprachforscher, Literat und Professor, gab als erster Gedichte von Georg Trakl heraus.
Hermann Mang (1883–1947), Volkskundler aus Tarrenz, Abhandlungen über religiöse Volkskunst und weihnachtliches Liedgut.
Joseph Weingartner (1885–1957), Innsbrucker Dompropst aus Dölsach, Schriftsteller und Kunsthistoriker von Rang, u. a. Veröffentlichungen über die Kirchen Innsbrucks und die Kunstdenkmäler Südtirols.
Rudolf von Ficker (1886–1954), Innsbrucker, Univ.-Prof. für Musikgeschichte, Dirigent; Studien zur Polyphonie vom 13. bis 16. Jh.
Anton Dörrer (1886–1968) widmete sich vor allem volkskundlichen Fragen, u. a. den Fasnachtsbräuchen und den Umgangsspielen.
Archangelus Lardschneider (1886–1950) aus Wolkenstein gab ein Wörterbuch der Grödner Mundart heraus.
Eduard Gamper (1887–1938), Mediziner aus Kappl, Univ.-Prof. in Prag, Forschungen zur Psychiatrie.
Arthur March (1891–1957), Prof. für theoretische Physik aus Brixen, vielbeachtete Abhandlungen zur Quantenmechanik.
Eduard Reut-Nicolussi (1888–1958), Rechtsgelehrter aus Lusern (Trentino) in den Bereichen Völkerrecht und Rechtsphilosophie.
Hermann Holzmann (1906–1971) aus Steinach, Dichter, Sagenforscher und Heimatkundler, Studien und Arbeitsaufenthalte in Kanada, Argentinien und Brasilien; heimatkundliche Abhandlungen über das Wipptal und seine Sagenwelt. Studien zum Tiroler Faustmotiv im „Pfeifer-Huisele", Lehrbeauftragter an der Universität Innsbruck.
Leo Santifaller, Oswald Redlich, Emil Ottenthal, Otto Stolz und *Alois Lechthaler* wurden auf S. 225 angeführt.

Fragen der **Natur-, Kultur- und Landesgeschichte** Tirols widmeten sich u. a.:
Hans Hochenegg, Josef Hormayr, Ignaz Zingerle, Raimund von Klebelsberg, Rudolf Kink, Franz Kolb, Alois Lanner, Gisela Thuma (Heimat- und Sagenforschungen), *Oswald Menghin, Karl Paulin, Franz Sinnacher und Georg Tinkhauser* (die beiden letzteren schrieben umfangreiche Studien zur Geschichte des Brixner Bistums).

Nicht unerwähnt seien Forscher, die einige Jahre (oft auch nur kurze Zeit) in Tirol verbrachten und sich dem Land verbunden fühlten.

Im Jahre 1936 erhielt der Erforscher der kosmischen Strahlung, *Viktor Franz Heß*, den Nobelpreis, was auch eine Auszeichnung für Innsbrucks Landesuniversität bedeutete. Heß emigrierte 1938 nach der Okkupation Österreichs. Vier Professoren, die vorher in Tirol gelehrt hatten, erhielten später gleichfalls diese Auszeichnung. Es sind dies die Chemiker *Hans Fischer* (bekannt durch seine Blattfarbstoffuntersuchungen), *Adolf Windaus* (Vitamin-

Zur Abb.: Die Kraftwerksgruppe Sellrain-Silz der TIWAG (1981 fertiggestellt) mit einer Jahreserzeugung von 720 Millionen kWh ist die größte stromerzeugende Anlage Tirols. Der dabei gewonnene wertvolle Spitzenstrom wird im Austausch gegen den für den Landesbedarf notwendigen Grundlaststrom aus deutschen thermischen Kraftwerken exportiert. Besonderes Augenmerk wurde beim Bau auf die Schonung der umgebenden Landschaft und die Eingliederung in das Landschaftsbild gelegt. Die Aufnahme zeigt einen Blick aus dem 82 m tiefen Kraftwerkschacht des Pumpenspeicherwerkes Kühtai während des Baues.

forscher) und *Fritz Pregl* (Entwicklung der Mikroelementaranalyse). Der letzte Nobelpreisträger, der an der Tiroler Landesuniversität lehrte, war *Erwin Schrödinger* (1887–1961), der Begründer der Wellenmechanik, der mit Heisenberg, Born und Jordan auch als Schöpfer der modernen Quantenmechanik gilt und mit Einstein die vereinheitlichte Feldtheorie entwikkelte. Er beschäftigte sich auch mit Sanskritübersetzungen und griechischer Naturphilosophie. Schrödingers Wahlheimat Alpbach wurde nach 1945 zu einer kleinen Drehscheibe des internationalen wissenschaftlichen Gedankenaustausches.

Igor Caruso (1914–1981) aus Tiraspol (Moldawien) baute 1946 an der Innsbrucker Universität unter Prof. Urban die erste psychotherapeutische Ambulanz nach dem Zweiten Weltkrieg auf. Er legte auch den Grundstein für die Innsbrucker Gruppe des nachmaligen Wiener Arbeitskreises für Tiefenpsychologie. Carusos Internationale Föderation der Arbeitskreise für Tiefenpsychologie hielt 1981 einen Kongreß in Igls ab. Caruso prägte den Begriff der „progressiven Personalisation“.

Abb. oben u. unten: Mit dem ersten Ballonaufstieg am 1. Oktober 1845 begann für Tirol das Zeitalter der Luftfahrt. 1912 wurde vom Verein „Fliegerhort" die erste Innsbrucker Flugwoche auf der Ulfiswiese durchgeführt. Die Notwendigkeit, das Land in das europäische Luftverkehrsnetz einzureihen, wurde früh erkannt. Mit der Errichtung des Flugplatzes Innsbruck-Reichenau 1925 und der Aufnahme linienmäßiger Flugverbindungen nach Wien, Salzburg, Konstanz, Zürich, München und Bozen begann die Entwicklung des Luftverkehrs in Tirol. Der Ausbau des Flughafens Innsbruck-Kranebitten begann 1947. KLM (1951) und Swissair (1952) waren die ersten ausländischen Gesellschaften, die Innsbruck nach dem Zweiten Weltkrieg anflogen. Heute unterhält die heimische Fluglinie Tyrolean Airways mit modernen Verkehrsflugzeugen Linienflüge zu großen europäischen Flughäfen mit Anschlüssen in alle Welt. Abb. oben: Flamingo-Doppeldecker (Udet-Flugzeugbau) am Flugplatz Reichenau 1925. Abb. unten: Tyrolean Airways DASH-7, 50sitziges Verkehrsflugzeug der De-Havilland-Canada-Werke – wegen seiner Umweltfreundlichkeit als „Flüsterturbo" bezeichnet.

Abb. rechts: 1964 und 1976 war Innsbruck Austragungsort Olympischer Winterspiele. Im Bild ein Skispringer im Flug von der Bergisel-Sprungschanze. Unter ihm die Olympiastadt vor der Kulisse der Nordkette. →

Schon bald nach dem Zweiten Weltkrieg schufen *Otto Molden, Alexander Auer* und *Simon Moser* ein Kulturinstrument, das es erlaubte, Wissenschaft, Kunst und den Europagedanken in den Vordergrund zu stellen.

Das ins Leben gerufene Österreichische College begründete die nun zur Tradition gewordenen Internationalen Hochschulwochen des *Europäischen Forums Alpbach.* So wird im Sommer Alpbach zu einem Treffpunkt vieler international bekannter Forscher. Zentrum des Bildungsgeschehens ist das Paula-Preradovic-Haus. In mehreren Konferenzsprachen werden die Rahmenthemen (z. B.„Wissenschaft und Gegenwart", „Was ist der Mensch", „Politik und Kultur") in Seminararbeit, Vortragstätigkeit und offener Diskussion behandelt. In einer freundlichen Umgebung, auf 973 m Seehöhe, inmitten der Berge, beraten Jahr für Jahr Wissenschaftler nahezu aller Länder Fragen, die den Frieden, die Gerechtigkeit, die Humanität, nicht zuletzt auch das Überleben der Menschheit berühren.

→

Abb. rechts: Das Kongreßhaus von Innsbruck ist aus dem kulturellen Leben der Stadt und des Landes Tirol nicht mehr wegzudenken. An seiner Stelle stand einst im 16. Jh. ein Ballspielhaus. Landesfürst Leopold V. schickte dann seinen Baumeister Christof Gumpp auf eine Studienreise in den Süden, damit dieser Anregungen für ein Theaterhaus erhielt. So entstand dann 1628–1630 das erste richtige Theaterhaus nördlich der Alpen, das „Comedihaus". Dieses wurde dann in der Zeit der Bayernherrschaft zum Mauthaus umgebaut, was dem Gebäude den Namen „Dogana" eintrug. Das Gebäude wurde 1944 durch Bomben getroffen. Die etwas verkürzte Ruine der einstigen Ballspielhalle wurde 1970/73 (Ausführung der Baumeisterarbeiten erfolgte durch die Bauunternehmung Innerebner & Mayr) als Vorhalle des Kongreßhauses, welches anstelle des abgetragenen Bühnenhauses erbaut wurde, wiederhergestellt.

Zur Abb.: Weihnachten mit Hermann Gmeiner im Kinderdorf Bethlehem. 1949 ging von Imst die Idee einer sozialen Einrichtung durch die Welt. Hier wurde Gmeiners Gedanke, verlassenen und elternlosen Kindern ein neues Zuhause (in Form einer Dorfgemeinschaft) anzubieten, erstmals verwirklicht. Alleinstehende Frauen bilden mit einer Kinderschar eine Familie, die einen eigenen Haushalt führen. Den Unterricht besuchen die Kinder in öffentlichen Schulen und bleiben in der Gemeinschaft, bis sie in das Berufsleben eintreten. Die SOS-Kinderdorfbewegung kennt auch Einrichtungen wie Lehrlings- und Studentenheime, die Jugendliche nach dem 14. Lebensjahr aufnehmen. Ein Netz von Kinderdörfern spannt sich heute um die ganze Welt. Die Kinderdörfer entstanden aus einem Gemeinschaftswerk von Freunden, die mit Hilfe von Beitragszahlungen Gmeiners Idee unterstützen.

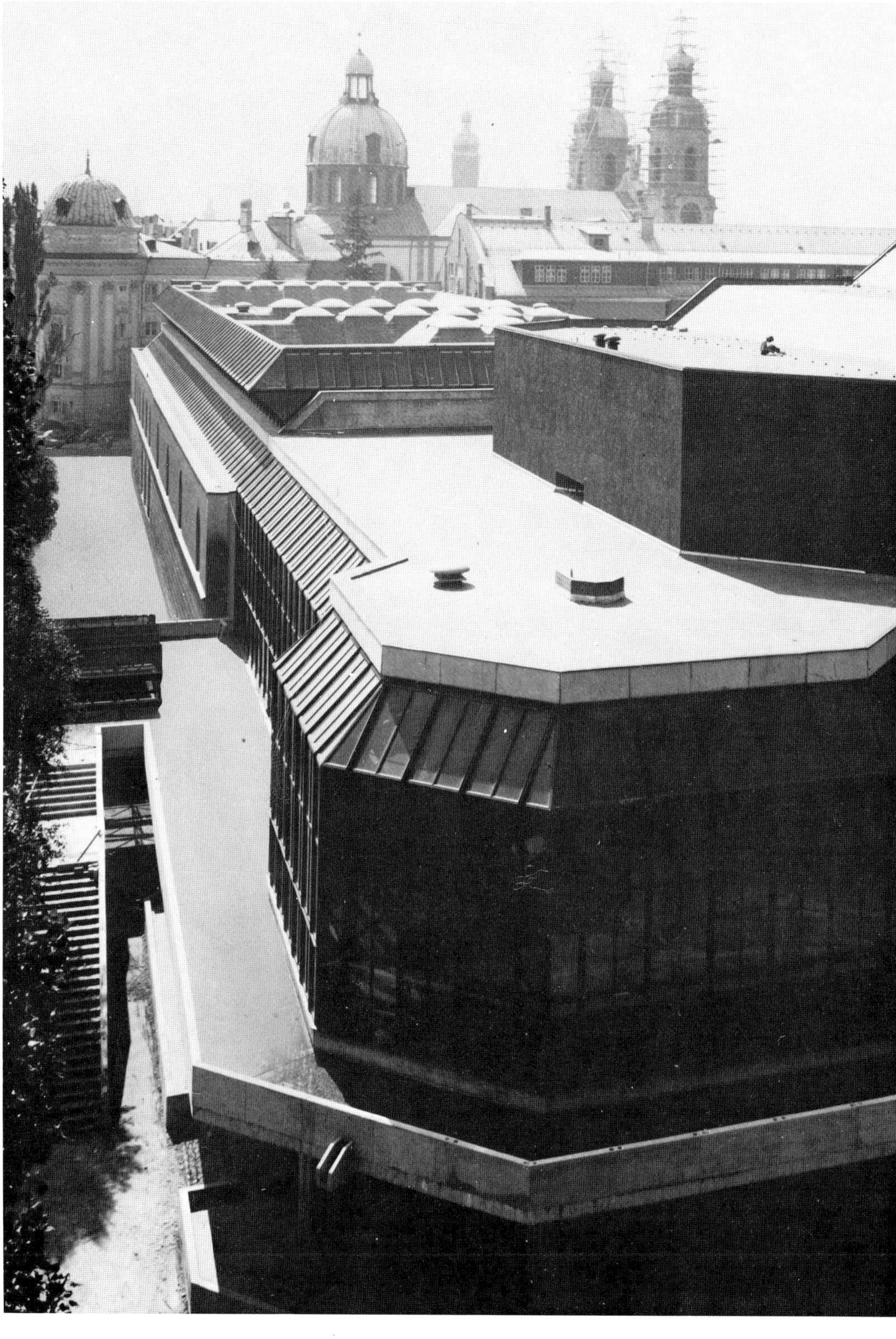

Zur Abb.: Die beiden Pylone für das Olympische Feuer am Bergisel sind zum Wahrzeichen der zweifachen Austragung Olympischer Winterspiele geworden. 1964 und 1976 stand Tirol im Blickpunkt der Weltöffentlichkeit und bestätigte seine Spitzenstellung als Wintersportland. Am Sockel der Pylone sind die Siegernamen der IX. und XII. Olympischen Winterspiele verewigt. Gold für Österreich errangen 1964 Zimmermann (Herren-Abfahrt), Stiegler (Spezialslalom), Haas (Damen-Abfahrt) und Feistmantl/Stengl (Rodel-Doppelsitzer); 1976 Franz Klammer (Herren-Abfahrt) und Karl Schnabl (Sprunglauf).

Die Arbeitsgemeinschaft der Alpenländer

Tirol mußte von alters her seiner Brückenfunktion zwischen Nord und Süd auf vielerlei Art gerecht werden, ob bei Kaiserzügen, durchziehenden Kriegshorden oder Rompilgern. Daß gerade in diesem geteilten Land die Idee geboren wurde, über Staatsgrenzen hinweg Gemeinsamkeiten zu suchen und überregionale Kontakte zu pflegen, ist sicher in der geschichtlichen Vergangenheit eines alten Paßlandes begründet.

Gemeinsame Probleme im Lebensraum der Alpenländer, mit welchen die jeweiligen Zentralregierungen wenig vertraut und kaum befaßt sind, wurden von den Betroffenen besser wahrgenommen. Als sich in der Südtirolfrage ein tragfähiger Kompromiß abzeichnete,

Zur Abb.: Am 12. Oktober 1972 kam es in Mösern zur Gründung der Arbeitsgemeinschaft der Alpenländer, kurz ARGE ALP. Die Regierungschefs des Freistaates Bayern, der Provinzen Bozen-Südtirol und Trient, des Kantons Graubünden, der Lombardei sowie der Länder Tirol, Salzburg und Vorarlberg treffen sich regelmäßig, um grenzüberschreitende Probleme, die durch Eingriffe moderner Technologie, Industrialisierung, Besiedlung, Übererschließung und Überfremdung entstanden waren, gemeinsam zu lösen. Tirol als Kernland der Alpen ist sich der Brückenfunktion bewußt und gab den Anstoß, um über die Grenzen hinweg Gemeinsamkeiten zu suchen und überregionale Kontakte innerhalb der ARGE ALP zu pflegen.

konnte an eine grenzüberschreitende Zusammenarbeit gedacht werden. Schon bald nach Wallnöfers Regierungsantritt begannen die ersten bilateralen Gespräche. Zwischen Bayern und Tirol gab es seit 1964 gegenseitige Besuche der Regierungen, und 1969 wurde eine bayrisch-tirolische Gesprächsgruppe eingerichtet. Zur gleichen Zeit bildete sich ein ständiger Kontaktausschuß zwischen Nord- und Südtirol. Es folgte die Zusammenarbeit beider Landtage. 1971 setzten sich die Region Lombardei und Tirol zu Verkehrsgesprächen zusammen. Am 12. Oktober 1972 führte die Initiative des Tiroler Landeshauptmannes zur Verwirklichung der Arbeitsgemeinschaft der Alpenländer, kurz ARGE ALP. Es beteiligten sich die Regierungschefs von acht Ländern, Provinzen, Regionen, nämlich des Freistaates Bayern, der autonomen Provinzen Bozen-Südtirol und Trient, des Kantons Graubünden, der Region Lombardei und der Bundesländer Salzburg, Tirol und Vorarlberg. Mit der Gründungsversammlung in Mösern bei Seefeld zeigte sich der Wille, die anstehenden Probleme, die durch Eingriffe moderner Technologie, Industrialisierung, Besiedlung, Übererschließung und Überfremdung entstanden waren, gemeinsam zu lösen. Besonders das empfindliche ökologische Gleichgewicht des inneralpinen Raumes bedurfte einer überregionalen einheitlichen Zusammenarbeit, um künftigen Generationen die 10 Prozent bewohnbaren Siedlungsraumes lebenswert zu erhalten.

Tirol ist als Kernland ausschließlich von Mitgliedsländern der ARGE ALP umgeben. Mit 600.000 Einwohnern zählt Tirol zu den kleineren Mitgliedern, obwohl es mit 12.648 km^2 nach Bayern und der Lombardei die drittgrößte Fläche hat. Somit bringt Tirol sehr viel Erholunsraum in die Alpenregion ein. Außeralpine Europäer sehen den Alpenraum hauptsächlich als Transitraum zwischen Nord und Süd und als Erholungsraum. Diese zwei entgegengesetzten Funktionen auf einen Nenner zu bringen und das sensible Gleichgewicht der Alpenregion zwischen Mensch und Natur zu erhalten, erfordert ein Abrücken von nationalen Egoismen und ein Denken und Handeln in größeren Dimensionen. Bei der Verflechtung von Wirtschaft und Verkehr, ähnlicher Topographie und gleichartigen Raumordnungsproblemen ist eine Koordinierung, gegenseitige Rücksichtnahme, Planung, Information und Gedankenaustausch im Interesse aller 8 Mitgliedsländer. Schon bald zeigte die von Tirol initiierte Arbeitsgemeinschaft Beispielswirkung durch die „Arge Ostalpen".

Um nicht an nationalstaatlichen Zuständigkeiten und Empfindlichkeiten zu rühren, einigten sich die Mitglieder der Arbeitsgemeinschaft, keine eigene Institution mit einem aufwendigen Verwaltungsapparat zu begründen. Die Koordinierungsaufgaben wurden seit Anbeginn vom Amt der Tiroler Landesregierung übernommen, das als Geschäftsstelle für die ARGE ALP unter der Verantwortung des Landesamtsdirektors fungiert. Aus rechtlichen Überlegungen haben die Beschlüsse der Gemeinschaft nur Empfehlungscharakter und werden den Landesregierungen zur Billigung vorgelegt. Durch stetes Drängen im Bereich der Möglichkeiten sollen die erarbeiteten Zielvorstellungen verwirklicht werden. Bereits in Mösern einigte man sich auf den Grundsatz einer überparteilichen Arbeitsweise. Eine Beschränkung auf realisierbare Probleme sollte eine erfolgreiche Zusammenarbeit garantieren. Die österreichische Bundesregierung und der Nationalrat haben die ARGE ALP zustimmend zur Kenntnis genommen und die Unterstützung zugesagt. Man sah in der Gemeinschaft der Alpenländer eine sinnvolle und unkomplizierte Ergänzung der nationalen Außenpolitik.

Vordringlich will die Arbeitsgemeinschaft Fragen des transalpinen Straßen- und Schienenverkehrs, der Siedlungsstruktur, der Erhaltung der Kultur- und Erholungslandschaft sowie der Landwirtschaft, ferner Fragen des Umweltschutzes und der kulturellen Beziehungen behandeln. Dazu wurden drei Kommissionen gebildet, um bei den jährlich abzuhaltenden Treffen der Regierungschefs ein effizientes Arbeiten zu ermöglichen:

I Verkehrsangelegenheiten
II Berggebiete und Umweltschutz
III kulturelle Zusammenarbeit

In Anerkennung der Initiativen Tirols für die ARGE wurde nicht nur die Geschäftsstelle in Tirol errichtet, sondern es sind neben dem Vorarlberger Landeshauptmann Keßler auch zwei Tiroler, nämlich Landesrat Partl und Hofrat Feist, als Vorsitzende tätig. Seit 1977 gibt es auch eigene Treffen leitender Beamter, um Vorschläge zu neuen Themen zu erarbeiten. In den Konferenzen der Regierungschefs führt jeweils der Gastgeber den Vorsitz. Die bisherigen Tagungsorte waren: Mösern, Rottach-Egern, Bozen, Schruns, Gardone di Riviera, Davos, Badgastein, Riva, Seefeld, München, Meran und Feldkirch.

In den Folgekonferenzen wurden die ursprünglichen drei Themenkreise bald erweitert und differenziert. Es ging um Verkehrspolitik auf Schiene und Straße, Lebensraumerhaltung, Wahrung des ökologischen Gleichgewichts, Erhaltung einer lebensfähigen Landwirtschaft, Fremdenverkehrsentwicklung und -werbung, Förderung der Berggebiete, Umweltschutz, weiters Hubschrauberrettung, Erwachsenenbildung, Zusammenarbeit von Archiven und Museen, Familienpolitik usw. In vielen Bereichen konnten Grundlagen erarbeitet, Lösungen gefunden und offene Fragen unbürokratisch geklärt werden.

Die Empfehlungen des Europarates, bei grenzüberschreitenden Fragen zusammenzuarbeiten und den Alpenraum in einer gesamteuropäischen Funktion zu sehen, ist in der ARGE ALP seit Jahren Wirklichkeit. Man könnte die Gemeinschaft der Alpenländer als eine kleine Alpen-UNO bezeichnen. Als sich die 8 Regierungschefs in Seefeld trafen, stellte Landeshauptmann Wallnöfer fest: „*Das Modell der ARGE ALP beweist, daß die Menschen in unserer Zeit längst ihren Blick über lokalpatriotische und zentralstaatliche Streitereien hinaus auf umfassende Zusammenhänge richten, die den Europäer nach zwei Weltkriegen gelehrt haben, Grenzen nicht mehr als Mauern zwischen Völkern und Ländern zu sehen. Die ARGE ALP zeigt in besonderem Maße, daß nationalstaatliche Grenzen durch entschlossene Zusammenarbeit von Menschen hüben und drüben wirksamer überwunden werden können als durch papierene Beschlüsse ferner Zentralen. Tirol als Paßland, Tirol als geteiltes Land weiß aus bitterer Erfahrung, wie lebensnotwendig eine freundschaftliche offene und enge Zusammenarbeit mit den Nachbarn ist und wird daher . . . konsequent jene Außenbeziehungen in grenzüberschreitender Zusammenarbeit pflegen.*“

Die Landeshauptleute

Ursprünglich war die Funktion des Hauptmannes auf Schloß Tirol die Vertretung des Landesfürsten bei seiner Abwesenheit; hatte also mit der Ständevertretung und dem Landtag nichts zu tun. Erstmals wird 1312 ein Hauptmann an der Etsch, nämlich Heinrich von Gralant, als bevollmächtigter Stellvertreter des Grafen Heinrich von Tirol genannt. Die politische Verwaltung oblag zu dieser Zeit dem jeweiligen Burggrafen auf Schloß Tirol.

Erst unter dem Gemahl Margarethe Maultaschs, Ludwig von Brandenburg, wurde das Amt der (Landes-)Hauptleute eine ständige Einrichtung. Allerdings wurden die ersten Träger dieses Amtes Opfer unklarer Kompetenzen. So starb Volkmar von Burgstall (der als Hauptmann und Burggraf fungierte) 1342 wegen Eigenmächtigkeiten in der Haft. Landeshauptmann Engelmar von Villanders wurde 1347 wegen Untreue hingerichtet. Mit dem Schwaben Herzog Konrad von Teck folgte eine Serie von landfremden Landeshauptleuten, die vom Chronisten Goswin teils als Tyrannen bezeichnet wurden. Erst unter den Habsburgern betraute man wieder Tiroler wie Bertold von Gufidaun (1363) sowie die Rottenburger und Matscher mit diesem wegen der häufigen Abwesenheit des Landesfürsten ständig bedeutender werdenden Amt.

Mit der Anerkennung der vier Stände durch Herzog Friedrich mit der leeren Tasche trat der Landeshauptmann zunehmend als Mittelsmann zwischen der tirolischen Landschaft, wie die Stände auch genannt wurden, und dem Landesfürsten hervor. Er leitete die Landstände als Beratungsorgan des Landesfürsten und hatte diesen, wie seit jeher, zu vertreten und für die Sicherheit des Landes zu sorgen. Er wurde nach wie vor vom Landesfürsten ernannt und besoldet. Zugleich war er einer der 36 landesfürstlichen Räte. Mit der weiteren Stärkung der Stände im 15. Jh. wurde die Stellung des Landeshauptmannes gegenüber der landesfürstlichen Regierung immer bedeutsamer. Als Wahrer der landständischen Freiheiten kam der Landeshauptmann bald in Interessenskollision mit dem Herrscher. Diese Entwicklung führte dazu, daß im 16. Jh. für die Regierung der oberösterreichischen Ländergruppe ein eigener Statthalter als Vertreter des Landesfürsten ernannt wurde. Zu sehr hatte sich das Amt des Landeshauptmannes von seiner ursprünglichen Funktion entfremdet. Bedeutendste Landeshauptleute dieser Zeit waren Leonhard von Völs, Georg von Firmian, Hans von Trautson und Hans Jakob Khuen von Belasy.

Wegen der Unvereinbarkeit der Aufgaben, einerseits als Repräsentant der Stände, anderseits als Bevollmächtigter des Landesfürsten, schlug Landeshauptmann Jakob Andrä Freiherr von Brandis die ehrende Berufung zum Geheimen Rat vorerst aus, um nicht in Interessenskollision zu kommen. Wie sehr er sich seinem Amt als Landeshauptmann (1610–1628) verbunden fühlte, zeigt die von ihm verfaßte „Geschichte der Landeshauptleute von Tirol". Anhand vieler teils verschollener Urkunden stellt er die enge Verknüpfung der Hauptleute mit der Geschichte Tirols bis zum Jahre 1542 dar.

Bemerkenswert ist, daß der Landeshauptmann erst im 18. Jh., also 300 Jahre nach der Verlegung der Residenz von Schloß Tirol nach Innsbruck, seinen Sitz in der Landeshauptstadt aufschlug. In den alten Bestellungsurkunden wird ohne Ausnahme gefordert, daß er sich auf Schloß Tirol, in Meran oder Bozen aufhalten solle. Hier klingt noch sein ursprünglicher Funktionsbereich als „Hauptmann an der Etsch" an.

Es entbehrt nicht einer gewissen Ironie, daß das Haus der Stände (Altes Landhaus) in jenem Jahrhundert errichtet wurde, in dem die Landesfreiheiten und das Ständewesen ihre größte Unterdrückung erfuhren. 1725 als größter weltlicher Barockbau Tirols errichtet, verlor er in der Zeit des fürstlichen Absolutismus unter Maria Theresia und Josef II. durch Jahrzehnte seine ursprüngliche Funktion. 50 Jahre gab es keine Landtagssitzungen mehr. Paris Graf Wolkenstein-Trostburg war der letzte Landeshauptmann, der 1774 eigenständig diesen Titel führte. Danach hatte der jeweilige von der Kaiserin ernannte Landesgouverneur automatisch die Stelle des Landeshauptmannes inne. Damit kontrollierte er alle ständischen Aktivitäten im Sinne des obrigkeitlichen Staates. Zwar wurde am offenen Landtag 1790 die Wahl des Landeshauptmannes bewilligt, doch in der Zeit des Vormärz rückgängig gemacht. Von den Gouverneuren bzw. Landeshauptleuten Bissingen, Chotek, Wilczek und Graf Clemens Brandis war nur letzterer ein Tiroler.

Erst im Revolutionsjahr 1848 führten die Demokratisierungsbestrebungen wieder zur Stärkung der alten ständischen Einrichtung und der Landeshauptmannschaft. Als Präsident des Landtags übernahm der von der konservativen Landtagspartei aufgestellte Graf Leopold Wolkenstein die Funktion eines Landeshauptmanns. Besonders seit 1861 bestimmten die Landesverfassungen einheitlich die Aufgaben der Länder. Das Amt des selbständigen Landeshauptmannes wurde endgültig vom jeweiligen k. k. Statthalter getrennt und einem gebürtigen Tiroler anvertraut. Vom Landtag war ein sechsköpfiger Landesausschuß zu wählen – ein Vorläufer der heutigen Landesregierung –, dem der Landeshauptmann vorstand. Der Landeshauptmann war zugleich Landtagspräsident, ging aus der stärksten Partei hervor und wurde vom Kaiser ernannt. Der Landtag wurde auf sechs Jahre gewählt und konnte über Landeskultur (Landwirtschaft), Fürsorgeanstalten, niederes Schulwesen, Militäreinquartierung und (speziell in Tirol) über die Landesverteidigung beschließen. Eine Auflösung durch den Kaiser und Ausschreibung von Neuwahlen war allerdings jederzeit möglich. Neben dem Landeshauptmann gab es bis zum Ende der Monarchie den Statthalter für Tirol und Vorarlberg, der als Chef der politischen Verwaltung mit jeder neuen Staatsregierung wechselte.

Nach dem Ersten Weltkrieg wurde der Wirkungsbereich des Landeshauptmannes um die Aufgaben der ehemaligen Statthalterei erweitert. Neben der autonomen Landesverwaltung obliegt dem Landeshauptmann auch der übertragene Wirkungsbereich des Bundes. Landeshauptmann Josef Schraffl (1917–1921) ist somit der letzte Landeshauptmann, der noch neben einem Statthalter fungierte, und zugleich der erste, der beide Aufgabenbereiche in einer Person vereinte. Als Landeshauptleute und Chefs der Tiroler Landesregierung gingen seit 1861 aus dem Landtag hervor:

1861–1862 Dr. Hieronymus von KLEBELSBERG, liberal
1863–1866 Dr. Johann KIECHL, liberal
1867–1869 Dr. Johann HASSLWANTER, konservativ
1869–1871 Dr. Eduard von GREBMER, liberal
1871–1876 Dr. Franz von RAPP, konservativ
1877–1881 Dr. Wilhelm Frh. von BOSSI-FEDRIGOTTI, liberal
1881–1888 Dr. Franz von RAPP, konservativ
1889–1904 Graf Anton BRANDIS, konservativ
1904–1916 Freiherr Dr. Theodor von KATHREIN, konservativ
1917–1921 Josef SCHRAFFL, christlichsozial
1922–1935 Dr. Franz STUMPF, christlichsozial
1935–1938 Dr. Josef SCHUMACHER, Vaterländische Front
1945 Dr. Karl GRUBER, ÖVP
1945–1951 Dr. Alfons WEISSGATTERER, ÖVP
1951–1957 Dr. Alois GRAUSS, ÖVP
1957–1963 Dr. Hans TSCHIGGFREY, ÖVP
seit 1963 Eduard WALLNÖFER, ÖVP

Seit 1948 in Südtirol:
1948–1955 Dr. Karl ERCKERT
1956–1960 Dr. Ing. Alois PUPP
seit 1960 Dr. Silvius MAGNAGO

DIE GESCHICHTE TIROLS IM ZEITRAFFER

Um 30.000 v. Chr. Geräte aus der jüngeren Altsteinzeit in der Tischoferhöhle (Kufstein) nachweisbar
2000–1500 v. Chr. Kulturschicht aus der frühen Bronzezeit in der Tischoferhöhle
1200–800 v. Chr. Abbau von Kupfererzen bei Kitzbühel; Brandgräber aus der Urnenfelderzeit bei Lebenberg
ab 1000 v. Chr. Inntaler Urnenfelder (Volders), nach dem ersten Fundplatz auch Höttinger Kultur genannt
3. Jh. v. Chr. bis 4. Jh. n. Chr. Rätische Siedlung am Himmelreich in Volders
um 50 v. Chr. Aguntum bei Lienz erhält römisches Stadtrecht
um 36 v. Chr. Tridentum (Trient) gegründet
15/14 v. Chr. Tiberius und Drusus erobern das Alpengebiet und gründen die römische Provinz Rätien
46 n. Chr. Reschenstraße (Via Claudia Augusta) angelegt; Nonsberger (Anauni) erhalten römisches Bürgerrecht
4. u. 5. Jh. Beginn der Christianisierung von Süden her
375 Hunnen stoßen auf die Ostgoten und lösen die Völkerwanderung aus
um 400 Alemannen dringen bis zum Lech vor
476 Ende der Römerherrschaft in Tirol
510 Ostgotenkönig Theoderich befiehlt dem Herzog von Rätien die Sicherung der Provinz gegen Norden
6. Jh. Säben wird Bischofssitz
ab 550 Landnahme der Bajuwaren
574–578 Marcianus Bischof von Säben
605 Bischof Ingenuin stirbt den Märtyrertod
610 Vormarsch der Bajuwaren wird bei Lienz von den Slawen gestoppt
7. Jh. Missionierung der Benediktiner (Magnus, Korbinian, Rupert)
769 Kloster Innichen wird vom Baiernherzog Tassilo III. zur Slawenmissionierung gegründet
um 770 Bau des romanischen Prokuluskirchleins in Naturns (älteste Fresken im deutschen Kulturraum)
788 Das Stammesherzogtum Baiern (und somit Tirol) wird fränkisch
um 800 Wandgemälde in St. Benedikt in Mals (fränkischer Edelmann mit karolingischer Hoftracht)
901 Säben als Bischofssitz nachweisbar
990 Bischof Albuin verlegt seine Residenz von Säben nach Brixen
1004/1027 Belehnung der Bischöfe von Brixen und Trient mit den Grafschaften „im Gebirge"
1048 Bischof Peppo von Brixen wird Papst (Damian II.)
1080 Kaiser Heinrich IV. beim Konzil in Brixen: Papst Gregor wird abgesetzt
1130 Bestens erhaltener romanischer Freskenzyklus auf Hocheppan
1137 Kaiser Lothar III. stirbt nach Romreise im Außerfern
1138 Gründung der Benediktinerabtei St. Georgenberg
um 1140 Grafen von Tirol errichten ihr Stammschloß bei Meran
1142 Gründung des Augustiner-Chorherrenstiftes Neustift bei Brixen
1160 Errichtung des Prunkportales auf Schloß Tirol
1180 Andechser erwerben vom Stift Wilten Baugrund (heutige Altstadt) und stiften dem Kloster den „Wiltener Kelch"

1190–1253 Graf Albert III. von Tirol; Verschwägerung mit den Andechsern
um 1200 Erbauung des heutigen Brixner Domes
1232 Beginn der Haller Salzgewinnung (zuerst Saline Thaur)
1248 Andechser sterben aus und das Land wird unter Graf Albert von Tirol geeint
1253 Tiroler Grafen sterben aus. Meinhard von Görz tritt das Erbe an
1258–1295 Meinhard II. von Görz-Tirol folgt auf seinen Vater und baut die landesfürstliche Gewalt aus
1271 Die Brüder Meinhard und Albert teilen den tirolisch-görzischen Besitz
1272 Gründung der Zisterzienserabtei Stams
1274 Münzprivileg für Meran
1286 König Rudolf I. von Habsburg belehnt Meinhard II. mit Kärnten
14. Jh. Marienberger Chronik des Abtes Goswin: bedeutendste erzählende Geschichtsquelle des Mittelalters
1312 „Hauptmann an der Etsch" wird Stellvertreter der Grafen von Tirol
1320 Einwanderung der Walser im Paznaun
1330 Ältestes Fresko des Tiroler Landeswappens auf Schloß Tirol
1335–1363 Margarethe Maultasch, Erbin Tirols, mit Heinrich dem Luxemburger verheiratet.
1342 Vertreibung Heinrichs und zweite Ehe mit dem Wittelsbacher Ludwig von Brandenburg; sein „Freiheitsbrief" bildet die Grundlage für die Tiroler Verfassung
1348 Tirol wird von der Pest heimgesucht
1361/1363 Gatte und Sohn Margarethes sterben
1363 Jänner 26. Gräfin Margarethe überträgt die Grafschaft Tirol den Herzogen Rudolf, Leopold und Albrecht von Habsburg
1363–1368 Bayrische Einfälle werden abgewehrt
1378 Primör kommt zu Tirol
1379 Tirol wird Leopold III. zugeteilt
1386 Leopold fällt bei Sempach
1401–1464 Kardinal Nikolaus von Kues Bischof von Brixen; Streit um die Landeshoheit mit Sigmund
1406 Herzog Friedrich „mit der leeren Tasche" bestätigt den Tiroler Ständen alte Rechte
1406–1439 Herzog Friedrich IV. „mit der leeren Tasche" erhält bei der habsburgischen Länderteilung Tirol
1414–1418 Konzil von Konstanz
1415/16 Ächtung Friedrichs, Verlust Tirols, Gefangennahme und Flucht
1420 Innsbruck wird Haupt- und Residenzstadt
1423 Stände Tirols treten in Meran erstmals zusammen
1427 Feuerstättenverzeichnis („Haushaltsliste") für Tirol angelegt
1435–1498 Michael Pacher, Meister der Spätgotik, wirkt in Bruneck
1446–1490 Herzog Sigmund „der Münzreiche" († 1498)
um 1450 Beginn der Bozner „Messen"
1450–1560 Blütezeit des Schwazer Silberbergbaues
1475 Pacher-Altar in Gries (Bozen) vollendet
1477 Beginn der Münzprägung in Hall (Sparberegg); Herzog Sigmund wird Erzherzog
1478 Größte gotische Kirche Tirols in Schwaz vollendet
1487 Angriff gegen Venedig
1490–1519 Maximilian I. (1508 Kaiser)
um 1500 Paul Hofhaimer Kantoreileiter und Heinrich Isaak Kapellmeister am landesfürstlichen Hof
1494 Albrecht Dürer in Tirol
1495 Fugger und andere finanzieren Venedigerkrieg Maximilians
1499 Sieg der Schweizer bei Glurns
1500 Graf Leonhard von Görz stirbt, Pustertal und Osttirol kommen zu Tirol

1504 Im bayrischen Erbfolgestreit gewinnt Maximilian die Gerichte Rattenberg, Kufstein und Kitzbühel
1511 „Landlibell" verpflichtet nur zur Verteidigung des eigenen Landes; erstes Standbild für Maximilians Sohn Philipp von Gilg Sesselschreiber vollendet
1518 Ausschußlandtag (Generallandtag) aller Länder Österreichs in Innsbruck
1521 Länderteilung zwischen den Habsburgern Karl V. und Ferdinand I.
1525 Bauernkriege
1526 Michael Gaismairs „Landesordnung" (bleibt Staatsutopie)
1528 Beginn der blutigen Ausrottung der Wiedertäufer
1532 Gaismair wird auf Veranlassung Ferdinands ermordet
1536 Jakob Huter, bedeutendster Wiedertäufer Tirols, wird verbannt
1545–1563 Konzil von Trient beseitigt kirchliche Mißstände
1546 Schmalkalder bei Ehrenberg abgewehrt
1552 Kurfürst Moritz von Sachsen überfällt Tirol
1556 Entstehung des Schwazer Bergbuches
1561 Erste kartographische Gesamtsicht Tirols von Wolfgang Lazius
1564–1595 Nach neuer Länderteilung eigene Habsburger Dynastie für die oberösterreichische Ländergruppe unter Erzherzog Ferdinand II.
1570 Petrus Canisius in Innsbruck
1572 Schweres Erdbeben im mittleren Inntal
1586 Erste Tiroler Schulordnung richtet sich gegen „sektische" Lehrer
1602–1618 Erzherzog Maximilian III. der Deutschmeister
1619–1632 Erzherzog Leopold V.
1628/30 Erstes „Comedihaus" (Theater) in Innsbruck errichtet
1632 Schweden werden im Dreißigjährigen Krieg bei Ehrenberg abgewehrt
1632–1646 Vormundschaftsregierung Claudias von Medici
1634–1637 Viele Pestopfer im Oberinntal
1635 Einführung des Merkantilmagistrates, eines Handelsgerichtes für die Bozner Messe
1646–1662 Erzherzog Ferdinand Karl
1651 Justizmord an Kanzler Wilhelm Bienner
1652 Verkauf tirolischer Rechtstitel im Unterengadin
1660 Einweihung der Mariahilfkirche in Innsbruck nach Gelöbnis der Landstände
1662–1665 Erzherzog Sigmund Franz; Erlöschen der eigenen Tiroler Linie der Habsburger
1669 Gründung der Innsbrucker Universität durch Kaiser Leopold I.
1703 Einfall der Bayern in Tirol (Spanischer Erbfolgekrieg)
1725 Errichtung des Landhauses durch die Tiroler Stände
1726 † Jakob Prandtauer aus Stanz bei Landeck, bedeutender Barockbaumeister
1752 Verwaltungshoheit Innsbrucks über Vorderösterreich beendet
1762 † Paul Troger aus Zell (Welsberg), hervorragender Tafel- und Freskenmaler
1766–1770 Umbau der Innsbrucker Hofburg, Stadttore beseitigt
1773/75 Jesuitenaufhebung: Übersiedlung der Universität von der Herrengasse in die „Alte Universität"
1774 „Atlas Tyrolensis" von Peter Anich und Blasius Hueber erscheint
1781 Toleranzpatent, in Tirol durch Jahrzehnte verhindert
1782 Vorarlberg wieder unter der Zuständigkeit der Innsbrucker Behörden
1784/85 Diözesanregulierungen und Klosteraufhebungen
1790 Zurückdrängung des Zentralismus
1797 Gefecht von Spinges (Koalitionskrieg mit Frankreich)
1803 Geistliche Fürstentümer Brixen und Trient mit Tirol vereint
1804 Erstbesteigung des Ortlers
1805 Österreich verliert im Preßburger Frieden Tirol an Bayern
1809 Volkserhebung gegen Bayern und Franzosen

1810 Andreas Hofers Erschießung in Mantua am 20. Feber; Dreiteilung Tirols auf Italien, Bayern und Frankreich
1814 „Bote für Tirol“ erscheint erstmals
1816 Vereinigung der salzburgischen Gerichte Zell, Fügen und Itter mit Tirol
1823 Gründung des Museumsvereines
1828 Stilfser-Joch-Straße (2757 m) eröffnet; Franzensfeste als größtes Sperrfort seiner Zeit vollendet
1840 Errichtung der Stephansbrücke für neue Brennerstraße
1848 Landtag beschließt noch vor Wien, alle Grundlasten der Bauern abzulösen
1855/56 Anlegung der Katastermappen für jede Gemeinde
1857 Gründung „Tirols“ durch Auswanderer in Brasilien
1858 Eröffnung der ersten Bahnlinie Innsbruck–Kufstein; Pozuzo von Oberländer Auswanderern gegründet
1859 Tiroler Grenzen werden gegen Frankreich verteidigt
1862/1869 Gründung des Alpenvereins, Beginn des Fremdenverkehrs
1866 Krieg gegen Preußen, Landesaufgebot an der Grenze
1867 Staatsgrundgesetz: „Alle Volksstämme des Staates sind gleichberechtigt“ (eigene Sprache in Schule und Amt)
1882 Abschluß des Dreibundes mit Deutschland und Italien
1883 Arlberg-Eisenbahntunnel (10 km) wird in 3 Jahren vollendet
1884 In 25 Jahren in Tirol 586 km Eisenbahnnetz erstellt
1887 Erster Schaufelraddampfer „St. Josef“ am Achensee
1900 Einwohnerzahl Innsbrucks von 10.000 (1808) auf 27.000
1902 Scheitern der Trentiner Autonomiefrage
1904 Gründung des Tiroler Bauernbundes durch Josef Schraffl
1907 Reichsratswahlen noch ohne Frauen
1910 Gründung der philosophisch-literarischen Zeitschrift „Der Brenner“ von Ludwig Ficker
1914 Landtags-Wahlreform bringt „allgemeine Kurie“
1915 Mai 23. Beutezugeständnisse der Entente bewirken Italiens Kriegseintritt gegen Österreich
1915–1918 Stellungskrieg an der Südfront
1918 Waffenstillstand ermöglicht kampflose Besetzung Südtirols durch Italiener; Verselbständigungsbestrebungen Tirols von Österreich, um Einheit zu wahren
1919 September 10. Diktatfriede von Saint-Germain: Teilung Tirols trotz Wilsons Friedensprogramm
1920 Oktober 10. Annexion Südtirols durch Italien
1921 Beginn des Faschistenterrors in Bozen: Ermordung Innerhofers
1929 Josef Noldin, Verteidiger der Rechte der Südtiroler, stirbt nach Verbannung
1933 Wahlerfolge der Nationalsozialisten in Tirol, NS-Terror; Übergang zum faschistischen Ständestaat unter Dollfuß; Tausendmarksperre trifft Tirols Fremdenverkehr
1934 Bürgerkrieg: Kämpfe in Wörgl; NS-Putschversuch; Unterwanderung Südtirols mit Süditalienern (Bozner Industriezone)
1938 März 13. Einmarsch Hitlers; Osttirol wird zum Gau Kärnten geschlagen
1939 Umsiedlungsabkommen zwischen Italien und Deutschland: 86 Prozent der Südtiroler optieren für Auswanderung, um Italianisierung zu entgehen
1943 Sturz Mussolinis; Errichtung der „Operationszone Alpenvorland“ bei Wahrung der Staatsgrenzen
Dezember 15. 269 Tote beim ersten Bombenangriff auf Innsbruck
1945 April 27. Ende der NS-Zeit; Widerstandsbewegung verhindert weitere Zerstörung Innsbrucks; Vereinigung mit Südtirol durch Flugblätter, Kundgebungen und Petitionen angestrebt

1946 September 5. Pariser Abkommen sichert Schutz der deutschsprachigen Minderheit, verweigert aber Selbstbestimmungsrecht
1947 Osttirol wieder beim Bundesland Tirol
1949 Gründung des ersten SOS-Kinderdorfes in Imst
1955 Nach Staatsvertrag verläßt französische Besatzung Tirol
1957 Großkundgebung auf Schloß Sigmundskron für volle Autonomie in Südtirol
1959 Südtirolfrage vor dem Europarat
1961 Schleppende Verhandlungen führen zu Bombenanschlägen; sog. 19er-Kommission studiert Autonomiefrage
1964/1976 Olympische Winterspiele in Innsbruck
1967 Auflassung der Haller Salzgewinnung
1968 Autobahn bis Brenner vollendet, in Südtirol 1975
1969 Einigung über Autonomie („Paket")
1970 Gemeinsame Sitzung der beiden Tiroler Landtage
1972 Neues Autonomiestatut mit weitgehenden Rechten in Handel, Landwirtschaft, Fremdenverkehr und Kultur; Oktober 12. Gründung der ARGE ALP
1978 Eröffnung des Arlberg-Straßentunnels
1984/1985 Gedenkjahr an die Tiroler Freiheitskämpfe und den Tod Andreas Hofers vor 175 Jahren mit zahlreichen politischen und kulturellen Veranstaltungen unter dem Motto „Ein ungeteiltes Tirol".

VERWENDETE LITERATUR ZU DEN BEARBEITETEN THEMEN

Attlmayr Ernst, Tiroler Pioniere der Technik (= Tiroler Wirtschaftsstudien 23), Innsbruck 1968.

Benedikter Hans, Rebell im Land Tirol, Michael Gaismair, Wien 1970.

Biasi Franz, Kufstein, Innsbruck 1976.
– Unteres Inntal, Innsbruck 1974.

Bier Karl, Der Autonomiekampf der Welschtiroler, in: Veröffentlichungen des Museums Ferdinandeum, Heft 16, Innsbruck 1936.

Brandis Jakob Andrä Freiherr von, Die Geschichte der Landeshauptleute von Tirol, Innsbruck 1850.

Bund der Tiroler Heimatverbände (Hrsg.), Merkblatt über Südtirol, Innsbruck o. J.

Dehio – Tirol (= Kunstdenkmäler Österreichs), Wien 1980.

Dörrer Fridolin, Zur sogenannten Pfarregulierung Josephs II. in Deutschtirol, Masch.-Diss., Innsbruck 1950.

Dultinger Josef, Tirols Schienenwege, in: Tiroler Wirtschaftsstudien, Bd. 10, S. 71–115.

Egg Erich, Das Tiroler Unterland, seine Kunstwerke, historische Lebens- und Siedlungsformen, Salzburg 1971.
– Kunst in Tirol – Baukunst und Plastik, Innsbruck 1970.
– Kunst in Tirol – Malerei und Kunsthandwerk, Innsbruck 1972.
– Paul Troger – Leben und Werk, in: Ausstellung Paul Troger – Der Maler des österr. Barock, Innsbruck 1962.
– Von Augsburg nach Verona, Innsbruck 1962.
– /Pfaundler Wolfgang, Kaiser Maximilian, Innsbruck 1969.
– /Pfaundler Wolfgang, Das große Tiroler Schützenbuch, Wien 1976.

Egger Josef, Geschichte Tirols, 3 Bde., Innsbruck 1872 ff.

Eller–Hohenegger, Landeskunde Tirols, Innsbruck 1970.

Feuchtmüller Rupert, Jakob Prandtauer und sein Werk, in: Jakob Prandtauer und sein Kunstkreis – Ausstellung zum 300. Geburtstag des Baumeisters, Wien 1960, S. 24–35.

Fischnaler Konrad, Innsbrucker Chronik, Innsbruck 1929.

Fontana Josef, Der Kulturkampf in Tirol (= Schriftreihe des Südtiroler Kulturinstitutes), Bd. 6, Bozen 1978.

Fritz Monika, Kaiser Maximilian I. und Innsbruck, Innsbruck 1968.

Grass Nikolaus, Albert Jäger, in: Jahrbuch des Südtiroler Kulturinstitutes, Bd. II, S. 317–330.

Gruppe Föhn (Hrsg.), Südtirol 1939 bis 1945, Option, Umsiedlung, Widerstand, Heft 6/7, Innsbruck 1980.

Gschließer Oswald, Tirol–Österreich, Gesammelte Aufsätze zu deren Geschichte (= Schlern-Schriften 238), Innsbruck 1965.

Gundolf Hubert, Tiroler in aller Welt, Innsbruck 1972.
– Um Tirols Freiheit, Innsbruck 1981.

Gutkas Karl, Österreich zur Zeit Jakob Prandtauers, in: Jakob Prandtauer und sein Kunstkreis – Ausstellung zum 300. Geburtstag des großen österr. Baumeisters, Wien 1960, S. 13–23.

Hall in Tirol – Stadtbuch, Innsbruck 1981.

Hammer Heinrich, Die Entwicklung der Kunst in Tirol, München o. J.

– Kunstgeschichte der Stadt Innsbruck, Innsbruck 1952.

Hinterlechner Agnes, Kirchensperrungen in Deutschtirol unter Joseph II., Masch.-Diss., Innsbruck 1963.

Hirn Joseph, Erzherzog Ferdinand II., Bd. I, Innsbruck 1885.

– Kanzler Bienner und sein Prozeß, Innsbruck 1898.

Hölbing Franz, Stratowa Wulf, 300 Jahre Universitas Oenipontana, Die Leopold-Franzens-Universität zu Innsbruck und ihre Studenten. Zur 300-Jahr-Feier, hrsg. von der Österr. Hochschülerschaft a. d. Univ. Innsbruck, Innsbruck 1970.

Hölzl Sebastian, Studien zum Pflichtschulwesen in Tirol, in: Tiroler Heimat, Bd. 38–40.

– Die Freiheitsbriefe der Wittelsbacher für Tirol (1342). Eine kritische Untersuchung zur „Magna Charta Tirols", in: Tiroler Heimat, Bd. 56/57.

Hofbauer Ekkehard, Die Inn-Schiffahrt in Tirol, in: Die Heimatglocke, Kufstein 1966.

Huter Franz, Die Quellen des Meßgerichtsprivilegs der Erzherzogin Claudia für die Bozner Märkte, in: Bozner Jahrbuch für Geschichte, Kultur und Kunst, 1927.

– (Hrsg.) Südtirol, Eine Frage des europäischen Gewissens, Wien 1965.

Hye Franz-Heinz, Innsbruck, Geschichte und Stadtbild bis zum Anbruch der neuen Zeit, Innsbruck 1980.

Ilg Karl, Pioniere in Brasilien – Durch Bergwelt, Urwald und Steppe erwanderte Volkskunde der deutschsprachigen Siedler in Brasilien und Peru, Innsbruck 1972.

Jedin Hubert, Kleine Konziliengeschichte – Die zwanzig ökumenischen Konzilien im Rahmen der Kirchengeschichte, Freiburg–Wien 1959.

Jesuitenkolleg Innsbruck, Die Jesuitenkirche zu Innsbruck, Innsbruck 1977.

Karwiese Stefan, Der Ager Aguntinus, eine Bezirkskunde des ältesten Osttirol, Lienz 1975.

Kasseroler Alfons, Das Urnenfeld von Volders (= Schlern-Schriften 204), Innsbruck 1959.

Kathrein Josef, Der Sieg des Oberinntaler Landsturmes an der Pontlatz-Brücke im Jahre 1703, Innsbruck 1903.

Kienberger Georg, Beiträge zur Geschichte der Stadt Hall, in: Haller Buch, Innsbruck 1953.

Klien Robert, Das Tiroler Oberland, Innsbruck 1972.

Klingler Hans, Verkehrswesen am Achensee, in: Achentaler Buch, Hall 1965.

Köfler Werner, Die Kämpfe am Bergisel 1809 (= Militärhistorische Schriftenreihe), Wien 1972.

Kramer Hans, Die Italiener unter der österreichisch-ungarischen Monarchie (= Wiener hist. Studien, Bd. II), Wien 1954.

Kramer Maurus, Geschichte der Benediktinerabtei St. Georgenberg-Fiecht, 1977.

Ladurner Justinian, Die Landeshauptleute von Tirol, in: Archiv für Geschichte und Altertumskunde Tirols, Innsbruck 1865.

Lechthaler Alois, Geschichte Tirols, Innsbruck 1981, 4. Aufl.

Linde Winfried Werner, Michael Gaismair, Rebell im Land Tirol – Texte über den Tiroler Bauernkrieg 1525, Innsbruck 1977.

Litschauer Gottfried, Österreichische Geschichte, Wien 1974.

Lutterotti Otto, Das Goldene Dachl zu Innsbruck, Innsbruck 1956.

Macek Josef, Der Tiroler Bauernkrieg und Michael Gaismair, Berlin 1965.

Mayr Michael, Das Jagdbuch Maximilians, Innsbruck 1901.

– Der italienische Irredentismus, Innsbruck 1916.

Menghin Osmund, Das neuentdeckte latenezeitliche Gräberfeld bei Kundl, in: Veröffentlichungen des Tiroler Landesmuseum Ferdinandeum, Bd. 54, Innsbruck 1974, S. 171–183.

– Kneussl Werner, Die Tischofer Höhle, in: Tiroler Heimatblätter, 1967, S. 113–133.

Moeser Karl, Meran – die alte Landeshauptstadt des Landes Tirol, in: Meran, hundert Jahre Kurort, S. 147–178.

Mörl Anton von, Standschützen verteidigen Tirol 1915 bis 1918, Innsbruck 1958.

Moser Heinz, Chronik von Lavant (= Ortschroniken des Tiroler Landesarchivs, Nr. 26).

– Tursky Heinz, Die Münzstätte Hall in Tirol, 2 Bde., Innsbruck 1977, 1981.

Mumelter Gerhard, Der Propagandakrieg zwischen Optanten und Dableibern in Südtirol, in: Föhn, Heft 6/7, Jg. 1980, S. 23–28.

Mumelter Norbert, Option und Umsiedlung, in: Föhn, Heft 6/7, Jg. 1980, S. 156–159.

Oberhammer Vinzenz, Das Goldene Dachl zu Innsbruck, Innsbruck 1970.

– Die Bronzestandbilder des Maximiliangrabmales in der Hofkirche zu Innsbruck, Innsbruck 1935.

Oberkofler Gerhard, Die geschichtlichen Fächer an der Philosophischen Fakultät Innsbruck 1850 bis 1945 (= Veröffentlichungen der Universität Innsbruck, Bd. 39).

Pelinka Anton, Die Tiroler und ihre Juden, in: Gaismair-Kalender 1982, Innsbruck 1981.

Pittioni Richard, Der urzeitliche Kupfererzbergbau im Gebiete um Kitzbühel, in: Stadtbuch Kitzbühel, Bd. II, S. 31–102.

Pizzinini Meinrad, Osttirol, Salzburg 1974.

Pölnitz Götz von, Die Fugger, Frankfurt 1960.

Reinalter Helmut, Aufklärung – Absolutismus – Reaktion. Die Geschichte Tirols in der 2. Hälfte des 18. Jh.s, Wien 1974.
Ringler Josef, Das Maximiliansgrab in Innsbruck (= Langewies'sche Bücherei).
Sauser Ekkehart, Die Zillertaler Inklinanten und ihre Ausweisung im Jahre 1837 (= Schlern-Schriften 198).
Schadelbauer Karl, Innsbruck vor hundert Jahren, in: Amtsblatt der Landeshauptstadt Innsbruck, Nr. 3, 1968, S. 6f.
– Der Bombenangriff auf das Rathaus, in: Amtsblatt der Landeshauptstadt Innsbruck, Nr. 12, 1964, S. 4f.
Schemfil Viktor, Die Kämpfe am Monte Piano (= Schlern-Schriften 61), Innsbruck 1949.
Schuler Heinrich, Stift Wilten, Innsbruck 1974.
Staffler Josef, Tirol und Vorarlberg, Bd. I, Innsbruck 1842.
Staffler Richard, Die Ursachen der Säkularisation, in: Der Schlern, Jg. 35, S. 65ff, 1961.
Stenzel Gerhard, Von Stift zu Stift in Österreich, Wien 1977.
Steurer Leopold, Südtirol zwischen Rom und Berlin 1919 bis 1939, Wien 1980.
Stieldorf Johannes, Arbeitsgemeinschaft der Alpenländer, in: 12. Jahrbuch der Diplomatischen Akademie 1976/77, S. 172ff.
Stolz Otto, Die Bozner Messen, in: Südtirol, Monatshefte für Leben, Kunst und Kultur, Nr. 1, 1948.
– Die Schwaighöfe in Tirol (= Wissenschaftliche Veröffentlichungen des D. u. Ö. Alpenvereins), Innsbruck 1930.
– Geschichte des Landes Tirol, Innsbruck 1955.
– Geschichte der Stadt Innsbruck, Innsbruck 1959.
– Geschichtskunde der Gewässer Tirols (= Schlern-Schriften 32), Innsbruck 1936.
– Politisch-historische Landesbeschreibung von Südtirol, Bozen 1975.
– Politisch-historische Landesbeschreibung von Tirol, Wien 1926.
– Rechtsgeschichte des Bauernstandes, Bozen 1949.
Thaler Franz, Zwischen Brenner und Karwendel, Innsbruck 1974.
Tiroler Jungbürgerbuch, Hrsgg. v. Land und von den Gemeinden Tirols, Redaktion W. Pfaundler, Innsbruck 1963.
Uhlig Otto, Die Schwabenkinder aus Tirol und Vorarlberg, Innsbruck 1978.
Unterrichter Leo, Die Luftangriffe auf Nordtirol im Kriege 1939 bis 1945, in: Veröffentlichungen des Museum Ferdinandeum, Bd. 26–29, S. 555–581.
Weingartner Josef, Die Kirchen Innsbrucks, Innsbruck 1950.
– Die Feste Ehrenberg und ihre Vorpässe, in: Schlern-Schriften, Bd. 111, Innsbruck 1955, S. 145–157.
– Die Kunstdenkmäler Südtirols, 2 Bde., Innsbruck–Bozen 1977 (Nachdruck).
– Die letzten Grafen von Görz, in: Lienzer Buch, Schlern-Schriften Bd. 98, Innsbruck 1952.
Widmoser Eduard, Die Wiedertäufer in Tirol, in: Tiroler Heimat, Bde. XV, XVI; Innsbruck 1952/53.
Wieninger Karl, Südtiroler Gestalten, Bozen 1977.
Wopfner Hermann, Bergbauernbuch, Innsbruck 1951.
– Geschichte der freien bäuerlichen Erbleihe Deutschtirols im Mittelalter (= Untersuchungen zur Deutschen Staats- und Rechtsgeschichte, Heft 67), Breslau 1903.
Zangerle Ignaz, Wie steht's mit der tirolischen Identität? Nachdenkliches zu einem Jubiläum, in: Fenster Nr. 32, Innsbruck 1983.
Zeugen des Widerstandes, Eine Dokumentation über die Opfer des Nationalsozialismus in Nord-, Ost- und Südtirol von 1938 bis 1945, bearbeitet von Johann Holzner u. a., Innsbruck 1977.
Zimmermann Adolf, Alte Stadt im Ungewitter, Innsbruck 1949.
Zöllner Erich, Geschichte Österreichs, Wien 1974.
Zwanowetz Georg, Die Anfänge der Tiroler Eisenbahngeschichte (= Tiroler Wirtschaftsstudien, Bd. 12).

VERZEICHNIS DER BILDSTELLEN UND FOTOGRAFEN

Alpenvereinsmuseum Innsbruck: S. 216, 286

Alpine Luftbild: S. 10/11, 22, 45, 288, 289

Arlberg Straßentunnel AG: S. 292, 293

Bayerisches Hauptstaatsarchiv, München: S. 91

Brenner Wolfgang: S. 259

Bundesdenkmalamt: S. 137, 258 oben

Demmelmair Adolf: S. 109, 112, 152, 153

Foto Angerer, Schwaz: S. 95

Foto Dina Mariner, Lienz: S. 106

Freundl Stefan: S. 73, 74, 75 unten

Harb Rudolf: S. 18 oben, 21 unten, 33, 50, 54, 63, 72, 116 oben, 165

Heimatmuseum des Vereines für Heimatkunde und Heimatschutz auf der Festung Kufstein: S. 7, 8, 120, 157, 189 unten, 206

Heimatmuseum Wattens: S. 13 unten, 17

Hölzl Sebastian: S. 222, 266

Hye Margarethe: S. 43

Kleißl Siegfried: S. 297

Kreutz Walter: S. 209, 237, 271, 296 oben

Kunsthistorisches Museum, Wien: S. 39

Matt Leonhard: S. 113

Moser Heinz: S. 78, 93, 104, 110

Österr. Nationalbibliothek, Wien: S. 122

Randl Sebald: S. 268

Retter Wolfgang: S. 23

Sammlung Hochenegg Hans: S. 28, 38, 40, 41, 52, 67, 80, 103, 126, 144, 151, 159, 161, 195, 202, 218 unten, 254, 258 unten

Scheyda Leopold: S. 300

SOS-Kinderdorfverlag: S. 298

Stadtarchiv Rosenheim: S. 75 oben

Stadtbibliothek Bern: S. 59

Stadt-Bildarchiv Hall i. T.: S. 76, 250, 251, 263, 269 oben, 271 oben, 274, 275

Stadtmuseum Hall i. T.: S. 65, 101 (Foto Verlag), 108 (Foto Verlag)

Stöger Franz: S. 21 oben, 193

Tiroler Landesarchiv: S. 47, 58, 81, 82, 105, 111, 118, 119, 130, 134, 139, 147, 149, 167 oben, 175, 178, 180, 186, 205, 228, 261, 269 unten, 272, 273, 276, 277, 282, 284

Tiroler Landeskundliches Museum im Zeughaus Innsbruck: S. 115, 211 oben, 212

Tiroler Landesmuseum Ferdinandeum: S. 13 oben, 14, 15, 18 unten, 24, 30, 35, 44, 56, 59, 81, 84, 86, 87, 114, 129, 133, 136, 143, 150, 163, 167 unten, 169, 170, 171, 173, 174, 181, 182, 184/185, 187, 188, 189 oben, 191, 194, 196, 207, 208, 218 oben, 219, 224, 226, 256, 262, 281

Tiroler Landesregierung, Pressedienst: S. 295, 299, 301

Tortoli Gianni: S. 62

Univ.-Verlag Wagner, Innsbruck: S. 214

Verlagsarchiv: S. 55, 61, 70, 83, 88, 156, 166, 176, 177, 211 unten, 232, 233, 236, 238, 240–248, 260, 296 unten

Werbefoto Tappeiner Meran: Schutzumschlag, S. 26, 27, 31, 36, 37, 48, 51, 85, 97, 98, 99, 100, 116 unten, 229, 264, 265, 285

REGISTER

Die *kursiv* gesetzten Ziffern weisen auf Bildtexte bzw. Abbildungen hin!

Abg. = Abgeordneter; dt. = deutsch; Msgr. = Monsignore; Ks. = Kaiser; Kg. = König